U0866655

历代笔记选注

上海市『十二五』重点图书

本书由上海文化发展基金会图书出版专项基金资助出版

国家古籍整理出版资助项目

元明笔记选注

上册

倪进 选注

上海教育出版社

总　目

上　册

下　册

序一

看到《笔记选注》这样的书，有读者也许会有陌生感。他们熟悉的是《古诗文选注》之类的书目，对笔记不太了解。其实，笔记可是中华文化府藏中的一大宗财宝。

于今被称为“笔记”的，是指古人的随笔杂记类著作。其中多为对轶事琐闻的记述，也有考订辨证等议论。因为是随手记录所见所闻所思所想，所以与写作时即准备公之于世的反复推敲的文章，自然会有所不同。笔记更为广泛地反映社会生活，记录当时难以见于史书文集的细节，对今人更为具体地了解古代社会的政治、经济、文化等各个方面，是大有助益的。笔记能较为自由地表达作者的思想情绪，而存世文集中的文字，往往由于种种顾忌，不如笔记率性真实。笔记中流露出的真思想真感情，可以让我们更为感性地体味那个时代士人的精神状态。笔记多为信笔著录，较少字斟句酌，不大会刻意模仿经传、《史》《汉》，因而其语言较之有为而作的文字，往往显得生动活泼，也会在不经意中用上了当时的鲜活的语词，是我们了解语言变迁的重要资料。

笔记有如此之价值，然而尚未得到充分的关注。以“选注”而言，本人孤陋寡闻，仅见20世纪50年代吕叔湘的《笔记文选读》，不过七万馀字的小册子而已。试想，历代的笔记，汗牛充栋，今日之读者，何从下手？故而出版一部历代笔记选注，乃是极有价值和极为迫切的事情，确实可以称之为填补空白。应感谢倪进先生，感谢上海教育出版社，办成了这件大事。

倪进先生长期从事古代文学、文艺学的教学和研究，以他的学力，任笔记之选注，实在恰当不过。选注之难，首先在“选”。须于海量的笔记中选取若干种，再须于每种之中选取若干则，这固然耗费时间和精力，但更要有眼光。倪君的取舍标准，将思想性、学术性与趣味性结合成一体。我敢说，诸位将此书逐篇读完，不会感到某篇选录不当。倪君的判断力是可以信赖的。

上海人称赞办事认真，常说“一点一画”，即一丝不苟。倪君写东西，可真是“一点一画”，相当之慢。五六年前，就听说他有选注历代笔记的计划，由唐迄清，以后凡见面，必定询问著述进度，这当然有催促之意。现在看到书稿，不得不承认，慢工出细活。此书的注释，史实典故，名物训诂，无不考订翔实，申说清晰，且多有创获。如陆游为其前妻所作《钗头凤》词、《沈园》诗，注家多本《齐东野语》诸书，断唐氏为陆游表妹，且有确指其名为“琬”者。倪君对《齐东野语》“放翁钟情前室”一则之注释，考辨甚详，足证陈说之不确。又若《兰亭帖》如何为唐太宗所得，《南部新书》选注引《隋唐嘉话》《法书要录》等以供参考，注文篇幅为原文之数倍，故事亦生动，平添不少阅读趣味。司马光《涑水记闻》素负盛名，“杯酒释兵权”的故事即首见于此书，学界或以为并非信史，但如此著名的历史故事，毕竟值得一读。其中“以散官就第”一语，读过未必留心，倪君竟将它拈出并加上长注，且把极为复杂的宋代官制陈说了个大概，举重若轻，亦启发读者如何于不疑处生疑。倪君注释，注重与史籍及前后笔记相互印证，每每指示与史合与不合，用工颇深。语词训释亦有如是佳例。若李廌《师友谈记》“东坡言勾当自家事”篇，有“只且第一五更起”句，注释曰：“只且，宋人习用语，犹言‘就该’。”之后列举《近思录》一例、《朱子语类》两例为证；又引《诗经》中“只且”作比较，以免读者误读误解。“只且”这样的语词，在阅读时是极容易被忽略的，遍查手头的辞书亦未见，而宋人习用语之说，或为倪君之创获耶。这样的例子，书中还有很多。

在本文的末尾，照例要对这部选注作些批评。考虑到现今社会大众文言阅读能力的实际情况，就该书总体而言，愚以为对语言文字的解说疏通尚嫌太少。这对读者群的扩大，也许会有不利影响，修订再版之时，或可考虑适当增补。以上仅供倪进先生及出版社参考而已。

蒋人杰

2018 年 11 月

序二

中国古代笔记是一份丰厚的文化学术遗产，是人文学科、社会学科乃至自然学科研究的重要资料来源。长期以来，国内学术界就十分重视古代笔记的整理，陆续出版了一系列作品。如近几年中华书局的《历代史料笔记丛刊》、上海师范大学古籍所的《全宋笔记》等。但是，古代笔记卷帙浩繁，即使专门治学者也很难得窥全豹，何况普通读者和青年学子。因此，从继承和光大中华文化的意义出发，出版一部分量适中的选注本，是非常必要的，也是适应当今社会需求的。

《历代笔记选注》可以说填补了这方面的空白。从所选书目看，注意到题材的多样性，有助于读者全面了解古代笔记的丰富内容，能够激发他们阅读、研究中国古代典籍的兴趣。从选文标准看，作者的取舍坚持了传承文明、陶冶情操的原则，去除了古代笔记中掺杂的不良记载，说明其立意的雅正，同时还注意到作品思想性与可读性的统一。而在注释方面，恐怕是作者最为用心的地方。不难看出，作者对古代笔记中的名物故实、语词典章等，花费了大量功夫和精力进行爬梳抉理、考订辨证，并在吸收前人与今人研究成果的基础上渐出己意、自成一家，以科学的笺注方法保证了该书的学术价值。

孙玉文

2018 年 11 月

凡例

一、所选笔记均据中华书局《历代史料笔记丛刊》点校本。

二、选文取舍依李肇《国史补自序》"纪事实，探物理，辨疑惑，示劝戒，采风俗，助谈笑"则取之；"言报应，叙鬼神，征梦卜，近帷箔"则去之。旨在芟其芜杂，扬其菁华。

三、所选作者作品首次出现时，作简要介绍和评价。

四、选文注释以名物制度、史实人物、词章典故为主，亦兼及天文地理、风土习俗等内容。

五、选文原有标题者一仍其旧，无标题者均加拟标题，另标注阿拉伯数字为序。选文皆注明原卷数，以备查检。

目录

归潜志（二十二则） ［金］刘　祁

玉堂嘉话（十则） ［元］王　恽

南村辍耕录（四十二则） ［元］陶宗仪

草木子(十则) [明] 叶子奇

水东日记(二十四则) [明] 叶 盛

寓圃杂记(十四则) [明] 王 锜

菽园杂记(二十八则) [明]陆 容

双槐岁钞(十则) [明]黄 瑜

治世馀闻 继世纪闻(十六则) [明]陈洪谟

今言(九则) [明] 郑 晓

戒庵老人漫笔(十六则) [明] 李 诩

归潜志

[金] 刘祁

《归潜志》十四卷，金刘祁撰。祁字京叔，号神川遁士，应州浑源（今属山西大同市）人。高祖撝，号南山翁，金初天会二年（1124）词赋进士，仕至石州刺史；祖汲，自号西岩老人，亦举进士，为翰林供奉；父从益，字云卿，大安元年（1209）进士及第，为监察御史，出为叶县令，入授应奉翰林文字。祁八岁，从祖、父游宦于南京（今河南开封市），因得从名士大夫问学，在太学有文名。弱冠父殁，应举不中式。又值金末丧乱，蒙古兵围城，祁携家辗转两千里，归于故里，著书以志岁月。晚年再出仕蒙古，入征南行省幕府。海迷失后二年（1250）卒，年四十八。

《归潜志》记昔所闻见，皆金末人物事迹。其《序》曰：『独念昔所与交游，皆一代伟人，人虽物故，其言论、谈笑，想之犹在目。且其所闻所见可以劝戒规鉴者，不可使湮没无传，因暇日记忆，随得随书，题曰《归潜志》。』此书述录求实，论载有据，言及当时得失而不没长讳短，于是得见家国盛衰兴亡之由。故其文字向为史家所重，《金史》《元史》多有摭拾，亦可据为校考二史之谬误讹舛。

选文标题为编者所拟。

1. 李纯甫

李翰林纯甫,字之纯,宏州襄阴人①。祖安上,尝魁西京进士②。父采仲文,卒于益都府治中③。公幼颖悟异常儿。初为词赋学,后读《左氏春秋》,大爱之,遂更为经义学。逾冠④,擢高第,名声烨然。为文法庄周、左氏,故其词雄奇简古。后进宗之,文风由此一变。又喜谈兵,慨然有经世志。泰和南征⑤,两上疏,策其胜负。章宗咨异⑥,给送军中,后多如所料。宰执奇其文,荐入翰林。及北方兵起⑦,又上疏论事,不报。宣宗南渡⑧,再入翰林。时丞相术虎高琪擅权⑨,擢为左司都事⑩。公审其必败,以母老辞去。俄而高琪诛死,识者智之。再入翰林,连知贡举。正大末⑪,由取人逾新格,出倅坊州⑫。未赴,改京兆府判官⑬,卒于南京,年四十七。公为人聪敏,于学无所不通。少自负其才,谓功名可俯拾,作《矮柏赋》,以诸葛孔明、王景略自期⑭。由小官上万言书,援宋为证⑮,甚切。当路者以迂阔见抑,士论惜之。中年,度其道不行,益纵酒自放,无仕进意。得官未尝成考,旋即归隐。居闲,与禅僧、士子游,惟以文酒为事。啸歌袒裼⑯,出礼法外,或饮数月不醒。人有酒见招,不择贵贱,必往,往辄醉。虽沉醉,亦未尝废著书。至于谈笑怒骂,灿然皆成文理。天资喜士,后进有一善,极口称推,一时名士,皆由公显于世。又与之拍肩尔汝,志年齿相欢。教育抚摩,恩若亲戚。故士大夫归附,号为当世龙门⑰。尝自作《屏山居士传》,末云:"雅喜推借后进。"如周嗣明、张彀、李经、王权、雷渊、余先子姓名刘从益、宋九嘉⑱,皆以兄呼。而居士使酒玩世,人忤其意,辄嫚骂之,皆其志趣也。其自赞曰:"躯干短小而芥视九州⑲,形容寝陋而蚁虱公侯,语言蹇吃而连环可解⑳,笔札讹痴而挽回万牛。宁为时所弃,不为名所囚。是何人也耶?吾所学者净名庄周。"晚自类其文,凡论性理及关佛老二家者,号内藁,其馀应物文字如碑志、诗赋,号外藁,盖拟《庄子》内外篇。又解《楞严》《金刚经》《老子》《庄子》,又有《中庸集解》《鸣道集解》,号为《中国心学西方文教》,数十万言。尝曰:"自庄周后,惟王绩、元结、郑厚与吾㉑。"此其所学也。每酒酣,历历论天下事,或谈儒释异同,虽环而攻之,莫能屈。世岂复有此俊杰人哉。(卷一)

【注释】

① 宏州襄阴:《金史·李纯甫传》作"弘州襄阴"。金弘州隶西京路,治襄阴(今河北张家口市

阳原县)。

② 西京:指金大同府(今山西大同市)。金另有上京会宁府(今黑龙江哈尔滨市阿城区)、东京辽阳府(今辽宁辽阳市)、北京大定府(今内蒙古赤峰市宁城县西)、中都大兴府(今北京市)、南京开封府(今河南开封市)。

③ 益都府:金益都府隶山东东路,治益都(今山东潍坊市青州市)。

④ 逾冠:谓年过弱冠(二十岁)。据《金史·李纯甫传》,李纯甫擢承安二年(1197)经义进士。

⑤ 泰和南征:金章宗泰和六年(1206)五月,南宋韩侂胄兴师北伐,章宗下征南诏,遣平章政事仆散揆为左副元帅、枢密副使完颜匡为右副元帅,统兵击之,宋败。九月,金兵攻夺和尚原;十月,自清河口渡淮,攻破江淮诸州县,宋遣使求和。十二月,金军主力自淮南退师。明年,又迫宋诛杀韩侂胄。

⑥ 咨异:赞赏奇特。

⑦ 北方兵起:金卫绍王大安三年(1211)七月,成吉思汗率蒙古军大举伐金,夺乌沙堡(今河北张家口市张北县西北),与金军主力战于野狐岭(今张家口市万全县西北),大胜之。继而围西京、取居庸关,掠东京。后以成吉思汗在西京中流矢而撤兵。是役,金失抚、昌、桓三州之地,西北边防屏障已去。

⑧ 宣宗南渡:至宁元年(1213)八月,蒙古军再迫中都,金守将右副元帅胡沙虎(纥石烈执中)弑卫绍王,迎昇王完颜珣入中都即帝位,是为宣宗。九月,改元贞祐。十月,元帅右监军朮虎高琪杀胡沙虎。贞祐二年(1214)三月,宣宗遣使求和,以卫绍王公主归成吉思汗,蒙古退兵。四月,尚书省奏迁都南京,诏从之。五月,宣宗下诏南迁,七月至汴。未几,中都陷。

⑨ 朮虎高琪:又作"高乞"。西北路猛安(女真族相当于州的军政合一单位,隶万户府,辖谋克)人。大定二十七年(1187)充护卫、十人长,后以击宋有功,累官至泰州刺史。大安三年,蒙古军入关,金以高琪为防御使、权元帅右都监入卫中都。贞祐初,迁元帅右监军,连战失利,惧纥石烈执中治罪,遂发兵杀执中。诣阙待罪,宣宗赦之,以为左副元帅,拜平章政事,任以国政。四年,升尚书右丞相。时蒙古兵取潼关,次嵩汝间。高琪力劝宣宗伐宋,以广疆土,致金于南北夹击之中。兴定三年(1219)为宣宗诛杀。

⑩ 左司都事:金尚书省属官。正隆元年(1156),海陵王改制,废中书、门下二省,惟留尚书省。据《金史·百官志一》,尚书省设尚书令一员,正一品,总领纪纲,仪刑端揆。其下依次为左、右丞相各一员,从一品;平章政事二员,从一品。为宰相,掌丞天子,平章万机。左、右丞各一员,正二品;参知政事二员,从二品。为执政官,宰相之贰,佐治省事。左司,郎中一员,正五品;员外郎一员,正六品。掌本司奏事,总察吏、户、礼三部受事付事,兼带修起居注官等。都事二员,正七品,掌本司受事付事,检勾稽失省署文牍,兼知省内宿直检校架阁等事。右司,郎中一员,正五品;员外郎一员,正六品。掌本司奏事,总察兵、刑、工三部受事付事,兼带修注官等。都事二员,正七

品,职掌同左司都事。

⑪ 正大:金哀宗年号(1224—1232)。

⑫ 坊州:金隶鄜延路,治中部(今陕西延安市黄陵县)。

⑬ 京兆府:金熙宗皇统二年(1142),省并宋永兴军路为京兆、庆原、熙秦、鄜延四路。京兆府路治长安(今陕西西安市)。 判官:金府州幕职官,从六品。

⑭ 王景略:王猛,字景略,十六国时北海郡剧县(今山东潍坊市昌乐县西)人,后移家魏郡(治今河南安阳市北)。历官前秦中书令、录尚书事。辅佐苻坚富国强兵,统一北方。建元六年(370),率兵灭前燕,留镇邺,都督关东六州。未几,入为丞相。病危时劝谏苻坚不宜攻晋,未被采纳。

⑮ 援宋为证:指援引宋朝政法。本书卷十二:"大抵金国之政,杂辽、宋非全用本国法,所以支持百年。然其分别蕃、汉人,且不变家政,不得士大夫心,此所以不能长久。向使大定后宣孝得位,尽行中国法,明昌、承安间复知保守整顿以防后患,南渡之后能内修政令,以恢复为志,则其国祚亦未必遽绝也。尝记泰和间有云中李纯甫,由小官上书万言,大略以为此政当有为日,而当路以为迂阔,笑之。宴安自处,以至土崩瓦解。"由此可知李纯甫上万言书,在章宗泰和年间(1201—1208)。

⑯ 啸歌袒裼(xī):指放任不羁貌。啸歌,长啸歌吟。袒裼,脱去上衣,裸露肢体。

⑰ 龙门:喻声望高标者府第。

⑱ 周嗣明等:皆刘氏父子同时友,本书卷一、卷二有传。周嗣明,字晦之,自号放翁,真定(治今河北石家庄市正定县)人;与刘从益同年擢第,后从其叔北征,军败,缢死。张彀,字伯玉,许州(治今河南许昌市)人;少有俊才,美长髯,为人豪迈不羁,再举不中,隐于许之郾城。李经,字天英,锦州(今属辽宁)人;少有异才,入太学肄业,诗画有大名,再举不第,拂衣归;南渡后尝为州倅,后不知所终。王权,字士衡,又名之奇,真定人;与刘从益同年进士,博学,无所不览,为人跌宕不羁;晚入朝,为部勾当官,后家鲁山,为县吏所辱,发疾死。雷渊,字希颜,应州(治今山西朔州市应县)人,与刘祁同里,且为姻家;幼孤,入太学,读书昼夜不休,俄中高第,官至太学博士、南京转运司户籍判官、翰林修撰。宋九嘉,字飞卿,夏津(今属山东德州市)人;少游太学,有词赋声,擢高第,历关中四邑,以能称,官至翰林应奉。

⑲ 芥视:轻视。

⑳ 蹇吃:口吃;言语不顺利。蹇,通"謇"。

㉑ 王绩、元结、郑厚:王绩,字无功,号东皋子,绛州龙门(今山西运城市河津市)人。隋末唐初诗人,学者王通之弟。清高自恃,放诞纵酒。元结,字次山,号漫郎、聱叟、猗玗子,河南(治今河南洛阳市)人,居鲁山(今属河南平顶山市)。唐天宝进士,官至道州刺史、容管经略使。善文词,有《元次山文集》。郑厚,字景韦,一字叔友,兴化(今福建莆田市)人。宋绍兴进士,官至昭信军节度推官。学问该博,与从弟郑樵讲学,从者甚众。

2. 麻　九　畴

麻九畴知幾，初名文纯，易州人[①]。幼颖悟，善草书，能诗，号神童。既长，入太学，刻苦自励，为赵闲闲、李屏山所知[②]。南渡后，居郾、蔡间[③]，入遂平西山读书[④]。为经义学，精甚。兴定末[⑤]，试开封府，词赋乙，经义魁。再试南省，复然。声誉大振，南都妇人小儿皆知名。及廷试，以误绌，士论惜之。已而隐居，不为科举计。正大初，门人王说、王采苓俱中第，上以其年幼，怪而问之，且知知幾为师，近臣言其有才学，平章政事侯公挚[⑥]、翰林学士赵公秉文俱荐之，特召赐进士第。以病，不拜官，告归。病已，赴调，授太常寺太祝。俄入翰林，复以病去，居郾。久之，北兵入河南，知幾挈其妻孥入确山避乱[⑦]，后复出，为兵士所得，驱之北边，至广平病死[⑧]。知幾为人耿介清苦，虽居贫，不妄干求，卓然以道自守。然性隘狭，交游少不惬意，辄怒去，盖处士之刚者也。初，因经义学《易》，后喜邵尧夫《皇极书》[⑨]，因学算数。又喜卜筮射覆之术[⑩]。晚更喜医方，与名医张子和游，尽传其学。为文精密巧健，诗尤奇峭，妙处似唐人。尝作《透光镜篆韵诗》，人争传写。后以避谤、畏时忌，持戒不作诗，益潜心为《易》学。与张伯玉、宋飞卿、雷希颜、李钦叔及余先子善[⑪]。先子初摄令郾城，日与唱酬为友。后知幾试开封，先子为御史[⑫]，监试，而王翰林从之[⑬]、李翰林之纯为有司，因相与读举子之文，见其有雄丽者，相谓曰："是必知幾。"因擢为魁。已而果然，士林以得人相贺。晚最为赵闲闲所知，有《送麻徵君序并诗》云。（卷二）

【注释】

① 易州：金隶中都路，治易县（今属河北保定市）。

② 赵闲闲、李屏山：皆刘氏父子同时友，本书卷一有传。赵秉文，字周臣，自号闲闲居士，磁州滏阳（今河北邯郸市磁县）人；少擢第，诗书画皆有名，历翰林修撰、礼部郎中。南渡后，迁侍读，拜礼部尚书，改翰林学士。李纯甫，号屏山居士，见上则。

③ 郾、蔡：金南京路许州郾城（今河南漯河市西北）与蔡州汝阳（今河南驻马店市汝南县）。

④ 遂平西山：蔡州遂平县（今属河南驻马店市），城西五十里有嵖岈山。山势巍峨挺拔，奇险雄幽，其白云洞有唐颜真卿题"别是洞天"。

⑤ 兴定：金宣宗年号（1217—1222）。

⑥ 侯挚:初名师尹,避讳改今名,字莘卿,东阿(今山东济南市平阴县东阿镇)人。明昌二年(1191)进士入官,慷慨有为。贞祐初,北兵围燕都,募军婴城有功,自行户部侍郎迁河平军节度使。宣宗南渡,为参知政事,出镇东平,移镇下邳,入朝,迁左丞。哀宗即位,进平章政事,封萧国公。天兴元年(1232)致仕,居南京(今河南开封市),后南京降,以前宰执为北兵所杀。本书卷六有传。

⑦ 确山:蔡州确山县(今属河南驻马店市)。在遂平县之南。

⑧ 广平:金河北西路洺州广平县(今属河北邯郸市)。

⑨ 邵尧夫:邵雍,字尧夫,别号伊川翁,后人称为百源先生,谥康节。北宋学者,创理学象数学派。著有《皇极经世》《伊川击壤集》等。

⑩ 射覆:猜物游戏。置诸物于覆器之下,令射,用以占卜。

⑪ 李钦叔:李献能,字钦叔,河中(治今山西运城市永济市西)人。先世以武功显,仕至金吾卫上将军。迨钦叔昆弟四人,皆以文学有名,故李氏有四桂堂。钦叔博学有才,尤长于四六。南渡,擢南省魁,入翰林为应奉,迁修撰。正大末,为河中帅府经历官,北兵来攻,逃陕,寻见杀。本书卷二有传。

⑫ 御史:金监察机关御史台职官。设御史大夫,从二品,掌纠察朝仪、弹劾官邪、勘鞫官府公事,凡内外刑狱所属理断不当有陈诉者,付台治之。御史中丞,从三品,大夫佐贰。侍御史二员,从五品,掌奏事判台事。治书侍御史二员,从六品,掌同侍御史。殿中侍御史二员,正七品,每遇朝对立于龙墀之下,专劾朝者仪矩,凡百僚假告事具奏目进呈。监察御史十二员,正七品,掌纠察内外非违、刷磨诸司察帐并监祭礼及出使之事。

⑬ 王翰林从之:王若虚,字从之,号慵夫、滹南遗老,藁城(今属河北石家庄市)人。承安二年(1197)经义进士,官至翰林直学士。金亡不仕。诗文皆有名,有《滹南遗老集》传于世。

3. 辛　愿

辛愿敬之,河南人,自号女几野人[①],又号溪南诗老。幼嗜书,苦学,坐环堵数年[②],由是六经百家无不通贯。喜作诗,五言尤工,人以为得少陵句法。平生不为科举计,且未尝至京师,砉然中州一逸士也[③]。为人质古,不娴世事,麻绦草履,或倚杖读书,市中人讶之亦不恤[④]。尝谓王郁飞伯曰[⑤]:“王侯将相,世所共嗜者,圣人有以得之亦不避。得之不以道,与夫居之不能行己之志,是欲澡其身而伏于厕也。此言他人难闻,子宜保之。”此可见其志趣也。贞祐初,先子主长葛簿[⑥],敬之素不识,闻其名来谒,相得甚欢。及别,厚赠之。归而买牛,使其子躬耕以自给。居女几山下,往来长水、永宁间[⑦],惟以吟咏讲诵为事,朝士大夫愿交而不得也。正大中,先子令叶，复来游，后归洛下，病殁。有诗数千首，常在行橐中⑧。其佳句有云："院静宽留月，窗虚细度云。"又："莺衔晚色啼深树，燕掠春阴入短墙。"又："波摇朗月浮金镜，岭隔华星断玉绳。"又："箕山颍水春风里，唤起巢由共一杯⑨。"又："黄绮暂来为汉友⑩，巢由终不是唐臣⑪。"真处士诗也。（卷二）

【注释】

① 女几：山名。位于南京路河南府宜阳县（今属河南洛阳市）城西三十里。今名花果山。

② 环堵：形容狭小、简陋居室。堵，一方丈土墙。

③ 砉（huā，又读 xū）然：超脱流俗貌。

④ 不恤：不顾惜；不忧虑。

⑤ 王郁：字飞伯，大兴（今北京市大兴区）人。本书卷三有传，见下第 5 则。

⑥ 长葛：南京路许州长葛县（今河南许昌市长葛县东北）。主簿，金县级僚属，正九品。

⑦ 长水、永宁：南京路嵩州长水县（今河南洛阳市洛宁县西南）、永宁县（今洛宁县）。长水、永宁、宜阳三县，沿洛水而下。

⑧ 行橐：行囊；行李。

⑨ 巢由：巢父、许由的并称。相传皆尧时隐士，尧让位于许由，不受，隐于中岳颍水之阳、箕山之下（在今河南郑州市登封市东南）。西晋皇甫谧《高士传》卷上："巢父者，尧时隐人也。山居不营世利，年老，以树为巢而寝其上，故时人号曰'巢父'。尧之让许由也，由以告巢父，巢父曰：'汝何不隐汝形，藏汝光？若非吾友也。'击其膺而下之。由怅然不自得，乃过清泠之水，洗其耳，拭其目，曰：'向闻贪言，负吾之友矣。'遂去，终身不相见。"

⑩ 黄绮：指夏黄公、绮里季。秦末汉初，有东园公、夏黄公、绮里季、甪里先生，避秦乱，隐于商山（在今陕西商洛市东南），年皆八十有馀，须眉皓白，时称"商山四皓"。汉高祖召，不应。后高祖欲废太子，吕后用留侯张良计，迎四皓，辅太子，高祖遂罢其议。

⑪ 唐臣：陶唐之臣。陶唐，相传尧所建之朝代。

4. 李　汾

李汾长源，先名让，字敬之，太原人①。少游秦中，喜读史书，览古今成败治乱，慨然有功名心。工于诗，专学唐人，其妙处不减太白、崔颢②。为人尚气，跌宕不羁。颇褊躁，触之辄怒，以是多为人所恶。尝以书谒行台胥相国鼎③，胥未之礼也。长源后投以书，尽发胥过恶，胥大怒，然以其士人，容之。元光间游梁④，举进士不中。能诗声一日动京师,诸公辟为史院书写。时赵闲闲为翰林,雷希颜、李钦叔皆在院,长源不少下之,诸公怒,将逐去,亦不屑,后以病目免归。复入南京,上书言时事,不报。出客唐、邓[⑤],会北兵入境,恒山公武仙署为掌书记[⑥],在军中。金国亡,长源劝仙归宋,未几,为仙麾下所杀,年未四十,哀哉!平生诗甚多,不自收集,故往往散落。其《再过长安》有云:“三辅楼台失归燕[⑦],上林花木怨啼鹃[⑧]。空馀一掬伤时泪,暗堕昭陵石马前[⑨]。”又,《下第绝句》云:“学剑攻书事两违,回头三十四年非。东风万里衡门下,依旧中原一布衣。”又,《记时事》云:“捕得酒泉生口说[⑩],众酋剺面哭单于[⑪]。”《望少室》云:“圭影静涵秋气老[⑫],剑锋横倚斗杓寒。”《夏夜》云:“鸦衔暝色投林急,萤曳馀光入草深。”《鹳雀楼》云:“白鸟去边红树少,断云横处碧山多。”乐府歌行尤雄峭可喜。(卷二)

【注释】

① 太原:金河东北路太原府,治阳曲(今山西太原市)。

② 崔颢:唐汴州(今河南开封市)人。开元十年(722)进士,累官司勋员外郎。天宝十三载(754)卒。《全唐诗》卷一百三十收其诗一卷。

③ 行台:台省在外者称行台。魏晋始有之,为出征时随其所驻之地设立代表中央机构。北朝后期,称尚书大行台,设置官属无异于中央,自成行政系统。唐贞观以后渐废。金熙宗天会十五年(1137),置行台尚书省于汴,简称行省或行台,掌路、府、州、县行政。　胥鼎:字和之,代州繁畤(今山西忻州市繁峙县东南)人。大定二十八年(1188),擢进士第,入官以能称,累迁大理丞。承安四年(1199),迁右司郎中,转工部侍郎。至宁(1213)用兵,由户部尚书拜参知政事。宣宗即位,知大兴府事兼中都路兵马都总管。南渡后,授知平阳府事兼河东南路兵马都总管。贞祐四年(1216),守平阳有功,拜枢密副使、权尚书左丞,行省于平阳。镇守河东一方,朝廷倚重。兴定初(1217),进平章政事,封莘国公。四年,致仕。哀宗即位,复拜平章政事,封英国公,行省于卫州。正大三年(1226)卒。

④ 元光:金宣宗年号(1222—1223)。　梁:大梁或汴梁(今河南开封市)。金南京古称。

⑤ 唐、邓:金南京路唐州(治今河南南阳市唐河县)、邓州(今属南阳市)。

⑥ 武仙:威州(今河北石家庄市井陉县北)人。贞祐二年(1214),率乡兵保威州,诏授威州刺史。兴定四年(1220),迁知真定府事兼经略使,遥领中京留守,权元帅右都监,封恒山公。未几降蒙古,与史天倪共治真定。正大二年(1225),杀史天倪,为蒙古军追击之,仙逃奔汴京,复封恒山公。天兴元年(1232),金军主力败于钧州三峰山,仙收溃军十馀万屯南阳留山。后汴京被围,诏入援,仙逗留不进。哀宗移幸蔡州,召赴难,仙改趋宋金州。及蔡州破,军士皆散去,仙从十馀人

北渡河，趋泽州，为泽之戍兵所杀。

⑦ 三辅：西汉治理京畿三职官及所辖地区。景帝二年（前155），置京畿官为左、右内史，与主爵都尉合称三辅。武帝太初元年（前104），改主爵都尉为右扶风，右内史为京兆尹，左内史为左冯翊。后亦泛称京城附近地区为三辅。

⑧ 上林：即上林苑，秦汉宫苑。秦都咸阳时置，始皇三十五年（前212），建朝宫于苑中，阿房宫即其前殿。汉初荒废，高帝十二年（前195），许民入苑开垦。武帝时，复收为宫苑，并扩至二百馀里，括长安南及西南盩厔（今陕西西安市周至县东南）、鄠县（今陕西西安市户县）之境。

⑨ 昭陵：唐太宗李世民陵墓。在长安西北九嵕山上（今陕西咸阳市礼泉县东北）。

⑩ 酒泉：西夏肃州治所（今属甘肃）。

⑪ 剺（lí）面：以刀划面。古代匈奴、回鹘等族遇大忧大丧，则划面以示悲戚。亦用以表示诚意和决心。

⑫ 圭影：亦作“圭景”。圭表与日影。圭表，古代天文仪器，测日影长短以定时节。

5. 王　郁

王郁飞伯，奇士也。少余一岁，与余交最深。仪状魁奇，目光如鹘，步武翩然，相者云：“病鹤状貌也。”少居钧台[①]，闭门读书，不接人事数载。为文闳肆奇古，动辄数千百言，法柳柳州[②]。歌诗飘逸，有太白气象。初为御史程公震所知[③]，继为李翰林钦叔、麻徵君知幾[④]、史卢氏学优嘉赏[⑤]，且共为延誉籍籍[⑥]。正大初，余先子令叶，飞伯持诸公书来投，先子异其文，置门下，遂与余定交，每觞酒谯游无不在。已而入南京，见赵、雷诸公[⑦]，皆称之不已。布衣少年，名动京师。后因下第，西游洛中。余居淮阳[⑧]，凡三过，留辄数月，唱酬谈论相高。每相别，辄以所著相寄，且相商订为益。正大末，南京被围，复相守围城中。天兴改元秋[⑨]，飞伯忽过余别曰：“吾跧伏陷阱[⑩]，不自得，今将突围远举，然生死未可知。”因出其所作《王子小传》属余曰：“兹不朽之托也。”余不能止之而去，三年不知存亡。丙申岁南游[⑪]，遇交游辈说，飞伯初为东诸侯兵士所得，其将厚遇之。飞伯径行不设机，久之，为其下所忌，见杀。临终，怀中出书曰：“是吾平生著述，可传付中州士大夫，王飞伯死矣。”计其时，年甫三十。予哭诸镇阳[⑫]。盖飞伯为人虽聪颖绝人，然涉世日浅，颇骜岸不通彻，此所以不免。余尝见其举止言谈无顾忌，旁为慑然[⑬]，而飞伯益自信莫能戒，以是常得谤议，为俗人所憎，迄今谈其名不悦者多矣。嗟乎，以斯人之才气，稍有锻炼，其文章所至，岂易量哉？今而中道摧折，不迄于大成，可以为斯文叹。其诗文往

来与余最多,有淮阳唱和、南顿联句⑭、古赋铭赞、书序数十首,遭乱,皆在余橐中。(略)(卷三)

【注释】

① 钧台:又名"夏台"。古台名。在金南京路钧州阳翟(今河南许昌市禹州市)南。《左传·昭公四年》:"夏启有钧台之享,商汤有景亳之命。"杜预注:"河南阳翟县南有钧台陂,盖启享诸侯于此。"

② 柳柳州:柳宗元。唐元和十年(815),柳宗元自永州司马赴阙,不用,再贬为柳州刺史。十四年,大赦,敕召返京,未行而卒,年四十七。故称"柳柳州"。

③ 程震:字威卿,东胜(今内蒙古呼和浩特市托克托县)人。进士擢第,入仕有能声。兴定元年(1217),诏百官举县令,震得陈留县,治为河南第一,召拜监察御史,刚直无私。后为故吏所讼,罢官。正大元年(1224),病卒于家。

④ 麻徵君知幾:麻九畴,字知幾,号徵君。见上第2则。

⑤ 史卢氏学优:史学,字学优,河南(今河南洛阳市)人。长于史传、地理之学,亦工诗。兴定末,年五十,擢南省魁,与刘祁同试于廷。授武阳簿,颇有政声。再辟卢氏县令,病卒。本书卷二有传。

⑥ 籍籍:众中喧腾貌。此处指纷纷貌。

⑦ 赵、雷诸公:指赵秉文(闲闲)、雷渊(希颜)等人。

⑧ 淮阳:金南京路陈州治所(今属河南周口市)。

⑨ 天兴改元:金哀宗正大九年(1232)正月,改元开兴,四月又改元天兴。

⑩ 跧(quán)伏:蜷伏。

⑪ 丙申岁:时为南宋理宗端平三年(1236),蒙古太宗(孛儿只今窝阔台)八年。金亡已三年。

⑫ 镇阳:金真定府治所(今河北石家庄市正定县),旧称镇阳。时刘祁已出仕蒙古入幕府。

⑬ 㥘(sǒng)然:惊恐貌。㥘,同"悚",恐惧,惊惧。

⑭ 南顿:金南京路陈州南顿县(今河南周口市项城市西)。

6. 张　邦　直

张翰林邦直,字子忠,河内人①。少工词赋,尝魁进士平阳②。南渡,为国史院编修官③,迁应奉翰林文字④。在馆五六年,从赵闲闲游。性朴澹好学,尤善谈论,人多爱之。闲闲本注《太玄》⑤,子忠尝言,亲授于关中隐士薛子明,因相与讲辨甚久。俄丁母艰,出馆,居南京,从学者甚众。束脩惟以市书,恶衣粝食,虽士宦如贫士也。同年如雷、宋诸人[6]，皆以声名意气相豪，子忠独恬退以学自乐。正大初，余先子入翰林，子忠从之游。后先子下世，有《挽诗》云："桃李双凫舄[7]，风霜一豸冠[8]。才华惊世易，勋业到头难。白日空金马，青天下玉棺。传家有贤子，文或似欧韩。"甚为诸公所称。先子殁，与余善。后南京被围，阙食，余遇之富城西，敝衣繿缕可怜。已而，闻鬻卜天街[9]，值一回鹘问卜[10]，子忠以文语应之，为回鹘所殴。北渡，将还乡，道病死，哀哉！（卷五）

【注释】

① 河内：金河东南路怀州治所（今河南焦作市沁阳市）。

② 平阳：金河东南路平阳府（治今山西临汾市）。

③ 国史院编修官：金国史院属官。金始置国史院，设监修国史一员，掌监修国史事；次修国史一员，掌修国史、判院事；同修国史二员，女真、汉人各一员；编修官正八品，女真、汉人各四员；检阅官从九品，女真、汉人各五员；修辽史刊修官一员，编修官三员。

④ 应奉翰林文字：金翰林学士院属官。设翰林学士承旨，从二品，掌制撰词命，凡应奉文字、衔内带知制诰（直学士以上职掌同）；翰林学士，正三品；翰林侍读学士，从三品；翰林侍讲学士，从三品；翰林直学士，从四品，不限员；翰林待制，正五品，不限员，分掌词命文字、分判院事、衔内带知制诰；翰林修撰，从六品，不限员，掌与待制同；应奉翰林文字，从七品。

⑤ 太玄：又作《太玄经》，十卷，西汉扬雄撰。仿《周易》之体，融儒、道、阴阳三家之学。

⑥ 雷、宋：指雷渊（希颜）、宋九嘉（飞卿）等人。

⑦ 凫舄：指仙履。后常用以称县令。《后汉书·方术传上·王乔》："王乔者，河东人也。显宗世，为叶令。乔有神术，每月朔望，常自县诣台朝。帝怪其来数，而不见车骑，密令太史伺望之。言其临至，辄有双凫从东南飞来。于是候凫至，举罗张之，但得一只舄焉。乃诏上方詠视，则四年中所赐尚书官属履也。"

⑧ 豸冠：古代传说中神兽獬豸之角冠。獬豸生一角，能别曲直，触邪佞。借以指纠察、执法官。

⑨ 鬻卜：犹"鬻卦"。以占卜为生。　天街：汴京内城南门大街。

⑩ 回鹘：亦作"回纥"。古族名。北魏时，东部铁勒袁纥部落游牧于鄂尔浑河、色楞格河流域，臣属于突厥人。隋称韦纥，大业元年（605），与仆固、同罗、拔野古等联盟反抗突厥，总称回纥。唐天宝三载（744），破东突厥，建立回纥汗国，后助唐平安史之乱。贞元四年（788），自请改称回鹘。开成五年（840），为黠戛斯所破。部众分三支西迁：一迁吐鲁番盆地，称高昌回鹘或西州回鹘；一迁葱岭西楚河一带，称葱岭西回鹘；一迁河西走廊，称河西回鹘。

7. 冯　壁

冯内翰壁[1],字叔献,真定人。为人严毅整肃,望之俨然,人莫敢视。然文采风流,言谈洒落,使人爱之不能舍以去。诗笔清遒,字画严峻,为一时所称。与李屏山、王从之同年第[2],二公皆重之。大安初[3],入翰林,由应奉迁修撰。后屡为法官,台察弹劾不避权势。时高琪当国,察其畏谨,数以公推考贵人,所拟辄称旨,朝士多侧目,颇有刻骨之讥。屡上章言事,又条上恢复之策。出为同知亳州[4]。致仕归,于嵩山结茅玉峰下[5],自号松庵,徜徉泉石间。酿酒名"松醪",味胜京师。采兰置室中,与山僧野客作斗兰会。壬辰之乱北归[6],由东平至镇阳以殁[7],年七十有九。平生文章工于四六,尺牍为当代之冠,人得一篇皆宝藏之。与韩温甫、高献臣友善[8]。后进中特喜雷希颜、冀京父、王仲泽[9],皆从之游。颇与余先子善。壬辰岁,围城中,余居与公相近,甚相往来。时公年已高,神采毅然,目光如炬,布袍麻屦,杖策翩然,后生辈莫及也。北迁后,再见于镇阳。今其亡矣,前辈风流遂不复见,惜哉。子渭,以孝称。(卷五)

【注释】

① 内翰:唐以来称翰林学士为内翰。

② 同年第:同年进士及第。据《金史》,壁与李纯甫、王若虚皆为承安二年(1197)经义进士。

③ 大安:金卫绍王年号(1209—1211)。

④ 同知:金府州次官,正四品。

⑤ 嵩山:古称"中岳",为五岳之一。在河南府登封县(今河南郑州市登封市)西北。由太室山、少室山组成,共七十一峰。　玉峰:太室山南有玉镜峰、玉柱峰,西有玉人峰、玉女峰;少室山东有连天峰、紫霄峰,双峰依立,亦称并玉峰。未知孰是。

⑥ 壬辰之乱:指天兴元年(1232)三月,蒙古兵围汴京;十二月,哀宗出奔,明年六月至蔡州。

⑦ 东平:金山东西路东平府,治须城(今山东泰安市东平县)。

⑧ 韩温甫、高献臣:韩玉,字温甫,渔阳(今天津市蓟县)人;擢第,入翰林为应奉文字,后为凤翔府判官;大安中,北兵围中都时,西夏侵扰边州,玉以同知陕西东路转运使兼都统,募兵拒之,旋被诬有异志,鞫死狱中。本书卷五有传。高庭玉,字献臣,恩州(治今山东德州市西南)人;少擢第,入官有能声,为左司郎中,后出为河南府治中;贞祐初,北兵再围中都,庭玉激主帅赴援,被诬有异志,死狱中。本书卷四有传。

⑨ 冀京父、王仲泽：冀禹锡，字京父，惠州龙山（今河北承德市平泉县西南）人；少擢大兴魁，入太学；弱冠登高第，与雷渊、宋九嘉同榜，入仕有能声；哀宗东迁归德，除应奉翰林文字，充尚书省都事，值兵变被杀。王渥，字仲泽，太原人；少游太学，有词赋声，南渡后擢第，召为省掾；尝使宋至扬州，应对敏捷，为宋人所重，累迁枢密院经历官、右司都事；天兴改元，提兵出援武仙，遇北兵于郑州西，力战而殁。二人传皆在本书卷二。

8. 吾古孙仲端

吾古孙参政仲端字子正①，女直进士也②。为人谨厚，莅官以宽静称。兴定间，由礼部侍郎使北朝，从入西域，二年始归。为陈州防御使③，迁御史中丞，为参知政事，人望甚隆。天兴东狩④，罢为翰林学士承旨。知时事不可支，家居一室，陈平生玩好，日与夫人宴饮为欢。癸巳正月下旬⑤，忽闭户自缢，其夫人亦从死。明日，有崔立之变⑥，若先知者。金国亡，大臣中全节义者一人。公使归时，备谈西北所见，属赵闲闲记之，赵以属屏山，屏山以属余，余为录其事，赵书以石，迄今传世间也。（卷六）

【注释】

① 吾古孙仲端：《金史》中作"乌古孙仲端"。本名卜吉，字子正。承安二年（1197）策论进士。宣宗时累官礼部侍郎，尝奉使乞和于蒙古。

② 女直：即女真。辽时避兴宗耶律宗真讳，改为"女直"。金科举仿唐、宋及辽制而有不同，较为杂乱。金初以词赋、经义、策试科取士，又有南北两选等。天德二年（1150），海陵王改制，始设殿试，定三年一试，且罢经义、策试，专试词赋。大定十一年（1171），世宗始设女真进士科，中选为策论进士。癸巳首科女真进士，取徒单镒等二十七人。女真进士科并非专为女真人而设，但考试使用女真文字（后期犹加试骑射），故所取多为女真族士人。明昌元年（1190），章宗又设制举宏词科，以待非常之士。以上试词赋、经义、策论中选者，谓之进士。应制举宏词中选者，为特赐进士及第、特赐同进士出身等。

③ 陈州：金南京路陈州，治淮阳（今属河南周口市）。　防御使：金置州有四等，曰节度州、观察州、防御州、刺史州。州军政长官则分别为节度使、观察使、防御使、刺史。

④ 天兴东狩：指天兴元年（1232）十二月，蒙古兵围南京（今河南开封市），援军不至，粮草将尽，哀宗以右丞相枢密使兼左副元帅赛不、平章政事权枢密使兼右副元帅白撒等为扈从，以参知政事兼枢密院副使完颜奴申、枢密副使兼知开封府权参知政事习捏阿不、里城四面都总领户部尚

书完颜珠颗、外城东面元帅把撒合、南面元帅术甲咬住、西面元帅崔立、北面元帅孛术鲁买奴等留守,出京东奔归德(今河南商丘市)。

⑤ 癸巳:指天兴二年(1233)。

⑥ 崔立之变:天兴二年正月,南京外城西面元帅崔立兵变,杀完颜奴申及留守官员,以城降蒙古元帅速不台,金国都遂陷。

9. 完颜胡斜虎

完颜右丞胡斜虎字仲德[①],女直进士也。为人忠实,有时望。尝帅秦、巩[②]。天兴改元,南京被围,仲德提孤军入援,转战数回,止存五六人。至京城门,遇末帝东狩[③],因从以行。驻睢阳[④],拜参知政事。从徙蔡州[⑤],进右丞,间关阴阻中尽心不懈。蔡围既急,末帝内禅[⑥],崩。城陷,仲德帅兵三百,力战不支,赴蔡水死[⑦],军士皆从之,其得士心,虽古之田横无以加也[⑧]。金国亡,死君者,惟仲德。(卷六)

【注释】

① 完颜胡斜虎:《金史》本传为"完颜仲德,本名忽斜虎"。

② 秦、巩:金凤翔路秦州(治今甘肃天水市)、临洮路巩州(治今甘肃定西市陇西县)。

③ 末帝:此指金哀宗。聚珍本案:"《金史》本传以天兴元年九月拜参知政事,在哀宗东狩以前四月,与此《志》所云从帝东狩,拜参知政事异。"

④ 睢阳:金归德府治所(今河南商丘市睢阳区)。

⑤ 蔡州:金南京路蔡州,治汝阳(今河南驻马店市汝南县)。

⑥ 末帝内禅:天兴三年(1234)正月,宋蒙联军合围蔡州,哀宗禅位于东面元帅完颜承麟。宋将孟珙军破城,哀宗自缢死。末帝承麟退至汝水上,为乱兵所杀,金亡。

⑦ 蔡水:即汝水。在城东南五里。

⑧ 田横:秦临淄郡狄县(今山东淄博市高青县东南)人。本齐国贵族。秦末从兄田儋起兵,重建齐国。楚汉争战时,自立为齐王,不久为汉军所破,投彭越。汉立,率徒属五百馀亡于海岛。汉高帝五年(前202),高祖遣使召之,被迫前往洛阳,因不愿称臣,自杀于途。居海岛徒属闻横死,亦皆自杀。

10. 纥石烈牙忽带

南渡之后,为将帅者多出于世家,皆膏粱乳臭子,若完颜白撒[①],止以能打球称。又，完颜讹可[②]，亦以能打球，号板子元帅。又，完颜定奴[③]，号三脆羹。又有以忮忍号火燎元帅者[④]，又纥石烈牙忽带号卢鼓椎[⑤]，好用鼓椎击人也。其人本出亲军，颇勇悍，镇宿、泗数年[⑥]，屡破宋兵。有威，好结小人心。然跋扈，不受朝廷制。尝入朝诣都堂，诋毁宰执，宰执亦不敢言，而人主倚其镇东，亦优容之也。尤不喜文士，僚属有长裾者，辄取刀截去。又喜凌侮使者，凡朝廷遣使者来，必以酒食困之，或辞以不饮，因并食不给，使饿而去。张用章尝以司农少卿行户部[⑦]，过宿见焉，牙虎带召饮，张辞以有寒疾。牙虎带笑曰："此易治耳。"趣命左右持艾炷来，当筵令人拉张卧，遽爇艾于腹[⑧]，张不能争，遂灸数十。又因会宴，诸将并妻皆在座，时共食猪肉馒头，有一将妻言素不食猪肉，牙虎带趣左右易之。须臾食讫，问曰："尔食何肉？"其人对曰："蒙相公易以羊肉，甚美。"牙虎带笑曰："不食猪肉而食人肉何也？尔所食非羊，人也。"其人大呕，疾病数日。又御史大夫合住因事过宿，牙虎带馆之酒肉，使妓歌于前。及夜，因使其妓侍寝，迟明将发，令妓征钱。合住愕然，牙虎带因强发其箧笥[⑨]，取缯帛悉以付妓，曰："岂有官使人而不与钱者乎？"合住无以对而去。故司农、御史皆不敢入其境，避之。又，宿州有营妓数人[⑩]，皆其所喜者，时时使一妓佩银符[⑪]，屡往州郡取贿赂，州将夫人皆远迎，号"省差行首[⑫]"，厚赠之，其暴横若此。及康锡伯禄为御史[⑬]，上章言其事，且曰："朝廷容之，适所以害之。欲保全其人，宜加裁制。"然朝廷竟不能治其罪。后北兵入境，移镇京兆，军败召还，道病死。在东方时，卢鼓椎之名满民间，儿啼亦可怖，大概如呼麻胡云[⑭]。（卷六）

【注释】

① 完颜白撒：内族。本名承裔，末帝承麟之兄。自幼为奉御。贞祐间，为知临洮府事兼本路兵马都总管。兴定元年（1217），为元帅左都监、行帅府事于凤翔。以伐宋有功，转权参知政事，行省于平凉，大败夏军于定西州。正大五年（1228），入为平章政事。其居西陲多年，虽立战功，然皆赖诸将之力，且本性懦怯，刚愎贪鄙，又目不知书。及入相，专横尤甚。九年，蒙古军围汴，主汴京西南防务。哀宗出奔，为右副元帅扈从。天兴二年（1233），攻卫州失败，仓皇拥帝走归德，众以其误国，责下狱死。

② 完颜讹可：内族，护卫出身。正大八年（1231）九月，蒙古军攻河中，讹可为元帅右监军将兵守之。城破，率残兵逃归陕州，决杖二百而死。下文"板子元帅"，《金史》中作"板子讹可"，谓尝误以宫中牙牌报班齐者为板子，故时人以是目之。此《志》中"板子"，或指打球用具，以善击球而名之。

③ 完颜定奴：尚书左丞完颜纲弟。充护卫，除平凉府判官，累官同知真定府，历诸方镇。大安

二年（1210），迁元帅右都监，救西京。宣宗时，官至签枢密院事、行院事兼知归德府事，召为刑部尚书、参知政事。兴定三年（1219）卒。下文“三脆羹”，本为菜名，未知与定奴有何干系。

④ 忮（zhì）忍：嫉妒残忍。

⑤ 纥石烈牙忽带：《金史》本传作“纥石烈牙吾塔”，本名志。

⑥ 宿、泗：金南京路宿州（治今属安徽）、泗州（治今江苏淮安市盱眙县西北）。

⑦ 司农少卿行户部：兴定六年（1222），金宣宗置司农司。设大司农一员，正二品。卿三员，正四品。少卿三员，正五品。知事二员，正七品。卿以下迭出巡案，察官吏臧否而升黜之。行户部，行六部之一。宣宗时，设行六部于各地，作为中央尚书省六部派出机构。参见上第4则注释③“行台”。

⑧ 爇（ruò）艾：艾灸。用艾炷熏灼穴位。爇，点燃，焚烧。

⑨ 箧笥（qiè sì）：藏物竹器。

⑩ 营妓：军中官妓。

⑪ 银符：银质符牌。金朝符牌制，凡发遣使者，皆佩牌，有金、银、木之别，以示尊卑。

⑫ 省差（chāi）行（háng）首：意谓官府所差遣的高级妓女。省，本指中央官署，此指地方行政机关，犹行省。行首，上等妓女，亦指名妓。

⑬ 康锡伯禄：康锡，字伯禄，沃州（治今河北石家庄市赵县）人。至宁元年（1213）进士，与雷渊、冀禹锡、宋九嘉等同榜。正大初，由省掾拜监察御史，尝劾侯挚、师安石非相才。转右司都事、南京路司农丞。出为河中府治中。城陷，投水死，年四十八。

⑭ 麻胡：传说中人名。说法不一，以残暴著称。民间习用以恐吓小儿。唐张鷟《朝野佥载》（补辑）：“后赵石勒将麻秋者，太原胡人也，植性虓险鸩毒。有儿啼，母辄恐之‘麻胡来’，啼声绝。至今以为故事。”一说，为隋将军麻祜（叔谋）。唐颜师古《大业拾遗记》：“（炀帝）命云屯将军麻叔谋，浚黄河入汴堤，使胜巨舰。叔谋衔命甚酷，以铁脚木鹅试彼深浅，鹅止，谓浚河之夫不忠，队伍死冰下。至今儿啼，闻人言‘麻胡来’，即止。其讹言畏人皆若是。”唐李匡义《资暇集》卷下：“俗怖婴儿曰‘麻胡来’。不知其源者，以为多髯之神而验刺者，非也。隋将军麻祜，性酷虐，炀帝令开汴河，威稜既盛，至稚童望风而畏，互相恐吓曰：‘麻祜来！’稚童语不正，转‘祜’为‘胡’。”后比喻吃孩子的恶魔。

11. 南 京 子 城

兴定初，朮虎高琪为相，建议南京城方八十里，极大，难守。于内再筑子城，周方四十里，坏民屋舍甚众。工役大兴，河南之民皆以为苦。又使朝官监役，分督方面，少不前，辄杖之①。及北兵入河南，朝议守子城，或云，一失外城，则子城非我有，遂止，守外城。外城故宋所筑，土脉甚坚，北兵攻之，旬馀不能拔，而新筑子城竟无用也。嗟乎！愚人之虑何如哉[2]？使天下郡邑俱失，纵然独保一子城，何以国也？然子城初起时，于地中得一石碣，上有诗云：“瑞云灵气锁城东，他日还应与北同。岁月迁移人事变，却来此地再兴功。”亦有数云。其字书类宋人，迄今犹在相国寺[3]。（卷七）

【注释】

① “兴定初”至“辄杖之”一段：聚珍本案：“《金史·宣宗本纪》，贞祐四年十二月，高琪请修南京里城，宣宗有‘民力已困，此役一兴，病滋甚矣’云云。《高琪传》所载亦同。似不行其议者。《完颜赛不传》，兴定元年七月，上章言：‘外城虽坚，然周六十馀里，仓猝有警，难于拒守。城中有子城故基，宜于农隙筑而新之，为国家久长之利。’从之。其称外城周六十馀里，与此《志》八十里有异，且在高琪所请不行后半载上章，与此《志》专指高琪建议亦异。然倡之者高琪，究以此《志》为得其实。”

② 何如：比……怎么样。此句意谓比愚人之虑犹不如呢。

③ 相国寺：位于南京（今河南开封市）内城东南。本名建国寺，北齐天保六年（555）建，唐睿宗延和元年（712）改名大相国寺，沿用至今。

12. 南渡苟安

南渡之后，为宰执者往往无恢复之谋，上下同风，止以苟安目前为乐，凡有人言当改革，则必以生事抑之。每北兵压境，则君臣相对泣下，或殿上发叹吁。已而敌退解严[1]，则又张具会饮黄阁中矣[2]。每相与议时事，至其危处，辄罢散曰：“俟再议。”已而复然，因循苟且，竟至亡国。（卷七）

【注释】

① 解严：解除戒备措施。

② 黄阁：宰相官署。金指尚书省。

13. 词赋状元

金朝取士，止以词赋、经义学，士大夫往往局于此，不能多读书。其格法最陋者[①],词赋状元即授应奉翰林文字,不问其人才何如,故多有不任其事者。或顾问不称上意,被笑嗤,出补外官。章宗时,王状元泽在翰林[②],会宋使进枇杷子,上索诗,泽奏:"小臣不识枇杷子。"惟王庭筠诗成[③],上喜之。吕状元造[④],父子魁多士,及在翰林,上索重阳诗,造素不学诗,惶遽献诗云:"佳节近重阳,微臣喜欲狂。"上大笑,旋令外补。故当时有云:"泽民不识枇杷子,吕造能吟喜欲狂。"(卷七)

【注释】

① 格法:成法;法则。

② 王状元泽:王泽,太原(今属山西)人。明昌二年(1191)进士榜词赋状元。《知不足斋丛书》本鲍廷博按:"后云'泽民不识枇杷子',此处疑脱'民'字。否则,泽字泽民也。"

③ 王庭筠:字子端,辽东盖州(今辽宁营口市熊岳镇)人。大定十六年(1176)进士擢第,为恩州军事判官。明昌三年(1192),召为应奉翰林文字,后迁翰林修撰。泰和二年(1202)卒,年五十二。庭筠学识渊博,工诗文书画,其荐引者如赵秉文、冯璧、李纯甫等,皆一时名士。

④ 吕状元造:吕造,字子成,大兴(今北京市大兴区)人。承安二年(1197)进士榜词赋状元。其父忠翰亦为贞元二年(1154)进士榜状元,官至翰林待制。

14. 王 翛 然

金朝士大夫以政事最著名者曰王翛然[①]。尝同知咸平府[②],摄府事。时辽东路多世袭猛安、谋克居焉[③],其人皆女直功臣子,骜亢奢纵不法[④]。公思有以治之,会郡民负一世袭猛安者钱,贫不能偿,猛安者大怒,率家僮辈强入其家,牵其牛以去,民因讼于官。公得其情,令一吏呼猛安者,其猛安者盛陈骑从以来,公朝服,召至听事前,诘其事,趋左右械系之,乃以强盗论,杖杀于市,一路悚然。后知大兴府,素察僧徒多游贵戚家作过[⑤],乃下令,午后僧不得出寺,街中不得见一僧。有一长老犯禁,公械之。长老者素为贵戚所重,皇姑某国公主使人诣公请焉,公曰:"奉主命,即令出。"立召僧,杖一百,死。自是,京辇肃清[⑥],人莫敢犯。世宗深见知,故公得行其志也。公为人恬淡简静,颇留意养生,每食,必以时,过午则不食也。临终,斋沐而逝,于死生了然。其为吏之名,至今人云过宋包拯远甚[⑦]。其子渐,为吏亦有能称,为中都警巡使[⑧]。(卷八)

【注释】

① 王翛然：王翛，字翛然，范阳（今河北保定市涿州市）人。大定中，为大兴少尹，迁咸平转运使，改知沈州。坐冤家所诬，夺官。宰相有为辩理，得郑州防御使。章宗即位，召拜礼部尚书，以选为大兴尹。再为护前者所排，系狱累月，出归范阳。明年起为定国军节度使，致仕，卒。遗命无请谥、无立碑。

② 咸平府：金咸平路府，治平郭（今辽宁铁岭市开原市）。

③ 猛安、谋克：女真族最初出猎组织，后演变为军事组织，按什伍进位编制，即击柝为伍长、执旗为什长、谋克为百夫长、猛安为千夫长。女真立国后，猛安、谋克进一步变革为地方行政组织，诸路以三百户为谋克，十谋克为猛安。金国版图扩展，新占之地不宜再用本族旧制，始置长吏以下，行三省之制。

④ 骜亢奢纵：高傲不驯、奢侈放纵。

⑤ 作过：做坏事。

⑥ 京辇：国都。大兴府为金中都，故称。

⑦ 包拯：字希仁，北宋庐州合肥（今属安徽）人。天圣进士。仁宗时累迁监察御史，改知谏院，屡弹劾权幸大臣。授天章阁待制、龙图阁直学士、河北都转运使。后召权知开封府、权御史中丞、三司使等，官至枢密副使。嘉祐七年（1062）卒，年六十四。赠礼部尚书，谥孝肃。

⑧ 警巡使：警巡院长官。金承辽制，诸京置警巡院。设使一员，正六品，掌平理狱讼、警察别部、总判院事。副使一员，从七品，掌警巡之事。判官二员，正九品，掌检勾稽失、签判院事。司吏，女直，中都三人，上、东、西三京各二人，馀各一人；汉人，中都十五人，南京九人，西京八人，东京六人，北京五人，上京四人。惟东、西、北、上京无副使。

15. 李纯甫论文

李屏山教后学为文，欲自成一家，每曰："当别转一路，勿随人脚跟。"故多喜奇怪，然其文亦不出庄、左、柳、苏①，诗不出卢仝、李贺②。晚甚爱杨万里诗③，曰："活泼刺底④，人难及也。"赵闲闲教后进为诗文则曰："文章不可执一体，有时奇古，有时平淡，何拘？"李尝与余论赵文曰："才甚高，气象甚雄，然不免有失支堕节处⑤，盖学东坡而不成者。"赵亦语余曰："之纯文字止一体，诗只一句去也。"又，赵诗多犯古人语，一篇或有数句，此亦文章病。屏山尝序其《闲闲集》云："公诗往往有李太白、白乐天语，某辄能识之。"又云："公谓男子不食人唾，后当与之纯、天英作真文字⑥。"亦阴讥云。（卷八）

【注释】

① 庄、左、柳、苏：指《庄子》《左传》、柳宗元、苏轼。

② 卢仝、李贺：唐诗人。卢仝，自号玉川子，范阳（今河北保定市涿州市）人。青年时隐居少室山，家贫，勤奋读书，不思仕进。诗为韩愈所称。大和九年（835）十一月，甘露之变时，因留宿宰相王涯家，与王同时遇害。有《玉川子诗集》。李贺，字长吉，福昌（今河南洛阳市宜阳县西）人。唐皇室远支，家世早落，仕途偃蹇，仅曾官奉礼郎。避家讳，不得应进士科考试，韩愈尝为作《讳辩》。其诗长于乐府，善熔铸词采，诗境新奇瑰丽，号“李长吉体”。有《昌谷集》。

③ 杨万里：南宋诗人。字廷秀，室号诚斋，吉州吉水（今属江西吉安市）人。绍兴二十四年（1154）进士及第。历国子博士、侍讲、枢密院检详官，累迁宝谟阁学士。一生作诗两万馀首，构思新巧，语言明畅，自成一家，时称“诚斋体”。诗与尤袤、范成大、陆游齐名，合称“中兴四大家”。有《诚斋集》。

④ 活泼剌：生动自然貌。

⑤ 失支堕节：犹言支离破碎，未能浑然天成。

⑥ 之纯、天英：李纯甫、李经。参见上第1则及注释⑱。

16. 赵秉文雪仇

赵闲闲以文学名一世，于吏事非所长。兴定初，术虎高琪为相，恶士大夫，有罪辄以军储论加棰杖①，在位者往往被其苦。俄命赵公摄南京转运司②，未几，果坐误粮草事，当杖。既奏，宣宗曰：“学士岂当棰邪？”高琪曰：“不然无以戒后。”遂杖四十，公大愤焉。其后，高琪诛，诏适公当笔，首曰：“君臣分严，无将之罪莫大③；夫妇义重，不睦之刑何逃？曾是一身，兼此二恶。”人谓赵公之仇雪矣。（卷八）

【注释】

① 军储：指粮秣等军需物资。　棰杖：用棍棒拷打。

② 转运司：金于诸路设转运司。长官为转运司使，正三品，掌税赋钱谷、仓库出纳、权衡度量之制。同知，从四品。副使，正五品。都勾判官，从六品，掌纪纲众务、分判勾案，惟南京勾判兼上林署丞。户籍判官二员，从六品，不许别差，专管拘收征克等事。支度判官二员，从六品，掌勾判、分判支度案事。盐铁判官一员，从六品。惟中都路置都转运司，馀置转运司。

③ 无将（jiāng）：原谓无存叛逆篡弑之心，后亦多反其意而用之，谓心存谋逆为“无将”。

17. 求赵秉文书

赵闲闲本好书，以其名重也，人多求之，公甚以为苦。尝于礼部厅壁上榜云："当职系三品官①，为人书扇面失体，请诸人知。"既致仕，于宅门首书曰："老汉不写字。"然燕居无客未尝不钞书，相识辈强请亦不能拒。若夫其心所不喜者，虽恳求竟不得也。雷希颜得其书最多，凡有求，未尝拒。盖公颇惮雷，且雷善求其书。时或邀公食后，出古人墨迹使观之，又出佳研、精纸、名墨在前；或饮以一二杯，待公有书兴，引纸落笔，俄顷数幅。雷旁观，辄称叹，凡一点一画，必曰："此颜平原也②。""此米元章也③。"公既喜，遂书不倦。又，雷与屏山皆不工书，赵公尝笑之曰："希颜堂堂如此，而写如此字。"一日，在礼部，适公为王从之书，末云："某月日为从之天下士书，髯雷在侧④。"笑其不工也，阖坐大噱。又一日，雷得郭恕先篆数幅⑤，甚珍之，以示赵公。公亦喜，雷因求跋尾，公跋云："恕先篆不减唐人，然迄宋百馀年不经诸名士发扬，此一反雷希颜而趣售之⑥。其鉴裁如此。然其书不减李屏山，此一反。"后数日，公婿张履求书，余亦在座，公跋其尾云："年月日，微雨中为张倩书，雷希颜欲以恕先篆相易。"雷愕然，公徐曰："刘京叔不可，乃止。"因相与大笑。又，王武叔出馆补外⑦，未赴，甚贫，会五月麦熟，将出京求济于交友辈，持素纨扇数十，诣公求书，公拒之。武叔素嗜酒不检，既出公门，大叫呼公，公闻而遽召，为书之。然每一扇头但书古诗一联，有曰"黄花入麦稀"者⑧，有曰"麦天晨气润"者⑨，有曰"麦陇风来饼饵香"者⑩，盖嘲王求麦也。然王竟以其书多所获。又一日，公在礼部，白枢判文举诸人邀公饮丹阳观⑪。公将往，先谓诸人曰："吾今往，但不写字耳。如求字者，是吾儿。"文举曰："先生年德俱高，某等真儿行也。"公笑，又为书之。（卷九）

【注释】

① 当职系三品官：兴定元年（1217），赵秉文拜礼部尚书，正三品。

② 颜平原：颜真卿，字清臣，唐京兆万年（今陕西西安市）人。开元进士。任殿中侍御史，后出为平原（治今山东德州市陵城区）太守。安禄山反，联络十七郡起兵抵抗，被推为盟主。历官至吏部尚书，封鲁郡公，人称"颜鲁公"。德宗建中四年（783），受命前往叛将李希烈部晓谕，为其缢杀。工书，初学褚遂良，后从张旭得笔法，创行、楷新格，人称"颜体"，与柳公权并称"颜柳"。

③ 米元章：米芾，宋书画家。初名黻，字元章，号襄阳漫士、海岳外史等。世居太原（今属山

西),迁襄阳(今属湖北),后定居润州(治今江苏镇江)。徽宗召为书画学博士。曾官礼部员外郎,人称"米南宫"。因举止颠狂,又称"米颠"。行、草书得力于王献之,用笔俊迈豪放,与蔡襄、苏轼、黄庭坚并称"宋四家"。擅画山水,不求工细,多用水墨点染,有"米家山""米氏云山"之称。

④ 髯雷:指雷渊。《金史》本传:"为人躯干雄伟,髯张口哆,颜渥丹,眼如望洋。"

⑤ 郭恕先:郭忠恕,字恕先,河南洛阳人。五代末、宋初书画家。七岁能诵书属文,举童子及第。后周广顺中,召为宗正丞兼国子书学博士,改《周易》博士。入宋,因被酒遭贬,流落不复求仕。太宗即位,授国子监主簿。益纵酒肆言,鬻卖官物,诏减死决杖流登州。太平兴国二年(977),行至齐州临邑卒。工画山水,兼精篆、隶。有《汗简》《佩觿》等书。

⑥ 此一反句:意谓反过来雷希颜则急于购买之。趣(cù)售,急于购买。

⑦ 王武叔:王彪,字武叔,大兴(今北京市大兴区)人。贞祐五年(1217)经义进士第一。性疏放,嗜酒,不拘细事。初对廷策,宣宗喜其文,特授国史院编修官,进司经。末帝在东宫,颇见知。后入翰林,为应奉,迁修撰。又出刺荆州,未赴。南京被围,服毒死。本书卷五有传。

⑧ 黄花句:唐司空图《独望》诗:"绿树连村暗,黄花入麦稀。远陂春早渗,犹有水禽飞。"见《全唐诗录》卷八十三。

⑨ 麦天句:北宋欧阳修《六一诗话》:"龙图学士赵师民,以醇儒硕学名重当时。为人沉厚端默,群居终日似不能言,而于文章之外,诗思尤精,如'麦天晨气润,槐夏午阴清'。前世名流,皆所未到也。"

⑩ 麦陇句:南宋释绍昙《偈颂》诗:"桑畴雨过罗纨腻,麦陇风来饼饵香。揭示西来端的意,好商量处错商量。"见《全宋诗》第65册。

⑪ 白枢判文举:白华,字文举,隩州(治今山西忻州市河曲县南)人。贞祐三年(1215)进士,为应奉翰林文字。正大元年(1224),累迁为枢密院经历官。六年,权枢密院判官。金亡入宋,为均州提督。后复归元,居真定。有诗名,与元好问为世交。子白朴为元曲名家。枢判,金枢密院判官。然《金史·百官志》枢密院官属不载此名。金太祖天辅七年(1123),始置枢密院;太宗天会二年(1124)伐宋,改为都元帅府;章宗泰和八年(1208),复改为枢密院。设枢密使一员,从一品,掌凡武备、机密之事。枢密副使一员,从二品。签书枢密院事一员,正三品。同签枢密院事一员,正四品。经历一员,从五品。都事一员,正七品,掌受事付事、检勾稽失省署文牍兼知宿直之事。架阁库管勾一员,正八品。知法二员,从八品,掌检断各司取法之事。馀检法同。

18. 赵可三以文字遇知人主

赵翰林可献之少时赴举,及御帘试《王业艰难》赋,程文毕,于席屋上戏书小词云[①]:"赵可可,肚里文章可可。三场捱了两场过[②],只有这番解火。恰如合眼跳黄河，知他是过也不过。试官道王业艰难，好交你知我。”时海陵庶人亲御文明殿[3]，望见之，使左右趣录以来，有旨谕考官：“此人中否当奏之。”已而中选，不然亦有异恩矣[4]。后仕世宗朝，为翰林修撰。因夜览《太宗神射碑》，反覆数四。明日，会世宗亲飨庙，立碑下，召学士院官读之，适有可在，音吐鸿畅如宿习然，世宗异之。数日，迁待制。及册章宗为皇太孙，适可当笔，有云：“念天下大器可不正其本欤？而世嫡皇孙所谓无以易者。”人皆称之。后章宗即位，偶问向者册文谁为之，左右以可对，即擢直学士。嗟乎，献之三以文字遇知人主，异哉。献之少轻俊，文章健捷，尤工乐章，有《玉峰闲情集》行于世。晚年奉使高丽[5]。高丽故事，上国使来，馆中有侍妓，献之作《望海潮》以赠，为世所传。其词云：“云垂馀发，霞拖广袂，人间自有飞琼。三馆俊游，百衔高选，翩翩老阮才名[6]。银汉会双星。尚相看脉脉，似隔盈盈。醉玉添春，梦魂同夜惜卿卿。　离觞草草同倾。记灵犀旧曲，晓枕馀酲。海外九州，邮亭一别，此生未卜他生。江上数峰青。怅断云残雨，不见高城。二月辽阳芳草，千里路旁情。”归而下世，人以为“此生未卜他生”之谶云。先是，蔡丞相伯坚亦尝奉使高丽[7]，为馆妓赋《石州慢》云：“云海蓬莱，风雾鬓鬟，不假梳掠。仙衣卷尽霓裳，方见宫腰纤弱。心期得处，世间言语非真，海犀一点通寥廓。无物比情浓，与无情相搏。　离索。晓来一枕馀香，酒病赖花医却。滟滟金尊，收拾新愁重酌。半帆云影，载得无际关山，梦魂应被杨花觉。梅子雨丝丝，满江千楼阁。”二词至今人不能优劣。予谓萧闲之浑厚，玉峰之峭拔，皆可人。然蔡之“仙衣卷尽霓裳，方见宫腰纤弱”与赵之“惜卿卿”皆不免为人疵议之矣[8]。（卷十）

【注释】

① 席屋：此指科场所搭简易房屋。

② 三场捱了两场过：金词赋进士考试，需考三场。《金史·选举志一》：“凡词赋进士，试赋、诗、策论各一道。经义进士，试所治一经义、策论各一道。”

③ 海陵庶人：指金海陵王完颜亮。本名迪古乃，字元功。金太祖之孙，辽王完颜宗幹第二子。熙宗时，至右丞相兼都元帅。皇统九年(1149)十二月，杀熙宗自立，改元天德。诛杀女真宗室贵族，起用契丹、渤海、汉人掌朝政。贞元元年(1153)迁都燕京，改名中都。正隆元年(1156)颁行正隆官制，补订法律。六年二月，征调各路兵马，大举侵宋。九月，亲督大军渡淮，出庐州。十一月，在采石矶为宋虞允文所败。又率军东至瓜洲，军中生变，被部将完颜元宜等杀死。先是，东京留守葛王完颜褎，已称帝于辽阳，为世宗(后改名雍)。闻亮死，降其为海陵郡王，复降为海陵庶人。谥炀。

④ 异恩：即特恩。金于廷试黜落者，但考文之高下，设特命及第，谓之特恩。

⑤ 高丽:又称“高句丽”,古族名。公元前37年建国,辖今鸭绿江及其支流浑江流域一带。后逐渐向朝鲜半岛迁移,与新罗、百济形成三国鼎立。427年迁都平壤。668年为唐和新罗联军所灭。918年,王建复立高丽国,936年统一朝鲜半岛,行唐制,尊佛教为国教,先后臣属宋、金、元。1392年为李氏朝鲜所取代。

⑥ 老阮:阮籍。字嗣宗,三国魏陈留尉氏(今属河南开封市)人。曾为步兵校尉,世称阮步兵。与嵇康齐名,为“竹林七贤”之一。恃才傲物,常以醉酒保身。其《咏怀》诗最为有名。

⑦ 蔡丞相伯坚:蔡松年,字伯坚,号萧闲老人,真定(今河北石家庄市正定县)人。以宋人随父降金,官至右丞相,加仪同三司,封卫国公。工诗,诗风清俊。宋金名士辛弃疾、党怀英尝从其学。

⑧ 疵议:非议;指责。

19. 人生三乐

人之生有三乐,有志气之乐,有形体之乐,有性命之乐①。夫事业、功名、权势、爵位,乐志气也;酒色、衣食、使令②、车马,乐形体也;仁义、礼知、忠信、孝弟,乐性命也。虽然,事业、功名、权势、爵位,得时者之所有也;酒色、衣食、使令、车马,富厚者之所备也;惟仁义、礼知、忠信、孝弟,虽不得时、不富厚而于我皆具,盖穷士之所有也。今吾既不得时有志气之乐,又不富厚有形体之乐,居荒山之中,日惟藜藿之为养③,其所享无一毫过于人,舍性命其何乐哉?(卷十二)

【注释】

① 性命:此处指修身立命。

② 使令:亦作“使伶”。供差役的奴仆。

③ 藜藿:灰菜与豆叶。亦泛指粗劣之食。

20. 士之多品

士之生于世,何其多品邪?有为公卿、宰辅以事业、功名显于后代者;有虽居下位不得柄用①,犹能以节义自著者;又有浮湛闾里②,应物持身,但以德善立名者;有放浪山林,草衣木食,以高洁自居者;有抒心文史,以著述吟讽有闻者;又有研精技艺,如阴阳、医药、卜筮、字画、绘画以名世者;又有纵酒放歌,废弃礼法以乐其形体者;又有抑情去欲、炼身服气以觊飞升者。要之各从所好,且有定数在,亦安能一其迹邪?今吾幼而苦学,及于齿壮,学虽粗成,而未有所遇。今穷居草野,日惟衣食之不充,将为事业、功名而不可得。又非居位当言,且临事变可以立节义。愿服炼[③],以懒惰不能。放纵,以拘窒不喜。诸技艺皆非所专心。平生以经籍文翰自娱。顾后日穷达犹未可知,然则独守吾残编断稿者,犹未为痴计也[④]。(卷十二)

【注释】

① 柄用:谓被信任而掌权。亦谓被任用。

② 浮湛(chén):随波逐流。

③ 服炼:亦作"服练"。服气修炼。道家养生延年之术。

④ 痴计:笨拙主意。

21. 诗 发 乎 情

夫诗者,本发其喜怒哀乐之情,如使人读之无所感动,非诗也。予观后世诗人之诗皆穷极辞藻,牵引学问[①],诚美矣,然读之不能动人,则亦何贵哉?故尝与亡友王飞伯言:"唐以前诗在诗,至宋则多在长短句,今之诗在俗间俚曲也,如所谓《源土令》之类[②]。"飞伯曰:"何以知之?"予曰:"古人歌诗,皆发其心所欲言,使人诵之至有泣下者。今人之诗,惟泥题目、事实、句法,将以新巧取声名,虽得人口称,而动人心者绝少,不若俗谣俚曲之见其真情而反能荡人血气也。"飞伯以为然。(卷十三)

【注释】

① 牵引:此指引证。

② 源土令:民间俚曲小调。未见于南北曲。金元散曲中有不少曲牌来源于民间俚曲,改冒旧词牌名后进入曲中。《源土令》有无改冒,待考。

22. 吾 道 盛 衰

吾道盛衰自有时,吾尝考之,如循环相乘除也[①]。周衰,诸侯不礼士。至战国,则魏文侯、燕昭王辈拥篲筑台[②],师事焉。继以始皇坑儒之祸。汉末,藩侯不礼士,而光武则安车蒲轮征聘焉[③]。继有桓、灵党锢之事[④]。唐朝士大夫往往为将相,有势位,后有白马之灾[⑤]。宋兴,内外上下皆儒者显荣,至宣、政极矣[⑥],至于金国,士气遂不振。而今日困顿摧颓亦何足怪?但我辈适当此运者为不幸耳。虽然,穷达一也,又何叹也。

贤人君子得志可以养天下,如不得志,天下当共养之。(卷十三)

【注释】

① 乘除:喻人事消长盛衰。

② 魏文侯、燕昭王辈拥篲筑台:魏文侯,名斯,魏桓公之子。战国时魏国建立者。在位时礼贤下士,师事子夏、田子方、段干木等人,任用李悝为相,吴起为将,西门豹为邺令,奖励耕战,兴修水利,使魏成为当时强国。燕昭王,名职,燕王哙庶子。战国时燕国君。即位后,改革政治,招徕人才,师事郭隗,任用苏秦、乐毅等,与民休息,国家逐渐殷富。后联合五国攻齐,遣乐毅攻占齐国七十馀城,使燕进入鼎盛期。拥篲筑台,指敬重贤良,招募人才。拥篲,执帚,古人迎候宾客,执帚扫除清道以示敬意。筑台,燕昭王筑台于易水边,置黄金其上,以招揽贤士。

③ 光武则安车蒲轮征聘:光武,东汉光武帝刘秀。字文叔,南阳蔡阳(今湖北襄阳市枣阳市西南)人。汉高祖九世孙。新莽时,入太学。更始元年(23)起兵复汉,建武元年(25)称帝,都洛阳。在位时,广延人才,大兴儒学,整顿吏治,减免赋税,释放奴婢,兴修水利,国力有所恢复和发展,史称"中兴"。安车蒲轮,指礼敬贤士。安车,可坐乘的小车。古车立乘,此为坐乘,故称安车。高官告老还乡或征召有重望之士,往往赐乘安车。安车多用一马,礼尊者则用四马。蒲轮,指用蒲草裹轮,减少震动,取其安也。古时常用于封禅或迎接贤士,以示礼敬。

④ 桓、灵党锢之事:东汉桓帝时,宦官专权。司隶校尉李膺等人与太学生郭泰、贾彪等连议朝政,品评公卿,深为宦官所忌。延熹九年(166),宦官乃诬膺等养太学游士,诽讪朝廷。李膺等二百馀名"党人"被捕,后虽释放,但终身不许为官。此谓第一次"党锢之祸"。灵帝即位后,外戚窦武执政,起用"党人",与太傅陈蕃谋诛宦官,事泄被杀。建宁二年(169),宦官侯览、曹节收捕李膺、杜密等百馀人下狱处死,并陆续诛杀、流徙、囚禁六七百人。熹平五年(176),灵帝又命凡"党人"门生故吏、父子兄弟,皆免官禁锢,连及五族。此谓第二次"党锢之祸"。

⑤ 白马之灾:唐昭宗天祐元年(904)正月,以柳璨为右谏议大夫同平章事。璨出身贫寒,升迁过速,常遭同列轻慢,璨深蓄怨,附朱全忠。二年五月,有占星者云,君臣俱灾,宜刑杀以应天变。璨乃疏轻己者三十馀人,诛杀大臣裴枢、陆扆等"衣冠清流"于滑州白马驿(今河南安阳市滑县东),投尸于河。伤害既甚,冤声载道,朱全忠亦心恶之。全忠代唐,借"兴复李氏"之名捕璨,璨临刑呼曰:"负国贼柳璨,死其宜矣!"参见《旧唐书·柳璨传》。

⑥ 宣、政:北宋徽宗年号。应为政和(1111—1117)、宣和(1119—1125)。

玉堂嘉话

[元] 王恽

《玉堂嘉话》八卷，元王恽撰。恽字仲谋，号秋涧，汲县（今河南新乡市卫辉市）人。中统元年（1260），东平宣抚使姚枢辟为详议官。寻选至京师，擢为中书省详定官。二年春，转翰林修撰、同知制诰兼国史院编修官。至元五年（1268），建御史台，首拜监察御史。十四年，除翰林待制，为朝列大夫。后历诸道提刑按察副使、提刑按察使，累官通议大夫、知制诰、同修国史。大德八年（1304）六月卒。赠翰林学士承旨、资善大夫，追封太原郡公，谥文定。恽为官刚正守职，工诗文。有《秋涧先生大全文集》行世。

《玉堂嘉话》记述中统二年至至元十四年，作者二度入翰林时一切掌故闻见。翰林院别称玉堂，是以题之。书中所记，半为亲历，足以见金末元初朝政制度、人物事迹，颇有史料价值；亦有转录时人文字，如卷二刘郁《西使记》、卷八张德辉《纪行》，皆为了解大蒙古国及西域历史重要文献，幸赖是书而存；另半则载录元灭宋后所获六朝以降书画名迹，可资考证，亦弥足珍贵。其中虽偶有疵累，然大致该洽，不为瑕掩。

选文标题为今本点校者杨晓春整理，置于正文之首。部分标题有改动。

1. 翰林承旨王鹗言行

大元中统二年秋七月①，恽自中省详定官②，用两府荐授翰林修撰③。其宣词云："行己无忝④，博学能文，顾超绝之逸材，足铺张于伟迹。宜司纶命⑤，以赞皇猷⑥。可特授翰林修撰、同知制诰兼国史院编修官⑦。当振斯文，以宣朕命。"其修撰雷膺词云⑧："昔年《诗》《礼》，已闻鲤过于庭前⑨；今日丝纶⑩，复见凤毛于池上⑪。"二词参政杨公笔也⑫。既拜，命谒承旨王公于寓馆⑬，公曰："唐人题名记为三千佛名经⑭，其充词臣者，即为一佛出世⑮。国家文治伊始，汝等首膺是选，于士林有光矣。"八月，上都文庙告成⑯，公命某官作释菜诸文⑰，颇立论其间。公曰："如此文字，有称功颂德而已。"又云："作文亦有三体，入作当如虎首，中如豕腹，终如虿尾⑱。虎首取其猛重，豕腹取其楦穰⑲，虿尾取其螫而毒也⑳。此虽常谈，亦作文之法也。"初，公既草诸相宣辞，通作一卷，实封，细衔书名，上用院印，付恽呈省。问焉，曰："白麻盖自中出㉑，今实封防其漏泄，亦唐人锁院之意也㉒。"其《立史院奏帖》有云："自古有可亡之国，无可亡之史，兼前代史纂，必代兴者与修。盖是非与夺待后人而可公故也。"公又亲笔作《金史大略》付恽，如帝纪、列传、志书，卷秩皆有定体，其传须三品有显烈者立。又云："太史张中顺，金一代天变皆有纪录。就此公未老，可亟与论定，亦是志书中一件难措手者。切念。"公讳鹗，字百一，曹之东明人。正大元年甲申获承榜状元第，遂应奉翰林文字，殊为金主眷顾。天兴二年，官通议右司员外郎㉓，后遇圣上，宠光益隆。如咨大计，以斯道觉民为先；论日蚀，以彻乐罢宴为对。开礼乐之源，则释菜先师；明庆威之权㉔，则张皇治本㉕。又以葬祭故主为请，允焉。后为伫哭汝水上㉖，哀动左右，天日为变色，仍私谥为义宗。据法："君死社稷曰义。"其忠不忘君如此。（卷一）

【注释】

① 中统：元世祖忽必烈年号（1260—1264）。为建元之始。

② 中省详定官：中书省敕令编修官。南宋置详定一司敕令官，简称详定官，由侍从官兼充，掌敕令编修及裁定。元沿置，隶中书省。

③ 两府：原注"谓内、外两省"。指中书省、行中书省。元尚书省三置三废，故政归中书省，为中枢机构，又以其派出机构行中书省（行省）进驻各地，掌地方行政及一切军国大事，与中书省相

表里。

④ 无忝:不玷辱;不羞愧。

⑤ 纶命:天子诏命。

⑥ 皇猷:帝王之谋略或教化。

⑦ 翰林修撰:元翰林院、国史院设官,皆承金制,参见第 12 页第 6 则注释③④。然并二院称“翰林兼国史院”。又另置蒙古翰林院,掌译写一切文字及颁降玺书。

⑧ 雷膺:字彦正,浑源(今属山西大同市)人。幼孤。金亡,随母北归浑源,笃志于学。太宗时,年甫弱冠,即以文学称。丞相史天泽镇真定,辟为万户府掌书记。世祖即位,授大名路宣抚司员外郎。中统二年,以翰林承旨王鹗荐为翰林修撰、同知制诰兼国史院编修官。后历诸道提刑按察司事,入拜监察御史,迁行台侍御史,以称职闻。官至中议大夫、江南浙西道提刑按察使。至元二十三年(1286)致仕,归老于山阳。二十九年,征拜集贤学士。大德元年(1297)六月,以疾卒于京师,年七十三。赠通奉大夫、河南江北等处行中书省参知政事、护军,追封冯翊郡公,谥文穆。

⑨ 已闻鲤过于庭前:用“孔鲤过庭”典,意谓自幼已学《诗》《礼》。孔鲤,字伯鱼,孔子之子。事见《论语·季氏》:“陈亢问于伯鱼曰:‘子亦有异闻乎?’对曰:‘未也。尝独立,鲤趋而过庭。曰:“学《诗》乎?”对曰:“未也。”“不学《诗》,无以言。”鲤退而学《诗》。他日又独立,鲤趋而过庭。曰:“学《礼》乎?”对曰:“未也。”“不学《礼》,无以立。”鲤退而学《礼》。闻斯二者。’陈亢退而喜曰:‘问一得三:闻《诗》,闻《礼》,又闻君子之远其子也。’”

⑩ 丝纶:帝王诏书。《礼记·缁衣》:“王言如丝,其出如纶。”孔颖达疏:“王言初出,微细如丝,及其出行于外,言更渐大,如似纶也。”此处借指入翰林草诏宣命。

⑪ 凤毛:比喻人子有才而似父辈者。《世说新语·容止》:“王敬伦风姿似父,作侍中,加授桓公公服,从大门入。桓公望之,曰:‘大奴固自有凤毛。’”余嘉锡笺疏:“南朝人通称人子才似其父者为凤毛。”《南齐书·谢超宗传》:“王母殷淑仪卒,超宗作诔奏之,帝大嗟赏,曰:‘超宗殊有凤毛,恐灵运复出。’”唐杜甫《奉和贾至舍人早朝大明宫》:“欲知世掌丝纶美,池上于今有凤毛。”据《元史·雷膺传》:“(膺)父渊,金监察御史。”

⑫ 参政:参知政事,中书省执政官。元中书省长官为中书令,皇太子领之。其下为右、左丞相(元以右为上,左为下)各一员,正一品,总省事。平章政事四员,从一品,掌机务,凡军国重事无不由之。右、左丞各一员,正二品,裁成庶务,号左右辖。参知政事二员,从二品,为副宰相,以参大政。参议中书省事四员,正四品,典右左司文牍,为六曹之管辖,预决军国重事。左、右司郎中各二员,正五品,左司掌吏、户、礼三房,右司掌兵、刑、工三房。两司员外郎各二员,正六品;都事各二员,正七品。　杨公:杨果,字正卿,祁州蒲阴(今河北保定市安国市)人。幼失怙恃,自宋迁亳,复徙居许昌。金正大元年(1224)登进士第。金亡,入史天泽幕。中统元年,为北京宣抚使。明年,拜参知政事。至元六年(1269),出为怀孟路总管。卒于家,年七十五。谥文献。性聪敏,美风姿,工文章。

⑬ 王公：王鹗，字百一，曹州东明（今山东菏泽市东明县东明集镇）人。金正大元年中进士第一甲第一人，授应奉翰林文字，累至左右司郎中。金亡，将被杀，为万户张柔所救。世宗即位，首授为翰林学士承旨，奏立翰林学士院、十道提举学校官。至元十年（1273）卒，年八十四。谥文康。

⑭ 三千佛名经：佛经名。具名《三劫三千佛名经》，即《过去庄严劫千佛名经》《现在贤劫千佛名经》《未来星宿劫千佛名经》。唐开元拾遗附梁录，宋畺良耶舍译，元藏合之为一部。经中列三千佛名，谓受持读诵佛名号而思惟赞叹者，超越过去无数劫罪，得现世安稳，远离诸难，于未来成无上菩提。有关诸佛数目，各本所举略有出入。

⑮ 一佛出世：喻事不易。《隋书·经籍志四》："每一小劫则一佛出世。"北宋叶廷珪《海录碎事》卷十一上《中书舍人门》："（唐文宗）尝谓近臣曰：'词臣之选，古今尤重。朕闻朝廷除一舍人，六亲相贺，谚以为一佛出世，岂容易哉。'"

⑯ 上都：中统元年（1260），元世祖忽必烈登大汗位于开平（今内蒙古锡林郭勒盟正蓝旗上都镇东），五年，加号上都。至元元年（1264），改燕京（今北京市）为中都；四年，于中都之东北置新城而迁都；九年，改大都。立两都巡幸制，岁一幸焉。八年，定国号为"元"。后历十一帝，其中六帝登基于上都。

⑰ 释菜：亦作"释采"。古代入学时祭祀先圣先师之典。

⑱ 虿（chài）：蝎子类毒虫。

⑲ 楦穰（xuàn ráng）：又作"楦瓤"。泛指将中空物体填实或撑足。此处意谓有容而充实。

⑳ 螫（shì）：蜂、蝎等用毒刺蜇。

㉑ 白麻："白麻纸"省称。用苘麻所制纸。唐制，由翰林学士起草凡赦书、德音、立后、建储、大诛讨及拜免将相等重要诏书，皆用白麻纸，因直接从禁中发出，故称"内制"。中书舍人所撰一般诏书，用黄麻纸，因由外朝所出，故称"外制"。

㉒ 锁院：指翰林院处理如起草诏书等重大事机时，锁闭院门，断绝往来，以防泄密。锁院制行于宋，非唐也。《宋史·职官志二》："凡拜宰相及事重者，晚漏上，天子御内东门小殿，宣召面谕，给笔札书所得旨。禀奏归院，内侍锁院门，禁止出入。夜漏尽，具词进入；迟明，白麻出，阁门使引授中书，中书授舍人宣读。其馀除授并御札，但用宝封，遣内侍送学士院锁门而已。至于赦书、德音，则中书遣吏持送本院，内侍锁院如除授焉。"

㉓ 通议右司员外郎：散官与职官的合称，即通议大夫、右司员外郎。金文官散阶在唐、宋基础上增至四十二阶，凡九品，通议大夫为正四品中。右司员外郎，正六品。参见第 4 页第 1 则注释⑩。

㉔ 庆威：嘉赏与惩罚。

㉕ 张皇：光大；显扬。

㉖ 汝水：在蔡州城东南五里。金末帝战死于此。参见第 15 页第 9 则注释⑥。

2. 鹿庵先生撰赵氏碑文

浮阳王岎文叔说[①]:“初,鹿庵先生奉敕定撰赵秘书先世碑文[②]。才毕,先生梔车过予于崇宁里[③],迎视,若有喜色,未审何为。坐定,出此文,至其论说:‘噫!古人有言,风霜别草木之性,危乱显贞良之节。夫危乱世常有,而全节死义之士不可常得。或相去数百年,或相望数千里,时有一二焉。独赵氏一门之内,父子兄弟乃有四人,真可尚哉!昔比干效忠于殷[④],而受封于周;尧君素尽节于隋[⑤],而唐太宗为文祭之。盖天下之善一也,圣人一视同仁,宁有彼此之分哉!今赵氏父子兄弟尽忠于金,而圣天子为之立碑,渊衷睿监[⑥],盖与夫唐太宗、周武王之心不侔而同矣。敢对扬休命[⑦],系之以铭。’先生不觉自读者再。公气养素厚,且复尔耳,谅以自得用事切当为喜。乃知文士气习,至其适意,不知手舞足蹈,古今通一致也。”又说:“吕逊尝谈赵著、吕鲲以诗鸣燕朔间[⑧],二人皆出耶律相门下[⑨]。虎岩每得一联一咏,即提掷其帽于几,龙山从旁谓曰:‘不知李、杜平时费多少帽子!’闻者为捧腹。”(卷一)

【注释】

① 浮阳:古县名。西汉置,为勃海郡治所(今河北沧州市东南)。隋开皇十八年(598),改清池县,后因之。元清池县迁长芦镇(今河北沧州市),为河间路沧州治所。　王岎(dí):生平未详。文叔或为其字。世祖时官太子赞善,侍讲读东宫。

② 鹿庵先生:王磐,字文炳,号鹿庵,广平永年(今属河北邯郸市)人。金正大四年(1227)经义进士。不赴官,致力于学。金亡,寓河内东平(今属山东泰安市)授业讲学。中统元年(1260),拜益都等路宣抚副使,后历参议行中书省事、翰林直学士、翰林学士、太常少卿。年八十,进资德大夫,致仕,归东平。至九十二,卒。赠端贞雅亮佐治功臣、太傅、开府仪同三司,追封洛国公,谥文忠。　赵秘书:赵良弼,字辅之,女真人。本姓朮要甲,音讹为赵家,因以赵为氏。父悫,金威胜军节度使;悫长子良贵,嵩汝招讨使;良贵子说,许州兵管;悫从子良材,守太原。大兵伐金,俱以战败死。良弼,悫之次子。金亡,奉母归赵州,为教授。后入世祖幕府,仕元,累官至同佥书枢密院事。致仕,奉敕居怀、孟,立州县庙学。至元二十三年(1286)卒,年七十。赠推忠翊运功臣、太保、仪同三司,追封韩国公,谥文正。王磐撰赵氏碑文,见《元史·赵良弼传》:“至元七年,以良弼为经略使,领高丽屯田。良弼言屯田不便,固辞,遂以良弼奉使日本。先是,至元初数遣使通日本,卒不得要领,于是良弼请行,帝悯其老,不许,良弼固请,乃授秘书监以行。良弼奏:‘臣父兄四

人死事于金，乞命翰林臣文其碑，臣虽死绝域无憾矣。'帝从其请，给兵三千以从。良弼辞，独与书状官二十四人俱。"

③ 椸（yí）车：犹"轻车"。椸，椵木，形似白杨，材轻而耐湿。 崇宁里：或为元大都里坊名。

④ 比干：商纣王之叔，官少师。因屡谏纣王，被剖心而死。武王定周，封比干墓。

⑤ 尧君素：隋魏郡汤阴（今河南安阳市汤阴县东）人。炀帝亲信侍从，官至鹰击郎将。隋末，扼守河东孤城，抗拒李渊大军。江都之变后，仍不降，为左右所杀。唐太宗贞观十二年（638），追赠蒲州刺史。

⑥ 渊衷睿监：胸怀渊深、赏鉴圣明。多用以称颂皇帝。监，通"鉴"。

⑦ 对扬休命：古代常语。凡臣受君赐时多用之，兼有答谢、颂扬君王美命之意。

⑧ 赵著、吕鲲：赵著，字光祖，燕人；人称虎岩先生，终于编修官。吕鲲，号龙山居士，雁门人。二人以诗齐名，为耶律楚材所荐。

⑨ 耶律相：即耶律楚材。字晋卿，号湛然居士，契丹族，世居金中都燕京（今北京市）。辽皇族之后。仕金为左右司员外郎。成吉思汗十年（1215），蒙古攻占燕京，被召用，甚受信任。随军西征，劝戒妄杀。太宗窝阔台即位，立朝政仪制、军民分治之制及赋税制。破金南京（今河南开封市），又奏废屠城旧制，兴文教，开科取士，释放被俘为奴之汉族儒士，定临时法律维持社会秩序等。任事近三十年，官至中书令，蒙元立国规模多由其奠定。窝阔台晚年及乃马真后称制时，渐被疏远。乃马真后三年（1244）五月薨，年五十五。至顺元年（1330），赠经国议制寅亮佐运功臣、太师、上柱国，追封广宁王，谥文正。有《湛然居士集》。

3. 西　使　记

壬子岁[①]，皇弟旭烈统诸军奉诏西征[②]。凡六年，拓境几万里。己未正月甲子[③]，常德驰驲西觐[④]，自和林出兀孙中[⑤]，西北行二百馀里，地渐高，入站。经瀚海[⑥]，地极高寒，虽暑酷雪不消，山石皆松文。西南七日，过瀚海。行三百里，地渐下，有河阔数里，曰昏木辇[⑦]，夏涨以舟楫济。数日，过龙骨河[⑧]。复西北行，与别失八里南以相直[⑨]。近五百里，多汉民，有二麦、黍、谷。河西注潴为海[⑩]，约千馀里，曰乞则里八寺[⑪]，多鱼，可食，有碾硙[⑫]，亦以水激之。行渐西，有城曰业瞒[⑬]。又西南行，过孛罗城[⑭]，所种皆麦、稻。山多柏，不能株，络石而长。城居肆囿间错，土屋窗户皆琉璃。城北有海[⑮]，铁山风出，往往吹行人堕海中。西南行二十里，有关曰铁木儿忏察[⑯]，守关者皆汉民，关径崎岖似栈道。出关至阿里麻里城[⑰]，市井皆流水交贯，有诸果，唯瓜、蒲萄、石榴最佳。回纥与汉民杂居，其俗渐染，颇似中国。又南，有赤木儿城[18]，居民多并、汾人[19]。而兽似虎，毛厚，金色无文，善伤人。有虫如蛛，毒中人，则烦渴，饮水立死，唯过醉蒲萄酒吐则解。有嗜酒[20]。孛罗城迤西，金、银、铜为钱，有文而无孔方。至麻阿中[21]，以犬捧拖床递铺负重而行疾，或曰："乞里乞四[22]，易马以犬。"二月二十四日，过亦堵两山间[23]，土平民夥，沟洫映带[24]，多故垒坏垣。问之，盖契丹故居也。计其地，去和林万五千里。而近有河曰亦运[25]，流汹汹东注。土人云："此黄河也。"二十八日，过塔刺寺[26]。三月一日，过赛蓝城[27]，有浮图，诸回纥祈拜之所。三日，过别石兰[28]，诸回纥贸易如上巳节[29]。四日，过忽章河[30]，渡舡如弓鞋然[31]。土人云："河源出南大山，地多产玉。"疑为昆仑山。以西多龟蛇行相杂[32]，邮亭客舍，甃如浴室[33]，门户皆以琉璃饰之。民赋岁止输金钱十文，然贫富有差。八日，挦思干[34]，城大而民繁。时群花正坼，花唯梨、蔷薇、玫瑰如中国，馀多不能名。隅城之西，所植皆蒲萄、粳稻，有麦，亦秋种。其乃满地产药十数种，皆中国所无。药物疗疾甚效，曰阿只儿，状如苦参，治马鼠疮[35]、妇人损胎及打扑内损，用豆许咽之自消；曰阿息儿，状如地骨皮[36]，治妇人产后衣不下，又治金疮脓不出，嚼碎傅疮上即出；曰奴哥撒儿，形似桔梗[37]，治金疮及肠与筋断者，嚼碎傅之自续。馀不能尽录。十四日，过暗木河[38]，夏不雨，秋则雨，溉田以水。地多蝗，有鸟飞食之。十九日，过里丑城[39]，其地有桑、枣，征西奥鲁屯驻于此[40]。二十六日，过马兰城[41]。又过纳商城[42]，草皆苜蓿，藩篱以柏。二十九日，殢扫儿城[43]，山皆盐，如水晶状。近西南六七里，新得国曰木乃奚[44]。牛皆驼峰，黑色。地无水，土人隔山岭凿井，相沿数十里，下通流以溉田。所属山城三百六十，已而皆下。唯担寒西一山城[45]，名乞都不，孤峰峻绝，不能矢石。丙辰年[46]，王师至城下，城绝高险，仰视之帽为坠。诸道并进，敌大惊，令相大者纳失儿来纳款，已而兀鲁兀乃算滩出降。算滩，犹国王也。其父领兵别据山城，令其子取之，七日而陷。金宝物甚多，一带有直银千笏者[47]。其国兵皆刺客。俗见男子勇壮者，以利诱之，令手刃父兄，然后充兵。醉酒，扶入窟室，娱以音乐、美女，纵其欲数日，复置故处。既醒，问其所见，教之能为刺客，死则享福如此。因授以经咒日诵，盖使蛊其心志，死无悔也。令潜使未服之国，必刺其主而后已，虽妇人亦然。其木乃奚在西域中最为凶悍，威胁邻国，霸四十馀年。王师既克，诛之无遗类。四月六日，过讫立儿城[48]，所产蛇皆四跗，长五尺馀，首黑身黄，皮如鲨鱼，口吐紫艳。过阿刺丁城[49]，祃咱荅儿人被发[50]，率以红帕勒首，衣青，如鬼然。王师自入西域，降者几三十国。有佛国名乞石迷西[51]，在印毒西北，盖传释迦氏衣钵者。其人仪状甚古，如世所绘达摩像，不茹荤酒，日啖粳一合,所谈皆佛法,禅定至暮方语。丁巳岁[52],取报达国[53],南北二千里,其主曰合里法。其城有东西,城中有大河,西城无壁垒,东城固之以甓,绘其上甚盛。王师至城下,一交战,破胜兵四十馀万。西城陷,皆尽屠其民。寻围东城,六日而破,死者以数十万。合里法以舸走,获焉。其国俗富庶为西域冠,宫殿皆以沉檀、乌木、降真为之[54],壁皆以黑白玉为之。金珠珍贝,不可胜计。其妃后皆汉人。所产大珠曰太岁弹、兰石、瑟瑟、金刚钻之类,带有直千金者。其国六百馀年,传四十主,至合里法则亡。人物颇秀于诸国。所产马名脱必察。合里法不悦,以橙浆和糖为饮。琵琶三十六弦。初,合里法患头痛,医不能治,一伶人作新琵琶七十二弦,听之立解。土人相传:报达,诸胡之祖,故诸胡皆臣服。报达之西,马行二十日,有天房[55],内有天使神,胡之祖葬所也。师名癖颜八儿,房中悬铁絙,以手扪之,心诚可及,不诚者竟不得扪。经文甚多,皆癖颜八儿所作。辖大城数十,其民富实。西有密乞儿国[56],尤富。地产金,人夜视有光处,志之以灰,翼日发之,有大如枣者。至报达六千馀里,国西即海。海西有富浪国[57],妇人衣冠如世所画菩萨状,男子胡服,皆善。寝不去衣,虽夫妇亦异处。有大鸟,驼蹄,苍色,鼓翅而行,高丈馀,食火,其卵如升许。其失罗子国出珍珠[58]。其王名換思阿塔卑云。西南,海也。采珠盛以革囊,止露两手,腰絙石坠入海,手取蛤并泥沙贮于囊中,遇恶虫,以醋噀之即去。既得蛤满囊,撼絙,舟人引出之,往往有死者。印毒国去中国最近,军民一千二百万户。所出细药、大胡桃、珠宝、乌木、鸡舌、宾铁诸物[59]。国中悬大钟,有诉者击之,司钟者纪其事及时,王官亦纪其名,以防奸欺。民居以蒲为屋,夏大热,人处水中。己未年七月[60],兀林国阿早丁算滩来降[61],城大小一百二十,民一百七十万。山产银。黑契丹国名乞里弯[62],王名忽敦马丁算滩,闻王大贤,亦来降,其拔里寺[63],大城。狮子雄者鬃尾如缨,拂伤人,吼则声从腹中出,马闻之怖溺血。狼有鬃。孔雀如中国画者,唯尾在翅内,每日中振羽。香猫似土豹,粪溺皆香麝如。鹦鹉多五色。风驼急使乘,日可千里。鹁鸽传,日亦千里。珊瑚出西南海,取以铁网,高有至三尺者。兰赤生西南海山石中[64]。有五色鸭,思价最高。金刚钻出印毒,以肉投大涧底,飞鸟食其肉,粪中得之。撒八儿出西海中[65],盖瑇瑁之遗精[66],蛟鱼食之吐出,年深结为,价如金,其假者即犀牛粪为之也。骨笃犀[67],大蛇之角也,解诸毒。龙种马出西海中[68],有鳞角,牡马有驹,不敢同牧,每被引入海不复出。皂雕一产三卵[69],内一大者灰色而毛短,随母影而走,所逐禽无不获者。垅种羊出西海[70],羊脐种土中,溉以水,闻雷而生,脐系地中,及长,惊以木,脐断啮草,至秋可食,脐内复有种。又一胡妇解马语,即知吉凶,甚验。其怪异等事,不可殚纪。往返凡一十四月。郁叹曰[71]:“西域之开,始自张骞[72]。其土地山川固在也,然世代浸远,国号变易,事亦难考。今之所谓瀚海者,即古金山也;印毒,即汉身毒也;曰驼鸟者,即安息所产大马爵也;密昔儿,即唐拂菻地也[73]。观其土产、风俗可知已。又《新唐书》载:‘拂菻去京师四万里,在西海上。’所产珍异之物与今日地里正同,盖无疑也。”中统四年三月浑源刘郁记。(卷二)

【注释】

① 壬子岁:宪宗蒙哥二年(1252)。

② 旭烈:又作“旭烈兀”。成吉思汗之孙,拖雷第六子,宪宗蒙哥之弟。蒙哥即汗位后,二年壬子七月,命四弟忽必烈征大理,六弟旭烈征西域。六年,灭木剌夷(今伊朗境内)。八年,攻陷报达(今伊拉克巴格达),灭黑衣大食。次年,兵分三路,侵入叙利亚。十年,蒙哥死讯至,旭烈返波斯,后知忽必烈已即汗位,遂不再返蒙古。忽必烈赐阿姆河以西至密昔儿(今埃及)边境波斯领土归其统治。至元元年(1264),封伊儿(意为“从属”)汗,建伊儿汗国(又译“伊利汗”)。

③ 己未正月甲子:宪宗九年(1259)正月二十日。是月乙巳朔。

④ 常德:原注“字仁卿”。代州崞县(今山西忻州市原平市崞阳镇)人。蒙古初,为旭烈封地彰德府(今河南安阳市)宣课使。时奉命前往波斯朝觐旭烈。自和林出发,经蒙古高原、准噶尔盆地,渡伊犁河、锡尔河、阿姆河,至里海南讫立儿。中统元年(1260)归,往返达一十四月。行踪由其口述、刘郁笔录,成此《西使记》一篇。　驰驲(rì):驾乘驿马疾行。

⑤ 和林:“喀拉和林”之简称。蒙古建国定都于此(故址在今蒙古中部鄂尔浑河上游哈尔和林东北)。忽必烈即汗位于开平后首都南迁,改和林宣慰司都元帅府,又改和宁路总管府。大德十一年(1307)后,为和林等处行中书省治所。皇庆元年(1312)后,又为岭北等处行中书省治所。元亡,北元复以此为都。　兀孙:又作“乌逊”“乌逊珠勒”或“乌逊珠尔”。在杭爱山西麓、扎布汗河上游(今蒙古西部乌里雅苏台南),为和宁路西出口。由此进入称海宣慰司(治今蒙古哈尔乌苏湖南、钱德曼北),沿扎布汗河向西北可达称海至北境十二站(今属蒙古西北部乌布苏诺尔、吉尔吉斯、哈尔乌苏等一带湖区)。

⑥ 瀚海:本指北方大湖。后亦指北方沼泽、沙漠等广袤之地。此指吉尔吉斯、哈尔乌苏等大湖。

⑦ 昏木辇:河名。今名布尔干。发源于阿尔泰山脉蒙赫海尔汗山(在今蒙古西部境内),由北向南再折向西,汇入新疆乌伦古河,流入乌伦古湖。

⑧ 龙骨河:即乌伦古河(在今新疆阿勒泰地区)。

⑨ 别失八里:蒙古察合台汗国属地。宪宗元年(1251),立别失八里等处行尚书省(治今新疆

昌吉州奇台县西北）。世祖至元二十年（1283），改宣慰司。成宗元贞元年（1295），又改北庭都元帅府。此句意谓与南方别失八里相对。

⑩ 注渚：水灌注而积聚。

⑪ 乞则里八寺：又名“布伦托海”。即乌伦古湖（在今新疆阿勒泰地区）。时属窝阔台后王封地阳翟王部。

⑫ 碾硙（niǎn wèi）：利用水力启动之石磨。

⑬ 业瞒：即察合台汗国东北部也迷里城（今新疆塔城地区额敏县东南）。

⑭ 孛罗城：即察合台汗国东北部普剌城（今新疆博尔塔拉州博乐市西）。

⑮ 城北有海：普剌城北大湖（今名阿拉湖，在哈萨克斯坦境内），湖中有铁山。

⑯ 铁木儿忏察：关隘名。在天池之南（今新疆博尔塔拉州博罗克努山谷赛里木湖南）。

⑰ 阿里麻里城：察合台汗国国都（在今新疆伊犁州霍城县西北）。世祖至元十二年（1275），曾立行中书省，两年后撤。

⑱ 赤木儿城：阿里麻里城东南有赤木儿城（今新疆伊犁州霍城县西）。

⑲ 并、汾：并州、汾州。北宋属河北东路、金属河东北路（今山西太原市及周边地区）。

⑳ 嗃（xiù）酒：芦酒。古代西北诸族所酿之酒。宋庄绰《鸡肋编》卷中：“关右塞上有黄羊无角，色类獐麂，人取其皮以为衾褥；又夷人造嗃酒，以荻管吸于瓶中。老杜《送从弟亚赴河西判官》诗云：‘黄羊饫不膻，芦酒多还醉。’盖谓此也。”

㉑ 麻阿：或为阿里玛图（今哈萨克斯坦阿拉木图）一带地区，即热海（今吉尔吉斯斯坦伊塞克湖）之北，亦列河（伊犁河）、吹没辇（楚河或碎叶水）之间。以常德行进路线观之，其出赤木儿城西行，渡亦列河，至阿里玛图地区。

㉒ 乞里乞四：今译吉尔吉斯。即吉尔吉斯斯坦。

㉓ 亦堵两山：指楚伊犁、外伊犁两山。其交口有山丹岭（在今哈萨克斯坦、吉尔吉斯斯坦边界）。

㉔ 沟洫（xù）：田间水道。

㉕ 亦运：又作“伊逊”。水名。或为吹没辇河上游。吹没辇河发源于吉尔吉斯山东北麓，东流经伊塞克湖西而折向西北，消失于哈萨克斯坦境内沙漠中。

㉖ 塔剌寺：即察合台汗国西部塔剌思（今哈萨克斯坦江布尔）。

㉗ 赛蓝城：在塔剌思西南有赛蓝（今哈萨克斯坦希姆肯特东）。

㉘ 别石兰：或为察合台汗国西部察赤地区（今乌兹别克斯坦首都塔什干附近）。

㉙ 上巳节：古代节日。汉以前以农历三月上旬巳日为“上巳”，魏晋后定为三月三日，不必取巳日。《后汉书·礼仪志上》：“是月上巳，官民皆絜于东流水上，曰洗濯祓除，去宿垢疢为大絜。”《宋书·礼志二》引《韩诗》：“郑国之俗，三月上巳之溱洧两水之上，招魂续魄，秉兰草，拂不祥。”

㉚ 忽章河：即锡尔河。察合台汗国西部主要河流。其源有二：一为纳伦河，源于天山山脉，自

东向西横穿吉尔吉斯斯坦流入费尔干纳盆地；一为卡拉河，源于费尔干纳山西南麓，西北流入费尔干纳盆地。两水汇合后始称锡尔河，西北流经塔吉克斯坦、乌兹别克斯坦，进入哈萨克斯坦图兰低地，沿克孜勒库姆沙漠东北边缘穿行，最后注入咸海。

㉛ 渡舡：渡船。舡，同“船”。　弓鞋：缠足妇女所穿之鞋。

㉜ 龟蛇行：缓慢、曲折前行。形容道路蜿蜒艰险。

㉝ 甃（zhòu）：用砖瓦所砌井池之壁。

㉞ 挦思干：即察合台汗国西部撒麻耳干（今乌兹别克斯坦撒马尔罕东北）。

㉟ 马鼠疮：即瘰疬。颈部淋巴结核，以其结核累累如贯珠之状，故名。

㊱ 地骨皮：又名“枸杞皮”。为枸杞根皮。入药，具凉血除蒸、清肺降火等功效。

㊲ 桔梗：草本植物。叶卵形或卵状披针形；花暗蓝色或暗紫白色，可供观赏；根可入药，有止咳祛痰、宣肺排脓等功用，为中医常用药。

㊳ 暗木河：即阿姆河。为察合台汗国西南部界河。其源有二：一为瓦赫什河，源于帕米尔高原西北，自东向西南流经吉尔吉斯斯坦、塔吉克斯坦；一为喷赤河，源于帕米尔高原西南，沿阿富汗、塔吉克斯坦边境先北折再南回，西流接纳瓦赫什河后始称阿姆河。阿姆河沿阿富汗与塔吉克斯坦、乌兹别克斯坦边境继续西流，转向西北进入土库曼斯坦图兰低地，沿克孜勒库姆沙漠与卡拉库姆沙漠之间土、乌边境蜿蜒穿行，于乌兹别克斯坦穆伊纳克附近注入咸海。

㊴ 里丑城：或指阿姆河西岸阿母城（今土库曼斯坦查尔朱）。

㊵ 奥鲁：蒙元军出征，以家属、辎重留驻后方，按千户从事生产、畜牧及其他产业，供应前方，称奥鲁。设奥鲁官，掌签发丁壮，供应军需，赡养军户老小，处理军户间民事纠纷等。奥鲁官府自成系统，不受地方政府管辖。译作“家小”“老营”或“老小营”。

㊶ 马兰城：即麻里兀（今土库曼斯坦马雷东）。

㊷ 纳商城：或指今伊朗东北内沙布尔。

㊸ 殢（tì）扫儿城：或指今伊朗萨卜泽瓦尔，在内沙布尔之西。

㊹ 木乃奚：又译作“木剌夷”。伊斯兰教什叶派中伊斯玛仪派的一支，意为“异端者”。秘密传教，不奉旧教规，惯用暗杀手段，故又称暗杀派。建国于里海南岸厄尔布尔士山地，都阿剌模忒堡（意“鹰窠”）。宪宗六年（1256），为旭烈军所灭。

㊺ 担寒：指今伊朗北部达姆甘。

㊻ 丙辰年：宪宗六年（1256）。

㊼ 笏：量词。条，块。用于金、银等。

㊽ 讫立儿城：应在里海之南（今地未详）。

㊾ 阿剌丁城：或指木剌夷国都阿剌模忒堡。

㊿ 祃咱荅儿：木剌夷人主要居住地（今伊朗北部马赞德兰省）。

51 乞石迷西：即怯失迷儿（今克什米尔地区，分属巴基斯坦和印度）。

㊷ 丁巳岁:宪宗七年(1257)。

㊸ 报达国:又作“白达”“八吉打”。即黑衣大食(阿拉伯帝国阿拔斯王朝),都城报达(今伊拉克首都巴格达)。

㊹ 降真:乔木。古称番降,其枝叶形如降香黄檀。木质香味似麝,亦入药,有行气活血之功效。

㊺ 天房:麦加圣寺(在今沙特阿拉伯西部)黑石殿克尔白之意译。相传为古代先知易卜拉欣及其子伊斯玛仪所建,先知穆罕默德确定为伊斯兰教朝觐中心。

㊻ 密乞儿国:或谓今之埃及。

㊼ 海西有富浪国:谓地中海之西有东罗马帝国。“富浪”与“拂菻”“拂临”等均指此。

㊽ 失罗子国:今伊朗西南设拉子,曾为波斯国中心。

㊾ 鸡舌:丁香。常绿乔木。叶卵状长椭圆形,花淡紫色,芳香,果实长球形。生长于热带地区。花可入药,有健胃驱风之效。由花蕾所得丁香油,为重要香料。 宾铁:精炼之铁。宾,同“镔”。

㊿ 己未年:宪宗九年(1259)。

(61) 兀林国:又作“鲁迷”“鲁姆”。塞尔柱突厥人在小亚细亚所建苏丹国,都城伊科尼阿姆(今土耳其科尼亚)。存近两百年,沦为蒙古藩属,元武宗时灭亡。

(62) 黑契丹:辽朝被金灭亡后,宗室耶律大石率部西迁,在起尔漫城(今乌兹别克斯坦纳沃伊)称帝,建都于八剌沙衮(今吉尔吉斯斯坦托克马克东南),号其城为虎思斡耳朵,史称“西辽”“哈剌契丹”或“合剌乞答”。后疆域扩张,北至巴尔喀什湖,东至喀什噶尔、和阗,西达阿姆河,一时成为中亚强国。共历五帝。蒙古国立,为成吉思汗所灭,乃蛮部太阳汗之子屈出律逃入西辽,篡夺王位,仍用西辽国号。成吉思汗十三年(1218),为蒙古大将哲别所灭,属国皆降。 乞里弯:亦作“起尔漫”。西辽灭亡后,丞相八剌黑·哈只卜率残部逃往波斯,花剌子模苏丹置之于起尔漫(今伊朗中南部克尔曼),后立为库图鲁厄汗,即起尔漫王朝,史称“后西辽”。宪宗九年(1259)降于蒙古,授库鲁汗。后并入伊儿汗国。

(63) 拔里寺:或即“八剌沙衮”。西辽建都于八剌沙衮,后西辽仍以称其都。或许突厥语中,八剌沙衮乃“强大君王之都”的通称。故此处“拔里寺”,应指后西辽之都克尔曼。下文有“珊瑚出西南海”,克尔曼西南正是波斯湾。

(64) 兰赤:或为药材名,或指玛瑙类宝石,待考。

(65) 撒八儿:药材名。

(66) 璘瑁:亦作“玳瑁”。热带、亚热带海中的爬行动物,形似龟,甲壳上有斑纹,可作装饰品。

(67) 骨笃犀:又作“骨咄犀”。即蛇角。可制器物,亦可供药用。

(68) 龙种马:骏马。

(69) 皂雕:亦作“皁雕”。一种黑色大型猛禽。

⑩ 垅种羊：传说产于西亚及地中海一带的一种羊。《旧唐书·西戎传·拂菻》："有羊羔生于土中，其国人候其欲萌，乃筑墙以院之，防外兽所食也。然其脐与地连，割之则死，唯人著甲走马及击鼓以骇之，其羔惊鸣而脐绝，便逐水草。"后用以为典。

⑪ 郁：刘郁，字文季，别号归愚，浑源（今属山西大同市）人。兄祁，皆以能文名。金亡之际，与兄北归，尝为耶律楚材所荐。太宗十三年（1241），游于东平府学，与元好问、句龙英、王若虚等名士交。世祖即位，上都建中书省，召赴阙，授左右司都事。至元元年（1264），出为新河县尹。五年，召拜监察御史。七年，卒于燕京，年六十一。其《西使记》，与兄《归潜志》《北使记》等为后世史家所重。

⑫ 张骞：西汉汉中成固（今陕西汉中市城固县东）人。建元元年（前140）为郎。二年，武帝欲联合大月氏共击匈奴，骞应募为使者，出陇西，经匈奴，被俘。扣留十年馀，后脱逃，西行至大宛、康居、大月氏、大夏等地。归途中，再为匈奴所拘。元朔三年（前126），匈奴内乱，骞乘机逃归，拜太中大夫。元狩四年（前119），又奉命出使乌孙。元鼎二年（前115）归，拜为大行。卒。

⑬ 拂菻：古国名。亦称"拂临""弗林"。隋唐时指东罗马帝国及其所属西亚地中海沿岸一带。宋时似指塞尔柱突厥人所统治的小亚细亚一带地方，即"兀林国"。此处乃指称密昔儿（今埃及）。

4. 鄂王岳飞谥忠穆文

主尔忘身[①]，兹谓人臣之大节；谥以表行，必稽天下之公言。申锡赞书[②]，追告幽穸[③]，故太师追封鄂王谥忠穆岳飞[④]。威名震于夷狄，智略根乎《诗》《书》。结发从戎，前无坚敌；枕戈励志，誓清中原。谓恢复之义为必伸，谓忠愤之气为难遏。上心密契，诏札具存。夫何权臣，力主和议，未究凌烟之伟绩[⑤]，先罹偃月之阴谋[⑥]。李将军口不出辞[⑦]，闻者流涕；蔺相如身虽已死[⑧]，凛然犹生。宜高皇眷念之不忘，肆孝庙哀矜之备至。还故官而礼葬，颁祠额以旌褒。逮于先帝之时，禭以真王之爵[⑨]。既解诬于累圣[⑩]，可无憾于九京[⑪]。然而易名之典虽行，议礼之言未一。始为忠愍之号，旋更武穆之称。朕获睹中兴之旧章，灼知皇祖之本意，爰取危身奉上之实，仍采克定祸乱之文。合此两言，节其一惠。昔孔明之志兴汉室[⑫]，若子仪之光复唐都[⑬]，虽计效以或殊[⑭]，在秉心而弗异。垂之典册，何嫌今古之同符[⑮]；赖及子孙，将与山河而并久。英灵如在，茂渥有承[⑯]。（卷二）

【注释】

① 主尔忘身：一心事君而不顾自己。《汉书·贾谊传》："故化成俗定，则为人臣者主耳忘身，

国耳忘家,公耳忘私,利不苟就,害不苟去,唯义所在。"

② 申锡赞书:厚赐诏书。

③ 幽穸(xī):墓穴。

④ 忠穆:应为"忠武"。南宋绍兴三十二年(1162),孝宗即位,力图恢复,下诏为岳飞平反,追复原官,以礼改葬,迁岳飞遗骸葬于栖霞岭下。淳熙六年(1179),追谥武穆。宁宗嘉泰四年(1204)追封鄂王。理宗宝庆元年(1225)改谥忠武,赠太师。

⑤ 凌烟:即凌烟阁。朝廷所建绘有功臣画像的高阁,以示表彰。

⑥ 偃月:指唐李林甫"偃月堂"。《新唐书·奸臣传上·李林甫》:"林甫有堂如偃月,号月堂。每欲排构大臣,即居之,思所以中伤者。若喜而出,即其家碎矣。"后因以喻权臣嫉害忠良之处。

⑦ 李将军口不出辞:西汉名将李广,抗击匈奴有功,人称"飞将军",然不善言辞。《史记·李将军列传》:"余睹李将军,悛悛如鄙人,口不能道辞。及死之日,天下知与不知皆为尽哀,彼其忠实心诚,信于士大夫也。"

⑧ 蔺相如:战国时赵国大臣。赵惠文王时,得"和氏璧",秦昭王谎称愿以十五城交换。蔺相如奉命携璧入秦,当庭力争,使完璧归赵。赵惠文王二十年(前279),随赵王赴渑池,与秦王会,以其忠勇智慧,使赵王免受屈辱,因功迁上卿。又对同朝大臣廉颇容忍谦让,使颇愧悟,负荆请罪,二人遂成刎颈之交。

⑨ 襚(suì)以真王之爵:追赠死者以王爵冕服、印绶、车马等。指追赠王爵。襚,古代吊丧之礼,向死者赠送衣衾等物,停柩前为死者穿衣,停柩后将赠死者之衣置于柩东等,皆谓之"襚"。

⑩ 累圣:称历代君主。

⑪ 九京:犹"九泉"。指地下。

⑫ 孔明之志兴汉室:指三国时诸葛亮辅佐刘备、刘禅二主,兴复蜀汉。鞠躬尽瘁,死而后已。卒谥忠武侯。

⑬ 子仪之光复唐都:指唐大将郭子仪平安史之乱有功,肃宗朝迁中书令,封汾阳郡王,德宗朝尊为尚父。卒,赠太师,谥忠武。

⑭ 计效:衡量功劳。

⑮ 同符:相合。此指"忠武"之谥与诸葛亮、郭子仪等相同。

⑯ 茂渥:谓恩泽优厚。

5. 辛殿撰小传

弃疾字幼安,济南人。姿英伟,尚气节。少与泰安党怀英友善①。肃慎氏既有中夏②,誓不为金臣子。一日,与怀英登一大丘,置酒曰:"吾友安此,余将从此逝矣。"遂酌别而去。既归宋，宋士夫非科举莫进，公笑曰："此何有！消青铜三百易一部时文足矣。"已而，果擢第。孝宗曰："是以三百青凫博吾爵者乎[3]？"其为授观文殿修撰[4]。及议边事，主和者众，公曰："昔齐桓公雪九世之耻[5]，《春秋》韪之。况我与金人不同戴天仇邪？今日之计，有战伐而已。"时丞相侂胄当轴[6]，与公议合。自是败盟开边，用兵于江淮间者数年，公力为居多。开禧二年，除知绍兴府。至陛辞，复以金人危乱、宜亟攻为言，辞情慷慨，义形于色。继侂胄再议恢复，乃以枢密都承旨召公于越[7]，中道以疾卒，道号稼轩居士。今《文集》中寿南涧翁者，盖侂胄也。初，公在北方时，与竹溪尝游泰山之灵岩[8]，题名曰"六十一上人"，破"辛"字也。至元二十年，予按部来游[9]，其石刻宛在。（卷二）

【注释】

① 党怀英：字世杰，号竹溪，冯翊（今陕西渭南市大荔县）人。北宋太尉党进第十一代孙。父纯睦为北宋泰安军录事参军，卒官，妻子不能归，因家焉。少年时，与辛弃疾同师事刘瞻、蔡松年等。金兵南下，弃疾率众归宋，怀英因留事金。应举不得意，遂放浪山水间。大定十年（1170）中进士第，调莒州军事判官，累官翰林学士承旨。大安三年（1211）卒，年七十八。谥文献。

② 肃慎氏：古族名。亦作"息慎""稷慎"。商、周时居于长白山北。周武王、成王时曾以"楛矢石砮"来贡。一般认为，汉以后挹娄、勿吉、靺鞨、女真皆与之有渊源关系。此处指女真族。

③ 青凫：野鸭。此指青凫铜器。

④ 观文殿修撰：疑为"右文殿修撰"。宋贴职名，从六品。为文臣庶官外任带职。宋徽宗政和年间，由集贤殿修撰改。

⑤ 齐桓公：春秋时齐国君。襄公之弟。姜姓，名小白。襄公当政，齐国内乱，小白离齐至莒。襄公被杀，齐大夫迎立为君。任用管仲为相，国力渐富。以"尊王攘夷"为号召，助燕国打败北戎，制止戎狄侵略中原，又联合诸侯进攻蔡、楚，多次会盟诸侯，安定周室内乱，成为春秋五霸之首。

⑥ 侂胄当轴：韩侂胄，字节夫，相州安阳（今属河南）人。韩琦曾孙。以定策立宋宁宗有功，又为帝后之叔，见宠用事。后加封平原郡王，为平章军国事，执政十三年。其间，兴"庆元党禁"，亦主张恢复，兴兵北伐，失利。开禧三年（1207），被礼部侍郎史弥远与杨皇后谋杀。

⑦ 枢密都承旨：宋枢密院属官之首，从五品。掌承接、传宣机要密令，通领院务，从旁侍立奏取，检阅禁卫兵武艺，考核本院主事以下官吏等。

⑧ 灵岩：山名。在泰山北麓。山上有灵岩寺，东晋时建。

⑨ 按部：巡视部属。据《元史·王恽传》："（至元）十九年春，改山东东西道提刑按察副使。在官一年，以疾还卫。"

6. 金海陵王南征遇刘姓者

刘房山尝说①："海陵欲南征②，先以十八人服御与上一同私行抵淮上③，以觇虚实④，号曰'黑护卫'。前次相下⑤，宿南郭逆旅⑥，张灯置酒，闻有新进失职刘其姓者，先在邸中，召与饮。刘素善讴能诗，即以歌侑觞⑦，辞气慷慨，礼貌甚恭。上喜甚，遂询其所以至此之意，而默识之。黎明，刘复持酒饯谢。上既乘，以手札付刘曰：'府尹我亲知也，可用此投献。'取钱几千缗⑧。刘依命谒府尹，疑通刺久不报⑨，见左右遑遽具仪物受旨⑩，方悟畴昔为海陵云。及还宫，即特旨起复刘为京朝官⑪。后从南狩⑫，同殁江上。"（卷三）

【注释】

① 刘房山：刘伯熙，字善甫，号房山，浑源（今属山西大同市）人。金章宗时入国学。善为诗文，卓荦有声，与雷渊齐名，时号"雷刘"。

② 海陵：金海陵王完颜亮。参见第 24 页第 18 则注释③。

③ 服御：驾驭车马。

④ 觇（chān）：窥视；侦察。

⑤ 相下：古相水下游。秦汉时置下相县，北魏为盱眙郡治，唐改宿迁县（今江苏宿迁市西南）。

⑥ 逆旅：客舍；旅馆。

⑦ 侑觞：劝酒助兴。

⑧ 缗（mín）：量词。成串铜钱，每串一千文。

⑨ 通刺：谓通报来访者名刺。

⑩ 遑遽：惊惧不安。此句意谓见府尹左右惊慌地布置礼仪准备接旨。

⑪ 京朝官：宋制，京官、朝官合称。宋元丰改制后，寄禄官自承务郎（从九品）至宣德郎（从八品）五阶为京官，通直郎（正八品）至开府仪同三司（从一品）二十五阶为朝官。

⑫ 南狩：此指海陵王南征。

7. 和　宋　书

皇天眷命大蒙古国皇帝致书于南宋皇帝：爰自平金之后，蜀、汉、荆、扬挐兵几三十年[①],交聘非一,卒无成约。比者川蜀捣虚[②],荆湖批亢[③]。生灵有涂炭之苦,战士有暴露之劳。朕甚悯焉。是以即位之始,首议寝兵,用示同仁,以彰兼爱,期于休息元元焉[④],天下共飨有生之乐而已。且南交广而西巴蜀,北长江而东沧海,分兵守险,彼所恃以为国者也。今战舰万艘,既渡江以扼海;铁骑千群,复逾广而出蜀。四塞无结草之御,六军有破竹之威,人所共知,不必遍举。于此时也,非不能犄角长驱[⑤],水陆并进。秋风虎旅,指挥看浙江之潮[⑥];春露鱷杯[⑦],谈笑挹吴山之翠。盖以佳兵不祥[⑧],素所不喜;守位以仁,今之本心。又况靖康南北衅端[⑨],初无盘错大故[⑩],非如女直、西夏,恶积仇深而不可解者也。往者彼已胜负之事,往来曲直之辞,各有攸当[⑪],置而勿论。自今作始,咸取一新,故先之以信使,申之以忱辞,告宝位之初登,明朕心之已定。惟亲王上宰,能报聘之一来[⑫],则保国乐天,必仁智之两得。苟尽事大之礼[⑬],自有岁寒之盟[⑭]。若乃忧大位之难继,虑诡道之多方,坐令失图[⑮],自甘绝弃,则请修浚城池,增益戈甲,以待秣马利兵,会当大举。论天时,则炎瘴一无畏惮[⑯];论地险,则江海皆所习知。必也穷兵极讨,一决存亡而后已。力之所至,天其识之;祸自彼挑,此无可慊。在我者至诚可保,在彼者听所择焉。毋循前例,止作虚文。时荐清和,善绥福履[⑰]。不宣,白。庚申年四月七日开平府行[⑱]。(卷四)

【注释】

① 挐(rú 或读 ná)兵:连兵。谓持续战祸。蒙古太宗六年、南宋理宗端平元年(1234),蒙宋联军灭金,至蒙古世祖中统元年、南宋理宗景定元年(1260)近三十年间,蒙古两次西征,同时与南宋亦有两次大战。第一次为太宗七年(1235),蒙古军分两路南侵,东路进攻襄阳、江淮,西路进攻川蜀,宋将孟珙分别迎击之。交战六年,至窝阔台病死,蒙古撤兵。第二次为宪宗二年(1252),蒙哥汗命其弟忽必烈迂道征伐大理国,两年后灭之,又占交趾,成包围南宋之势。八年,分兵三路,中路蒙哥亲征川蜀重庆,南路兀良合台自大理进攻荆湖南路长沙,北路忽必烈则直取荆湖北路鄂州。明年,蒙哥战死于合州,兵退;忽必烈欲争汗位,无心恋战,恰逢南宋权臣贾似道遣使议和,遂签约退兵。忽必烈、阿里不哥兄弟分别称汗于开平与和林,相互争战。为防腹背受敌,忽必烈下此《和宋书》。

② 捣虚:谓攻打敌方空虚之处。

③ 批亢(gāng):谓扼其要害。亢,咽喉。

④ 元元:百姓;庶民。

⑤ 犄角:谓分兵夹击。

⑥ 指挥:指点。

⑦ 鳣柸:犹“鲸饮”。比喻豪饮。鳣,同“鲸”。柸,同“杯”。

⑧ 佳兵不祥:兵器再好,亦为不祥之物。意谓用兵好战不吉利。《老子》三十一章:“夫佳兵者,不祥之器,物或恶之,故有道不处。”

⑨ 靖康南北衅端:指靖康二年(1127)春,金灭北宋,为南北祸端。

⑩ 盘错大故:谓错综复杂之祸患。指宋与蒙古之间,当初并不像与女真、党项两族有百年恩怨情仇。

⑪ 攸当:所当;所承担。攸,所。

⑫ 报聘:谓派遣使臣回访他国。

⑬ 事大:小国侍奉大国。《周礼·夏官·大司马》:“比小事大,以和邦国。”郑玄注:“比犹亲,使大国亲小国,小国事大国,相合和也。”

⑭ 岁寒之盟:即“寒盟”。指背弃或忘记盟约。《左传·哀公十二年》:“公会吴于橐皋,吴子使大宰嚭请寻盟。公不欲,使子贡对曰:‘盟,所以周信也,故心以制之,玉帛以奉之,言以结之,明神以要之。寡君以为苟有盟焉,弗可改也已。若犹可改,日盟何益?今吾子曰:“必寻盟。”若可寻也,亦可寒也。’乃不寻盟。”两句意谓勉强尽小国侍奉大国之礼,本就有背弃盟约之可能。

⑮ 坐令失图:致使失去主意。

⑯ 炎瘴:南方湿热之瘴气。

⑰ 善绥福履:意谓好好安于福禄。《诗经·周南·樛木》:“乐只君子,福履绥之。”毛传:“履,禄;绥,安也。”

⑱ 庚申年:中统元年(1260)。 行:旧时判文牍,于可行之事,例在文末署“行”字,以示照准施行之意。始于宋孝宗淳熙六年(1179)。此前,三省或六部批答一律用“依”字,左丞相周必大奏请改“行”字,以严上下之别,谓奉旨允行,遂相沿成制。此处忽必烈亦袭用之。

8. 科生作小词嘲高文虎

后宋宰相韩侂胄尝改诸州后园莲沼为放生池①,词臣高文虎作《记》②,有云:“鸟兽鱼鳖咸若③,汤王所以基商④。”后高作主司⑤,出硬题困举子⑥。一科生以高用事误⑦,作一小词嘲云:“高文虎,夸伶俐,万苦千辛,作个《放生池记》。从头无一字说及朝廷,只把侂胄归美。夏王道我不是商王⑧,鸟兽鱼鳖是你。”(卷四)

【注释】

① 后宋:此指南宋。

② 高文虎：字炳如，四明（宋明州，治今浙江宁波市）人。绍兴三十年（1160）登进士第，调平江府吴兴县主簿。从曾幾游，闻见博洽。除国子正，迁太学博士，兼国史院编修官。宁宗即位，迁中书舍人、直学士院兼祭酒。韩侂胄用事，逐赵汝愚、朱熹等，又设伪学之目摈其门下知名士，文虎为草诏。迁兵部侍郎兼中书舍人，拜翰林学士兼侍读、实录院修撰。后除华文阁学士、知建宁府。以台臣言夺职，卒。

③ 咸若：古以称颂帝王之教化，谓万物皆能顺其性，应其时，得其宜。《尚书·皋陶谟》："皋陶曰：'都！在知人，在安民。'禹曰：'吁！咸若时，惟帝其难之。'"

④ 汤王：亦称"武汤""武王""天乙""成汤""成唐"。甲骨文称"唐""大乙""高祖乙"。名履。原为商族首领，与有莘氏通婚，任用伊尹、仲虺为辅佐，攻灭葛、韦、顾、昆吾等国，经十一次征伐，逐渐强大。后一举灭夏，建立商朝，都于亳（其地今有河南商丘、山东曹县、河南偃师三说）。汤王奠定商朝基业全凭武功，此处言以教化万物"咸若"，故下文科生认为"用事误"。

⑤ 主司：科举主试官。

⑥ 硬题：冷僻生硬之题。《宋史·高文虎传》："文虎以博洽自负，与胡纮合党，共攻道学，久司学校，专困遏天下士，凡言性命道德者皆绌焉。"

⑦ 科生：此指科举考试应试者。

⑧ 夏王：即夏后氏。姒姓。传说禹子启建夏朝，为中国历史上第一个世袭国家，都阳城（今河南郑州市登封市东南）、斟鄩（今河南郑州市巩义市西南）、安邑（今山西运城市夏县西北）等地。传至桀，为商汤所灭。共历十四代、十七君。

9. 端州斧柯山石说

米先生《端州斧柯山石说》[①]："端州石出高要县斧柯山[②]。山前临大溪，其绝顶，匠者于此凿石，岁久乃成洞穴，今已极深邃。洞中常有水，至春、冬水涸采石。中阴黑无所睹，但以手扪石，随大小取之。凡石理之精粗，即良工往洞中，且不能别，至于瑕玷璺脉[③]，须出洞乃可识，故有累日月而不得一佳者。大抵以石中有眼者为最贵，世谓之鸜鹆眼[④]。盖石文精美如木之有节也，不知者反以为石病。吁！可痛哉。凡取石有四，曰上岩、下岩、西坑、后历[⑤]。上岩之石最精，下岩次之。惟上岩之石乃有眼，眼之美者，皆绿、黄二色相重，多者自外至心，凡八九重。其状皆圆，以色鲜美、重数而圆正者为上。其大者尤为稀有，绝大者乃如弹丸。有布列砚中，或如北斗，或如五星心房之形者，价不减数万。其生于墨池之外，谓之高眼，其内者为低眼。曰高眼者，以其不为墨所渍掩，常可睹于前也。无眼者，虽资质甚美，不出千钱。石之品有数种，其色正紫而微有青润无芒，叩之无声，此近水者也；其色微紫而不深重，近日视之，略似有芒，叩之有声，此岩壁之石。二者最为发墨，乃石至精者。其次青紫参半，或紫而近赤，或青多紫少，皆石之下也。端人为砚，凡色之不佳者，须用佛桑花染渍之[⑥]，初亦可爱，经水即如故。又，山有自然团子[⑦]，或云剖其璞而得焉，谓之子石。又谓石之有金线者为美，此正其病也，端人亦不取云。唯材之大者尤为难得，每购求方六七寸而亡病脉者，固亦少矣。比岁所贡方砚者五，皆以尺为准，然止于岩石之中品。或眼，工人辄錾去之，恐异日复求不可必致也。”（卷五）

【注释】

① 米先生：米芾，北宋书画家。参见第22页第17则注释③。按：米芾诸集中未见《端州斧柯山石说》一文。所撰《砚史》一卷（四库本），有《端州岩石》一篇，文字与此大不同。另有《砚谱》一卷，不著撰人名氏，四库馆臣推为南宋人所作，其中有《鸜鹆眼》一篇，则与本文一段略同。而文末署“唐彦猷”，乃知辑自唐询《砚录》。唐询，字彦猷，钱塘人。仁宗天圣间以文章赐进士及第，历知归、庐诸州，为江西、福建、江东转运使，累迁翰林侍读学士、右谏议大夫、给事中。卒，赠礼部侍郎。以书名，学欧阳询行书，笔迹遒媚。好蓄砚，著《砚录》三卷，已佚。又，北宋魏泰《东轩笔录》卷十五：“余为儿童时，见端溪砚有三种，曰岩石，曰西坑，曰后历。石色深紫，衬手而润，几于有水，扣之声清远，石上有黯，青绿间，晕圆小而紧者谓之鸜鹆眼，此乃岩石也，采于水底，最为土人贵重。又其次，则石色亦赤，呵之乃润，扣之有声，但不甚清远，亦有鸜鹆眼，色紫绿、晕慢而大，此乃西坑石，土人不甚重。又其下者，青紫色，向明侧视，有碎星，光照如沙中云母，石理极慢，干而少润，扣之声重浊，亦有鸜鹆眼，大而偏斜不紧，谓之后历石，土人贱之。西坑砚三当岩石之一，后历砚五当西坑之一，则其品价相悬可知矣。自三十年前，见士大夫言亦得端溪岩石砚者，予观之，皆西坑石也。迩来士大夫所收者，又皆后历石也。岂惟世无岩石，虽西坑者亦不可得而见矣。”

② 高要县斧柯山：宋广南东路端州，治高要县（今属广东肇庆市）。斧柯山，又名“烂柯山”。在县东三十馀里。

③ 瑕玷璺（wèn）脉：此指石上斑点与裂纹。

④ 鸜鹆（qú yù）：同“鸲鹆”。鸟名。俗称“八哥”。黑羽，首有羽冠，丹嘴，眼旁有眉如胭脂，能模仿人语。

⑤ 上岩、下岩、西坑、后历：皆斧柯山取石之处。据《端溪砚谱》：“府东三十三里，有山曰斧柯，在大江之南，盖灵羊峡之对山也。斧柯山峻峙壁立，下际潮水。自江之湄登山，行三四里即为砚岩也。先至者曰下岩，下岩之中有泉出焉，虽大旱未尝涸。下岩之上曰中岩，中岩之上曰上岩。自上岩转山之背曰龙岩，龙岩盖唐取砚之所，后下岩得石胜龙岩，龙岩不复取。自山之下分路，稍

东至半边山诸岩，西南沿溪而上曰蚌坑。……后历山在州北十里。石性软燥，色深紫带黄赤，间亦有眼，极类蚌坑，坚润不及，发墨胜之。”

⑥ 佛桑花：又作“扶桑花”。别名朱槿。为锦葵科常绿灌木。枝叶似桑，花似芍药，稍小。色有数种，单瓣通常为玫瑰红，重瓣则呈红、黄、粉、白诸色。花期夏秋最盛。产于闽、粤、桂等地。

⑦ 自然团子：由于山体运动或雨水冲刷，从母矿中剥离，散落于溪涧、沙土中的团块状石子。

10. 纪　　行

岁丁未夏六月初吉①，赴召北上，发自镇阳②。信宿过中山③，时积阴不雨。有顷，开霁。西望恒山之绝顶④，耸拔若青盖然⑤。自馀诸峰，历历可数。因顾谓同侣曰：“吾辈此行，其速返乎！此退之衡山之祥也⑥。”翌日，出保塞⑦，过徐河桥。西望琅山⑧，森若剑戟，而葱翠可挹。已而由良门、定兴抵涿郡⑨，东望楼桑蜀先主庙⑩。经良乡⑪，度泸沟桥以达于燕⑫。居旬日而行，北过双塔堡、新店驿⑬，入南口，度居庸关⑭，出关，之北口，则西行经榆林驿、雷家店⑮，及于怀来县⑯。县之东有桥，中横木，而上下皆石，桥之西有居人聚落，而县郭芜没。西过鸡鸣山之阳，有邸店曰平舆⑰，其巅建僧舍焉。循山之西而北，沿桑干河以上，河有石桥，由桥而西，乃德兴府道也⑱。北过一邸曰定防，水经石梯子，至宣德州⑲。复西北行，过沙岭子口⑳，及宣平县驿㉑。出得胜口㉒，抵扼胡岭下㉓，有驿曰孛落。自是以北诸驿，皆蒙古部族所分主也，每驿各以主者之名名之。由岭而上，则东北行，始见毳幕毡车㉔，逐水草畜牧而已，非复中原之风土也。寻过抚州㉕，惟荒城在焉。北入昌州㉖，居民仅百家，中有廨舍，乃国王所建也㉗。亦有仓廪，隶州之盐司。州之东有盐池，周广可百里，土人谓之狗泊㉘，以其形似故也。州之北行百馀里，有故垒隐然，连亘山谷。垒南有小废城，问之居者，云：“此前朝所筑堡障也㉙。”城有戍者之所居。自堡障行四驿，始入沙陀㉚。际陀所及，无块石寸壤，远而望之，若冈陵丘阜然。既至，则皆积沙也。所宜之木，榆、柳而已，又皆樗散而丛生，其水尽咸卤也。凡经六驿而出陀，复西北行一驿，过鱼儿泊㉛。泊有二焉，周广百馀里，中有陆道，达于南北。泊之东涯，有公主离宫㉜，宫之外垣高丈馀，方广二里许，中建寝殿，夹以二室，背以龟轩㉝，旁列两庑，前峙眺楼，登之颇快目力。宫之东有民匠杂居，稍成聚落，中有一楼，榜曰“迎晖”。自泊之西北行四驿，有长城颓址，望之绵延不尽，亦前朝所筑之外堡也。自外堡行一十五驿，抵一河，深广约什滹沱之三㉞，北语云翕陆连㉟，汉言驴驹河也。夹岸多丛柳，其水东注，甚湍猛，居人云：“中有鱼，长可三四尺，春、夏及秋捕之，皆不能得，至冬可凿冰而捕也。”濒河之民，杂以蕃、汉，稍有屋室，皆以土冒之。亦颇有种艺，麻、麦而已。河之北有大山，曰窟速吾[36]，汉言黑山也。自一舍外望之[37]，黯然若有茂林者，迫而视之，皆苍石也，盖常有阴霭之气覆其上焉。自黑山之阳西南行九驿，复临一河，深广加翕陆连三之一[38]，鱼之大若水之捕法亦如之[39]。其水始西流，深急不可涉，北语云浑独剌[40]，汉言兔儿也。遵河而西行一驿，有契丹所筑故城，可方三里，背山面水，自是水北流矣。由故城西北行三驿，过毕里纥都[41]，乃弓匠积养之地。又经一驿，过大泽泊，周广约六七十里，水极澄澈，北语谓吾悮竭脑儿[42]。自泊之南而西，分道入和林城，相去约百馀里。泊之正西有小故城，亦契丹所筑也。由城四望，地甚平旷，可百里。外皆有山，山之阴多松林，濒水则青杨、丛柳而已，中即和林川也[43]。居人多事耕稼，悉引水灌之，间亦有蔬圃。时孟秋下旬，糜、麦皆槁，问之田者，云：“已三霜矣。”由川之西北行一驿，过马头山[44]，居者云：“上有大马首，故名之。”自马头山之阴，转而复西南行，过忽兰赤斤[45]，乃奉部曲民匠种艺之所，有水曰塌米河注之[46]。东北又经一驿，过石堠[47]。石堠在驿道旁，高五尺许，下周四十馀步，正方而隅，巍然特立于平地，形甚奇峻，遥望之若大堠然，由是名焉。自堠之西南行三驿，过一河曰唐古[48]，以其源出于西夏故也，其水亦东北流。水之西有峻岭，岭之石皆铁如也，岭阴多松林，其阳帐殿在焉[49]，乃避夏之所也。迨中秋后，始启行。东由驿道过石堠子，至忽兰赤斤，东北迤逦入陀山[50]。自是且行且止，行不过一舍，止不过信宿。所过无名山大川，不可殚纪。至重九日，王师麾下会于大牙帐[51]，洒白马湩[52]，修时祀也。其什器皆用禾桦，不以金银为饰，尚质也。十月中旬，方至一山崦间避冬。林木甚盛，水皆坚凝，人竞积薪储水，以为御寒之计。其服非毳革则不可，食则以膻肉为常，粒米为珍。比岁除日，辄迁帐易地，以为贺正之所[53]。日大晏所部于帐前，自王以下皆衣纯白裘。三日后，方诣大牙帐致贺，礼也。正月晦，复西南行。二月中旬，至忽兰赤斤，东行，及马头山而止，趁春水飞放故也。四月九日，率麾下复会于大牙帐，洒白马湩，什器亦如之。每岁惟重九、四月九，凡致祭者再，其馀节则否。自是日始回，复由驿道西南往避夏所也。大率遇夏则就高寒之地，至冬则趋阳暖薪木易得之处以避之。过以往，则今日行而明日留，逐水草，便畜牧而已。此风土之所宜，习俗之大略也。仆自始至迨归，游于王庭者凡十阅月，每遇燕见，必以礼接之。至于供帐、衾褥、衣服、食饮、药饵，无一不致其曲，则眷顾之诚可知矣。自度衰朽不才，其何以得此哉！原王之意，出于好善忘势，为吾夫子之道而设，抑欲以致天下之贤士也。何足以当之[54]？后必有贤于隗者至焉[55]。因纪行李之本末，故备志之。戊申夏六月望日[56]，太原张德辉谨志[57]。（卷八）

【注释】

① 丁未：蒙古定宗贵由二年（1247）。 初吉：朔日；初一。据《元史·张德辉传》："岁丁未，世祖在潜邸，召见。"

② 镇阳：元真定路旧称。参见第 11 页第 5 则注释⑫。

③ 信宿：连宿两夜。此指路上经两宿。《诗经·豳风·九罭》："公归不复，于女信宿。"毛传："再宿曰信；宿，犹处也。" 中山：元中山府（治今河北保定市定州市）。

④ 恒山：原注"所谓神峰者"。在曲阳县（今属河北保定市）西北。自汉至明祀恒山，皆在此。汉、宋曾因避讳改称常山。唐宋亦名大茂山。宋、辽时以山脊分界。清顺治中移祀北岳于山西浑源境今恒山后，通称此为大茂山。恒山之顶名天峰岭，所谓"神峰"者或指此，其下有北岳观。

⑤ 青盖：青色车盖。汉制，用于皇太子、皇子所乘之车。宋制，宰相仪仗张青色伞盖。亦指色青而形如伞盖之类植物，如荷叶。

⑥ 退之衡山之祥：唐德宗贞元十九年（803），韩愈自四门博士迁监察御史。是岁春夏，关中旱饥，愈上疏请免赋税，极论宫市，德宗怒，贬连州阳山（今属广东清远市）令。顺宗永贞元年（805）二月，遇赦，离阳山，俟命于郴州（今属湖南）三月，至八月移江陵（今湖北荆州市荆州区）法曹参军。过衡山，作《谒衡岳庙遂宿岳寺题门楼》诗，有云："我来正逢秋雨节，阴气晦昧无清风。潜心默祷若有应，岂非正直能感通。须臾静扫众峰出，仰见突兀撑青空。"（见《东雅堂韩昌黎集注》卷三）另，宋哲宗元祐八年（1093）九月，苏轼出知定州（今属河北保定市）。明年改元绍圣，四月谪惠州，南行过赵州临城（今属河北邢台市），作《临城道中作》（又题《过太行》）诗，其《引》曰："予初赴中山，连日风埃，未尝了了见太行也。今将适岭表，颇以是为恨。过临城内丘，天气忽清彻。西望太行，草木可数，冈峦北走，崖谷秀杰。忽悟叹曰：'吾南迁其速返乎！退之衡山之祥也。'书以付迈，使志之。"（《新修补苏文忠公诗合注》卷三十七）又，苏轼《潮州韩文公庙碑》："故公之精诚，能开衡山之云，而不能回宪宗之惑。"（见《东坡全集》卷八十六）

⑦ 保塞：宋保州、金顺天军、元保定路治所（今河北保定市）。城东北有徐河。

⑧ 琅山：原名"郎山"。在易州（今河北保定市易县）西南太行山东麓。据《水经注》卷十一："汉武之世，戾太子以巫蛊出奔，其子远遁斯山，故世有郎山之名。山南有《郎山君碑》，事具其文。"郎与狼谐音，亦名狼山。以山峰耸立，危峰参差叠起似狼牙，又称狼牙山。

⑨ 良门：又作"梁门"。金安肃州治所（今河北保定市徐水县）。 定兴：金涿州、元易州定兴县（今属河北保定市）。 涿郡：元大都路涿州（今属河北保定市）。

⑩ 楼桑蜀先主庙：楼桑里，在涿州西南十里，为蜀昭烈帝刘备故里。据《三国志·蜀志·先主传》："先主少孤，与母贩履织席为业。舍东南角篱上有桑树生，高五丈馀，遥望见童童如小车盖。往来者皆怪此树非凡，或谓当出贵人。先主少时，与宗中诸小儿于树下戏，言：'吾必当乘此羽葆盖车。'"后因称楼桑里，立先主庙。

⑪ 良乡：金大兴府、元大都路良乡县（今北京市房山区良乡镇）。

⑫ 泸沟桥：又作"卢沟桥""芦沟桥"。在燕京西南约三十里，因横跨卢沟河（今名永定河）而得名。始建于金大定二十九年（1189），明昌三年（1192）建成，为多孔联拱桥。明、清两朝皆毁而重修。今桥身有十一孔石拱，两侧石雕护栏各有望柱一百四十根，柱头共雕有卧伏大小石狮五百馀只，其神态各异，栩栩如生。民国二十六年（1937），日寇在此寻隙，引发全面抗战。

⑬ 双塔堡、新店驿：燕京西北冲要乡镇（在今北京市昌平区西南沙河边）。

⑭ 居庸关：又称"军都关""蓟门关"。长城要口之一。在元大都路昌平县（今北京市昌平区西）西北。其得名始于秦，取"徙居庸徒"之意。形势险要，控军都山隘道（军都陉）中枢，有南口（今北京市昌平区南口镇）、北口（今北京市延庆区八达岭镇）两个关口。今关为明洪武元年（1368）建。

⑮ 榆林驿、雷家店：元置榆林驿，在居庸关西五十馀里。雷家店，或为榆林驿西一邸店。

⑯ 怀来：元龙庆州怀来县（今河北张家口市怀来县东南）。

⑰ 邸店：亦称"邸舍""邸肆"。古代兼具货栈、商店、客舍功能的处所。

⑱ 德兴府：金大安元年（1209）升奉圣州置，治永兴（今河北张家口市涿鹿县）。元至元三年（1266）以地震改保安州，隶顺宁府。

⑲ 宣德州：金大定八年（1168）改宣化州置，治宣德（今河北张家口市宣化县）。元初升为宣宁府，元至元三年（1266）以地震改顺宁府。

⑳ 沙岭子口：在宣德之西。为南北交通隘口，有上、下两堡。

㉑ 宣平：元顺宁府宣平县（今河北张家口市万全县宣平堡乡）。

㉒ 得胜口：又作"得胜关"。在金阳门镇北门（今河北张家口市万全县万全镇）。

㉓ 扼胡岭：即"野狐岭"。南北重要关隘。在顺宁府西北境（今河北张家口市万全县万全镇北）。成吉思汗六年（1211）秋，蒙古军与金军主力决战于此，金溃败，国势遂衰。

㉔ 毳（cuì）幕毡车：游牧民所居毡帐、毡篷车。

㉕ 抚州：金升柔远县为抚州（今河北张家口市张北县）。元中统三年（1262）改隆兴路总管府，后又改兴和路。

㉖ 昌州：金置西京盐司，后改昌州（今内蒙古锡林郭勒盟太仆寺旗西南）。元中统三年置盐使司，延祐六年（1319）改宝昌州。

㉗ 国王：当为蒙古大将、太师国王木华黎次子速浑察。据《元史·木华黎传》：太宗窝阔台十一年（1239），木华黎长子塔思薨，"速浑察袭爵，即上京之西阿儿查秃置营，总中都行省蒙古、汉

军”。阿儿查秃,即后来宝昌州属地。

㉘ 狗泊:又作“狗泺”。宝昌州东邻狗泊、盖里泊(今内蒙古锡林郭勒盟太仆寺旗南伊克勒湖)。时产盐地。

㉙ 前朝所筑堡障:或为金所筑界壕与边堡。界壕者,掘地为沟堑,以限戎马之足。边堡者,于要害处筑城堡以居戍人。金世宗时经画,至章宗承安三年(1198)成之。起东北,讫西南,几三千里。

㉚ 沙陀:西突厥别部,即沙陀突厥。因其境内有大沙碛,故而得名。此处借指沙漠,或为今内蒙古浑善达克沙地。

㉛ 鱼儿泊:即答儿海子(今内蒙古赤峰市克什克腾旗达里诺尔湖)。

㉜ 公主离宫:蒙古公主驻夏行宫。据姚从吾《张德辉岭北纪行足本校注》考证,此公主应为睿宗拖雷之女也速不花,下嫁弘吉剌部。

㉝ 龟轩:或指龟形亭阁。

㉞ 什滹沱之三:为滹沱河十分之三。滹沱河,源自五台山东北,西南流而折向东,穿割太行山入河北平原,在献州(今河北沧州市献县)城外与滏阳河汇合为子牙河,入渤海。

㉟ 翕陆连(驴驹河):又作“怯绿连”或“卢驹河”(今蒙古境内克鲁伦河)。

㊱ 窟速吾(黑山):在翕陆连河上游北岸(今蒙古温都尔汗西)。

㊲ 一舍:三十里。行军三十里为一舍。

㊳ 加翕陆连三之一:(深广)比翕陆连河多三分之一。

㊴ 鱼之大若水之捕法亦如之:此句疑有脱字。可改为“鱼之大若前水之中者,捕法亦如之”。

㊵ 浑独剌(兔儿):即土兀剌河(今名图勒河),为斡耳寒河(今名鄂尔浑河)支流。

㊶ 毕里纥都:在和林东北。

㊷ 吾悮竭脑儿:未详。或在和林北朵里伯真附近。斡耳寒河上游有忽尔班达弥尔河、哈剌和林河等支流,皆在朵里伯真交汇,可能形成大泽。

㊸ 和林川:即哈剌和林河。在朵里伯真汇入斡耳寒河。

㊹ 马头山:在朵里伯真西。

㊺ 忽兰赤斤:原注“山名,以其形似红耳也”。在马头山西南、和林西北。

㊻ 塌米河:即忽尔班达弥尔河。在朵里伯真汇入斡耳寒河。

㊼ 石堠:道中计里之石堆。亦泛指用作表识或祭祀石堆,蒙古语作“敖包”或“鄂博”。

㊽ 唐古:疑即合池儿水(今名哈努依河)。源出杭爱山北麓,东北流汇入色楞格河,入贝加尔湖。后文说源出西夏,不确。

㊾ 阳帐殿:蒙古可汗避夏帐殿。时忽必烈未即位,避夏帐殿游猎转徙至唐古河西峻岭。

㊿ 陀山:未详。或泛指山冈,非专指。

51 大牙帐:蒙古可汗所居营帐。前置牙旗,故名。

㊷ 白马湩（dòng）：白色马乳。湩，乳汁。

㊸ 贺正：庆贺新年正月初一。

㊹ 何足以当之：此句前原注“德辉”。作者自称。

㊺ 隗：郭隗。战国时燕国人。燕昭王欲报齐仇，问计于隗。隗喻以市马骨而至千里马，曰：“今王诚欲致士，先从隗始；隗且见事，况贤于隗者乎？岂远千里哉。”昭王即“筑宫而师之”。于是乐毅、邹衍、剧辛等相继而至，士争凑燕，燕得以富强，终于战胜齐国。事见《战国策·燕策一》。

㊻ 戊申夏六月望日：海迷失后元年（1248）六月十五日。

㊼ 张德辉：字耀卿，太原交城（今属山西吕梁市）人。金贞祐间，为御史台掾。金亡，入真定史天泽幕，为经历官。太宗七年（1235），从天泽南征，筹划调拨，多出其谋。定宗二年（1247），受忽必烈召见，赴岭北，应对方略。世祖忽必烈即位后，授河东南北路宣抚使。至元二年（1265），考绩为十路之最。三年秋，参议中书省事。五年春，擢侍御史，辞不拜。德辉天资刚直，博学有经济器。晚年与元裕、李冶游封龙山，时人号为“龙山三老”。卒年八十。

南村辍耕录

[元] 陶宗仪

《南村辍耕录》三十卷，元陶宗仪撰。宗仪字九成，号南村，江浙黄岩（今浙江台州市黄岩区）人。至正八年（1348）三月，赴进士试不第，即弃举业。后避兵游于吴越间，尝师事张翥、李孝光、杜本等，专志古学。元末寓居松江华亭（今上海市松江区），以著书授徒为乐。入明，朝廷征召不赴。晚年曾为教官，弟子多有考中者。约卒于永乐十年（1412）。宗仪工诗词，精书法。著作除《辍耕录》外，尚有《书史会要》九卷、《说郛》一百卷、《古刻丛钞》一卷、《南村诗集》四卷。

《南村辍耕录》为其家于松江时所作。孙作《序》曰：『作劳之暇，每以笔墨自随，时时辍耕休于树阴，抱膝而叹，鼓腹而歌，遇事肯綮，摘叶书之，贮一破盎，去则埋于树根，人莫测焉。如是者十载，遂累盎至十数。一日，尽发其藏，俾门人小子萃而录之，得凡若干条，合三十卷，题曰南村辍耕录。』是书记载有元一代典章文物、闻见掌故，大多有裨史学；而考订书画文艺，亦可足备参证。然《四库全书总目提要》病其所载曰：『惟多杂以俚俗戏谑之语，闾里鄙秽之事，颇乖著作之体。』实为白璧微瑕。

选文标题据原书卷首《总目》。

1. 独　松　关

明年乙亥春[①],诸郡望风降败。丞相伯颜遣员外郎石天麟诣阙奏闻[②]。世皇喜,顾谓侍臣曰:“朕兵已到江南,宋之君臣必知恐畏。兹若遣使议和,邀索岁币,想无不从者。”遂敕伯颜按兵。乃命礼部尚书廉希贤、侍郎严忠范、计议官宋德秀、秘书丞柴紫芝等[③],赍奉国书使宋。次建康,希贤等借兵卫送。伯颜曰:“方今两军相厄,互有设险,宜令行人先往道意[④]。若便拥兵前进,吾恐别生衅隙,则和议之事必难成矣。”希贤等坚请,乃简阅锐卒五百畀之。至独松关[⑤],戍关者宋浙西安抚司参议官张濡也[⑥],以为北兵叩关,率众掩击,杀忠范,执希贤。希贤亦病创死。世皇闻之,大怒,趣进攻。嗟夫!宋之亡也,非有桀纣之恶,特以始之以拘留使者肇天兵之兴[⑦],终之以误杀使者激世皇之怒耳。藉使独松之使不死,宋之存亡未可知。其亦有数也与?(卷一)

【注释】

① 明年乙亥:指至元十二年(1275)。十一年秋七月,元世祖忽必烈下诏平南宋。

② 伯颜:蒙古八邻部人。元大将。长于西域伊儿汗国。至元初奉使入朝,受世祖赏识,拜中书左丞相。至元十一年(1274),统兵伐宋,进右相。十三年,陷临安,俘谢太后、恭帝等北去。后出镇和林,数平诸王叛乱。成宗即位,拜太傅。卒,年五十九。赠宣忠佐命开济功臣、太师、开府仪同三司,追封淮安王,谥忠武。　石天麟:字天瑞,顺州(今北京市怀柔区)人。少入见太宗,因留宿卫。后从宗王征西域,为断事官。宪宗六年(1256),奉使海押力(今哈萨克斯坦塔尔迪库尔干)海都封地,被拘留达二十八年,始得还。世祖大悦,授中书左丞兼断事官,辞。成宗即位,加荣禄大夫、司徒。武宗时,进平章政事。至大二年(1309)秋卒,年九十二。赠推诚宣力保德翊戴功臣、开府仪同三司、太师、上柱国,追封冀国公,谥忠宣。此则言伯颜遣石天麟诣阙,与史未合。据《元史》本传,时天麟尚被海都拘留未归。

③ 廉希贤:字达甫,畏吾儿族。魏国公布鲁海牙从子,恒阳王廉希宪从弟。因布鲁海牙曾任廉访使,子孙皆以官为姓。弱冠,与从兄希宪同侍皇弟忽必烈,出入王府。至元初,北部王拘杀使者,希贤奉使往谕之,王悔谢。还奏,进中议大夫、兵部尚书。至元十二年春,授礼部尚书,佩金虎符,与工部侍郎严忠范、秘书丞柴紫芝持国书使宋。三月至独松关,守关者不知为使,袭而被俘,伤重死,年二十九。　严忠范:泰安长清(今山东济南市长清区)人。父严实,金元之际掌山东西路行台,劝止蒙古军滥杀无辜,开东平府学招揽四方儒士,卒封鲁国公。忠范为实第四子。中统

二年(1261),代兄忠济为东平总管。至元初为刑部尚书,寻改陕西等处行中书省事,统兵攻西川。战不利,免。十二年,克建康,以工部侍郎出使南宋,至独松关遇袭被杀。　计议官:南宋建炎四年(1130)置枢密院干办官,寻改枢密院计议官,正八品,掌边防机速之事。元枢密院无此称,有承发兼照磨官为同品级。　秘书丞:元秘书监丞。《元史·百官志六》:"秘书监,秩正三品,掌历代图籍并阴阳禁书;卿四员,正三品;太监二员,从三品;少监二员,从四品;监丞二员,从五品;典簿一员,从七品;令史三人,知印、奏差各二人,译史、通事各一人,典书二人,典吏一人。属官:著作郎二员,从六品;著作佐郎二员,正七品;秘书郎二员,正七品;校书郎二员,正八品;辨验书画直长一员,正八品。至元九年置。其监丞皆用大臣奏荐,选世家名臣子弟为之。"

④ 行人:此指差役小吏。

⑤ 独松关:临安西北关隘。在湖州安吉(今属浙江湖州市)南。为南宋建康经广德军通临安之要冲。

⑥ 安抚司参议官:南宋宣抚使司、安抚使司高级幕僚,参议军事,佐理司事。位次于参谋官。

⑦ 拘留使者:指中统元年(1260),南宋丞相贾似道下令拘留蒙古使者郝经,囚于真州(今江苏扬州市仪征市)。郝经,字伯常,泽州陵川(今属山西晋城市)人。金末兵乱,避地河南鲁山。金亡,徙居顺天。家贫好学,为守帅张柔、贾辅所知,延为宾客,通读两家藏书。宪宗元年(1251),忽必烈召以对,言治国安民之道,留王府。九年,从忽必烈攻鄂州。宪宗崩,上书建议忽必烈北返争取汗位。中统元年(1260),以翰林侍读学士充国信使至宋,被拘于真州达十六年。至元十一年(1274),伯颜大军渡江,经获释,归大都后卒,年五十三。谥文忠。

2. 下江南檄

世皇下江南檄,枚举贾似道无君之罪①,宋国臣民其不诚服者与!其文曰:"宅中图大②,天开一统之期;自北而南,雷动六师之众③。先谓吊民而伐罪④,盖将用夏而变夷⑤;欲制江浙以削平,极汝海隅而混一。堪嗟此宋,信任非人,处之师相之尊,委以国柄之重。世济其恶,真凶悖之贾充⑥;谋及乃心⑦,效奸雄之曹操。不学无识,舞术弄权,夸浒黄仅免其身⑧,比河清莫大之绩。承君之宠,如彼之专,贪天之功,确乎不拔。借官爵以总宝货,苛条法以苦贤才。夺土田而无地可耕,变关会而物价溢涌⑨。借鄙猥者伴食于庙堂,任反侧者失兵于边徼。恬视雷星之召异,罔闻水火之降灾。满朝皆其私人,用将因其重赂。用白札而破世守之法⑩,曲丹笔而容天讨之刑。民心已离而不知,天命将革而未悟。方且贪湖山之乐,聚宝玉之珍,弗顾母死,夺制以贪荣。乃乘君宠,立幼而固位。以己峻功硕德,而自比于周公。

欺人寡妇孤儿，反不如于石勒[11]。深怀祸慝，恣肆奸邪。合正两观之诛[12]，可纾百姓之怒。我大元皇帝，聪明智睿，神武慈仁。梵香祝天，誓莫杀而混海宇。振兵略地，随所向而宣皇威。一战乘胜而渡江，诸将列降而献土。厥角稽首[13]，迎我前矛，后实先声[14]，易如破竹。昭然天顺人信之助，成我风行草偃之功。合宇宙以清宁，苏人民而镇抚[15]。恩宽幼主以下，罪止元恶之身。自今檄到，应守令以境土投拜，除大支犒赏外，仍其官职。谨檄。"（卷一）

【注释】

① 贾似道：字师宪，台州天台（今属浙江台州市）人。少游博无行，以父荫补嘉兴司仓、籍田令。后因姊为理宗宠妃，遂得进用。淳祐九年（1249），为京湖安抚制置大使，次年移镇两淮。宝祐二年（1254），加同知枢密院事、临海郡开国公。开庆元年（1259），为右丞相领兵救鄂州，私与忽必烈乞和，应允称臣纳币，兵退后诈称大胜。专朝政多年，理宗尊之为"师臣"，朝臣则称以"周公"，以重法督责武将，行"公田""推排"诸法破毁民家。度宗即位，进太师、平章军国重事。朝廷大政，每决于西湖葛岭私宅之中。元军围襄阳数年，竟隐匿军报。德祐元年（1275），元军东下，被迫出兵迎战，败于鲁港（今安徽芜湖市西南）。群臣请诛，乃贬高州团练使、循州安置。行至漳州木棉庵，为监送人会稽县尉郑虎臣所杀。

② 宅中图大：居于中心，谋划四方。谓得地势之利。东汉张衡《东京赋》："彼偏居而规小，岂如宅中而图大。"薛综注："东京居天地之中，所图者四海之外。"

③ 六师：周天子所统六军之师。后以称天子军队。

④ 吊民：抚慰百姓。《孟子·梁惠王下》："诛其君而吊其民，若时雨降，民大悦。"

⑤ 用夏而变夷：夏，诸夏，周王朝所封中原各诸侯国；夷，中原以外各族。以诸夏礼义之教影响中原以外僻远部族。《孟子·滕文公上》："吾闻用夏变夷者，未闻变于夷者也。"

⑥ 贾充：字公闾，三国魏平阳襄陵（今山西临汾市东南）人。任大将军司马、廷尉，为司马氏腹心。曾指使成济刺杀魏帝高贵乡公曹髦，参与司马氏代魏之谋。晋初任司空、侍中、尚书令，又以太尉充大都督统领诸军灭吴。此处以比贾似道，言其"凶悖"。

⑦ 谋及乃心：谓尽心谋划。《尚书·洪范》："汝则有大疑，谋及乃心，谋及卿士，谋及庶人，谋及卜筮。"

⑧ 浒黄：浒黄洲。在鄂州（今湖北武汉市武昌区）东北长江南岸，与黄州阳逻堡（今湖北武汉市新洲区阳逻镇）隔江相对。宪宗九年（1259），忽必烈率军自阳逻堡渡江至南岸浒黄洲，进攻鄂州。宋军自重庆东下援鄂，贾似道亦屯兵汉阳为援。忽必烈久攻不下，欲北返争夺汗位，恰逢贾似道私下乞和。蒙古兵退，似道诈称大胜，故言其"夸浒黄"。

⑨ 关会：宋纸币关子、会子并称。

⑩ 白札：即白札子。已拟定而未用玺之诏令。

⑪ 石勒：字世龙，羯族，上党武乡（今山西晋中市榆社县北）人。十六国时创后赵。少行贩洛阳，又为人力耕，曾被西晋官吏缚卖为耕奴。后与汲桑等聚众起兵，继投前赵汉王刘渊。东晋大兴二年(319)，自称赵王，建政，史称“后赵”。后赵太和元年(328)，灭前赵，建都襄国（今河北邢台市）。三年，称帝，改元建平。建平四年(333)病亡。石勒嗜杀，性残忍，然亦不念旧恶，延揽人才，好学而重贤。

⑫ 两观(guàn)之诛：两观，鲁阙。孔子为司寇，诛乱政大夫少正卯处。后遂以“两观之诛”喻指为了国家安定而对乱臣贼子所施行的必要的杀戮。西汉刘向《上灾异封事》：“自古明圣，未有无诛而治者也，故舜有四放之罚，而孔子有两观之诛，然后圣化可得而行也。”

⑬ 厥角稽首：古代跪拜之礼，跪下拱手叩头至地。厥角，以额触地。

⑭ 后实先声：谓先用声势挫折敌方士气，然后交战。《史记·淮阴侯列传》：“兵固有先声而后实者，此之谓也。”

⑮ 苏：缓解；解除。　镇抚：安抚。

3. 圣　聪

至元六年二月二十五日[①]，上御玉德殿[②]，命史臣榻前草诏，黜谪太师伯颜[③]。诏文有云：“其各领所部，诏书到日，悉还本卫[④]。”上曰：“自早至暮，皆一日也。可改‘日’字作‘时’字。”时伯颜以飞放为名[⑤]，挟持皇太子在柳林[⑥]，意将犯分[⑦]。诏既成，遣中书平章只理瓦歹[⑧]，赍至彼处开读，奉皇太子归国，而各枝军马即时散去。盖一字之中，利害系焉。“亶聪明，作元后”[⑨]，于此有以见之矣。（卷二）

【注释】

① 至元六年：此指顺帝后至元六年(1340)。

② 玉德殿：在大都宫城延春阁西侧清灏门外。至元四年(1267)，世祖于金中都之东北置新城而迁都，九年，改大都。其宫城中轴线上，由南而北正衙有大明殿、延春阁。据《南村辍耕录》卷二十一：“玉德殿在清灏外，七间，东西一百尺，深四十九尺，高四十尺，饰以白玉，甃以文石，中设佛像。”世祖及以后诸帝，常视事于此殿。

③ 伯颜：蔑儿乞氏。武宗藩邸侍从。后历官江浙、江西、河南等行省平章政事。文宗时为知枢密院事，封浚宁王。至顺四年(1333)，迎立顺帝，为右相，进太师，改封秦王。后至元元年(1335)，诛左相唐其势及帝后伯牙吾氏，独专朝政。六年，以谋废立被告发，贬南恩州阳春县（今广东阳江市阳春市）安置，途中病死于龙兴路（今江西南昌市）驿站。

④ 本卫：本军所驻之地。元朝在各军事要地设卫，派兵驻守。明代发展为守屯结合之卫所兵制。

⑤ 飞放：纵鹰隼捕猎。

⑥ 柳林：在元大都路通州南（今北京市通州区张家湾镇南）。元在此设有柳林行宫。据《元史·伯颜传》："六年二月，伯颜自领兵卫，请帝出田。脱脱告帝托疾不往。伯颜固请太子燕帖古思出次柳林。脱脱欲有所为，遂与世傑班、阿鲁合议，白于帝。戊戌，脱脱悉拘门钥，受密旨领军，阿鲁、世傑班侍帝侧传命。是夜，帝御玉德殿，主符檄，发号令，详见《脱脱传》。中夜二鼓，遣太子怯薛月可察儿率三十骑抵太子营，取之入城，夜半见帝。四鼓，命只儿瓦歹奉诏往柳林，出伯颜为河南行省左丞相。己亥，伯颜遣人来城下问故。脱脱倨城门上宣言，有旨黜丞相一人，诸从官无罪，可各还本卫。"

⑦ 犯分：僭越等级名分。意即谋立新帝。

⑧ 中书平章：中书省平章政事。元中书省执政官，在右、左相之下。参见第32页第1则注释⑫。　只理瓦歹：《元史》中作"只儿瓦歹"。

⑨ 亶（dǎn）聪明，作元后：语出《尚书·泰誓上》。孔氏传："人诚聪明，则为大君。"亶，诚。元后，天子。

4. 后　德

今上皇太子之正位东宫也①，设谕德②，置端本堂③，以处太子讲读。忽一日，帝师来启太子母后曰："向者太子学佛法，顿觉开悟。今乃受孔子之教，恐损太子真性。"母后曰："我虽居于深宫，不知道德，尝闻自古及今，治天下者须用孔子之道。舍此它求，即为异端。佛法虽好，乃馀事耳，不可以治天下。安可使太子不读书？"帝师赧服而退④。（卷二）

【注释】

① 正位东宫：谓正式就皇太子位。至正十三年（1353）六月，顺帝立皇子爱猷识理达腊为皇太子。

② 谕德：官名。唐高宗龙朔三年（663）于东宫官属中设左右谕德各一员，主管对太子的讽谏规劝。历代因之，至清康熙年间废。

③ 端本堂：元皇太子学宫，顺帝至正九年（1349）冬立。此则言皇太子正位东宫后，"设谕德，置端本堂"，与史未合。据《元史·百官志八》："东宫官属。至正六年四月，立皇太子宫傅府，以长吉等为宫傅官，时太子犹未受册宝。至九年冬，立端本堂为皇太子学宫。置谕德一员，正二品；

赞善二员，正三品；文学二员，正五品；正字二员，正七品；司经二员，正七品。十三年六月，册立皇太子，定置皇太子宾客二员，正二品；左、右谕德各一员，从二品；左、右赞善各一员，从二品；文学二员，从五品；中庶子、中允各一员，从六品。”

④ 赧服：羞惭而心服。

5. 征　聘

中书左丞魏国文正公鲁斋许先生衡[1]，中统元年，应召赴都日，道谒文靖公静修刘先生因[2]。谓曰："公一聘而起，毋乃太速乎。"答曰："不如此，则道不行。"至元二十年，征刘先生至，以为赞善大夫[3]，未几，辞去。又召为集贤学士[4]，复以疾辞。或问之，乃曰："不如此，则道不尊。"（卷二）

【注释】

① 许衡：字仲平，金怀州河内（今河南焦作市沁阳市）人。幼颖悟不凡，勤学好问，师不能教而更者三。及长，值兵乱，往来河洛间，从柳城姚枢得程朱之学。寻居苏门，与枢及窦默相讲习。匾其斋为"鲁斋"，学者称"鲁斋先生"。世祖忽必烈为亲王时，召为京兆提学，大兴学校于关中。中统元年（1260），世祖即位，授太子太保，后改左丞、集贤大学士兼国子祭酒。与徐世隆、刘秉忠定朝仪官制，修《授时历》。至元十八年（1281）卒，年七十三。赠荣禄大夫、司徒，谥文正。后加正学垂宪佐运功臣、太傅、开府仪同三司，封魏国公，从祀孔子庙廷。有《读易私言》一卷、《鲁斋遗书》十四卷存世。

② 刘因：字梦吉，保定容城（今河北保定市容城县北）人。世为儒家，父祖皆事金。因天资绝人，六岁能诗，七岁属文，落笔惊人。弱冠，从学于真定教授砚弥坚，专于程朱之书。尝爱诸葛亮"静以修身"之语，表其居曰"静修"。至元十九年（1282），应召为承德郎、右赞善大夫，未久，辞。后以集贤学士、嘉议大夫再征，不起。三十年卒，年四十五。赠翰林学士、资善大夫、护军，追封容城郡公，谥文靖。著有《四书集义精要》二十八卷，《静修集》二十五卷、续集三卷。此则言刘因至元二十年应召入朝，《元史》本传作十九年。

③ 赞善大夫：东宫官属。唐始置，在太子宫中掌侍从、讲授。分左、右，为正五品下。宋初为文臣迁转官阶，无职事。神宗元丰改制后，易为通直郎。元因之，顺帝前亦无职事，至正九年立端本堂，始置赞善官，教授太子。参见上则注释③。

④ 集贤学士：馆阁学士之一。唐称集贤殿书院学士，宋称集贤院学士。元沿宋制，置集贤院。《元史·百官志三》："集贤院，秩从二品，掌提调学校、征求隐逸、召集贤良，凡国子监、玄门道教、阴阳祭祀、占卜祭遁之事，悉隶焉。国初，集贤与翰林国史院同一官署。至元二十二年，分置两

院,置大学士三员、学士一员、直学士二员、典簿一员、吏属七人。……大德十一年,升从一品,置院使六员、经历二员。……后定置大学士五员,从一品;学士二员,正二品;侍读学士二员,侍讲学士二员,并从二品;直学士二员,从三品;经历一员,从五品;都事二员,从七品;待制一员,正五品;修撰一员,从六品;兼管勾承发架阁库一员,正八品;掾史六人,译史、知印各二人,通事一人,宣使七人,典吏三人。"

6. 不 食 死

谢君直先生枋得[①],号叠山,信州弋阳人。宋景定甲子[②],江东漕闱校文[③],发策问[④]:"权奸误国,赵氏必亡。"忤贾似道,贬兴国军[⑤]。三年,遇赦得还。天兵南下,郡城溃,弃家入闽。至元二十三年,御史程文海[⑥],承旨留梦炎等交荐[⑦],累召不赴。二十六年春正月,福建行省参知政事魏天祐[⑧],复被诏旨,集守令戍将,迫蹙上道。临行,以诗别常所往来者曰:"雪中松柏愈青青,扶植纲常在此行。天下岂无龚胜洁[⑨],人间不独伯夷清[⑩]。义高便觉生堪舍,礼重方知死甚轻。南八男儿终不屈[⑪],皇天上帝眼分明。"夏四月,至京师,不食死,年六十有四。秋八月,子定之奉柩归葬,门人诔而题之曰:"文节先生谢公墓"。嗟乎!伯夷、叔齐,在周虽为顽民,而在商则为义士。孰谓数千载后,有商义士之风者,复见先生焉。(卷二)

【注释】

① 谢枋得:字君直,号叠山,南宋信州弋阳(今属江西上饶市)人。为人豪爽,读书过目不忘。宝祐四年(1256),与文天祥同科中进士。吴潜宣抚江南东、西两路,辟差干办公事。蒙古兵入侵,枋得团结民兵,以捍饶、信、抚三州。景定五年(1264),为建康府考官,出题以贾似道政事为问,遂遭罢斥。德祐元年(1275)起为江东提刑、江西招谕使、知信州,率兵抗元。城陷,流亡建阳,以卖卜教书度日。后元廷迫其出仕,福建行省参政魏天祐强制送往大都。至元二十六年(1289),绝食死于大都悯忠寺,年六十四。门人私谥文节先生。有《叠山集》五卷、《文章轨范》七卷。

② 景定甲子:南宋理宗景定五年(1264)。

③ 江东漕闱校文:南宋江南东路(治建康府)类省试考场评卷。类省试,简称类试,又称漕试。南宋科举制名,相当于省试。南宋陆游《老学庵笔记》卷六:"自建炎军兴,蜀士以险远,许就制置司类试,与省试同。间有愿赴行在省试者,亦听之。"《宋史·选举志二》:"(绍兴)九年,以陕西举人久蹈北境,理宜优异,非四川比,令礼部别号取放。川陕分类试额自此始。"漕闱,漕试试场。校文,此指命制试题或批阅试卷。

④ 发策问：指出题策问。《宋史·谢枋得传》中所出策问题目为“兵必至，国必亡”。

⑤ 兴国军：南宋兴国军隶江南西路，治永兴（今湖北黄石市阳新县）。

⑥ 程文海：字钜夫，建昌南城（今属江西抚州市）人。南宋德祐元年（1275），从叔父官于洪（今江西南昌市），讲学东湖之上。元至元十三年（1276），充质子挈家入觐，除翰林院应奉文字，改修撰，升集贤院直学士，擢侍御史。南人入台，自钜夫始。二十三年，奉诏荐宋臣二十二人，以谢枋得为首。后官至翰林学士、知制诰、同修国史，商议中书省事。延祐三年（1316），得告南归，卒，年七十。封楚国公，谥文宪。

⑦ 留梦炎：字汉辅，衢州（今属浙江）人。南宋淳祐四年（1244）举进士，状元及第。历宗正少卿、秘阁修撰、吏部右侍郎等。德祐元年（1275），官至右丞相兼枢密使、都督诸路兵马，寻除左丞相。景炎元年（1276）降元，拜礼部尚书，迁翰林承旨。元至元二十五年（1288），奉诏荐江南人才，以谢枋得荐，枋得遗书以辞。元贞元年（1295）致仕，卒于家。

⑧ 魏天祐：初为宋将。至元十三年（1276）正月，由福建弃家降元，为管军总管兼知邵武军事，后官至福建行省参知政事。

⑨ 龚胜：字君宾，西汉彭城（今江苏徐州市）人。少好学，明经，与龚舍相友善，并著名节，世谓之“楚两龚”。初为郡吏，州举茂才，为重泉县令。哀帝时召为谏大夫，屡上书言时政，迁丞相司直，徙光禄大夫，守右扶风。后称疾归乡里。王莽篡国，拜胜为讲学祭酒，不应。复强征为太子师友、祭酒，拒不受命，谓门人高晖等曰：“吾受汉家厚恩，亡以报，今年老矣，旦暮入地，谊岂以一身事二姓下见故主哉！”绝食十四日而死。事见《汉书·王贡两龚鲍传》。

⑩ 伯夷：商末孤竹君长子。墨胎氏。初，孤竹君以次子叔齐为继承人，孤竹君死后，叔齐让位于伯夷，不受。后伯夷、叔齐闻周文王善养老而入周。武王伐纣，二人劝谏。灭商后，隐居首阳山，不食周粟而死。

⑪ 南八：南霁云，行八，唐魏州顿丘（今河南濮阳市清丰县西）人。武将。安史之乱，从真源令张巡守睢阳（今河南商丘市睢阳区）。城陷被俘，不屈而死。唐韩愈《张中丞传后序》：“城陷，贼以刃胁降巡，巡不屈，即牵去，将斩之。又降霁云，云未应，巡呼云曰：‘南八，男儿死耳，不可为不义屈！’云笑曰：‘欲将以有为也。公有言，云敢不死？’即不屈。”

7. 善　谏

至元二十四年，桑哥之为尚书丞相也[①]，专权擅政，虐焰薰天，贿赂公行，略无畏避。中书平章武宁正献王彻理[②]，时为利用监[③]，独奋然数其奸赃于上前。上怒，以为丑诋大臣，命左右批其颊。王辨不为止，且曰：“臣思之熟矣。国家置臣子，犹人家畜犬。譬有贼至而犬吠，主人初不见贼，乃棰犬，犬遂不吠，岂良犬哉？”上悟，收桑哥,籍其家。明日,王拜御史中丞。余按《北史·宋游道传》④,毕义云奏劾游道,杨遵彦曰:"譬之畜狗,本取其吠。今以数吠杀之,恐将来无复吠犬。"诏除名。则王之以犬自况,为有所本矣。(卷二)

【注释】

① 桑哥:畏吾儿人。国师胆巴弟子。通诸国言语,尝为吐蕃译史。好言财利事,为世祖忽必烈所喜,擢为总制院使,领佛教及吐蕃之事。曾举荐章闾、卢世荣等。至元二十四年(1287)二月,元廷复置尚书省,以桑哥为平章政事。桑哥检核前中书省所欠财物,籍没官员家产甚多。十月,升尚书右丞相,设征理司,稽考、理算各级官署仓库,增加各级税额,官民皆怨。明年,又改总制院为宣政院,世祖命其以开府仪同三司、右丞相兼宣政使。后又掌宣敕铨调内外官之权,以刑爵为货而贩之,人咸走其门,以贵价买其所欲,当刑者免,求爵者得,纲纪大坏,人心惊骇。二十八年春,为彻里等人所劾,下狱处死。

② 彻理:又作"彻里"。燕只吉台氏。曾祖太赤以功封徐、邳二州,因家于徐(今江苏徐州市)。彻里幼孤,母教以读书。至元十八年(1281),世祖召见,应对详雅,悦之,俾常侍左右,民间事时有所咨访。二十四年,尚书省桑哥专权,中外骚动,廷臣皆莫敢言。彻里乃于帝前具陈桑哥奸贪误国害民状,辞语激烈。帝怒,命左右批其颊。彻里辩愈力,于是帝大悟,命帅羽林三百人往籍其家。桑哥既诛,复奉旨往江南,籍桑哥姻党。进拜御史中丞,俄升福建行省平章政事。三十一年,世祖崩,与诸王大臣共定策,迎立成宗。大德元年(1297),拜江南诸道行台御史大夫,改江浙行省平章政事。发卒数万,疏导水路。九年,召入为中书平章政事。十月,以疾薨,年四十七。加赠宣忠同德弼亮功臣、太师、开府仪同三司、上柱国,追封武宁王,谥正宪。此则谓"正献",与史未合。

③ 利用监:元官署名。至元十年(1273)改资用库置,掌出纳皮货衣物。二十年废,二十六年复置,升从三品,二十九年升正三品。大德十一年(1307)改为院,秩从二品。至大四年(1311)复为监,秩正三品。领以卿八员,下设太监、少监、监丞等官。辖资用库、怯怜口皮局人匠提举司、杂造双线局、熟皮局、软皮局、斜皮局、貂鼠局提举司、染局等。

④ 宋游道:北魏广平(今河北邯郸市鸡泽县东南)人。历殿中侍御史、左中兵郎中、尚书左丞,官至御史中尉。游道刚直,为官严整,纠弹非法,嫉恶如仇。然也喜推察他人阴私,问审案件,捶挞严酷,为朝士所厌。曾弹劾太师咸阳王坦、太保孙腾、司徒高隆之、司空侯景、录尚书元弼、尚书令司马子如等,可见其不避权豪。北齐天宝元年(550)卒,后赠仪同三司,谥贞惠。下文"毕义云奏劾游道"事,见《北史·宋游道传》:东魏孝静帝武定二年(544),魏安平王坐事亡,近亲皆受责罚。都官郎中毕义云主审此案,擅自收捕关押。游道以为应移交廷尉按律治罪,与司徒高隆之不同。隆之反诬游道厉色挫辱己,威逼诸令史出来作证,与毕义云递相纠举。朝士皆以游道必不济。时齐王高澄(后追封北齐文襄皇帝)为相国,闻游道与隆之相抗之言,谓散骑常侍杨愔(字遵

彦)曰:“此真是鲠直大刚恶人。”遵彦曰:“譬之畜狗,本取其吠,今以数吠杀之,恐将来无复吠狗。”诏付廷尉,游道坐除名。

8. 使　交　趾

翰林学士元文敏公明善①,字复初,清河人。参议中书日,会朝廷遣蒙古大臣一员使交趾②,公副之。将还,国之伪主赆以金③,蒙古受之,公固辞。伪主曰:“彼使臣已受矣,公独何为?”公曰:“彼所以受者,安小国之心;我所以不受者,全大国之体。”伪主叹伏。(卷二)

【注释】

① 元明善:字复初,大名清河(今河北邢台市清河县西)人。北魏拓跋氏后裔。弱冠游吴中,以文章名于时。仁宗居东宫,擢明善为太子文学。及即位,改翰林待制,与修成宗、顺宗两朝《实录》,升翰林直学士。为仁宗译《尚书》节要,每奏一篇,帝必称善。又与修《武宗实录》,升翰林侍讲学士,预议科举、服色等事。延祐二年(1315),始会试天下进士,首充考试官、读卷官,所取士后多为名臣。改礼部尚书,擢参议中书省事,拜湖广行省参知政事。英宗即位,又与修《仁宗实录》。至治二年(1322)卒,年五十四。追封清河郡公,谥文敏。

② 交趾:即安南国。唐置安南都护府(治今越南河内市)。五代后晋时独立,建国号为大越、大瞿越等。北宋初,封其王为安南郡王、安南都护、交趾郡王。宋神宗时,与宋多次交战。至南宋孝宗时,正式赐名安南国。蒙古宪宗八年(1258)内附,后成为元藩属国。

③ 赆:临别时赠以财物。

9. 贞　　烈

至元十三年丙子春正月十八日,淮安王伯颜以中书右相统兵入杭,宋谢、全两后以下皆赴北①。有王昭仪者②,题《满江红》词于驿云:“太液芙蓉③,浑不似,旧时颜色。曾记得,春风雨露,玉楼金阙。名播兰簪妃后里,晕潮莲脸君王侧。忽一朝,鼙鼓揭天来,繁华歇。　龙虎散,风云灭,千古恨,凭谁说。对山河百二④,泪沾襟血。驿馆夜惊尘土梦,宫车晓碾关山月。愿嫦娥,相顾肯从容,随圆缺。”昭仪名清蕙,字冲华,后为女道士。五月二日,抵上都,朝见世皇。十二日夜,故宋宫人安定夫人陈氏、安康夫人朱氏,与二小姬,沐浴整衣焚香,自缢死。朱夫人遗四言一篇于衣中,云:“既不辱国,幸免辱身。世食宋禄,羞为北臣。妾辈之死,守于一贞。忠臣孝子,期以自新。丙子五月吉日,泣血书。”明日,奏闻,上命断其首悬全后寓所。夫此四人之贞烈,视前日之托隐忧于辞章者,相去盖万万矣。是年,丞相偏师徇台[⑤]。台之临海民妇王氏者,美姿容,被掠至师中。千夫长杀其舅姑与夫,而欲私之,妇誓死不可。自念且被污,因阳曰:“能俾我为舅姑与夫服期月,乃可事君。”千夫见其不难于死,从所请,仍使俘妇杂守之。师还,挈行至嵊[⑥],过上清风岭。妇仰天窃叹曰:“吾知所以死矣。”即啮拇指出血,写口占诗于崖石上,曰:“君王无道妾当灾,弃女抛男逐马来。夫面不知何日见,此身料得几时回。两行清泪偷频滴,一片愁眉锁未开。回首故山看渐远,存亡两字实哀哉。”写毕,即投崖下以死。死之日,距今且将八九十年,石上血愤起[⑦],如始写时,不为风雨所剥蚀。予昔过其下,尚能读所写诗。嵊丞徐君端,树石祠,刻碑于死所。浙东元帅白野泰不华公[⑧],字兼善,状元及第,守越日,为立庙像,乡之人私表曰“贞妇”,著作李五峰先生孝光为记[⑨]。郡上其事于朝,请封如民所表。先是,岳州破时[⑩],韩氏为游卒所掠,以献诸主将。韩知必不免,乘间赴水死。越三日,有得其尸,于练裙中题五言长句曰:“宋未有天下,坚正臣礼秉。开国百战功,每阵惟雄整。及侍周幼主[⑪],臣心常炯炯[⑫]。帝曰卿北伐,山戎今有警[⑬]。死狗莫击尾,此行当系颈[⑭]。即日辞陛行,尽敌心欲逞。陈桥忽兵变[⑮],不得守箕颍[⑯]。禅让法尧舜,民物普安静。有国三百年,仁义道驰骋。未改祖宗法,天胡肆大眚[⑰]。细思天地理,中有幸不幸。天果丧中原,大似裂冠衽[⑱]。君诚不独活,臣实无魏丙[⑲]。失人焉得人,垂戒当耿耿。江南无谢安[⑳],塞北有王猛[㉑]。所以戎马来,飞渡巴陵境。大江限南北,今此一舴艋[㉒]。本期固封疆,谁谓如画饼。烈火燎昆冈,不辨金玉矿。妾本良家子,性僻守孤梗。嫁与尚书儿,衔署紫兰省[㉓]。直以才德合,不弃宿瘤瘿[㉔]。初结合欢带,誓比日月昺[㉕]。鸳鸯会双飞,比目愿常并。岂期金石坚,化作桑榆景[㉖]。旄头势正然[㉗],蚩尤气先屏[㉘]。不意风马牛[㉙],复及此燕郢[㉚]。一方遭劫虏,六族死俄顷。退鹢落迅风[㉛],孤鸾吊空影。簪坚折白玉,瓶沉断青绠[㉜]。一死空冥府,忧心长炳炳[㉝]。意坚志不移,改邑不改井。我本瑚琏器[㉞],安肯作溺皿[㉟]。志节匪转石,气噎如吞鲠。不作爝火然[㊱],愿为死灰冷。贪生念曲蛾[㊲],乞怜羞虎阱。借此清江水,葬我全首领。皇天如有知,定作血面请。愿魂化精卫[㊳],填海使成岭。”此诗士大夫多称道之。韩名希孟,年十有八,魏公五世孙、襄阳贾尚书之子琼之妇[㊴]。死且三十馀年,而其英爽不昧,复能托梦赵魏公[㊵],为书其诗。则节妇之名,因公之翰墨而愈不朽矣。又岳州徐君宝妻某氏，亦同时被虏来杭，居韩蕲王府[41]。自岳至杭，相从数千里，其主者数欲犯之，而终以巧计脱。盖某氏有令姿，主者弗忍杀之也。一日，主者怒甚，将即强焉。因告曰："俟妾祭谢先夫，然后乃为君妇不迟也。君奚用怒哉？"主者喜诺。即严妆焚香，再拜默祝，南向饮泣，题《满庭芳》词一阕于壁上，已，投大池中以死。词曰："汉上繁华，江南人物，尚遗宣政风流[42]。绿窗朱户，十里烂银钩。一旦刀兵齐举，旌旗拥，百万貔貅[43]，长驱入。歌楼舞榭，风卷落花愁。　　清平三百载，典章文物，扫地俱休。幸此身未北，犹客南州。破鉴徐郎何在？空惆怅，相见无由。从今后，断魂千里，夜夜岳阳楼。"杭徐子祥与韩府居相邻，尝闻长老嗟悼之。及见所书词，故能言其详。某氏，余偶忘其姓。噫！使宋之公卿将相贞守一节若此数妇者，则岂有卖降覆国之祸哉！宜乎秦贾之徒为万世之罪人也[44]。（卷三）

【注释】

① 谢、全两后：宋理宗谢皇后、度宗全皇后。谢后名道清，天台（今属浙江台州市）人。理宗即位后入宫，封通议郡夫人。宝庆三年（1227）九月进贵妃，十二月册为皇后。咸淳三年（1267），度宗尊为皇太后，号寿和圣福。恭帝即位，尊为太皇太后，垂帘同听政。平章贾似道兵败，开脱其罪。德祐二年（1276）二月，元兵入杭，虏全后、恭帝入大都。谢太后以疾留杭，八月至大都，封寿春郡夫人。越七年终，年七十四。全后，会稽（今浙江绍兴市）人。理宗母慈宪夫人侄孙女，以故入宫。景定二年（1261）十一月诏封永嘉郡夫人，十二月册为皇太子妃。度宗立，咸淳三年正月册为皇后，生恭帝。十年，度宗崩，恭帝即位，尊为皇太后。宋亡，从恭帝入大都。后为尼，终于正智寺。

② 昭仪：宋内命妇位号。宋后妃基本承唐制，亦有所变化。皇后之下为夫人阶，正一品，有贵妃、淑妃、德妃、贤妃；嫔阶，正二品，有太仪、淑仪、淑容、顺仪、顺容、婉仪、婉容、昭仪、昭容、昭媛、修仪、修容、修媛、充仪、充容、充媛；婕妤阶，正三品；美人阶，正四品；才人阶，正五品；贵人阶，无视品。此外，尚有宝林、御女、采女等，皆无视品。

③ 太液：太液池。此处泛指皇家池苑。

④ 山河百二：喻山河险固之地。百二，以二敌百。

⑤ 丞相偏师徇台：指伯颜分兵攻掠台州（治今浙江台州市临海市）。偏师，主力之外的部分军队。

⑥ 嵊：南宋绍兴府嵊县（今浙江绍兴市嵊州市）。

⑦ 偾起：隆起；突出。

⑧ 泰不华：字兼善，伯牙吾台氏。原名达普化，文宗赐以今名。先世居白野山，为西域色目

人,随父定居台州。年十七,江浙乡试第一名。至治元年(1321),赐进士及第,授集贤修撰,累迁至礼部侍郎。继入史馆,与修宋、辽、金史,书成,升礼部尚书兼会同馆事。至正八年(1348),黄岩方国珍起兵。十一年,以泰不华为浙东道宣慰使都元帅。明年,与方国珍战,阵亡。封魏国公,谥忠介。

⑨ 李孝光:字季和,乐清(今属浙江温州市)人。少博学,有文名,与杨维桢并称"杨李"。隐居雁荡五峰山下,教授讲学。泰不华尝师事之。至正四年(1344),应召为秘书监著作郎。七年,擢秘书监丞。善为词。有《五峰集》十卷存世。

⑩ 岳州:南宋岳州隶荆湖北路,治巴陵(今湖南岳阳市)。至元十二年(1275)三月,元将阿里海牙率军攻岳州,宋将高世杰、孟之绍以城降,诛之。

⑪ 周幼主:后周恭帝柴宗训,年七岁即位。此句谓宋太祖赵匡胤仕周。

⑫ 炯炯:双目不闭貌。多形容有心事而彻夜不寐。

⑬ 山戎:古称北方民族。后周显德七年(960)元旦,忽奏报辽、北汉合兵南侵,命赵匡胤率禁军抵御,致陈桥兵变,周亡宋立。

⑭ 系颈:系绳于颈。表示降服。此句意谓使北敌降服。

⑮ 陈桥:即陈桥驿(在今河南开封市东北四十里)。

⑯ 箕颍:箕山与颍水。相传尧时,贤者许由曾隐居箕山之下、颍水之阳。后因以指隐者或隐居之地。此句意谓赵匡胤被迫黄袍加身,代周立宋。

⑰ 大眚(shěng):大灾异。此句意谓蒙元兴作大灾异。

⑱ 冠衽:犹"冠带"。本指服制,引申为礼仪、教化。

⑲ 魏丙:西汉贤相魏相、丙吉的并称。魏相,字弱翁,济阴定陶(今山东菏泽市定陶县西北)人。徙平陵(今陕西咸阳市西北)。举贤良,为茂陵令。后迁河南太守,抑制豪强势力。宣帝即位,为大司农,迁御史大夫,继为丞相,封高平侯。丙吉,字少卿,鲁国(治今山东济宁市曲阜市)人。初为鲁狱史,累迁廷尉监。武帝末,治巫蛊狱,曾救护皇曾孙(宣帝)。后为大将军霍光长史,建议迎立宣帝。封博阳侯,为丞相,为政宽大。

⑳ 谢安:字安石,东晋陈郡阳夏(今河南周口市太康县)人。年四十始出仕。孝武帝时,位至宰相。使弟石与侄玄为将拒前秦。太元八年(383),前秦主苻坚统九十万大军攻晋,安使石、玄等战于淝水,大胜。乘机北伐收复洛阳及青、兖、徐、豫诸州。后会稽王司马道子执政,遭排挤,出镇广陵。十年,病卒于京师建康,年六十六。赠太傅,谥文靖。

㉑ 王猛:字景略,十六国时前秦大臣。辅佐苻坚富国强兵,统一北方。参见第5页第1则注释⑭。

㉒ 舴艋(zé měng):小船。

㉓ 紫兰省:或为"紫微省"。唐开元元年(713),取天文紫微垣之义,改中书省为紫微省,中书令为紫微令。省中种紫薇花,故亦称紫薇省。宋拟称之。此则言"嫁与尚书儿",而尚书省在唐有

称“南宫”“南省”，在宋有称“粉省”“粉署”者，未见有称“紫兰省”。此处或为泛指中央机构。

㉔ 瘤瘿：机体所生囊肿。比喻鄙陋而无用之物。

㉕ 昺(bǐng)：明亮；光明。

㉖ 桑榆景：落日馀辉照在桑榆树梢上。比喻老年时光。

㉗ 旄头：古代皇帝仪仗中担任先驱的骑兵。此指敌兵前锋。

㉘ 蚩尤：传说中东方九黎族首领，后与黄帝战于涿鹿(今属河北)，失败被杀。此处代指中原、江南遗裔。

㉙ 风马牛：即“风马牛不相及”。《左传·僖公四年》：“君处北海，寡人处南海，唯是风马牛不相及也。”风，放逸，走失。谓齐楚两地相隔甚远，马牛不会走失至对方地界。后用以比喻事物之间毫不相干。

㉚ 燕(yān)郢：本指“郢书燕说(yuè)”。《韩非子·外储说左上》：“郢人有遗燕相国书者，夜书，火不明，因谓持烛者曰：‘举烛。’而误书‘举烛’。举烛，非书意也。燕相受书而说之，曰：‘举烛者，尚明也；尚明也者，举贤而任之。’燕相白王，王大悦，国以治。治则治矣，非书意也。”后因以喻曲解原意、穿凿附会。此处应为实指，“燕”代北方，“郢”代南方。

㉛ 退鹢：退飞之鹢。比喻身处逆境。鹢，古书中的一种水鸟。

㉜ 簪坚两句：即“瓶沉簪折”。谓瓶沉水底难觅，玉簪中折难续。喻男女分离。语出唐白居易《井底引银瓶》诗：“井底引银瓶，银瓶欲上丝绳绝。石上磨玉簪，玉簪欲成中央折。瓶沉簪折知奈何，似妾今朝与君别。”(见《白香山诗集》卷四)

㉝ 炳炳：显明貌。

㉞ 瑚琏：瑚、琏皆宗庙礼器。用以比喻栋梁之才。

㉟ 溺(niào)皿：尿壶。

㊱ 爝火：火炬；小火。　然：同“燃”。

㊲ 曲蛾：蛾的一种。属昆虫纲、鳞翅目、异脉亚目、曲蛾科。此句借蛾化蛹，寓转世托生义。

㊳ 精卫：神鸟。相传为炎帝女，名女娃。因游东海淹死，化为精卫，久久衔西山木石以填东海。见《山海经·北山经》及《述异记》卷上。

㊴ 魏公：韩琦，字稚圭，相州安阳(今属河南)人。相宋仁宗、英宗、神宗三朝，封魏国公。贾尚书及其子琼：未详何许人。

㊵ 赵魏公：赵孟頫，字子昂，号松雪道人、水精宫道人，中年曾名孟俯，湖州(今属浙江)人。宋宗室。入元，荐授刑部主事，累官翰林学士承旨，封魏国公，谥文敏。工书画，有“元人冠冕”之称。赵孟頫书韩希孟诗事，见明董斯张《吴兴备志》卷二十五：“元兵伐宋，至巴陵。女子韩希孟者，魏公五世孙也，嫁贾尚书之子琼，岳州破被掳。明日，以衣帛书一诗，自投于江而死。长兴州判官沈思安，尝托刘元履丐子昂为书其诗，元履诺而未言。一夕，梦一妇人云：‘趣为我求书，庶因大人君子之笔，发摅幽愤。’松雪闻而异之，乃为书一通。”

㊶ 韩蕲王:韩世忠,字良臣,延安(今属陕西)人,一说绥德(今属陕西榆林市)人。南宋抗金名将。绍兴中授枢密使,解除兵权。孝宗朝追封蕲王,谥忠武。韩蕲王府,在临安前洋街。

㊷ 宣政:指宋徽宗年号政和(1111—1117)、宣和(1119—1125)。

㊸ 貔貅(pí xiū):古书中的猛兽。比喻勇猛的军队。

㊹ 秦贾:指宋臣秦桧、贾似道。秦桧,字会之,江宁(治今江苏南京市)人。政和进士。北宋末历任左司谏、御史中丞。靖康之变被掳至北方,成为金太宗弟挞懒的亲信。建炎四年(1130)随金军至楚州(今江苏淮安市),自称杀死守兵,夺船逃回。绍兴年间两任宰相,执政达十九年,主持和议,排斥主战大臣和将领。绍兴二十五年(1155)卒,年六十六,赠申王。开禧二年(1206),追夺王爵。贾似道,参见第61页第2则注释①。

10. 岳　鄂　王

岳武穆王飞墓[①],在杭栖霞岭下,王之子云祔焉[②]。自国初以来,坟渐倾圮[③]。江州岳氏讳士迪者[④],于王为六世孙,与宜兴州岳氏通谱,合力以起废,庙与寺复完美。久之,王之诸孙有为僧者,居坟之西。为其废坏,庙与寺靡有孑遗[⑤],天台僧可观以诉于官。时何君颐贞为湖州推官[⑥],柯君敬仲九思以书白其事[⑦],田之没于人者复归,然庙与寺无寸椽片瓦。会李君全初为杭总管府经历[⑧],慨然以兴废为己任。而郑君明德元祐为作疏语曰[⑨]:“西湖北山褒忠演福禅寺[⑩],窃见故宋赠太师武穆岳鄂王,忠孝绝人,功名盖世。方略如霍骠姚[⑪],不逢汉武,徒结志于亡家;意气如祖豫州[⑫],乃遇晋元,空誓言于击楫[⑬]。赐墓田栖霞岭下,建祀祠秋水观西。落日鼓钟,长为声冤于草木;空山香火,犹将荐爽于渊泉。岂期破荡子孙,尽坏久长规制。典祊田[⑭],隳佛宇,春秋无所烝尝[⑮];塞墓道,毁神栖,风雨遂颓庙貌。休留夜啼拱木[⑯],踯躅春开断垣。泪落路人,事关世教。盖忠臣烈士,每诏条有致祭之文,岂狂子野僧,挽国典出募缘之疏。望明有司告之台省,冀圣天子锡之珪璋[⑰],褒忠义在天之灵,激死生为臣之劝。周武封比干墓[⑱],事著遗经;唐宗建白起祠[⑲],恩覃异代。”疏成,郡人王华父一力兴建,于是寺与庙又复完美。且杭州路申明浙省,转咨中书,以求褒赠。适赵公子期在礼部[⑳],倡议奏闻,降命敕封并如宋,止加“保义”二字。自我元统一函夏以来[㉑],名人士[㉒],多有诗吊之,不下数十百篇,其最脍炙人口者,如叶靖逸先生绍翁云[㉓]:“万古知心只老天,英雄堪恨亦堪怜。如公少缓须臾死,此虏安能八十年。漠漠凝尘空偃月,堂堂遗像在凌烟。早知埋骨西湖路,悔不鸱夷理钓船[24]。”赵魏公孟頫云：“岳王坟上草离离，秋日荒凉石兽危。南渡君臣轻社稷，中原父老望旌旗。英雄已死嗟何及，天下中分遂不支。莫向西湖歌此曲，水光山色不胜悲。”高则诚先生明云[25]：“莫向中州叹黍离[26]，英雄生死系安危。内廷不下班师诏，绝漠全收大将旗。父子一门甘伏节，山河万里竟分支。孤臣尚有埋身地，二帝游魂更可悲。”潘子素先生纯云[27]：“海门寒日澹无辉，偃月堂深昼漏迟[28]。万灶貔貅江上老[29]，两宫环珮梦中归。内园羯鼓催花发，小殿珠帘看雪飞。不道帐前胡旋舞，有人行酒着青衣。”林清源先生泉生云[30]：“谁收将骨葬西湖，已卜他年必沼吴[31]。孤冢有人来下马，六陵无树可栖乌[32]。庙堂短计惭嫠妇，宇宙惟公是丈夫。往事重观如败局，一龛灯火属浮屠。”读此数诗而不堕泪者几希。然贼桧欺君卖国，虽擢发不足以数其罪[33]，翻四海之波不足以湔其恶。而武穆之精忠，霭然与天地相终始，死犹生也。彼思陵者[34]，信任奸邪，竟无父兄之念，亦独何心哉！故余亦有诗云：“精忠祠宇西湖上，再拜荒坟感昔游。断碣草深蒙贔屭[35]，空山日落叫句周[36]。天移宋祚难恢复，帝幸燕云困虏囚。逆桧阴图倾大业，昭陵无意问神州。偷安甫遂邦家志，饮痛甘忘父母仇。信使北和怜屈膝，策文南驻忍含羞。两宫五国瞻征帜[37]，丹诏班师下节楼。万里长城真自坏，中兴武绩遂云休。乌乎竟死奸邪手，颠沛谁为社稷忧。黯黯冤魂游狴犴[38]，纷纷雨泪泣貔貅。唯馀满地苌弘血[39]，不见中流祖逖舟。氛翚已尘金匼匝[40]，冕旒终换铁兜鍪[41]。姓名竹帛书千载，父子英雄土一丘。老树尚知朝禹穴[42]，遗黎总解说王猷[43]。复田起废怜僧寺，移檄褒嘉赖省侯。圣世即今崇祀典，伫看宠渥到松楸。”“精忠”，宋所赐庙额。此诗在未曾加封前作，故云。时至正己丑也。（卷三）

【注释】

① 岳武穆王飞墓：岳飞，追谥武穆，封鄂王。其墓在杭州栖霞岭下。参见第 43 页第 4 则注释④。

② 王之子云：岳云，字应祥，宋相州汤阴（今属河南安阳市）人。岳飞养子（一说长子）。十二岁从军，随父抗金，后为军中勇将，升遥郡防御使。绍兴十一年（1141）十二月二十九日，与岳飞、张宪同被冤杀于风波亭。　祔（fù）：合葬。

③ 倾圮（pǐ）：倒塌；毁坏。

④ 江州岳氏：宋室南渡后，江州（治今江西九江市）为岳氏宗族世代聚居地。岳飞母姚氏、妻李氏即葬于庐山西北株岭。岳飞遇害，其家属皆流徙岭南。绍兴三十二年（1162），孝宗即位，岳氏后人方获赦免，从岭南还。其中有支系自江州迁宜兴唐门（在今江苏无锡市宜兴市东北周铁

镇)。元初,江州六世孙岳士迪与宜兴唐门岳氏通谱,即本则所记。

⑤ 靡有孑遗:本谓无一人能逃脱旱灾侵害。《诗经·大雅·云汉》:"旱既太甚,则不可推。兢兢业业,如霆如雷。周馀黎民,靡有孑遗。"后则指荡然无存,毫无遗留。靡,无。孑遗,遗民,残存者。

⑥ 何颐贞:何贞立,字颐贞,长沙(今属湖南)人。　推官:元府州所置佐官,专掌刑狱。其散府及州官依次为达鲁花赤、知府或知州、同知、判官、推官、知事、提控案牍等。

⑦ 柯九思:字敬仲,台州仙居(今属浙江台州市)人。官奎章阁鉴书博士。工诗画,与虞集、赵孟頫为友。

⑧ 李全初:江西人。后至元六年(1340),为杭州路总管府经历官。诸路总管府,至元初置,设官依次为达鲁花赤、总管、同知、治中、判官、推官、经历、知事、照磨兼承发架阁等。李全初等修岳飞庙事,元陈基《夷白斋稿》卷三十三《精忠庙碑》所记颇详,曰:"大德辛丑(1301),子孙之在江州义兴者,相与裒材率力缮葺复完。久之,疏属有浮图氏者,尽剪弃前人所封植,而岁时所恃以追养厚本者,至是复委地矣。泰定改元(1324),寺主僧可观,独以祠事不复为,已忧朝夕,扶伏走公卿士庶间,盖十有三年。为至元仍纪元之六年庚辰(1340),郡经历李全初嘉其义,募郡人力而新之,亦既勤只。至正十九年己亥(1359)十二月,妖寇犯杭。先是,行省左丞达实特穆尔公与大尉吴陵,(缺)张公以兵属本省平章政事兼同知、行枢密事。张公(缺)镇杭。自冬及春,寇百计攻城,不利,乃纵贼四掠,烧民居,发冢墓。三月辛丑,大战数合。是夕,寇溃,斩首数千级,生擒者以万计。寇平,吴陵公命即故址作新庙。"

⑨ 郑元祐:字明德,遂昌(今属浙江丽水市)人。生而右臂脱骱,动必以左,号尚左。少能诗文。父卒,寓于吴凡四十年。省台交荐不就,后为平江路儒学教授,擢江浙儒学提举。至正二十四年(1364)卒于官,年七十一。与顾阿瑛、倪瓒等友善。著有《侨吴集》十二卷、《遂昌杂录》一卷。

⑩ 褒忠演福禅寺:演,亦作"衍"。宋孝宗隆兴二年(1164)十月,废西湖北山下智果寺,赐额"褒忠衍福禅寺",充岳飞功德院。

⑪ 霍骠姚:霍去病,西汉河东平阳(今山西临汾市西南)人。元朔六年(前123),汉武帝以霍去病为骠姚校尉,从卫青击匈奴于漠南,大胜而归。时年方十七,人称霍骠姚。后封冠军侯,至骠骑将军。又两败匈奴,得河西地。武帝为其造府第,曰:"匈奴不灭,无以家为。"元狩六年(前117)薨,年二十四。谥景桓。

⑫ 祖豫州:祖逖,字士雅,晋范阳道县(今河北保定市涞水县)人。西晋末率亲党数百家南移,迁居京口。建兴元年(313),司马睿以祖逖为豫州刺史,渡江北伐,收复河南地,人称祖豫州。进封镇西将军。后受朝廷忌惮,忧愤成疾。东晋大兴四年(321)卒于雍丘,年五十六。赠车骑将军。

⑬ 击楫:指晋祖逖统兵北伐,渡江中流,拍击船桨,立誓收复中原之事。后用为颂扬立志收复

失地之典。

⑭ 祊(bēng)田:周天子祭祀泰山时因汤沐之需所圈田,后作为封邑赐与郑国,习称“祊田”或“邴田”。周衰,邑地渐废,郑遂以“祊田”易鲁之“许田”,并废泰山之祀。

⑮ 烝尝:本指秋冬二祭。《诗经·小雅·楚茨》:“絜尔牛羊,以往烝尝。”郑玄笺:“冬祭曰烝,秋祭曰尝。”后亦泛指祭祀。

⑯ 拱木:墓旁之木。亦婉指已死。

⑰ 锡之珪璋:赐与王爵。珪璋,亦作“圭璋”。两种贵重的玉制礼器,古代帝王、诸侯朝聘、祭祀、丧葬时所执。此处代指受封王爵。

⑱ 封比干墓:增修比干坟墓,以旌功勋。比干苦谏商纣王,剖心而死。周武王平纣,封比干墓。参见第35页第2则注释④。

⑲ 白起:亦称“公孙起”。战国时秦将。郿(今陕西宝鸡市眉县东)人。秦昭王时,为左庶长,升大良造,屡建战功,封武安君。长平之战,大破赵军,坑俘四十馀万。后为相国范雎所忌,免官谪阴密(今甘肃平凉市灵台县西南),迫其自杀于杜邮亭(在今陕西咸阳市东郊)。秦人怜之,乡邑皆祭祀焉。“唐宗建白起祠”事,或指唐德宗贞元四年(788),为抗吐蕃入侵,曾敕修白起祠。《资治通鉴》卷二百三十三:“咸阳人或上言:‘臣见白起,令臣奏云:“请为国家扞御西陲。正月,吐蕃必大下,当为朝廷破之以取信。”’既而吐蕃入寇,边将败之,不能深入。上以为信然,欲于京城立庙,赠司徒。李泌曰:‘臣闻:“国将兴,听于人。”今将帅立功,而陛下褒赏白起,臣恐边臣解体矣!若立庙京城,盛为祈祷,流闻四方,将长巫风。今杜邮有旧祠,请敕府县葺之,则不至惊人耳目矣。且白起列国之将,赠三公太重,请赠兵部尚书可矣。’上笑曰:‘卿于白起亦惜官乎?’对曰:‘人神一也。陛下倘不之惜,则神亦不以为荣矣。’上从之。”

⑳ 赵子期:赵期颐,字子期,一字子奇,汴梁(今河南开封市)人。至顺进士。历国子祭酒、礼部郎中,累官至陕西行台。尝奉使安南。治书,工于篆。与虞集、赵孟𫖯等有诗唱和。

㉑ 函夏:中原诸夏。《汉书·扬雄传上》:“以函夏之大汉兮,彼曾何足与比功?”颜师古注引服虔曰:“函夏,函诸夏也。”后以“函夏”指全国。

㉒ 名人士:别本作“名人佳士”。

㉓ 叶绍翁:字嗣宗,号靖逸。其先本姓李,为光州固始(今属河南信阳市)人,徙居建州浦城(今属福建南平市),后又嗣处州龙泉(今属浙江丽水市)叶氏。宋宁宗时似尝为朝官,晚年隐于钱塘西湖之滨。尝师从理学家叶适,与翰林学士真德秀相友善。工诗词。著有《四朝闻见录》五卷。

㉔ 鸱夷:即鸱夷子皮。春秋越范蠡之号。《史记·越王勾践世家》:“范蠡浮海出齐,变姓名,自谓鸱夷子皮,耕于海畔,苦身戮力,父子治产。”司马贞索隐:“范蠡自谓也。盖以吴王杀子胥而盛以鸱夷,今蠡自以有罪,故为号也。韦昭曰:‘鸱夷,革囊也。’或曰生牛皮也。”

㉕ 高明:字则诚,号菜根道人,人称东嘉先生,瑞安(今属浙江温州市)人。至正五年

(1345)进士。历处州录事、浙东阃幕都事、福建行省都事，后为庆元路(治今浙江宁波市)万户方国珍邀留幕府，不从，罢官。寓居鄞县(今宁波市鄞州区)栎社，致力编撰曲词，作有南戏《琵琶记》。入明，太祖召不就，卒。诗文集《柔克斋集》，有清代辑本。

㉖ 黍离：本为《诗经·王风》中篇名。相传西周亡后，周大夫行役，至于宗周，见旧时宗庙宫室，尽为禾黍之地，触景伤怀，感慨而作《黍离》之诗。后遂用作感慨亡国之词。

㉗ 潘纯：字子素，庐江(今属安徽合肥市)人。少有俊才，博学通古今。壮游京师，名公大人无不与之交。善谈笑，作诗极精丽，尝著卦辞讽切当时。晚居淮浙间，名重一时。

㉘ 偃月堂：唐宰相李林甫之堂。《新唐书·奸臣传上·李林甫》："林甫有堂如偃月，号月堂。每欲排构大臣，即居之，思所以中伤者。若喜而出，即其家碎矣。"此处借指秦桧。

㉙ 万灶貔貅：百万大军。此指南宋军队。

㉚ 林泉生：字清源，永福(今福建福州市永泰县)人。天历二年(1330)进士。授福清州同知，历泉州经历、漳州推官、知福清州，有政声。累迁翰林直学士、知制诰。卒，谥文敏。泉生邃于《春秋》，工诗文，多权略，有将才。然以志略自负，不能下人，以此多得谤者。晚有所抑，自号谦牧、觉是轩。

㉛ 沼吴：犹言灭吴。《左传·哀公元年》："越十年生聚，而十年教训，二十年之外，吴其为沼乎！"杜预注："谓吴宫室废坏，当为污池。"

㉜ 六陵：此指南宋高宗、孝宗、光宗、宁宗、理宗、度宗六帝之陵。

㉝ 擢发：拔下头发计数。极言其多。

㉞ 思陵：宋高宗陵墓名。以代指高宗。

㉟ 奰屭(bì xiè)：亦作"奰屃"。气盛作力貌。

㊱ 句(gōu)周：又作"句辀""钩辀"。鹧鸪鸣叫声。亦泛指鸟鸣。

㊲ 两宫五国：指徽宗、钦宗二帝，被金人掳至五国城(今黑龙江哈尔滨市依兰县北)。

㊳ 狴犴(bì àn)：传说中的走兽。古代常将其画于牢狱门上，故代指牢狱。

㊴ 苌弘：亦作"苌宏"。字叔，周大夫。周景王、敬王时大臣刘文公之属。刘氏与晋范氏世为婚姻，在晋卿内讧中，因助范氏，晋卿赵鞅为此声讨，苌弘为周人所杀。传说三年后，其血化作碧玉。事见《左传·哀公三年》。

㊵ 氛埃(fèi)：尘雾。　金匼匝(kē zā)：金制马络头。

㊶ 冕旒(liú)：皇冠。旒，皇冠前后玉串。　兜鍪(móu)：亦作"兜牟"，古代战士头盔。

㊷ 禹穴：相传为夏禹葬地(在今浙江绍兴市会稽山)。

㊸ 遗黎：亦作"遗黧"。亡国之民。　王猷：亦作"王犹"。王道。《诗经·大雅·常武》："王犹允塞，徐方既来。"朱熹集传："犹，道。言王道甚大，而远方怀之，非独兵威也。"

11. 不 苟 取

胡汲仲先生长孺[①]，号石塘，特立独行，刚介有守。赵松雪尝为罗司徒奉钞百锭[②]，为先生润笔，请作乃父墓铭。先生怒曰："我岂为宦官作墓铭邪?"是日，先生正绝粮，其子以情白，坐上诸客咸劝受之，先生却愈坚。观此，则一毫不苟取于人，从可知矣，故虽冻馁有所不顾也。先生送蔡如愚归东阳诗有云："薄糜不继袄不暖[③]，讴吟犹是钟球鸣[④]。"语之曰："此余秘密藏中休粮方也[⑤]。"（卷四）

【注释】

① 胡长孺：字汲仲，号石塘，婺州永康（今属浙江金华市）人。父祖皆宋进士，以文学政事知名。至长孺，其学益振，经史百家无不包罗。宋度宗咸淳中，从外舅徐道隆入蜀，铨试第一。授迪功郎，监重庆府酒务，历福宁州倅。宋亡，退栖永康山中。至元二十五年（1288），诏下求贤，有司强起之，拜集贤修撰。与宰相议不合，改教授扬州。至大元年（1308），转台州路宁海县主簿。延祐元年（1314），转官不上，以病辞，隐于杭州虎林山。至治三年（1323）卒，年七十五。

② 罗司徒：或指罗源。《元史·仁宗纪一》："（至大四年十一月）丙寅，加徽政使罗源为大司徒。"徽政使，元专供太后的内侍机构徽政院长官。徽政院所属有内宰司、延庆司、寿和署、掌仪署等。专供皇后的有中政院，所属有中瑞司、内正司、正翊司等。蒙古国初无宫廷内侍机构，亦不设宦官，内侍职事常由贵臣子弟充任。元中后期，特别是攻灭南宋后，拘获大量宦官入朝，内宫始杂用贵臣子弟与宦官，并设置内侍机构。罗源或为被拘事元之南宋宦官。司徒，三公之名。隋唐以降，有设三师（太师、太傅、太保）、三公（太尉、司徒、司空）者，正一品，为荣誉虚衔。南宋及元，仅设三公。据《元史·百官志一》："三公，太师、太傅、太保各一员，正一品，银印，以道燮阴阳，经邦国。有元袭其名号，特示尊崇。太祖十二年，以国王置太师一员。太宗即位，建三公，其拜罢岁月，皆不可考。世祖之世，其职常缺，而仅置太保一员。至成宗、武宗而后，三公并建，而无虚位矣。又有所谓大司徒、司徒、太尉之属，或置，或不置。其置者，或开府，或不开府。而东宫尝置三师、三少，盖亦不恒有也。"罗源以徽政使加大司徒，可见其宠渥颇厚。

③ 薄糜：稀薄之粥。

④ 钟球：钟和磬。古代礼乐器。球，玉磬。

⑤ 秘密藏（zàng）：谓内心隐秘藏府。　休粮：谓停食谷物。

12. 贤 妻 致 贵

程公鹏举[①]，在宋季被虏，于兴元板桥张万户家为奴[②]。张以虏到宦家女某氏妻之。既婚之三日,即窃谓其夫曰:“观君之才貌,非久在人后者,何不为去计,而甘心于此乎?”夫疑其试己也,诉于张,张命棰之。越三日,复告曰:“君若去,必可成大器,否则终为人奴耳。”夫愈疑之,又诉于张,张命出之,遂鬻于市人家。妻临行,以所穿绣鞋一,易程一履,泣而曰:“期执此相见矣。”程感悟,奔归宋。时年十七八,以荫补入官③。迨国朝统一海宇,程为陕西行省参知政事④。自与妻别,已三十馀年。义其为人,未尝再娶。至是,遣人携向之鞋履,往兴元访求之。市家云:“此妇到吾家,执作甚勤,遇夜未尝解衣以寝,每纺织达旦,毅然莫可犯。吾妻异之,视如己女。将半载,以所成布匹偿原鬻镪物⑤,乞身为尼。吾妻施赀以成其志,见居城南某庵中。”所遣人即往寻,见,以曝衣为由,故遗鞋履在地。尼见之,询其所从来。曰:“吾主翁程参政使寻其偶耳。”尼出鞋履示之,合,亟拜曰:“主母也。”尼曰:“鞋履复全,吾之愿毕矣。归见程相公与夫人,为道致意。”竟不再出。告以参政未尝娶,终不出。旋报程,移文本省,遣使檄兴元路。路官为具礼,委幕属李克复防护其车舆至陕西,重为夫妇焉。(卷四)

【注释】

① 程鹏举:《陕西通志》卷二十二列名于“行省参知政事”下,注为“世祖初”。由此可知,程鹏举初为蒙古军所虏,为奴,后逃归宋,以荫补官,世祖初复降元,官至陕西行省参知政事。另,明代以本则故事改编为传奇《分鞋记》(剧本已佚)。另有《易鞋记》(今有传本)、梨园戏《程鹏举》等。今有京剧《韩玉娘》,亦取材于此。

② 兴元:元世祖攻下南宋兴元府后,改兴元路,治南郑(今陕西汉中市)。 万户:元地方路级官称。元地方行政最高权力机构为行中书省(行省),省下统路、府。诸路又设万户府、总管府,两府长官为达鲁花赤、万户与总管,皆为正三品。达鲁花赤由蒙古人担任,地位最高,但不任实事,为“监临官”;万户、总管为两府实际主事官,可由汉人、回回人等充任。

③ 荫补:因父祖功勋而补官。

④ 行省参知政事:元中书省派出机构为行省,主持地方之政。参见第 31 页第 1 则注释③。世祖灭宋后,陆续设立河南、江浙、江西、湖广、陕西、四川、辽阳、甘肃、云南、征东等十行省,又以原中央直辖蒙古本部置和林行省(后改岭北行省),计十一行省。其职官建制,除中书令一职外馀皆同中书省。参见第 32 页第 1 则注释⑫。

⑤ 镪(qiǎng)物:钱财。镪,串钱。

13. 挽文丞相诗

宋丞相文公天祥[1]，其事载在史册，虽使三尺之童，亦能言其忠义。翰林学士徐威卿先生世隆有诗挽之曰[2]："大元不杀文丞相，君义臣忠两得之。义似汉王封齿日[3]，忠如蜀将斫颜时[4]。乾坤日月华夷见，岭海风霜草木知。只恐史官编不尽，老夫和泪写新诗。"可谓善风刺者矣。虞伯生先生集亦有诗曰[5]："徒把金戈挽落晖，南冠无奈北风吹[6]。子房本为韩仇出[7]，诸葛安知汉祚移[8]。云暗鼎湖龙去远[9]，月明华表鹤归迟[10]。何须更上新亭饮，大不如前洒泪时。"读此二诗而不泣下者，几希。（卷四）

【注释】

① 文天祥：字履善，一字宋瑞，号文山，吉州庐陵（今江西吉安市）人。南宋宝祐四年（1256）进士第一。开庆元年（1259），蒙古军攻鄂州，宦官董宋臣议迁都，天祥上疏请斩之，进御敌策，未纳。后历刑部郎官，知瑞、赣等州。德祐元年（1275），元兵东下，自赣州率义军入卫临安。二年，拜右丞相，使元军议和，被扣。后于镇江脱险，由海路南下至福建，与张世傑、陆秀夫等合抗元。景炎二年（1277），进兵江西，收复州县多处。未几，为元重兵所败，退入广东，明年被俘于五坡岭（在今广东汕尾市海丰县北）。元将张弘範使为书招张世傑，乃书所作《过零丁洋》诗以明志。次年，拘送大都，迭经威胁利诱，终不屈。元至元十九年（1282）十二月九日，被杀于柴市，年四十七。

② 徐世隆：字威卿，陈州西华（今属河南周口市）人。弱冠，登金正大四年（1227）进士第，辟为县令。后辞官，笃于学。金灭，奉母北渡河，山东西路行台严实招致东平幕府，俾掌书记。世祖中统元年（1260），擢燕京等路宣抚使。三年，除太常卿兼提举东平路学校事。至元元年（1264），迁翰林侍讲学士兼太常卿，朝廷大政咨访而后行，诏命典册多出其手。累官至翰林学士。二十二年卒，年八十。

③ 汉王封齿：汉高祖六年（前201），天下已定，刘邦大封功臣，有人不服。刘邦问计于张良，良请封雍齿，为汉王最憎者，群臣乃平。事见《史记·留侯世家》："六年上已封大功臣二十馀人，其馀日夜争功不决，未得行封。上在雒阳南宫，从复道望见诸将，往往相与坐沙中语，上曰：'此何语？'留侯曰：'陛下不知乎？此谋反耳。'上曰：'天下属安定，何故反乎？'留侯曰：'陛下起布衣，以此属取天下，今陛下为天子，而所封皆萧、曹故人所亲爱，而所诛者皆生平所仇怨。今军吏计功，以天下不足遍封，此属畏陛下不能尽封，恐又见疑平生过失及诛，故即相聚谋反耳。'上乃忧

曰:‘为之奈何?’留侯曰:‘上平生所憎,群臣所共知,谁最甚者?’上曰:‘雍齿与我故,数尝窘辱我。我欲杀之,为其功多,故不忍。’留侯曰:‘今急先封雍齿以示群臣,群臣见雍齿封,则人人自坚矣。’于是上乃置酒,封雍齿为什方侯,而急趣丞相、御史定功行封。群臣罢酒,皆喜曰:‘雍齿尚为侯,我属无患矣。’”雍齿,沛县(今属江苏徐州市)人。从刘邦起兵,然素轻之,尝叛而投魏、赵,又降归,为刘邦所憎。惠帝三年(前192)卒,谥肃侯。

④ 蜀将斫颜:三国时蜀将张飞攻刘璋,生擒璋将巴郡太守严颜,以不肯降而欲斫其头,不惧,飞乃释之,引为宾客。事见《三国志·蜀志·张飞传》:“先主入益州,还攻刘璋,飞与诸葛亮等溯流而上,分定郡县。至江州,破璋将巴郡太守严颜,生获颜。飞呵颜曰:‘大军至,何以不降而敢拒战?’颜答曰:‘卿等无状,侵夺我州,我州但有断头将军,无有降将军也。’飞怒,令左右牵去斫头,颜色不变,曰:‘斫头便斫头,何为怒邪!’飞壮而释之,引为宾客。”

⑤ 虞集:字伯生,号道园,人称邵庵先生。宋丞相虞允文五世孙。宋亡,侨居临川崇仁(今属江西抚州市)。少受家学,尝师事吴澄。成宗大德初(1297),以荐授大都路儒学教授,除国子助教、博士。仁宗时,迁集贤修撰,除翰林待制兼国史院编修官。文宗即位,累官奎章阁侍书学士,领修《经世大典》。顺帝初,谢病归临川。至正八年(1348)五月卒,年七十七。赠江西行省参知政事、护军,封仁寿郡公,谥文靖。诗文著作为有元一代冠冕,存《道园学古录》五十卷、《道园遗稿》六卷。

⑥ 南冠:楚冠。《左传·成公九年》:“晋侯观于军府,见锺仪,问之曰:‘南冠而系者谁也?’有司对曰:‘郑人所献楚囚也。’”后因以作囚徒代称。

⑦ 子房:张良,字子房,相传为城父(今河南许昌市襄城县西南)人。祖与父相继为韩国五世相。秦灭韩,良图谋恢复,结交刺客,狙击秦始皇于博浪沙(今河南新乡市原阳县东南),未中。传说逃亡下邳(今江苏徐州市睢宁县北)时,得黄石公兵书。秦末聚众归刘邦,又游说项梁立韩王,自任韩司徒。后韩王为项羽所杀,复归刘邦。楚汉之争,为汉王重要谋士。汉立,封留侯。高祖欲废太子,吕后用其计,迎商山四皓以辅太子,高祖遂罢其议。高后二年(前186)卒,谥文成侯。

⑧ 诸葛:诸葛亮,字孔明,琅邪阳都(今山东临沂市沂南县南)人,东汉末隐居南阳郡邓县(治今湖北襄阳市襄州区)隆中,被称为“卧龙”。刘备称帝后,任蜀汉丞相,辅佐刘备、刘禅二主。建兴十二年(234),与魏司马懿在渭南相拒,病死于五丈原(今陕西宝鸡市岐山县南)军中,葬定军山(今陕西汉中市勉县西南)。谥忠武侯。　汉祚:指蜀汉国运。诸葛亮死后,蜀汉国势渐衰。炎兴元年(263),为魏所灭。共历二帝,四十三年,为三国中国运最短者。

⑨ 鼎湖:古代传说黄帝在鼎湖乘龙升天。借指帝王或帝王崩逝。此处暗指南宋灭亡。

⑩ 华表:古代设于桥梁、城垣、宫殿、陵墓前兼作装饰用的巨柱。华表鹤,喻久别之人。《搜神后记》卷一:“丁令威,本辽东人,学道于灵虚山。后化鹤归辽,集城门华表柱。时有少年,举弓欲射之。鹤乃飞,徘徊空中而言曰:‘有鸟有鸟丁令威,去家千年今始归。城郭如故人民非,何不学仙冢垒垒。’遂高上冲天。”

14. 发　烛

杭人削松木为小片，其薄如纸，熔硫黄涂木片顶分许，名曰“发烛”，又曰“焠儿”，盖以发火及代灯烛用也。史载周建德六年[①]，齐后妃贫者以发烛为业，岂即杭人之所制与？宋翰林学士陶公穀《清异录》云[②]：“夜有急，苦于作灯之缓。有知者，批杉条，染硫黄，置之待用。一与火遇，得焰穗然[③]，既神之，呼‘引光奴’。今遂有货者[④]，易名‘火寸’。”按此，则“焠”“寸”声相近，字之讹也。然“引光奴”之名为新。（卷五）

【注释】

① 周建德六年：指北周武帝建德六年(577)。先是，北周武帝宇文邕北连突厥，南和陈朝，进攻北齐。六年正月至二月，俘获北齐后主高纬、幼主高恒、任成王高浩、广宁王高孝珩等，北齐亡。

② 陶穀：字秀实，邠州新平(今陕西咸阳市彬县)人。本姓唐，因避后晋高祖讳而改。穀博学多艺，善书画，尤精礼制、历象之学。后周时官至翰林学士承旨、尚书吏部侍郎。入宋，仍翰林学士承旨，累加户部尚书。卒，赠右仆射。著有《清异录》二卷，皆采录唐及五代新颖之语，分门标题，注明事实缘起于其下。

③ 穗然：灯花摇曳貌。

④ 货：出售。

15. 隆　友　道

张毅父先生千载[①]，庐陵人，而宋丞相文公友也。公贵显时，屡以官辟不就。江南既内属，公自广还[②]，过吉州城下。先生来见，曰：“今日丞相赴北，某当偕行。”既至燕，寓于公囚所侧近，日以美馔馈。凡三载，始终如一。且潜制一椟[③]，公受刑日[④]，即以藏其首。复访求公之室欧阳氏于俘虏中，俾出焚其尸。先生收拾骸骨，袭以重囊，与先所函椟南归，付公家葬之。后公之子忽梦公怒云：“绳锯发断。”明日起视，果有绳束发，其英爽尚如此。刘须溪纪其事[⑤]，赞于公画像上曰：“间居忽忽[⑥]，万古咄咄[⑦]，天风惨然，如动生发。如何寻约[⑧]，亦念束发，岂其英爽，犹累形躯。同时之人，能不颡泚[9]，昔忌其生，今妒其死。”邓中斋题曰[10]：“目炯炯兮，疏星晓寒。气郁郁兮，晴雷殷山[11]。头碎柱兮璧完，血化碧兮心丹。呜呼！曾谓斯人，不在世间。”（卷五）

【注释】

① 张千载：字毅父，吉州庐陵（今江西吉安市）人。文天祥之友。其事迹首载于此。

② 公自广还：指至元十六年（1279），文天祥被从广东押赴大都。

③ 椟：函匣一类藏物器。

④ 公受刑日：指至元十九年（1282）十二月九日，文天祥就义于大都柴市。

⑤ 刘须溪：刘辰翁，字会孟，号须溪，庐陵人。宋景定三年（1262）进士。廷试对策，因触犯贾似道，置于丙等。曾任濂溪书院山长、临安府学教授。入元不仕。能诗文，有词名。著有《班马异同》三十五卷、《笺注评点李长吉歌诗》五卷、《须溪集》十卷、《须溪四景诗集》四卷等。

⑥ 间（jiàn）居忽忽：意谓人世倏忽而逝。间居，间杂相居。喻人世。忽忽，倏忽，急速貌。

⑦ 咄咄：表示感慨。

⑧ 寻约：八尺之绳。

⑨ 颡泚（sǎng cǐ）：谓心中惭愧、惶恐而额头出汗。《孟子·滕文公上》：“其颡有泚，睨而不视。”赵岐注：“颡，额也。泚，汗出泚泚然也。见其亲为兽虫所食，形体毁败，中心惭，故汗泚泚然出于额。”

⑩ 邓中斋：邓剡，字光荐，又字中甫，号中斋，庐陵人。有诗文名，尝与文天祥、刘辰翁同学于白鹭洲书院。宋景定三年（1262）进士。官至礼部侍郎。厓山兵溃，为元将张弘範所得，与文天祥一同押送大都，因病留金陵就医。闻天祥死，含愤作《文丞相传》《挽文信公》等诗文。

⑪ 晴雷殷（yǐn）山：谓晴天响雷震山。殷，雷震声。

16. 交　谊

陈子方、闵仲达，同舍生也[1]，皆待次杭府史[2]。陈月日在前[3]，闵以计力反先之，陈殊无怒意。因赴都，以荐举入仕，历官浙西廉访司佥事[4]。闵方升书吏[5]，闻陈来，叹曰：“复何面目见之？”遂称疾不出。陈下车[6]，即问左右曰：“闵仲达何在？”众以疾对。陈曰：“必为我故，非疾也。”亟造其家，闵皇恐出肃[7]。陈曰：“吾与君气谊契厚，君昔先我而食禄者，命也。使非此，吾又能致是耶？今幸同一公署，惟有以教正之，幸甚。宁舍我与？”闵感激从事，相好如初。（卷五）

【注释】

① 同舍生:犹“同学”。舍,学舍。

② 待次:依次候补。指官吏授职后,依次按资历补缺。 府史:小吏。掌财货、文书、出纳等。

③ 月日:此指候补轮次。

④ 廉访司佥事:元肃政廉访司属官。蒙古建国初,曾立提刑按察司四道(即山东东西道、河东陕西道、山北东西道、河北河南道),分隶御史台,掌监督纠劾地方官吏不法行为,兼劝农事。元至元二十八年(1291),改按察司为肃政廉访司,增至二十二道:内八道肃政廉访司,隶御史台(内台);江南十道肃政廉访司,隶江南行台(南台);陕西四道肃政廉访司,隶陕西行台(西台)。每道设廉访使二员,正三品;副使二员,正四品;佥事四员(两广、海南止二员),正五品;经历一员,从七品;知事一员,正八品;照磨兼管勾一员,正九品;书吏十六人,译史、通事各一人,奏差五人,典吏二人。

⑤ 书吏:元肃政廉访司小吏。见上注。

⑥ 下车:指官吏到任。

⑦ 皇恐出肃:惊惶出来拜揖。出肃,出拜。

17. 居　　士

今人以居士自号者甚多。考之六经中,惟《礼记·玉藻》有曰:“居士锦带①。”注:“谓道艺处士也②。”吴曾《能改斋漫录》云③:“居士之号,始于商周之时。”按《韩非子》书曰④:“太公封于齐,东海上有居士任矞、华仕昆弟二人,立议曰:‘吾不臣天子,不友诸侯,耕而食之,掘而饮之。吾无求于人。无上之名,无君之禄,不仕而事力’”云云。然则居士云者,处士之类是已。(卷六)

【注释】

① 居士锦带:居士用锦制衣带。《礼记·玉藻》:“而素带,终辟。大夫素带,辟垂。士练带,率下辟。居士锦带,弟子缟带,并纽约用组。”孔颖达疏:“又,上下烂脱,今一依郑注以为先后:‘天子素带朱里,终辟。(诸侯)而素带,终辟。大夫素带,辟垂。士练带,率下辟。居士锦带,弟子缟带,并纽约用组三寸,长齐于带。’”

② 道艺处(chǔ)士:有才德而隐居不仕者。见《礼记·玉藻》郑玄注:“居士,道艺处士也。”

③ 吴曾:字虎臣,南宋抚州崇仁(今属江西抚州市)人。绍兴间,附秦桧得官,历宗正寺主簿、太常丞,累迁工部郎中,出知严州。致仕,卒。有《能改斋漫录》十八卷。是书分事始、辨误、事实、地理、议论、方物、乐府等十三类,多为考证之作,保存有若干唐、宋史料。下引“居士之号,始于商

周之时”,今本中未见是语。

④《韩非子》书曰:见《韩非子·外储说右上》,所引略有出入。曰:“太公望东封于齐,齐东海上有居士曰狂矞、华士昆弟二人者,立议曰:‘吾不臣天子,不友诸侯,耕作而食之,掘井而饮之,吾无求于人也。无上之名,无君之禄,不事仕而事力。’太公望至于营丘,使执而杀之,以为首诛。”

18. 奚奴温酒

宋季,参政家公铉翁[①],于杭将求一容貌才艺兼全之妾。经旬馀,未能惬意。忽有奚奴者至[②],姿色固美,问其艺,则曰能温酒,左右皆失笑。公漫尔留试之[③]。及执事,初甚热,次略寒,三次微温,公方饮。既而每日并如初之第三次。公喜,遂纳焉。终公之身,未尝有过不及时。归附后,公携入京。公死,囊橐皆为所有[④],因而巨富,人称曰“奚娘子”者是也。吁!彼女流贱隶耳,一事精至,便能动人,亦其专心致志而然。士君子之学为穷理正心修己治人之道,而不能至于当然之极者,视彼有间矣[⑤]。(卷七)

【注释】

① 家铉翁:号则堂,南宋眉州眉山(今属四川)人。以荫补官。历知常州,迁浙东提点刑狱,入为大理少卿。咸淳八年(1272),权知绍兴府,召为枢密都丞旨,知建宁府兼福建转运副使。德祐元年(1275),权户部侍郎兼知临安府、浙西安抚使。二年,赐进士出身,拜端明殿学士、签书枢密院事。元兵围临安,丞相吴坚、贾馀庆檄告天下守令以城降,铉翁独不联署。旋与贾、吴等充祈请使赴元被留,闻宋亡,旦夕哭泣,不食饮者数月。后改馆河间,以《春秋》教授弟子。元至元三十一年(1294)放还,赐号处士,时年八十二。又数年卒。著作今存《春秋集传详说》三十卷,诗文集已佚。

② 奚奴:官婢。亦泛指奴仆。

③ 漫尔:犹“漫然”。随便;随意。

④ 囊橐:指行李财物。

⑤ 有间:有差距;有区别。

19. 待　士

恒阳廉文正王希宪[①],字善父,畏吾氏,由父孝懿王布鲁凯官廉访使,氏焉。国初,拜平章政事。秉政日,中书右丞刘武敏公整[②],以初附,为都元帅[③],骑从甚都[④],诣门求见。王之兄弟凡十人,后皆至一品。内王弟昭文馆大学士光禄大夫蓟国公希贡犹布衣[⑤],为通报。王方读书,略不答。蓟公出,整复浼入言之[⑥]。因令彻去坐椅,自据中坐,令整入。整展拜起,侧立,不予之一言。整求退,谓曰:"此是我私宅,汝欲有所言,明日当诣政事堂。"及出,愧赧无人色。顷之,宋士之在羁旅者,寒饿狼狈,冠衣褴褛,袖诗求见。王之兄弟皆揶揄之。蓟公复为入言,急令铺设坐椅,且戒内人备酒馔,出至大门外,肃入[⑦],对坐,出酒馔,执礼甚恭,且录其居止。诸儒但言困苦,乞归。王明日遂言于世皇,皆遂其请。是夜,诸兄弟问曰:"今日刘元帅者,主上之所倚任,反菲薄之;江南穷秀才,却礼遇如此其至。我等不能无疑。"王曰:"我是国家大臣,言动嚬笑[⑧],系天下重轻。整虽贵,卖国叛臣也,故折辱之,令其知君臣义重。若寒士数十,皆诵法孔子者也,在宋,朝不坐,燕不与,何故而拘执于此?况今国家起朔漠,斯文不绝如线,我更不尊礼,则儒术且将扫地矣。"王之作兴斯文若此,是大有功于名教者也。(卷七)

【注释】

① 廉希宪:字善甫,畏吾儿族。父布鲁海牙投附成吉思汗,官于燕京、真定等地,卒封魏国公,谥孝懿。因其曾任燕南诸路廉访使,子孙皆以官为姓氏。希宪年十九,即与从弟希贤出入王府,同侍世祖。参见第59页第1则注释③。宪宗九年(1259),从世祖渡江取鄂州,俘获宋士人皆奏请遣还。宪宗殁,劝世祖正大位,并力助之。出镇关中,为京兆、四川道宣抚使。又平定关陇,进为中书右丞,行秦蜀省事,旋以功迁平章政事。中统三年(1262),拜中书平章政事。至元十一年(1274),为北京行省平章政事。明年,抚治荆南。十四年,以疾还京。十七年卒,年五十。后加赠推忠佐理翊运功臣、太师、开府仪同三司、上柱国、恒阳王,谥文正。

② 刘整:字武仲,邓州穰城(今河南南阳市邓州市)人。金末投宋,为孟珙部将。景定二年(1261),为潼川府路安抚使兼知泸州。因蜀帅俞兴诬构,惧贾似道迫害,以所领十五军州降蒙古,授夔府行省兼安抚使。至元四年(1267),建议并画策先攻襄阳。五年,与阿术督军围襄阳,造舰练水军。十年,破樊城,招降襄阳,元兵遂得长驱临安,灭南宋。官至行中书省左丞。十二年病卒,年六十三。赠龙虎卫上将军、中书右丞,谥武敏。

③ 都元帅:金最高军事机构都元帅府长官。都元帅府后改枢密院,长官为枢密使。蒙古国初承金制,置宣慰司都元帅府。《元史·百官志七》:"宣慰司,掌军民之务,分道以总郡县。行省有政令则布于下,郡县有请则为达于省。有边陲军旅之事,则兼都元帅府,其次则止为元帅府。""宣慰使司都元帅府,秩从二品,使三员,同知二员,副使二员,经历二员,知事二员,照磨兼架阁管勾

一员。”中统五年(1264)，刘整迁镇国上将军、都元帅，偕都元帅阿术督诸军，围襄阳。

④ 都：美好；闲雅。此指美观。《史记·司马相如列传》：“相如之临邛，从车骑，雍容闲雅甚都。”

⑤ 希贡：廉希贡，字端甫，号芗林。希宪八弟。官至昭文馆大学士、光禄大夫，封蓟国公。

⑥ 浼(měi)：同“浼”。请求；央求。

⑦ 肃入：揖拜而引入。

⑧ 嚬笑：一颦一笑。谓仪容。嚬，同“颦”，皱眉。

20. 雇 仆 役

许鲁斋先生在中书日①，命牙侩雇一仆役②，特选一能应对闲礼节者进，却之，曰：“特欲老实耳。”他日，领一蓬首垢面愚騃之人来，遂用之。侩请问其故，先生曰：“谚云：‘马骑上等马，牛用中等牛，人使下等人。’马上等能致远，牛中等良善，人下等易驯。若其聪明过我，则我反为所使矣。假如司马温公家一仆③，三十年止称君实秀才，苏子瞻学士来谒④，闻而教之。明日，改称大参相公⑤。公惊问，以实告。公曰：‘好一仆，被苏东坡教坏了。’这便是样子。”(卷七)

【注释】

① 许鲁斋：许衡，字仲平，学者称为“鲁斋先生”。参见第64页第5则注释①。

② 牙侩：旧时买卖中间人。居于买卖双方之间，从中撮合，以获取佣金。

③ 假如：例如；譬如。　司马温公：司马光，字君实，号迂叟，宋陕州夏县(今属山西运城市)涑水乡人，世称涑水先生。宝元元年(1038)进士。仁宗末任天章阁待制兼侍讲知谏院。英宗朝进龙图阁直学士，判吏部流内铨。治平三年(1066)进《通志》八卷，英宗命设局续修。神宗时赐名《资治通鉴》。因反对王安石新法，熙宁三年(1070)出知永兴军，次年退居洛阳，续编《通鉴》，至元丰七年(1084)成书。八年，哲宗即位，高太后听政，召入。元祐元年(1086)，拜尚书左仆射兼门下侍郎，废除新法，罢黜新党。为相仅八月卒，年六十八。赠太师、温国公，谥文正。

④ 苏子瞻：苏轼，字子瞻，号东坡居士，宋眉州眉山(今属四川)人。嘉祐二年(1057)进士。神宗时因反对王安石变法而求外职，任杭州通判，知密州、徐州、湖州。后以作诗“谤讪朝廷”罪贬谪黄州。哲宗时任翰林学士，知杭州、颍州、扬州，累官吏部、兵部、礼部尚书。后又贬惠州、儋州。元符三年(1100)北还，往常州。徽宗建中靖国元年(1101)卒，年六十六。南宋时追谥文忠。

⑤ 大参相公：宋制，大参为参知政事的别称，相公乃同中书门下平章事的别称。此处泛指宰相。元祐元年(1086)，司马光拜尚书左仆射兼门下侍郎，时以此职为左相。

21. 狗　站

高丽以北名别十八[①]，华言连五城也[②]。罪人之流奴儿干者[③]，必经此。其地极寒，海亦冰，自八月即合，至明年四五月方解，人行其上，如履平地。征东行省每岁委官至奴儿干，给散囚粮，须用站车[④]，每车以四狗挽之。狗悉谙人性。站有狗分例[⑤]，若克减之，必啮其主者，至死乃已。（卷八）

【注释】

① 高丽：元藩属国。大德三年（1299），元置征东等处行中书省，治王京（今朝鲜开城），未几罢。至治元年（1321），复置，以高丽国王为左丞相。辖两府（沈阳等路高丽军民总管府、耽罗军民总管府）一司（征东招讨司）五道劝课使（庆尚州道、东界交州道、全罗州道、忠清州道、西海道）。　别十八：突厥语。意即"五城"。

② 华言连五城：意即汉语称作"连五城"。连五城，或为金"五国城"（在今黑龙江哈尔滨市依兰县北）。

③ 奴儿干：在黑龙江下游与阿姆贡河交汇处（今俄罗斯哈巴罗夫斯克边区塔赫塔南）。元置征东元帅府于此。

④ 站车：驿车。站，蒙古语音译。传递军政文书、运输货物时，中途换乘、食宿或转递之所。

⑤ 分例：常规。此指按定例发放的粮食。

22. 五 马 入 门

吾乡陈刚中先生孚[①]，临海县人。国初时，尝为僧，以避世变。一日，大书所作诗于其父执某之粉墙上云："我不学寇丞相[②]，地黄变发发如漆[③]；又不学张长史[④]，醉后挥毫扫狂墨。平生绀发三千丈[⑤]，几度和云眠石上。不合感时怒冲冠，天公罚作圆顶相[⑥]。肺肝本无儿女情，亦岂惜此双鬓青。只忆山间秋月冷，搔首不见鬖松影[⑦]。"父执见之，曰："此子欲归俗也。"呼来馆谷之[⑧]，命养发。经半年馀，谓曰："汝当娶，吾将以女事汝。"先生辞谢再三，既而命寓他所，遣媒妁行言，择日迎归。父执喜曰："五马入门矣[⑨]。"先生虽获佳偶，自妻母以至妻之兄姊弟妹皆不然，遂挈家入京。馆阁诸老，交章荐举，入翰林。会朝廷遣使交趾，授先生礼部郎中[⑩]，副之。至交州，尝有诗曰："老母越南垂白发，病妻塞北倚黄昏。蛮烟瘴雨交州客，三处相思一梦魂。”及抵安南国,以文字言语谕之,其国遂降,将其世子并国相入朝。后以功授治中[11],典乡郡,终老焉。若父执者,可谓识人也已。(卷八)

【注释】

① 陈孚:字刚中,台州临海(今属浙江台州市)人。幼清峻颖悟,读书过目成诵。至元中,以布衣上《大一统赋》,署上蔡书院山长,考满谒还京师。二十九年(1292),世祖命梁曾以吏部尚书再使安南,调孚以翰林国史院编修官、摄礼部郎中副之。还,历官奉直大夫、台州路总管府治中。以疾终于家,年六十四。有《陈刚中诗集》三卷、附录一卷存世。

② 寇丞相:寇準,字平仲,宋华州下邽(今陕西渭南市北)人。太平兴国进士。真宗景德、天禧年间两度拜相,封莱国公。后为丁谓倾构,累贬雷州司户参军,卒。

③ 地黄:药用植物。以根状茎入药。新鲜者称鲜地黄,有清热生津之效;干燥后称生地黄,有养阴凉血之效;蒸制加工后称熟地黄,为滋肾补血之要药。熟地黄可治须发早白。

④ 张长史:张旭,字伯高,唐苏州吴县(今江苏苏州市)人。官至金吾长史。工书,精于楷法,草书最为知名。与李白诗歌、裴旻剑舞,时称“三绝”。相传旭往往大醉后呼喊狂走,然后落笔,故人称张颠。亦能诗,长于七绝。与贺知章、张若虚、包融号为“吴中四士”。

⑤ 绀(gàn)发:指佛教如来绀琉璃色头发。绀,天青色;深青透红之色。

⑥ 圆顶相:指和尚。

⑦ 鬅(péng)松:又作“蓬松”。头发散乱貌。

⑧ 馆谷:谓作馆教授或任幕宾。

⑨ 五马:汉时太守乘车以五匹马驾辕,因借指太守车驾或代称太守。

⑩ 礼部郎中:元中书省六部属官。至元七年(1270),世祖定制,设吏、户、礼、兵、刑、工六部于中书省下。各部设尚书三员,正三品;侍郎二员,正四品;郎中二员,从五品;员外郎二员,从六品。初,吏、礼两部合为吏礼部;七年,别立礼部;八年,又合为吏礼部;十三年,乃别立礼部。礼部所掌略同宋、金:“掌天下礼乐、祭祀、朝会、燕享、贡举之政令。凡仪制损益之文,符印简册之信,神人封谥之法,忠孝贞义之褒,送迎聘好之节,文学僧道之事,婚姻继续之辨,音艺膳供之物,悉以任之。”(《元史·百官志一》)

⑪ 治中:元诸路总管府佐官。在同知之下,判官之上。《元史·百官志七》:“诸路总管府,至元初置。二十年,定十万户之上者为上路,十万户之下者为下路,当冲要者,虽不及十万户亦为上路。上路秩正三品,达鲁花赤一员,总管一员,并正三品,兼管劝农事,江北则兼诸军奥鲁。同知、治中、判官各一员。下路秩从三品,不置治中员,而同知如治中之秩,馀悉同上。至元二十三年,置推官二员,专治刑狱,下路一员。经历一员,知事一员或二员,照磨兼承发架阁一员,司吏无定制,随事繁简以为多寡之额;译史、通事各一人。”

23. 隐　逸

吾乡吕徽之先生□□[1]，家仙居万山中，博学能诗文，问无不知者。而安贫乐道，常逃其名，耕渔以自给。一日，携楮币诣富家易谷种[2]，值大雪，立门下，人弗之顾。徐至庭前，闻东阁中有人分韵作雪诗，一人得"滕"字，苦吟弗就，先生不觉失笑。阁中诸贵游子弟辈闻得，遣左右诘之。先生初不言，众愈疑，亲自出见。先生露顶短褐，布袜草屦，辄侮之，询其见笑之由。先生不得已，乃曰："我意举滕王蛱蝶事耳[3]。"众始叹伏，邀先生入坐。先生曰："我如此形状，安可厕诸君子间？"请之益坚，遂入阁。众以"藤""滕"二字，请先生足之。即援笔书曰："天上九龙施法水，人间一鼠啮枯藤。鹜鹅声乱功收蔡[4]，蝴蝶飞来妙过滕[5]。"复请黏"昙"字韵诗。又随笔写云："万里关河冻欲含，浑如天地尚函三[6]。桥边驴子诗何思[7]，帐底羔儿酒正酣[8]。竹委长身寒郭索[9]，松埋短发老瞿昙[10]。不如乘此擒元济[11]，一洗江南草木惭。"写讫，便出门，留之不可得，问其姓字亦不答。皆惊讶曰："尝闻吕处士名，欲一见而不能，先生岂其人邪？"曰："我农家，安知吕处士为何如人！"惠之谷，怒曰："我岂取不义之财？"必易之，刺船而去[12]。遣人遥尾其后，路甚僻远，识其所而返。雪晴，往访焉，惟草屋一间，家徒壁立。忽米桶中有人，乃先生妻也，因天寒故坐其中。试问徽之先生何在，答曰："在溪上捕鱼。"始知真为先生矣。至彼果见之，告以特来候谢之意。隔溪谓曰："诸公先到舍下，我得鱼，当换酒饮诸公也。"少顷，携鱼与酒至，尽欢而散。回至中途，夜黑，不良于行，暂憩一露棚下[13]。适主人自外归，乃尝识面者，问所从来，语以故。喜曰："是固某平日所愿见者。"止客宿。翼旦[14]，客别，主人蹑其踪，则先生已迁居矣。又一日，先生与陈刚中治中遇于道。治中策蹇驴[15]，时犹布衣，见先生风神高简，问曰："得非吕徽之乎？"曰："然。足下非陈刚中乎？"曰："然。"握手若平生欢，共论驴故事[16]。先生言一事，治中答一事，互至四十馀事，治中止矣。先生曰："我尚记得有某出某书，某出某传。"又三十馀事。治中深敬之。（卷八）

【注释】

① 吕徽之：原文中缺其字。据清厉鹗《宋诗纪事》卷八十一："徽之字起猷，号六松，台之仙居人。遁迹不出，操行极高。"徽之入元不仕，隐居于仙居（今属浙江台州市）山中。

② 楮(chǔ)币:宋、金、元时发行的“会子”“宝券”等纸币。因以楮皮纸制成,故名。

③ 滕王蛱蝶:唐高祖之子李元婴,封滕王,善画,作有《滕王蛱蝶图》。一说,为李湛然所作。湛然,元婴曾孙,嗣滕王。明曹学佺《蜀中广记》卷一百五:“费著《名画记》:‘唐滕王元婴,高祖子也。善画蝶。武德年出镇蜀中,故王建《宫词》有“内中数日无呼唤,拓得滕王蛱蝶图”之句。’《酉阳杂俎》曰:‘滕王画蛱蝶,有数名:江夏斑、大海眼、小海眼、村里来、菜花子。’唐《艺文志》有《滕王蛱蝶图》二卷。又有嗣滕王湛然画蜂蝶燕雀,态巧之外,曲尽情理,见《唐名画录》。陈后山赋宗室画诗:‘滕王蛱蝶江都马,一纸千金不当价。’”

④ 鹜鹅:鸭与鹅。此句咏唐大将李愬雪夜袭蔡州事。据两《唐书·李愬传》,元和九年(814)八月,淮西节度使吴元济叛。淮西镇辖申、光、蔡三州,唐军攻战近四年,不克。十二年,以宰相裴度为淮西宣慰处置使、彰义军节度使,督师平叛。十月,先锋李愬率中军逼近蔡州,遇大风雪,旌旗破裂,人马冻死者相望于道。夜半,抵蔡州。愬见城旁皆鹅鸭池,命击之,鹅鸭乱叫以掩军声,守城者不觉。唐军遂攻入城中,生擒吴元济,淮西平。

⑤ 妙过滕:谓其妙超过滕王所作蛱蝶图。

⑥ 函三:谓包含天、地、人三气。

⑦ 桥边驴子:喻士之穷厄困顿。用唐裴度典。度少时失意潦倒,尝骑蹇驴过洛阳天津桥。宋王谠《唐语林》卷六:“裴晋公度少时羁寓洛中,尝乘驴入皇城,上天津桥。时淮西用兵已数年矣。有二老人傍桥柱立,相语云:‘蔡州用兵日久,征发正困于人,未知何时得平定?’忽睹裴公,惊愕而退。有仆携书囊后行,相去稍远,闻老人云:‘适忧蔡州未平,须待此人为将。’既归,其仆白之,裴曰:‘见我龙钟,相戏尔!’其秋东府乡荐,明年登第。及为相,请讨伐淮西,遂平。后守洛时,对客每话天津桥老人事。”

⑧ 羔儿:羊羔酒。宋、金、元时期盛行的一种酒。

⑨ 郭索:本指螃蟹爬行貌。此处借以形容因寒冷而颤抖。

⑩ 瞿昙:释迦牟尼的姓。一译乔答摩。亦作佛的代称。

⑪ 元济:吴元济,唐淮西节度使。元和九年(814),淮西节度使吴少阳死,其子吴元济自立,割据申、光、蔡三州。宪宗发兵讨之,后为裴度、李愬所平。参见上注④。

⑫ 刺船:撑船;划船。

⑬ 露棚:四周无遮蔽之棚屋。

⑭ 翼旦:明日天亮。翼,通“翌”。

⑮ 蹇(jiǎn)驴:跛驴。形容驽钝。

⑯ 驴故事:关于驴的典故。

24. 关节梯媒

《杜阳杂编》云[①]:“元载宠姬薛瑶英[②],善为巧媚,载惑之。瑶英之父曰宗本,兄曰从义，与赵娟相递出入，以搆贿赂，号为关节。赵娟本岐王爱妾[③]，后出为薛氏妻，生瑶英三人。更与中书主吏卓倩等为腹心[④]，而宗本辈以事告者，载未尝不颔之。天下赍宝货求大官，无不恃载权势，指薛、卓为梯媒。”又李肇《国史补·总叙进士科》云[⑤]：“造请权要，谓之关节。”牛轲《牛羊日历》云[⑥]：“由是轻薄奔走，扬鞭驰骛，以关节紧慢为甲乙[⑦]。”以此推之，则谚所谓“打关节”“有梯媒”者，不为无祖矣。（卷八）

【注释】

① 杜阳杂编：共三卷，唐苏鹗撰。鹗字德祥，武功（今陕西咸阳市武功县西北）人。光启中登进士第。是书记代宗至懿宗凡十朝之事，述奇技宝物，多涉不经，为小说家言。下引文字乃节略于该书卷上。

② 元载：字公辅，唐凤翔岐山（今属陕西宝鸡市）人。出身寒微。天宝初（742），以老庄文列之学策入高科，授邠州新平（今陕西咸阳市彬县）尉。肃宗时累官至度支使并诸道转运使，同中书门下平章事。代宗即位，仍任宰相，又加判天下元帅行军司马。大历五年（770）三月，与代宗谋，除杀宦官鱼朝恩。后结党营私，卖官纳贿，权倾四海。大历十二年获罪被杀。长子伯和、次子仲武、季能、妻王氏并赐死。

③ 岐王：唐玄宗之弟李范，封岐王。曾助玄宗诛灭太平公主。

④ 中书主吏：中书省令史之首。唐中枢三省（中书、门下、尚书）均设令史，掌文书，为吏职。

⑤ 李肇：唐赵郡（治今河北石家庄市赵县）人。贞元间任华州参军，元和末自监察御史充翰林学士。后因事遭贬。大中间任台州刺史。撰《国史补》三卷，凡三百八节。记载唐开元至长庆百年间事，涉及当时社会风气、朝野轶事及典章制度。下引见该书卷下，节目曰《叙进士科举》。

⑥ 牛轲：应为“刘轲”。刘轲，字希仁，唐韶右（今广东韶关市曲江区一带）人。元和末进士。历直史馆、侍御史，累官洛州刺史。撰《牛羊日历》一卷。已佚，见于《新唐书·艺文志三》叙目：“刘轲《牛羊日历》一卷，牛僧孺、杨虞卿事，檀栾子、皇甫松序。”

⑦ 甲乙：次第；等级。

25. 谣　言

后至元丁丑夏六月[①]，民间谣言，朝廷将采童男女，以授鞑靼为奴婢[②]。且俾父母护送，抵直北交割[③]。故自中原至于江之南，府县村落，凡品官庶人家，但有男女十二三以上，便为婚嫁。六礼既无[④]，片言即合。至于巨室，有不待车舆亲迎，辄徒步以往者,盖惴惴焉惟恐使命戾止[⑤],不可逃也。虽守土官吏,与夫鞑靼色目之人[⑥],亦如之,竟莫能晓。经十馀日才息。自后有贵贱、贫富、长幼、妍丑匹配之不齐者,各生悔怨,或夫弃其妻,或妻憎其夫,或讼于官,或死于夭。此亦天下之大变,从古未之闻也。吴中僧祖柏,号子庭者,素称滑稽,口占绝句曰:"一封丹诏未为真[⑦],三杯淡酒便成亲。夜来明月楼头望,惟有姮娥不嫁人[⑧]。"又有人集古句云:"翡翠屏风烛影深[⑨],良宵一刻值千金[⑩]。共君今夜不须睡[⑪],明日池塘是绿阴[⑫]。"可谓深于命意者矣。(卷九)

【注释】

① 后至元丁丑:指后至元三年(1337)。

② 鞑靼:亦称"达旦""达靼""达达""塔塔尔"等。古族名。始见于唐时。为突厥治下一支部落。突厥亡后,逐渐强盛,分布于西室韦部、乌素固部(今内蒙古呼伦贝尔草原及克鲁伦河下游)一带。蒙古兴起后,鞑靼部为蒙古所灭。后泛称东部蒙古成吉思汗后裔各部为鞑靼。

③ 直北:元女直之北(今黑龙江绥化市一带)。隶辽阳行省开元路,路治黄龙府(今吉林长春市农安县)。

④ 六礼:古代婚姻,有纳采、问名、纳吉、纳征、请期、亲迎(yìng)等六种礼仪。纳采,男方向女方送求婚礼物;问名,男家具书托媒请问女子名字与生辰,女家复书具告;纳吉,男方卜得吉兆,备礼以告女家,缔结婚姻;纳征,即纳币,纳吉之后择日具书,送聘礼至女家,女家受物复书,定婚姻,故又称"文定";请期,男家行聘之后,卜得吉日,使媒赴女家告成婚日期;亲迎,夫婿亲至女家迎新娘入室,行交拜合卺之礼。

⑤ 戾止:来到。《诗经·鲁颂·泮水》:"鲁侯戾止,言观其旗。"毛传:"戾,来;止,至也。"

⑥ 色目:元时泛称西域及西北各族为色目人,其中包括哈剌鲁、钦察、唐兀、阿速、秃伯歹、康里、畏吾儿、回回、乃蛮、阿尔浑、撒耳柯思、斡罗思、汪古、甘木里、怯失迷尔等。元将治下之民分为四等,选官、科举、刑罚上皆有差别。蒙古人地位最为优越,次为色目人,又次为汉人(金朝遗民,包括契丹、女真、高丽等族),最下为南人(南宋遗民)。

⑦ 丹诏:帝王诏书。以朱笔书写,故称。

⑧ 姮(héng)娥:神话中月神。《淮南子·览冥训》:"羿请不死之药于西王母,姮娥窃以奔月。"高诱注:"姮娥,羿妻。羿请不死之药于西王母,未及服之,姮娥盗食之,得仙,奔入月中,为月精。"汉时避文帝刘恒讳,改为"嫦娥"。亦代指月亮。

⑨ 翡翠句:出自唐李商隐《常娥》诗。原句为"云母屏风烛影深",见《玉溪生诗集笺注》卷三。

⑩ 良宵句:出自北宋苏轼《春夜》诗。原句为"春宵一刻值千金",见《新修补苏文忠公诗合

注》卷四十九。

⑪ 共君句：出自唐贾岛《三月晦日赠刘评事》诗。见《长江集》卷十。

⑫ 明日句：出自唐韩偓《惜花》诗。见《韩内翰别集》。

26. 食品有名

水之咸淡相交处产河豚[①]。河豚，鱼类也，无鳞颊，常怒气满腹，形殊弗雅，然味极佳。煮治不精，则能杀人。所以东坡先生在资善堂与人谈河豚之美云[②]："据其味，真是消得一死。"浙西惟江阴人尤珍之[③]，每春首初出时，必用羞祭品毕[④]，然后作羹，而邻里间互相馈送以为礼。腹中之腴[⑤]，曰西施乳[⑥]。夫西施，一美妇耳，岂乳亦异于人耶？顾千载而下，乃使人道之不置如此[⑦]，则夫差之亡国非偶然矣[⑧]。若鲚鱼子名螳螂子[⑨]，及松江之上海、杭州之海宁人[⑩]，皆喜食蟛蜞螯[⑪]，名曰鹦哥嘴，以有极红者似之故也。二物象形而云，又非西施乳之比矣。按《类编·鱼部》引《博雅》云[⑫]："鯸鲐[⑬]，鲀也，背青腹白，触物即怒，其肝杀人。"正今人名为河豚者也，然则豚当为鲀。（卷九）

【注释】

① 河豚：鲀科鱼类的俗称。体呈圆筒形，牙愈合成牙板，背鳍一，无腹鳍，无鳞或有刺鳞。有气囊，能吸气膨胀。生活于海中，有些也进入淡水。肉鲜美，唯内脏及血液含毒素，须经处理始可食用。

② 资善堂：宋皇太子、皇子未出阁前就学之所。有时亦作它用，如皇太子初登大位，在此设讲筵所等。大中祥符八年(1015)置学堂，九年取名"资善堂"。位于东京皇宫宣佑门内东廊次北，崇政殿之东。讲筵所寓于其中。元祐七年(1092)七月，苏轼以兵部尚书召，自扬州还京，兼侍读。寻迁端明殿学士、礼部尚书兼翰林侍读学士。八年九月，出知定州，有《东府雨中别子由》诗："去年秋雨时，我自广陵归。今年中山去，白首归无期。"到定州任，又作《书松醪赋后》："予在资善堂，与吴传正为世外之游。"

③ 江阴：南宋为江阴军(今属江苏无锡市)，隶两浙西路。此处沿用宋称"浙西"。元改州，隶江浙行省。

④ 羞：进献(食物)。

⑤ 腴(lǘ)：动物体内血脂。

⑥ 西施：亦作"先施""西子"。姓施，春秋末越国苎萝(今浙江绍兴市诸暨市南)人。以貌美

著称。夫椒之战，越败，由越王勾践献于吴王夫差，为宠妃。传说吴亡后，与范蠡入五湖而去，不知所终。

⑦ 不置：不止；不舍。

⑧ 夫差：春秋末吴国君。吴王阖闾之子。阖闾十九年(前496)，王与越战，受伤死。夫差即位，誓报父仇。初，败越兵于夫椒(今江苏苏州市西南太湖中洞庭西山)，破越都。不听伍子胥乘胜灭越之言，允越王勾践求和。继向北，先后与齐、晋战。越王乘虚攻入吴都，吴求和，后再败自杀。在位二十三年。

⑨ 鲚(jì)鱼：鳀科鱼类。体侧扁，口大，尾延长，银白色，胸部有游丝状鳍条，腹部具棱鳞。生活于海中，春夏集群溯河产卵，产卵后返回大海。我国东南沿海主要有凤鲚(俗称"烤子鱼""凤尾鱼")、刀鲚(俗称"刀鱼""毛鲚")、七丝鲚三种。

⑩ 上海：元上海县，隶江浙行省松江府(今上海市松江区)。　海宁：元海宁州(治今浙江嘉兴市海宁市西南)，隶江浙行省杭州路。

⑪ 蟛蜞：亦称"螃蜞""相手蟹"。甲壳纲，方蟹科。头胸甲略呈方形。常见有红螯蟛蜞，穴居近海地区江河沼泽泥岸中。

⑫ 类编：四库本作"类篇"。字书。旧题宋司马光撰。共四十五卷。宝元二年(1039)，丁度等修《集韵》，以增字既多，不能与《玉篇》相参照，遂由王洙等另纂此书，经司马光整理而成，同《集韵》相辅而行。收字三万一千馀，古文奇字搜猎殆尽。

⑬ 鯸鮧(hóu yí)：亦作"鯸鲐"。河豚。

27. 缠　足

张邦基《墨庄漫录》云[①]："妇人之缠足，起于近世，前世书传，皆无所自。"《南史》齐东昏侯为潘贵妃凿金为莲花以帖地[②]，令妃行其上，曰："此步步生莲花。"然亦不言其弓小也。如《古乐府》《玉台新咏》[③]，皆六朝词人纤艳之言[④]，类多体状美人容色之姝丽，及言妆饰之华，眉目唇口腰肢手指之类，无一言称缠足者。如唐之杜牧之、李白、李商隐之辈，作诗多言闺帏之事，亦无及之者。韩偓《香奁集》有《咏屧子》诗云[⑤]："六寸肤圆光致致。"唐尺短，以今校之，亦自小也，而不言其弓。惟《道山新闻》云[⑥]："李后主宫嫔窅娘[⑦]，纤丽善舞。后主作金莲，高六尺，饰以宝物细带缨络，莲中作品色瑞莲[⑧]，令窅娘以帛绕脚，令纤小，屈上作新月状，素袜舞云中[⑨]，回旋有凌云之态。唐镐诗曰[⑩]：'莲中花更好，云里月长新。'因窅娘作也。由是人皆效之，以纤弓为妙。"以此知札脚自五代以来方为之。如熙宁、元丰以前人犹

为者少⑪,近年则人人相效,以不为者为耻也。(卷十)

【注释】

① 张邦基:字子贤,北宋高邮(今属江苏扬州市)人。仕履未详,生活于两宋之交。性喜藏书,尝榜其寓曰“墨庄”。撰《墨庄漫录》十卷,多记杂事,兼及考证,尤留意于诗词文评论及本事,其辨杜、韩、苏、黄诸家诗,颇有见地。下文所引,见该书卷八。

② 东昏侯:南朝齐皇帝萧宝卷,本名明贤,字智藏,明帝萧鸾次子。即位后凶暴嗜杀,科敛无度。尝凿金为莲花布于地,令所宠潘妃行其上,谓为“步步生莲花”。后萧衍起兵围建康,为部属所杀,在位仅三年。和帝立,追废为东昏侯。事见《南史·齐本纪·废帝东昏侯》。

③ 古乐府:十卷,元左克明编。克明,自称豫章(今江西南昌市)人。其始末未详,至正年间成其书。是书录古乐府词,推本三代而上,下止陈隋,多为六朝之作,共分古歌谣、鼓吹曲、横吹曲、相和曲、清商曲、舞曲、琴曲、杂曲八类。各类前有小序,述取舍之用意。　玉台新咏:十卷,南朝陈徐陵编总集。陵字孝穆,东海郯(今山东临沂市郯城县北)人。梁时官东宫学士,陈时历尚书左仆射、丹阳尹、中书监。是书录自汉迄梁有关妇女及男女情爱诗歌,按诗体编次,卷一至卷八为五言诗,卷九为七言及杂言诗,卷十为五言四句短诗。其中部分为民歌,如《古诗为焦仲卿妻作》即载于此书。

④ 六朝:指三国吴、东晋和南朝宋、齐、梁、陈,皆以建康为都,合称“六朝”。

⑤ 韩偓:字致光,一作致尧,小字冬郎,自号玉山樵人,唐京兆万年(今陕西西安市)人。龙纪进士,授刑部员外郎。天复初,官翰林学士、中书舍人,随昭宗奔凤翔,进兵部侍郎、翰林承旨。后以不附朱全忠遭贬斥,率族南依闽王王审知而卒。有诗名。存《韩内翰别集》一卷(附补遗一卷)、《香奁集》三卷本或一卷本。《咏屧子》诗题又作《屐子》。屧(xiè),亦作“屟”,古代鞋之木底。亦代指鞋。

⑥ 道山新闻:一卷,宋笔记。已佚。《宋史·艺文志五》存目,注曰:“并不知作者。”

⑦ 李后主:指南唐后主李煜。宋建隆二年(961)继位,开宝七年(974)九月,宋太祖发兵十万伐南唐;八年十一月,宋兵入金陵(今江苏南京市),李煜降,掳至东京(今河南开封市),后被毒死。

⑧ 品色:品种花色。

⑨ 云中:此指云中白鹤。

⑩ 唐镐:南唐大臣。官至枢密副使、给事中。宋建隆二年(961),宋军伐唐,镐力赞迁都洪州,唐主乃迁,迁后悔怒,欲诛始谋,镐忧惧而发病卒。未几,中主李璟亦卒。

⑪ 熙宁、元丰:宋神宗年号,熙宁(1068—1077)、元丰(1078—1085)。

28. 贤母辞拾遗钞

聂以道宰江右一邑日①,有村人早出卖菜,拾得至元钞十五锭②,归以奉母。母怒曰："得非盗来而欺我乎？纵有遗失，亦不过三两张耳，宁有一束之理？况我家未尝有此，立当祸至，可急速送还，毋累我为也。"言之再，子弗从。母曰："必如是，我须诉之官。"子曰："拾得之物，送还何人？"母曰："但于元拾处俟候，定有失主来矣。"子遂依命携往。顷间，果见寻钞者。村人本朴质，竟不诘其数，便以付还。傍观之人，皆令分取为赏。失主靳曰[3]："我元三十锭，今才一半，安可赏之？"争闹不已。相持至厅事下[4]。聂推问村人，其辞实。又暗唤其母审之，合。乃俾二人各具失者实三十锭、得者实十五锭文状，在官后，却谓失主曰："此非汝钞，必天赐贤母以养老者。若三十锭，则汝钞也，可自别寻去。"遂给付母子。闻者称快。（卷十一）

【注释】

① 聂以道：吉水（今属江西吉安市）人。父淳，与刘辰翁一时齐名并立。以道初为郡吏府掾，至治三年（1323）乡试，荐授道州路江华县（今湖南永州市江华县西北）尹。兴学校，劝农桑，复流民，有政声。天历中，迁武昌推官。后累官中顺大夫、广东道宣慰副使。卒，年六十一。　江右：泛指长江下游以西地区，包括今江西及湖南东部。

② 至元钞：至元二十四年（1287），世祖改革纸币制度，发行"至元通行宝钞"，简称"至元钞"，与贬值的"中统元宝交钞"并行。其钞值共十一等，即贰贯、壹贯、伍佰文、叁佰文、贰佰文、壹佰文、伍拾文、叁拾文、贰拾文、壹拾文、伍文。用桑皮纸印制，纸色深灰，故称"楮币"。同时，又颁布《至元宝钞通行条画》十四款，完善了币制条例。该币使用至至正十年（1350）改发"至正中统交钞"为止，是元代流通领域最重要的货币。　锭：元代货币计量单位。一锭等于五十两银，五两银为一贯至元钞，故一锭等于十贯至元钞。参见《元史·食货志一·钞法》。又，明叶子奇《草木子》卷三下《杂制篇》："元朝至元宝钞凡十等：一十文为半钱，二十文为一钱，三十文为一钱半，五十文为二钱半，一百文为五钱；二百文为一贯，三百文为一贯五钱，五百文为二贯五钱；一贯为五两，二贯为十两，五个一贯为半锭，五个二贯为一锭。"

③ 靳：吝惜。

④ 厅事：官署视事问案的厅堂。亦作"听事"。

29. 女奴义烈

朵那者，杭城东伟兀氏之女奴也。年十九，勤敏谨愿[1]。主卒某郡官所，朵那奉主妇日谨，主妇亦委以腹心。至正壬辰秋七月初十日[2]，寇陷杭，劫官民府库。至伟兀氏家，不得物，乃反接主妇柱下[3]，拔刀砺颈上。诸侍婢皆散走，朵那独以身覆主妇,请代死。且告曰:“将军利吾财,岂利杀人哉?凡家之货宝,皆我所藏,主母固弗知。若免主母死,我当悉与将军,不吝。”寇允,解主妇缚,朵那乃探金银珠玉币帛等,散置堂上,寇争夺,竟又欲犯朵那身。朵那持刀欲自屠,曰:“我主二千石[4],我誓不奴它姓主,况汝贼乎?”寇惊异,舍而去。朵那泣拜主妇曰:“弃主货,全主命,权也[5]。妾受命主钥货[6],今失货而全身,非义也,请从此死。”遂自杀。时人莫不称之曰“义烈,义烈”云。(卷十一)

【注释】

① 勤敏谨愿:勤勉机敏、谨慎诚实。

② 至正壬辰:指顺帝至正十二年(1352)。是年正月,蕲州徐寿辉、袁州彭莹玉等率天完红巾军攻下武昌;二月,东下江州;三月,据饶州路。夏,与元军激战于两淮。七月,天完军转向东南,彭莹玉部破杭州,寻为元将董抟霄所败,彭战死于徽州。

③ 反接:反绑两手。

④ 二千石:汉制,郡守俸禄为二千石,即月俸百二十斛。世因称郡守为“二千石”。

⑤ 权:权宜;变通。

⑥ 主钥货:谓掌管库锁财货。

30. 贞 烈 墓

千夫长李某戍天台县日[1],一部卒妻郭氏有令姿,见之者无不啧啧称赏,李心慕焉。去县七八十里,有私盐出没处,李分兵往戍,卒遂在行。既而日至卒家,百计调之,郭氏毅然莫犯。经半载,夫归,具以白。为属所辖,罔敢谁何[2]。一日,李过卒门,卒邀入,治茶,忽忆得前事,怒形于色,亟转身持刃出,而李幸脱走,诉于县。县捕系穷竟[3],案议:“持刃杀本部官,罪死。”桎梏囹圄中。从而邑之恶少年,与官之吏胥皂隶辈,无有不起觊觎之心者。郭氏躬馈食于卒外,闭户业绩纺,以资衣食,人不敢一至其家。久之,府檄调黄岩州一狱卒叶其姓者至[4],尤有意于郭氏。乃顾视其卒,日饮食之,情若手足,卒感激入骨髓。忽传有五府官出[5]。五府之官,所以斩决罪囚者。叶报卒知,且谓曰:“汝或可活,我与为义兄弟;万一不保,汝之妻尚少,汝之子若女才八九岁耳,奚以依?顾我尚未娶,宁肯俾为我室乎?若然,我之视汝子女,犹我子女也。”卒喜诺。叶遂令郭氏私见卒,卒谓曰:“我死有日,此叶押狱性柔善,未有妻,汝可嫁之。”郭氏曰:“汝之死,以我之色,我又能贰适以求生乎[⑥]?”既归,持二幼痛泣而言曰:“汝爷行且死,娘死亦在旦夕。我儿无所怙恃[⑦],终必死于饥寒,我今卖汝与人,娘岂忍哉?盖势不容已,将复奈何?汝在它人家,非若父母膝下比,毋仍如是娇痴为也。天苟有知,使汝成立,岁时能以卮酒奠父母[⑧],则是我有后矣。”其子女颇聪慧,解母语意,抱母而号,引裾不肯释手。遂携二儿出市,召人与之,行路亦为之堕泪。邑人有怜之者,纳其子女,赠钱三十缗[⑨]。郭氏以三之一具酒馔,携至狱门,谓叶曰:“愿与夫一再见。”叶听入,哽咽不能语。既而曰:“君扰押狱多矣,可用此少礼答之。又有钱若干,可收取自给。我去一富家执作,为口食计,恐旬日不及看君故也。”相别,垂泣而出。走至仙人渡溪水中,危坐而死。此处水极险恶,竟不为冲激倒仆。人有见者,报之县。县官往验视,得实,皆惊异失色。为具棺敛,就葬于死所之侧山下。又为申达上司,仍表其墓曰“贞烈郭氏之墓”,大书刻石墓上。至正丙戌[⑩],朝廷遣奉使宣抚循行列郡,廉得其事,原卒之情,释之,人遂付还子女,终身誓不再娶。(卷十二)

【注释】

① 千夫长:武官。统千人之帅。　天台:元台州路天台县(今属浙江台州市)。

② 罔敢谁何:不敢盘诘查问。

③ 穷竟:彻底追究。

④ 府檄:指台州路总管府公文。　黄岩州:台州路所辖州(今浙江台州市黄岩区)。

⑤ 五府:古代五官署合称。所指不一。西汉指丞相、御史、车骑将军、前将军、后将军府,东汉指太傅、太尉、司徒、司空、大将军,北朝指地官、春官、夏官、秋官、冬官,宋指两参政、三枢密。此处五府官或泛指朝廷所遣奉使宣抚各地之高官。

⑥ 贰适:再嫁。

⑦ 怙恃(hù shì):依靠;凭借。《诗经·小雅·蓼莪》:“无父何怙,无母何恃!”

⑧ 卮酒:杯酒。

⑨ 缗(mín):本指古代穿钱之绳。用作计量成串之钱,每缗一千文。

⑩ 至正丙戌:至正六年(1346)。

31. 释 怨 结 姻

扬州泰兴县马驼沙农夫司大者[①],其里中富人陈氏之佃家也。家贫,不能出租以输主,乃将以所佃田转质于他姓[②]。陈氏田旁有李庆四者,亦业佃种,潜赂主家儿,约能夺田与我而不以与陈氏者,以所酬钱十倍之一分之。家儿素用事,因以利啖其主[③],主听夺田归李氏,司固无可奈何。既以谷田不相侔[④],轻其直十之一[⑤]。司愈不平。会归,而李与尝所用力及为立券者,杀鸡饮酒,司因随所之。李欲却司,辄先持一卮酒饮之。司忿恨去,对妻语所以与李怨仇之故。妻苦口谏曰:"吾之穷命也,奈何仇人哉!"不听,夜持炬火往烧其家。忽闻得内有人娩,司窃念:"吾所仇者,其家公也,何故杀其母子?"遂弃火沟中而归。司无以为养生计,即所偿钱为豆乳酿酒,货卖以给食。久之,不复乏绝,更自有馀。而李日益贫。更十年,李复出所佃田质陈氏,司还用李计复其田,过种之钱比前又损其一,为券悉值前[⑥],人相视惊叹。司记为李所辱时,今幸可一报复,遂具鸡酒,饮亦如之。李忘前过,不自责,反怨薄己,怒甚,归积膏火破盎中,夜抵司家。司妻方就蓐,李犹豫间,闻人启户,惧事觉,遗火亟走。而司家实不有人。旦,得火器场中,验器底有李字,因悟:"昔我焚彼家,以其家人产子,不欲焚。今彼焚我家,而我之妻亦产子,而不被焚。此天也,非人也。"持钱五阡往李,曰:"昨日小人无状,失礼义,不得共饮,兹愿少伸谢意,幸毋督过。"李疑,绐以疾,卧不起。强请不已,遂同之酒家,邀酤儿与饮[⑦]。酒半,自起酌酒,劝李曰:"子之孙某年月日夜子时生,而吾子亦夜者子时生。怨仇之事,慎勿复为。"具白前所仇事,沥酒为誓[⑧],语酤儿曰:"子识之,试用此警世间人,不善,慎勿为也。"剧饮尽欢,乃更约为婚姻。自是李亦不贫,两家至今丰给。此在至正初元间。吾谓司氏妇之极谏,与司氏之易虑时,天固已监之,所以李不复可加害也。向使司氏决快所欲,未必能复田。纵复田,未必不无祸。一念之善,从而两家子孙皆蒙其利泽。《书》曰:"天道福善祸淫[⑨]。"又曰:"惟上帝不常[⑩]。作善,降之百祥。作不善,降之百殃。"呜呼!天岂远人哉?天岂远人哉?(卷十三)

【注释】

① 马驼沙:元扬州路泰兴县属地(今江苏泰州市靖江市)。　司大:司氏排行第一。

② 质:抵押。

③ 啖:引诱;利诱。

④ 相侔:相等;同样。

⑤ 直:通"值"。价值。

⑥ 为券悉值(zhì)前:订立契约全按前例。指李夺田时"轻其直十之一"。值,执持。

⑦ 酤儿：酒店侍应儿。俗称“小二”。

⑧ 沥酒：洒酒于地，表起誓或祝愿。

⑨ 天道福善祸淫：谓为善则天赐之以福，淫过则天降之以祸。语见《尚书·汤诰》。

⑩ 上帝不常：谓天之福祸惟善恶所在，并不固定。语见《尚书·伊训》。

32. 寒 号 虫

五台山有鸟，名寒号虫。四足，有肉翅，不能飞，其粪即五灵脂①。当盛暑时，文采绚烂，乃自鸣曰：“凤凰不如我。”比至深冬严寒之际，毛羽脱落，索然如鷇雏②，遂自鸣曰：“得过且过。”嗟夫，世之人中无所守者，率不甘湛涪乡里③，必振拔自豪，求尺寸名，诧九族侪类④，则便志满意得，出肆入扬⑤，以为天下无复我加矣。及乎稍遇贬抑，遽若丧家之狗，垂首帖耳，摇尾乞怜，惟恐人不我恤⑥。视寒号虫何异哉？是可哀已。（卷十五）

【注释】

① 五灵脂：中药名。为哺乳纲、鼯鼠科动物粪便。入药有散血、活血、引经之效。鼯鼠，亦称“飞鼠”，形似蝙蝠而大。前后肢间有宽而多毛皮膜，借此在林间滑翔。夜行，生活于岩穴中。其中，复齿鼯鼠俗称“寒号鸟”，古书中称“鹖鴠”。明李时珍《本草纲目》卷四十八：“其屎名五灵脂者，谓状如凝脂而受五行之灵气也。”

② 鷇（kòu 或 gòu）雏：待哺雏鸟。

③ 湛涪（chén fú）：沉浮。

④ 诧九族侪类：夸耀于亲族朋辈。

⑤ 出肆入扬：出入放纵张狂。

⑥ 恤：怜悯。

33. 奴 婢

今蒙古、色目人之臧获①，男曰奴，女曰婢，总曰驱口。盖国初平定诸国日，以俘到男女匹配为夫妻，而所生子孙永为奴婢。又有曰红契买到者②，则其元主转卖于人，立券投税者是也。故买良为驱者有禁。又有曰陪送者，则摽拨随女出嫁者是也③。奴婢男女止可互相婚嫁，例不许聘娶良家，若良家愿娶其女者，听然。奴或致富，主利其财，则俟少有过犯，杖而锢之，席卷而去，名曰抄估。亦有自愿纳财以求脱免奴籍，则主署执凭付之，名曰放良。刑律：私宰牛马，杖一百。殴死驱口，比常人减死一等，杖一百七。所以视奴婢与马牛无异。按《周礼》："其奴，男子入于皂隶[④]，女子入于舂藁[⑤]。"《说文》："奴婢皆古罪人。"夫今之奴婢，其父祖初无罪恶，而世世不可逃，亦可痛已。又奴婢所生子，亦曰家生孩儿。按《汉书·陈胜传》："秦令少府章邯[⑥]，免骊山徒人奴产子[⑦]。"师古曰[⑧]："奴产子，犹今人云家生奴也。"则家生儿亦有所据。（卷十七）

【注释】

① 臧获：古代对奴婢的贱称。骂奴曰臧，骂婢曰获。

② 红契：旧时称买卖田地、房产等经过纳税而由官府盖印的文契。

③ 摽（biāo）拨：标明调拨。

④ 皂隶：应为"罪隶"。古时罪人家属之男性没入官府为奴者。后亦泛指罪人。"皂隶"是指古代贱役。

⑤ 舂藁：周代舂人、槁人的合称。职掌罪人服苦役之事。后也借称因罪而服之苦役。《周礼·秋官·司厉》："其奴，男子入于罪隶，女子入于舂槁。"郑玄注引郑司农曰："谓坐为盗贼而为奴者，输于罪隶、舂人、槁人之官也。"藁，或作槁。

⑥ 少府：秦汉时九卿之一。掌山海地泽收入及皇宫手工制造，为帝王私府。　章邯：秦末大将。秦二世时为少府，率军讨伐陈胜。后在巨鹿为项羽所破，降，封雍王，有咸阳以西之地，都废丘。楚汉之争中，被刘邦围攻于废丘，兵败自杀。

⑦ 骊（lí）山徒人：在骊山服劳役的人。骊山，在秦内史丽邑（今陕西西安市临潼区）南。因山形似骊马，呈纯青色而得名。一说古骊戎居此而得名。相传山上有烽火台，为周幽王举烽火戏诸侯处。唐时于西北麓温泉处建华清宫，玄宗与杨贵妃每于冬季居此。

⑧ 师古：颜籀，字师古，京兆万年（今陕西西安市）人。北齐学者颜之推之孙。隋文帝时，尝为安养尉。入唐，官至中书侍郎。师古长于文辞，精于训诂。撰《汉书注》《匡谬正俗》等，考证文字，多所订正。贞观十九年（645），从太宗征辽东，病卒于道，年六十五。谥曰戴。

34. 阑驾上书

至正乙酉冬[①]，朝廷遣官奉使宣抚诸道，问民疾苦，然而政迹昭著者十不二三。明年秋，江右儒人黄如徵邀驾上书[②]，指数散散、王士宏等罪状[③]，且及国家利害。

斧钺在前[4]，有所不避，古之所谓豪杰之士，如徵其人者与？天子亲览其书，喜见于色。又虞如徵必为权豪所中，顾近臣馆谷以俟[5]。越数日，特授江西等处儒学提举[6]，敕侍卫护送出都。如徵感上德意，受命而不领职，天下共贤之。散散、王士宏等虽免谴责，终以不显死。其书略曰："江西布衣书生黄如徵，百拜上书皇帝陛下：如徵忝生僻土，遭遇明时，用竭愚衷，冒干天听，伏望采览万一焉。夫皇朝版图之广，历古所无。法制之良，万世莫易。而水旱灾变，连年不息者，实由官皆污滥，民悉怨咨之所致也。钦惟陛下[7]，忧民之心，日夕孜孜[8]，遂于去年冬，分遣大臣奉使宣抚诸道，正欲其察政事之臧否，问生民之疾苦，礼贤德，振贫乏，信冤抑[9]，起淹滞[10]，俾所至之处如陛下亲临焉。苟能宣布圣泽，各尽乃职，则雍熙泰和之治[11]，正在今日。然江西、福建一道，地处蛮方，去京师万里外。传闻奉使之来，皆若大旱之望云霓，赤子之仰慈母。而散散、王士宏等，不体圣天子抚绥元元之意[12]，鹰扬虎噬，雷厉风飞，声色以淫吾中，贿赂以缄吾口，上下交征，公私朘剥[13]，赃吏贪婪而不问，良民涂炭而罔知。闾阎失望[14]，田里寒心，乃歌曰：'九重丹诏颁恩至，万两黄金奉使回。'又歌曰：'奉使来时，惊天动地；奉使去时，乌天黑地。官吏都欢天喜地，百姓却啼天哭地。'又歌曰：'官吏黑漆皮灯笼，奉使来时添一重。'如此怨谣，未能枚举，皆万姓不平之气，郁结于怀而发诸声者然也。此盖庙堂遴选非人，使生民感陛下忧恤之虚恩，受奉使掊剥之实祸[15]。陛下于此而不察，将何以取法于后世哉？如徵，无官守，无言责，所以不惮江河之险，不畏斧钺之诛，而诣阙以陈其事者，正恐散散、王士宏等回觐之日，各饰巧言，妄称官清民泰，欺诈百端，昏蔽主聪。陛下不悟，为奸邪所卖，擢任省台，恣行威福，流毒四海，则江西、福建一道之痛苦，与天下共之。以此而望阴阳和、风雨时、年岁登、边隅静，不亦难乎？倘陛下不弃蒭荛之言[16]，委官察其实迹，责以欺天罔民之罪，投诸遐荒，雪江西、福建一道之痛苦，以为百官劝，则天下幸甚，万世幸甚。如陛下以为诽谤大臣，置而不问，非惟今日祸起萧墙[17]，抑且天下万世之不幸矣。如徵鄙语俗言，不知避讳，触犯清跸[18]，罪在不赦，请伏锧以俟命[19]。"（卷十九）

【注释】

① 至正乙酉：至正五年（1345）。据《元史·顺帝纪四》："（冬十月）辛酉，命奉使宣抚巡行天下。诏曰：'朕自践祚以来，至今十有馀年，托身亿兆之上，端居九重之中，耳目所及，岂能周知？故虽夙夜忧勤，觊安黎庶，而和气未臻，灾眚时作，声教未洽，风俗未淳，吏弊未祛，民瘼滋甚。岂

承宣之寄，纠劾之司，奉行有所未至欤？若稽先朝成宪，遣官分道奉使宣抚，布朕德意，询民疾苦，疏涤冤滞，蠲除烦苛。体察官吏贤否，明加黜陟，有罪者四品以上停职申请，五品以下就便处决。民间一切兴利除害之事，悉听举行。'"

② 邀驾：拦挡御驾。

③ 散散、王士宏：时奉使宣抚巡行江西的正、副官员。散散，清人译作"萨克伞"。据《江西通志》卷三十一："至正五年冬十月，命前云南行省右丞萨克伞、将作院使王士宏巡江西，一切兴利除害之事，悉听举行。"

④ 斧钺(yuè)：斧与钺。古代兵器。此处代指刑罚、杀戮。

⑤ 顾近臣馆谷以俟：意谓关照近臣具食宿以待。顾，照应。馆谷，此处泛指食宿款待。

⑥ 儒学提举：元各处行省儒学提举司长官。《元史·百官志七》："(儒学提举司)统诸路、府、州、县学校祭祀教养钱粮之事，及考校呈进著述文字。每司提举一员，从五品；副提举一员，从七品；吏目一人，司吏二人。"

⑦ 钦惟：发语词。犹言敬思。

⑧ 孜孜：勤勉而不懈怠。

⑨ 信(shēn)冤抑：使冤屈得以伸雪。信，通"伸"，洗雪。冤抑，犹"冤屈"。

⑩ 淹滞：谓有才德者久居下位。

⑪ 雍熙泰和：谓和乐升平。

⑫ 抚绥元元：安抚百姓。抚绥，安抚，安定。元元，百姓，庶民。

⑬ 朘(juān)剥：剥削搜刮。

⑭ 闾阎：里巷内外之门。代指民间。

⑮ 掊(póu)剥：敛取剥削。

⑯ 蒭荛(chú ráo)：割草采薪。亦指割草采薪者，多借指草野之人。此喻浅陋之言，谦词。

⑰ 祸起萧墙：谓祸患起于内部。萧墙，古代宫室内当门的小墙，比喻内部。

⑱ 清跸：谓帝王出行时清除道路、禁止行人。

⑲ 伏锧：亦作"伏质"。古代施行腰斩死刑时，罪犯裸身俯伏砧上，称"伏锧"。锧，砧。亦泛指处死。

35. 真 率 会

林昉《田间书》[①]，载《会友人游山檄》云："人有残缣败素[②]，绘一山一水，爱之若宝，售之必千金。至于目与真景会，则略不加喜，毋乃贵伪而贱真耶？求乐之真，今日正在我辈。春雪既霁，春风亦和，或坐钓于鸥边，或行歌于犊外。百年瞬息，欢乐几何。肴核杯盘，随意所命，毋以丰约拘也。檄书驰告，盍勇而前！”此文殊清新。向予避兵云间泗滨时[3]，其地有林泉之胜，而无烽燧之虞[4]。同时嘉遁者[5]，皆文人高士。因仿司马温公故事，俾予作约语云[6]：“百岁光阴，万物乃天地逆旅；四时行乐，我辈亦风月主人。幸居同泗水之滨，况地接九山之胜。尽可傍花随柳，庶几游目骋怀。节序骎骎[7]，莫负芒鞋竹杖；杯盘草草，何惭野蔌山肴。虽云一饷之清欢，亦是百年之嘉话。敢烦同志，互作遨头[8]。慨元祐之耆英[9]，衣冠远矣；集永和之少长[10]，觞咏依然。订约既勤，践言弗替[11]。”用附于此，以见真率之会不让游山之乐也。（卷二十）

【注释】

① 林昉：字仲昉，黄岩半山（今浙江台州市温岭市东南）人。南宋末，与吴大有、仇远、白珽等游于湖海，以诗酒相娱。入元，由荐辟官国史检阅。善属文，尤深经学。其《田间书》，见录于陶宗仪《说郛》卷二十五下。

② 残缣败素：谓残破细绢。缣素，可供书画细绢。

③ 云间泗滨：元松江府泗泾之滨（今上海市松江区泗泾镇）。

④ 烽燧：古代边防报警信号，白日放烟曰烽，夜间举火曰燧。此泛指战乱。

⑤ 嘉遁：谓合乎正道之退隐。

⑥ 约语：犹邀请书。北宋司马光有《邀子骏尧夫赏西街诸花》诗曰：“今年节物非常晚，春尽西街花尚多。试问二三真率友，小车篮舁肯重过？”见《传家集》卷十一。

⑦ 骎骎（qīn—）：急速貌。

⑧ 遨头：宋成都自正月至四月浣花，太守出游，士女纵观，称太守为“遨头”。

⑨ 元祐之耆英：指宋元祐初（1086）德高望重者，如司马光、文彦博等。

⑩ 永和之少长：指东晋永和九年（353）三月上巳，王羲之与谢安等四十一人修禊于山阴兰亭。

⑪ 践言弗替：履行诺言，不可废惰。

36. 狷　洁

郑所南先生思肖[1]，福州连江人，宋太学上舍[2]，应博学宏词科[3]，刚介有立志。会天兵南，叩阙上疏，犯新禁[4]，众争目之，由是遂变今名。曰肖，曰南，义不忘赵，北面它姓也[5]。隐居吴下，一室萧然[6]，坐必南向。岁时伏腊[7]，望南野哭，再拜而返。人莫识焉。誓不与朔客交往,或于朋友坐上见有语音异者,便引去。人咸知其狷洁[⑧],亦弗为怪。工画墨兰,不妄与人。邑宰求之不得,闻先生有田三十亩,因胁以赋役取。先生怒曰:"头可斫[⑨],兰不可画。"尝自写一卷,长丈馀,高可五寸许,天真烂熳,超出物表。题云:"纯是君子,绝无小人。深山之中,以天为春。"《过齐子芳书塾》云:"此世但除君父外,不曾别受一人恩。"《寒菊》云:"御寒不借水为命,去国自同金铸心。"其忠肝义胆,于此可以见之。晚年究竟性命之学[⑩],以寿终。(卷二十)

【注释】

① 郑思肖:字忆翁,号所南,南宋福州连江(今属福建福州市)人。随父居吴。元兵南下,尝扣阍上太皇太后、幼主疏,辞切直忤当路,不报。遂客吴下,寄食城南报国寺。宋亡,改名"思肖",寓思赵意。元仁宗延祐五年(1318)卒,年七十八。

② 太学上舍:宋国子监太学上舍生。国子监太学生,由外舍生升内舍生,再升上舍生,各治一经,以一百员为额。上舍生亦分三等:经上舍试,行与艺成绩皆优者,为上等上舍生,即命官;一优一平为中等上舍生,免省试,预殿试;一优一否为下等上舍生,免解试,预省试。

③ 博学宏词科:宋制科名。高宗绍兴年间设。制科考试应试者资格较宽,在任官吏、布衣平民及已中进士者,均可由大臣举荐参加考试。考试分二级,初为阁试,在秘阁举行,由两省官、翰林学士主考,通过者,召赴殿试,皇帝临轩策之。中选者分三等,上、中等赐制科出身,下等赐进士出身,不入等者授与簿尉差遣以上。如已在官,则进一官给予升擢。制科较进士科为难,故士人多重进士科。

④ 新禁:新颁禁令。

⑤ 北面它姓:谓臣服于异姓。古礼,臣拜君(或卑幼拜尊长),须面向北行礼。

⑥ 萧然:简陋。

⑦ 伏腊:古代两种祭祀,夏日伏祭和冬日腊祭。后泛指节日。

⑧ 狷洁:洁身自好。

⑨ 斫(zuó):斩;砍。

⑩ 究竟:深入研究。 性命之学:指宋以来程朱理学。北宋二程(颢、颐)早年受业于周敦颐,接受其道德性命之学,构建起以"理"为最高范畴的哲学体系。二程之学,至南宋朱熹而集大成。朱熹在二程思想的基础上,提出"格物致知"与"知行"等性命及其修养学说。后来学者合称为程朱学派,为理学的主流学派。

37. 雁　书

“霜落风高恣所如,归期回首是春初。上林天子援弓缴[①],穷海累臣有帛书[②]。中统十五年九月一日放雁,获者勿杀。国信大使郝经书于真州忠勇军营新馆[③]。”右五十九字,郝公书也。公字伯常,泽州陵川人,世皇召居潜邸。岁己未[④],扈从济江,授江淮宣慰司副使[⑤]。中统元年,拜翰林侍读学士,充国信使,使宋,宋馆于真州,凡十有六年,始得归。此书当在至元十一年。是时南北隔绝,但知纪元为中统也。先是,有以雁献,命畜之。雁见公,辄鼓翼引吭,似有所诉者。公感悟,择日,率从者具香案北向拜,舁雁至前,手书尺帛,亲系雁足而纵之。后虞人获之苑中[⑥],以闻。上恻然曰:“四十骑留江南,曾无一人雁比乎[⑦]?”遂进师南代越[⑧]。二年,宋亡。至今秘监帛书尚存[⑨]。(卷二十)

【注释】

① 上林:即上林苑,秦汉宫苑。秦都咸阳时置,汉武帝时有所扩充。参见第 10 页第 4 则注释⑧。此处代指皇宫。　弓缴(zhuó):弓箭。缴,系着生丝绳的箭。

② 穷海累(léi)臣:僻远海边的囚徒。累,通“缧”,绳索。

③ 郝经:蒙古国信使。为宋所囚禁。参见第 60 页第 1 则注释⑦。　忠勇军:南宋厢军。驻真州(今江苏扬州市仪征市),以御元兵。时由两淮制置使李庭芝节制。

④ 岁己未:指蒙古宪宗九年、南宋理宗开庆元年(1259)。是年,郝经从世祖渡江攻鄂州。

⑤ 宣慰司:元各处行省下、郡县上联络官署,分道掌军民事务。参见第 86 页第 19 则注释③。

⑥ 虞人:古掌山泽苑囿之官。

⑦ 雁比:谓排列有序。此句意谓使者没有像雁阵那样归来。

⑧ 代越:代,别本作“伐”。取代南宋。

⑨ 秘监:元秘书监的省称。参见第 60 页第 1 则注释③。

38. 天　下　士

《漫浪野录》云[①]:“苏子瞻泛爱天下士,无贤不肖,欢如也[②]。尝自言:‘上可以陪玉皇大帝,下可以陪卑田院乞儿[③]。’子由晦默[④],少许可[⑤],尝戒子瞻择交。子瞻曰:‘吾眼前见天下无一个不好人,此乃一病。’”以余言之,先生,天下士也,此其所

以泛爱天下士。顾今之忌才嫉能，口尧舜而心盗跖者[⑥]，使先生视之，乃土苴之不若矣[⑦]。（卷二十）

【注释】

① 漫浪野录：笔记名。宋刘羲仲撰。羲仲，字壮舆，号漫浪翁，筠州（治今江西宜春市高安市）人。史学家刘恕长子。徽宗政和中，召为编修官，至京师不谒权要。未几致仕，归庐山之阳。苏轼尝勉其修史。

② 欢如：欣喜貌。

③ 卑田院："悲田院"之语讹。原为佛寺救济贫民之所，后泛称收容乞丐的地方。

④ 晦默：沉默；缄默。此指苏辙性格较为沉静少言。

⑤ 少许可：意谓不轻易允诺。

⑥ 盗跖：古代盗贼首领，名跖。后用为盗贼或盗魁之代称。

⑦ 土苴（chǎ zhǎ）：渣滓；糟粕。比喻微贱之物。

39. 先辈风致

龙麟洲先生过福建[①]，宪府设宴[②]，命官奴小玉带佐觞[③]。酒半，宪使举杯请曰："今日之欢，皆玉带为也，愿先生酬之以诗，先生其毋辞。"时先生负海内重名，雅畏清议[④]，又不能违宪使之请，遂书一绝句云："菡萏池边风满衣[⑤]，木犀庭下雨霏霏[⑥]。老夫记得坡仙语，病体难禁玉带围[⑦]。"于是举席称叹，尽欢而散。盖前辈既不肯拂人意，又不欲失所守，而且用事清切[⑧]，一时风致可想见，信非野儒俗士所能及也。（卷二十二）

【注释】

① 龙麟洲：龙仁夫，字观复，永新（今属江西吉安市）人。由宋入元，官至湖广儒学提举。晚年侨居黄州，潜心学问。著有《周易集传》八卷，多发前儒之所未发。其他文尤奇逸流丽。学者称麟洲先生。

② 宪府：指元诸道肃政廉访司。参见第84页第16则注释④。

③ 官奴：官妓。本书卷七《官奴》："今以妓为官奴，即官婢也。"

④ 雅畏清议：谓敬畏士人议论。

⑤ 菡萏（hàn dàn）：荷花。

⑥ 木犀:又作“木樨”。桂花。

⑦ 病体句:用苏轼施玉带于金山寺住持僧印禅师事。苏轼《以玉带施元长老元以衲裙相报次韵二首》诗:“病骨难堪玉带围,钝根仍落箭锋机。”王十朋题注:“佛印禅师法名了元,饶州人。公久与之游,时住持润州金山寺。公赴杭,过润,为留数日。一日值师挂牌,与弟子入室,公便服入方丈见之。师云:‘内翰何来?此间无坐处。’公戏云:‘暂借和尚四大用作禅床。’师曰:‘山僧有一转语,内翰言下即答,当从所请。如稍涉拟议,则所系玉带,愿留以镇山门。’公许之,便解带置几上。师云:‘山僧四大本空,五蕴非有。内翰欲于何处坐?’公拟议未即答,师急呼侍者云:‘收此玉带,永镇山门。’公笑而与之,师遂取衲裙相报,因有二绝,公次韵答之。”见《新修补苏文忠公诗合注》卷二十四。玉带,饰玉腰带,古代贵官所用。宋制,从三品以上服玉带。此处用作双关,暗指官奴佐酒事。

⑧ 清切:清晰真切。

40. 嗓

大名王和卿[①],滑稽挑达[②],传播四方。中统初,燕市有一蝴蝶,其大异常。王赋《醉中天》小令云:“挣破庄周梦,两翅驾东风。三百处名园,一采一个空。难道风流种,諕杀寻芳蜜蜂[③]。轻轻的飞动,卖花人搧过桥东。”由是其名益著。时有关汉卿者[④],亦高才风流人也。王常以讥谑加之,关虽极意还答,终不能胜。王忽坐逝,而鼻垂双涕尺馀,人皆叹骇。关来吊唁,询其由,或对云:“此释家所谓坐化也[⑤]。”复问鼻悬何物,又对云:“此玉箸也[⑥]。”关云:“我道你不识,不是玉箸,是嗓!”咸发一笑。或戏关云:“你被王和卿轻侮半世,死后方才还得一筹。”凡六畜劳伤,则鼻中常流脓水,谓之嗓病。又爱讦人之短者[⑦],亦谓之嗓,故云尔。(卷二十三)

【注释】

① 王和卿:元散曲家。大名(今属河北邯郸市)人。仕履未详,有称其为“学士”“散人”者。

② 挑(tāo)达:又作“挑挞”。往来相见貌。《诗经·郑风·子衿》:“挑兮达兮,在城阙兮。”毛传:“挑达,往来相见貌。”一说轻薄放恣貌。引申为放纵不羁。

③ 諕(xià)杀:亦作“諕煞”。犹吓死。形容惊恐至极。諕,同“唬”。

④ 关汉卿:元散曲家。大都人。有称其尝为太医院尹。其代表作有《窦娥冤》《救风尘》《拜月亭》等。与王和卿交游。

⑤ 坐化：佛教徒端坐安然而死，称为“坐化”。

⑥ 玉箸：玉制筷子。

⑦ 讦(jié)人之短：指揭人阴私或责人过失。

41. 黄　道　婆

闽广多种木绵①，纺绩为布，名曰吉贝。松江府东去五十里许，曰乌泥泾②，其地土田硗瘠③，民食不给，因谋树艺④，以资生业，遂觅种于彼。初无踏车椎弓之制⑤，率用手剖去子，线弦竹弧置按间⑥，振掉成剂⑦，厥功甚艰。国初时，有一妪名黄道婆者，自崖州来⑧，乃教以做造捍、弹、纺、织之具⑨，至于错纱配色，综线挈花，各有其法，以故织成被褥带帨⑩。其上折枝、团凤、棋局、字样⑪，粲然若写。人既受教，竞相作为，转货他郡，家既就殷⑫。未几，妪卒，莫不感恩洒泣而共葬之，又为立祠，岁时享之。越三十年，祠毁，乡人赵愚轩重立。今祠复毁，无人为之创建。道婆之名，日渐泯灭无闻矣。（卷二十四）

【注释】

① 木绵：又作“木棉”。有多年生灌木、一年生草本或半灌木两类。直根系，叶互生，花冠大，乳白色或黄色。蒴果卵圆形，种子表皮出白色纤维。中国种植木绵，最早由南海诸岛引入福建、广东，宋元时传播至长江三角洲与陕西等地。据元王祯《王氏农书》卷十《木绵》：“木绵，一名吉贝，谷雨前后种之，立秋时随获所收。其花黄如葵，其根独而直，其树不贵乎高长，其枝干贵乎繁衍。不由宿根而出，以子撒种而生。所种之子，初收者未实，近霜者又不可用，惟中间时月收者为上，须经日晒燥，带绵收贮，临种者再晒，旋碾即下。其种本南海诸国所产，后福建诸县皆有，近江东、陕右亦多种，滋茂繁盛，与本土无异。……夫木绵为物，种植不夺于农时，滋培易为于人力，接续开花而成实，可谓不蚕而绵，不麻而布。又兼代毡毯之用，以补衣褐之费，可谓兼南北之利也。”

② 乌泥泾：古镇名(今上海市徐汇区华泾镇北)。

③ 硗瘠(qiāo jí)：土地坚硬而贫瘠。

④ 树艺：种植；栽培。

⑤ 踏车椎(chuí)弓：此处皆指纺织器具。

⑥ 置按：操作。此句谓弹拨抽打以使绵松软。

⑦ 振掉成剂：谓须经一番震荡动摇才能完工。振掉，震动。成剂，成就。

⑧ 崖州：北宋初置。熙宁中改朱崖军，政和中改吉阳军(治今海南三亚市崖城镇)。元沿之，

隶湖广行省海北海南道宣慰司。黄道婆，松江府乌泥泾人。少为童养媳，逃走沦落至崖州，习土人绵纺术。元元贞（1295—1297）年间，遇海舶以归，传绵纺织造于乡里。又改良器具，所织“乌泾被”远近闻之。

⑨ 捍（gǎn）、弹、纺、织：皆为纺织之法。

⑩ 带帨（shuì）：衣带佩巾。

⑪ 折枝、团凤、棋局、字样：指绵布上所织图案。折枝，绘节枝而非全株。团凤，绘凤盘屈作圆形。棋局，绘方格如棋盘。字样，绘有“福”“寿”等字。

⑫ 就殷：致富。

42. 松江之变

王与敬，字可权，淮西安丰人[①]，由浙省典吏充宣使[②]。后于董抟霄部下立功[③]，擢松江府判[④]。未任，转省都镇抚[⑤]，升元帅。至正丙申二月朔[⑥]，伪诚王张士诚红军破平江[⑦]，时与敬兵败，径趋嘉兴，又与苗军参政杨完者不协[⑧]，乃投松江，名曰守御，实欲恋倡妇董赛儿故也。达鲁花赤八都帖木儿、知府崔思诚，皆无制变之术，激成其祸。盖其至也，不郊迎之，已自不悦。越二日，浙省又命元帅帖古列思等提兵而来，镇守城池，二帅抗行[⑨]，不相上下。帖点两仓脚夫，散口粮，给器械，发号施令，盖意在逐与敬行。十八日，帖宴军民官，无一人至者。至夜，与敬下万户戴列孙等，率引军卒，自西门放火，鼓噪而叛。官僚溃散，寺观民房悉化焦土。检刮金银财物，塞满舟船，自与敬以下，人口辎重皆出西门。二十四日，完者下元帅萧亮、员成等，率苗军突至，兵不与敌[⑩]，遂北出通波塘而去，投降士诚。子女玉帛，悉为苗军所有，民亦持梃相逐。列孙、孔镇抚等，死者过半。苗军恣肆检刮，截人耳鼻。城中女妇，多为淫污。房舍间有存者，皆为焚毁，靡有孑遗。居民两遭锋镝[⑪]，死者填街塞巷，水为不流。四月初十日，士诚下元帅史文炳一部兵马，自湖泖入古浦塘，舳舻相衔[⑫]，旗帜蔽日。苗军一矢不交，竟溃散而去。《南村野史》曰[⑬]：“天下本无事，庸人自扰之[⑭]。”卓哉斯言也！初，王与敬之戾止[⑮]，苟得一守土官，能以智虑处之，则不致若是。况松江尚侈靡习淫风者久矣，余尝扼腕而叹，必有后日之患。终为一贱倡祸及数万家，非小变也。与敬负逆贼之名，遗臭万年，戴氏逞匹夫之勇，卒丧其生，皆自取之也。悲夫！（卷三十）

【注释】

① 淮西安丰：元安丰县（今安徽六安市寿县安丰塘镇），隶安丰路（治今安徽六安市寿县）。

② 典吏：元中书省、行省各部低级吏员。　宣使：元行枢密院属官。在掾史之下、知印之上。

③ 董抟霄：字孟起，磁州（今河北邯郸市磁县）人。由国子生辟陕西行台掾。历四川肃政廉访司知事、浙东宣慰副使。至正十一年（1351），以江南讨贼功，升枢密院判官。又征两淮、山东，累迁江淮行枢密院副使兼山东宣慰司使。十八年，除河南行省右丞，与毛贵兵战，死于阵中。赠荣禄大夫、河南行省平章政事，追封魏国公，谥忠定。

④ 府判：元诸路总管府属官。治中之下、经历之上。

⑤ 省都镇抚：元行省设都镇抚司，属临时军事机构。置都镇抚一员，副都镇抚一员。

⑥ 至正丙申：至正十六年（1356）。

⑦ 张士诚：幼名九四，泰州白驹场（今江苏盐城市大丰区西南）人。盐贩出身。至正十三年（1353），与弟士德、士信率盐丁起兵，攻下高邮等地。次年称诚王，国号周，渡江攻常熟、湖州、松江、常州等地。十六年，定都平江（治今江苏苏州市）。次年降元，封太尉。割据范围南至浙江绍兴、北至山东济宁、西至安徽北部。后屡为朱元璋部所败。二十七年秋，朱元璋破平江城，俘士诚至金陵，自缢死。

⑧ 苗军：苗傜军。即答剌罕军，为蒙元“应募而集”的军队。该部不给粮饷、不入帐籍，为无籍军。其成员多为无赖侥幸之徒，掳掠以为利，扰民尤甚。组建于至元南征之时。答剌罕，为蒙古国世袭封号，以授救护大汗及其子孙有功者。荣膺此封者可享有特权，如九罪弗罚、俘掠归己、免纳赋税等。

⑨ 抗行（xíng）：抗衡。

⑩ 兵不与敌：士兵不能抵挡。

⑪ 锋镝：刀刃与箭镞。喻战争。

⑫ 舳舻（zhú lú）：指首尾衔接的船只。舳，船尾。舻，船首。

⑬ 南村野史：疑为陶宗仪自撰。

⑭ 庸人自扰之：《新唐书·陆象先传》：“天下本无事，庸人扰之为烦耳。”后以“庸人自扰”谓本来无事而徒自烦扰。此处义有所转折，谓本来无事而为凡夫俗子搅扰之。庸人，平常人，俗人。

⑮ 戾止：来到。参见第 93 页第 25 则注释⑤。

草木子

[明] 叶子奇

《草木子》四卷，明叶子奇撰。子奇字世傑，号静斋，龙泉（今属浙江丽水市）人。元末，与青田刘基、浦江宋濂同为浙西知名学者。入明，刘基、宋濂皆为朝廷显宦，子奇则不得志，仅为巴陵县主簿。洪武十一年（1378），因事下狱，撰本书，数月后获释，归乡以成之。《自序》曰：『幽忧于狱，恐一旦身先朝露，与草木同腐，实切悲之。』或为此书定名之由。

《草木子》原稿凡二十二篇，未刊印。正德十一年（1516），由其裔孙叶溥改并四卷八篇刊行。八篇为管窥、观物、原道、钩玄、克谨、杂制、谈薮、杂俎，每卷两篇。是书所涉范围颇广，于天文律历、时政得失及人事物理等，分析议论，发前人之所未发，可以证补经史。然亦间杂谶言异术，实属不经之论。

选文标题为编者所拟。

1. 万物之灵

天生万物,有色声香味,使无目耳鼻口以收摄之[①],则天地之工,或几于熄矣。故色为之目,声为之耳,香为之鼻,味为之口,此天人之所以交也。人则得其正者也,物则偏焉,此其所以灵于万物也。如蝇攻臭秽,鸱鸦嗜鼠[②],麋鹿食荐[③],蝍蛆甘带[④],数者孰知天下之正味哉?至于义理,则惟心可以通之。人则可以贯全体,物则局于一偏也。(卷一下《观物篇》)

【注释】

① 使无:假使没有。

② 鸱鸦:指猫头鹰一类的鸟。《庄子·齐物论》:"民食刍豢,麋鹿食荐,蝍蛆甘带,鸱鸦耆鼠,四者孰知正味?"

③ 荐:动物能吃的草。

④ 蝍蛆(jí jū)甘带:谓蜈蚣爱吃蛇眼。蝍蛆,蜈蚣。带,小蛇。

2. 物有贵贱

物有贵贱乎?曰有也。胎生者九窍[①],卵生者八窍[②],是胎生贵于卵生也。卵而陆生者,目能开闭,卵而湿生者则不能矣[③],是陆又贵于湿矣。化生者[④],非胎非卵,随气化而成,其为物益微矣,是湿又贵于化生也。此动物有此四种之异也。曰植物,亦以此而推之,可乎?曰可也。夫草木,可插而活者,胎生类也。以实而产者,卵生类也。荷芡,湿生也。芝菌,化生也。此植物亦有四种之异也。虽然,号物之数谓之万,不可胜穷也。或分而异,不免乎四者之异。欲合而同,须究其一原之同。此学者所当思也。(卷一下《观物篇》)

【注释】

① 九窍:指眼、耳、鼻、口、尿道、肛门九孔道。

② 八窍:眼、耳、鼻、口为七窍,排泄与生殖合为一窍,共八窍。

③ 湿生:谓从湿而生。

④ 化生:谓化育而生。古人认为,某些微小生物是由大气化育生成的。

3. 神去机息

野人锄地,蚯蚓中断,两头俱跳。此时安身立命在何处乎①?曰:尸居馀气②,两头俱脱。曰:打蛇断尾时如何?曰:末去而本犹存也。曰:断头时如何?曰:本去则末不存矣。曰:立命岂无其所乎?曰:有之,存乎神,神去则机息矣③。(卷二下《钩玄篇》)

【注释】

① 安身立命:谓生活有着落,精神有寄托。

② 尸居馀气:形容生命即将死亡,形神已离。

③ 机息:心智止息。机,此处指主宰心智之关键。

4. 浙 江 潮

至正壬辰癸巳间①,浙江潮不波②。其时彭和尚以妖术为乱③,陷饶、信、杭、徽等州,未几克复,又为张九四所据④,浙西不复再为元有。昔宋末海潮不波而宋亡,元末海潮不波而元亡,亦天数之一终也⑤。盖杭州是闹潮,不闹是其变。(卷三上《克谨篇》)

【注释】

① 至正壬辰癸巳间:指至正十二至十三年(1352—1353)。

② 浙江潮:即钱塘潮。钱塘江出海口涌潮。以每年农历八月十八日在海宁出现最著,故又称"海宁潮"。因钱塘江口呈喇叭形,向内逐渐狭窄,潮水至而涌积,形成潮头壁立,波涛汹涌,如万马奔腾,蔚为壮观。

③ 彭和尚:彭莹玉。至正十二年,与徐寿辉起兵反元,号天完红巾军。参见第 98 页第 29 则注释②。

④ 张九四:张士诚,幼名九四。至正十三年起兵反元。都平江,割据东南沿海,后为朱元璋所灭。参见第 112 页第 42 则注释⑦。

⑤ 一终:全尽。

5. 庚申帝弃元京

至正戊申九月[①]，庚申帝弃元京[②]，遁居应昌府[③]。先三日，国朝常国公遇春等统兵至柳林[④]，去元京甚近。庚申帝召文武百官军民，议战守之计。迟明，会议端明殿。及开门，忽有二狐自殿上出。帝见，叹且泣曰："宫禁严密，此物何得至此？殆天所以告朕，朕其可留哉！朕不可复作徽、钦衔璧求活[⑤]，为天下笑。"即命北狩。未三日，元京遂没。（卷三上《克谨篇》）

【注释】

① 至正戊申：至正二十八年（1368）。是年正月，朱元璋在应天府奉天殿即皇帝位，国号大明，建元洪武。三月至六月，明军徐达部、常遇春部攻下河南。闰七月，徐达率诸军北上进逼大都。二十八日夜，元顺帝与太子、诸妃仓皇出逃，北奔上都。八月初二日，徐达军攻入大都，元亡。朱元璋改大都为北平，以应天为京师。此则言元顺帝弃大都在"九月"，与史未合。

② 庚申帝：即元顺帝。又称"庚申君"。因生于庚申年（延祐七年），故称。　元京：元大都。

③ 应昌府：元属中书省应昌路，治所在答儿海子（今内蒙古赤峰市克什克腾旗达里诺尔湖）西岸，元上都开平（今内蒙古锡林郭勒盟正蓝旗上都镇东）之北。

④ 常国公遇春：字伯仁，怀远（今属安徽蚌埠市）人。善射，有勇力。元末，为红巾军将领。后归附朱元璋，为前锋渡江取采石。升副将军，与大将军徐达同领兵，攻张士诚、北上灭元。屡建战功，尝自言能将十万兵，军中号常十万。封鄂国公。明洪武二年（1369），与李文忠攻克开平，还师至柳河川暴病而卒，年四十。追封开平王。　柳林：在元大都路通州南（今北京市通州区张家湾镇南）。参见第63页第3则注释⑥。

⑤ 徽、钦衔璧求活：指靖康二年（1127）宋徽宗、钦宗为金兵所掳。衔璧，喻国君投降。

6. 刑 赏 倒 施

天下治平之时，台省要官皆北人为之，汉人、南人万中无一二，其得为者不过州县卑秩[①]，盖亦仅有而绝无者也。后有纳粟、获功二途[②]，富者往往以此求进。令之初行，尚犹与之，及后求之者众，亦绝不与南人。在都求仕者，北人目为腊鸡，至以相訾诟[③]，盖腊鸡为南方馈北人之物也，故云。及方寇起[④]，濒海豪杰如蒲圻赵家、戴纲、司家、陈子游等[⑤]，倾家募士，为官收捕，至兄弟子侄皆歼于盗手，卒不沾一命之及[⑥]。屯膏吝赏至于此[⑦]。其大盗一招再招,官已至极品矣。于是上下解体,人不向功,甘心为盗矣。又获功之官,于法非得风宪体覆牒文[⑧],不辄命官。宪使招权,非得数千缗,不与行遣。故有功无钱者,往往事从中辍,皆抱怨望。其后盗塞寰区,空名宣敕,遇微功即填给,人已不荣之矣。向使用于初乱之时,岂复有寇如此昌炽?何其始之啬而终之滥耶!且功则不与,贼则与之。刑赏倒施,何其谬哉!呜呼!爵命之设,上以尊有德,下以待有功,此岂人君私器而专用私人也哉?后之有天下者可以监矣。太史公曰:"存亡在出令[⑨]。"信夫。(卷三上《克谨篇》)

【注释】

① 卑秩:低微职位及品级。

② 纳粟、获功:纳粟,古代富人捐粟以取得官爵。始于秦。《史记·秦始皇本纪》:"百姓内粟千石,拜爵一级。"获功,以事功授官。

③ 訾诟:指责诟骂。

④ 方寇:方国珍,黄岩(今属浙江台州市)人。以贩盐浮海为生。至正八年(1348),聚众起兵,劫掠海上。十二年,杀浙东道宣慰使都元帅泰不华。后时降时叛,割据浙东,尝官至庆元路万户。二十七年,为朱元璋所俘。

⑤ 蒲圻:又作"蒲岐"。南宋孝宗时所设兵寨,在温州乐清县东北(今浙江温州市乐清市蒲岐镇)。明洪武中置蒲岐千户所。

⑥ 一命:周时官阶从一命至九命,一命为最低官阶。此处为借用,指最低官职。

⑦ 屯膏吝赏:谓吝惜恩泽与赏赐,不施于下。屯膏,吝啬恩泽。《周易·屯》:"九五,屯其膏。"程颐传:"唯其施为有所不行,德泽有所不下,是屯其膏,人君之屯也。"

⑧ 风宪体覆:指御史台或御史行台审核批复。风宪,代称御史。体覆,审查。

⑨ 出令:发出命令。此处所引有异,原句出《史记·楚元王世家》之"太史公曰":"安危在出令,存亡在所任。"

7. 韩山童之叛

徐州盗韩山童叛[①]。先是,至正庚寅间[②],参议贾鲁[③],以当承平之时,无所垂名,欲立事功于世,首劝脱脱丞相开河北水田[④],务民屯种。脱从之,先于大都开田以试之,前后所费凡十数万锭。及开西山水闸灌田,山水迅暴,几坏都城,遂止。又劝其造至正交钞[⑤],楮币窳恶[⑥],用未久,辄腐烂不堪倒换,遂与至元宝钞俱涩滞不行，物价腾贵。及河决南行，又劝脱相求夏禹故道，开使北流。身专其任，濒河起集丁夫二十六万馀人。朝廷所降食钱，官吏多不尽给，河夫多怨。韩山童等因挟诈⑦，阴凿石人，止开一眼，镌其背曰："莫道石人一只眼，此物一出天下反。"预当开河道埋之。掘者得之，遂相为惊诧而谋乱。是时，天下承平已久，法度宽纵，人物贫富不均，多乐从乱。曾不旬月，从之者殆数万人。以赵宋为名，韩山童诈称徽宗九世孙，伪诏略曰："蕴玉玺于海东，取精兵于日本。贫极江南，富称塞北。"盖以宋广王走崖山⑧，丞相陈宜中走倭⑨，托此说以动摇天下。当时贫者从乱如归。朝廷发师诛之，虽即擒获，而乱阶成矣。反既定，下诏降徐州路为武安州。后其党毛会、田丰、杜遵道等复奉其子为主，寇掠汴、汝、淮、泗之间，死者成积，中原丘墟。（卷三上《克谨篇》）

【注释】

① 韩山童：原为栾城（今属河北石家庄市）人，其祖因传授白莲教，被谪徙永年（今属河北邯郸市）白鹿庄，遂世居其地。尝秘密传教于中原各地。至正四年（1344），黄河决口，河道北移。十一年，朝廷以贾鲁为总治河防使，征发河南、江淮民夫治河。韩山童以"弥勒佛下生，明王出世"为号召，又自称宋徽宗八世孙，当为中原之主，鼓动治河民众起事。与刘福通等在颍州聚众，杀白马黑牛，宣誓反元，部众以头裹红巾为标志，故称"红巾军"。众推其为明王，未久被捕杀。其子韩林儿，随母逃至武安山中。十五年春，被刘福通、杜遵道等迎至亳州，拥立为小明王，建国宋，年号龙凤，驻安丰（今安徽六安市寿县南）。后为朱元璋兼并，沉之于瓜洲江中。

② 至正庚寅：至正十年（1350）。

③ 贾鲁：字友恒，河东高平（今属山西晋城市）人。顺帝时召为宋史局官，历监察御史、工部郎中、工部尚书等。至正十一年（1351），任总治河防使，征发民夫十五万、军士两万治黄河故道。红巾军起，从脱脱讨之。官至中书左丞。十三年，卒于军中，年五十七。

④ 脱脱：蔑里乞氏。字大用。幼由伯父伯颜抚养。后至元四年（1338）为御史大夫。时伯颜专权，为顺帝所忌。六年，奉诏罢逐伯颜，次年任中书右丞，恢复科举，昭雪冤狱，用贾鲁治黄河，主修宋、辽、金三史。至正十一年，率军讨红巾军，围徐州，杀芝麻李。十四年，又围攻张士诚，旋被劾劳师费财，流云南。十五年，遭毒杀，年四十二。

⑤ 至正交钞：即"至正中统交钞"。至正十年（1350）发行。参见第 97 页第 28 则注释②。

⑥ 楮币窳（yǔ）恶：谓楮皮纸币残破败坏。窳，又作"窊"。粗劣，腐败。

⑦ 挟诈：心怀奸诈。

⑧ 宋广王：赵昺。至元十三年（1276）三月，元军入临安，掳宋恭帝及皇室北上。宋宰相陈宜

中,与张世傑、陆秀夫等,拥皇子广王赵昰(九岁)、益王赵昺(六岁)逃福州。五月,立广王昰,是为端宗。十五年四月,端宗病死,又立益王昺为帝,逃至崖山(今广东江门市新会区南)。明年正月,元将张弘範大败宋军,陆秀夫负帝昺投海死。张世傑败走,死于海中。此则言"宋广王走崖山",非是,乃帝昺。

⑨ 陈宜中:字与权,永嘉(今浙江温州市)人。景定进士。出仕后附贾似道,无所作为。元将伯颜迫临安,宜中为右丞相,乞和无效,潜逃回乡。后与文天祥、张世傑、陆秀夫等拥立端宗于福州,为左丞相。景炎二年(1277)冬,见情势危急,逃往占城(今越南南部)。至元十九年(1282),元兵攻占城,迁居暹罗(今泰国)而死。此则言"陈宜中走倭",属传言之误。

8. 治天下之道

呜呼!治天下之道,至公而已尔。公则胡越一家[①],私则肝胆楚越[②]。此古圣人所以视天下为一家,中国为一人也。元朝自混一以来,大抵皆内北国而外中国,内北人而外南人,以至深闭固拒[③],曲为防护[④],自以为得亲疏之道。是以王泽之施,少及于南;渗漉之恩[⑤],悉归于北。故"贫极江南,富称塞北",见于伪诏之所云也。迄今天禄之迁[⑥],尽归于南,于此可以见乘除胜复之理也[⑦]。故自慢藏于方寇[⑧],诲盗于韩寇,奖乱于野先[⑨],败事于答麻[⑩]。而天下之势,十已去七八矣。于是山东西、河南北、淮左右皆为寇壤;城郭丘墟,积骸如山。后来虽命李察罕收复河汴[⑪],不幸轻信降寇,为田丰之所袭杀。其子王保保[⑫],杀田而代领其众,粮匮师骄,不相统一。孛罗又生内变,称兵犯阙,谋易太子。譬之羸病之人,日以粥药扶救,犹惧不济,况复以峻导毒剂继之哉!纵无外寇,尚且丧亡,况台以百万之兵振之哉[⑬]!其能淹延数岁,直至戊申而后失国,亦云幸矣。(卷三上《克谨篇》)

【注释】

① 胡越一家:犹言四海一家。喻居地远隔者聚集一堂。胡与越,泛指北方和南方各民族。

② 肝胆楚越:比喻虽近犹远,虽亲犹疏。肝胆同体,喻亲近;楚越敌国,喻对立或疏远。《庄子·德充符》:"自其异者视之,肝胆楚越也;自其同者视之,万物皆一也。"

③ 深闭固拒:紧闭关口,坚决抵制。

④ 曲:周遍;多方面;详尽。

⑤ 渗漉(lù):液体向下滴漏。喻恩泽下施。

⑥ 天禄之迁:谓改朝换代。天禄,天赐福禄。

⑦ 乘除胜复：谓人事或朝代消长盛衰。乘除，人事消长。胜复，灭亡与复兴。

⑧ 慢藏：疏于治理或保管。有成语“慢藏诲盗”。《周易·系辞上》：“慢藏诲盗，冶容诲淫。”孔颖达疏：“若慢藏财物，守掌不谨，则教诲于盗者，使来取此物。”此下两句，意谓元廷对方国珍、韩山童等姑息养奸。

⑨ 野先：即也先帖木儿，脱脱弟。至正元年（1341），脱脱任中书右丞，用其弟也先帖木儿为御史大夫。十一年，颍州红巾军起，朝廷命也先帖木儿统军十馀万讨之。也先进军河南，克上蔡。次年闰三月，进驻沙河，遭红巾军夜袭，元军大乱，自相践踏攻杀，精锐损失殆尽。也先径归，因脱脱袒护，仍为御史大夫、陕西行台监察御史。十五年，脱脱被劾流云南大理，也先亦流四川碉门。

⑩ 答麻：即哈麻。字士廉，康里（钦察别部）人。与其弟雪雪早备宿卫顺帝，深受眷宠。哈麻累官殿中侍御史，雪雪累官集贤学士。脱脱兄弟执政，哈麻兄弟趋附之。脱脱去相位，又阴害之，遣使鸩杀脱脱，籍没其家。至正十五年（1355）拜相，以弟雪雪为御史大夫，国家大柄尽归兄弟二人。是时，各地兵兴，天下已乱。哈麻及妹婿秃鲁帖木儿等，荐西蕃僧于帝，教习房中术。顺帝日事淫乐，不理朝政，皇后、太子密谋夺位，大臣互为攻杀。十六年，哈麻、雪雪兄弟因谋废立，遭罢黜，分别于惠州、肇州安置，及行俱杖死。

⑪ 李察罕：即察罕帖木儿。字廷瑞，系出北庭（治今新疆昌吉州奇台县西北），曾祖阔阔台元初随大军收河南，遂家于颍州沈丘（今安徽阜阳市临泉县西北）。尝用汉姓李。幼笃学，应进士举，有时名。至正十二年（1352），江淮诸郡皆为红巾军所破，察罕帖木儿乃起子弟数百人，与信阳罗山李思齐合兵，屡败刘福通红巾军，授汝宁府达鲁花赤。后拥兵万人，自成一军，屯驻沈丘。继而转战河北、淮右，入援陕西，平定关中、河东，累迁陕西行省右丞。十九年五月，水陆并进，进攻大宋都城汴梁，迫宋主韩林儿、丞相刘福通退走安丰，以功授河南行省平章政事兼行枢密院事。二十一年，又出兵征山东，招降红巾军将田丰、王士诚，遂复东平、济宁，破济南，围益都，官拜中书平章政事、知河南山东行枢密院事。次年六月，田丰、王士诚复图叛，请察罕视察军营，至而被刺。追封颍川王，改谥忠襄。

⑫ 王保保：即扩廓帖木儿。汉人，察罕帖木儿之甥、养子。至正二十二年（1362）六月，继领父兵，攻益都（今山东青州市）。数月，掘地道以入，城破，擒守将陈猱头，杀田丰、王士诚等祭其父。时元将孛罗帖木儿驻大同，两军争夺晋冀之地。二十四年，皇太子劾孛罗谋为不轨，诏削夺其官职军权，孛罗拒不奉诏，朝廷命扩廓征讨。后孛罗领兵进京，顺帝被迫复其官，加太保。次年，顺帝密遣勇士杀孛罗于宫中，诏太子入朝，以老臣伯撒里为右丞相，扩廓帖木儿为左丞相。寻又封扩廓为河南王，南下督师。元亡，扩廓曾反攻北平，为明将徐达、常遇春所败，退至塞上。洪武四年（1371），击退大明征西军于岭北，自是明兵稀出塞。八年，扩廓从其主徙金山，卒。

⑬ 台：行台。元为行省。台兵，即各行省派出的军队。

9. 讳　　法

讳法，自周以前无之。至周公立制：人生既冠[①]，以字易名；及有爵者，死而定谥。则固以弥文矣[②]。后世遵之，其法愈严。如始皇名政[③]，改正月之正音征，至今不改。汉吕后讳雉[④]，改雉名野鸡，人患痔者名野鸡疾。晋宣帝讳昭[⑤]，改昭穆为招穆[⑥]。至唐李贺父名晋肃[⑦]，谓贺不当举进士，犯其父偏名为讳，昌黎韩文公至为作《讳辨》。宋有礼筵[⑧]，名曰大排，凡所招亲宾，则先请其三代名讳，筵中倡优杂戏歌曲，皆逐一刊定回避，然后呈进。及入人家，皆先问父祖讳，然后接谈，冀无误犯。历代讳法之严如此。至于元朝，起自漠北，风俗浑厚质朴，并无所讳，君臣往往同名。后来虽有讳法之行，不过临文略缺点画而已，然亦不甚以为意也。初不害其为尊，以至士大夫间，此礼亦不甚讲。（卷三下《杂制篇》）

【注释】

① 既冠：年满二十岁。古代男子二十岁行冠礼，表示已成人。《礼记·曲礼上》："男子二十冠而字。"字，取字。

② 弥文：加补文饰。南宋朱熹《四书或问》卷三："古者生无爵，死无谥，则子孙之于祖考，亦名之而已矣。周人冠则字而尊其名，死则谥而讳其名，则固已弥文矣。"

③ 始皇：秦始皇嬴政。战国时秦国君，建立秦王朝。年十三即位，吕不韦与太后宠信宦官嫪毐专权。九年（前238）亲政，除嫪毐，次年又罢吕不韦相。任用李斯执政，遣王翦统军攻六国。十七年灭韩，至二十六年灭齐，十年间完成统一，称始皇帝。分天下为郡县，制定法律，统一度量衡、货币和文字，修筑长城。因实行文化专制，严刑苛法，租役繁重，加以连年用兵等，后世称其为暴君。三十七年崩，未久天下皆反。

④ 吕后：名雉，字娥姁，秦末单父（今山东菏泽市单县）人。汉高祖皇后。楚汉之争初期，为项羽所俘，数年后释还。助高祖诛除韩信、彭越等异姓诸侯王。后以其子惠帝刘盈即位，乃掌实权，杀戚夫人及其子赵王如意。惠帝崩，临朝称制，分封诸吕为王侯，控制南北军，公卿皆因而决事。高后八年（前180）崩，诸吕叛，为太尉周勃所平定。

⑤ 晋宣帝讳昭：此句有误，晋宣帝为司马懿，其子司马昭为文帝。司马懿，字仲达，河内温县（今河南焦作市温县西南）人。初为曹操主簿，后任太子中庶子，深得曹丕信重。魏明帝时，任大将军。齐王曹芳即位，与皇族曹爽受遗诏辅政。嘉平元年（249），杀爽，专朝政。死后，其子师、昭相继专权，至其孙炎，终代魏立晋，追尊为宣帝，庙号高祖。司马昭，字子上。继其兄司马师为魏

大将军,专国政,日谋代魏。甘露五年(260),杀高贵乡公曹髦,立元帝曹奂。景元四年(263),发兵灭蜀汉,自称晋公,后为晋王。死后数月,其子炎称帝,追尊为文帝。

⑥ 昭穆:古代宗法制度。其一,宗庙次序。以始祖庙居中,以下父子(祖、父)递为昭穆,左为昭,右为穆。《周礼·春官·小宗伯》:"辨庙祧之昭穆。"郑玄注:"父曰昭,子曰穆。"其二,坟葬次序。《周礼·春官·冢人》:"先王之葬居中,以昭穆为左右。"其三,祭礼次序。《礼记·祭统》:"夫祭有昭穆。昭穆者,所以别父子、远近、长幼、亲疏之序而无乱也。"

⑦ 李贺:字长吉,唐福昌(今河南洛阳市宜阳县西)人。皇室远支,家世早落,仕途偃蹇,仅曾官奉礼郎。因犯父偏讳,不得应进士举,韩愈曾为之作《讳辩》(见《昌黎文集》卷十二)。工于乐府,有《昌谷集》四卷、外集一卷。

⑧ 礼筵:朝廷于节令设宴招待宗亲、群臣百官及藩属的筵席称礼筵。

10. 讨钱名目

治天下者,不使利遗一孔①,亦必致败,岂惟名爵独然。末流之竭,当穷其源;枝叶之枯,必在根本。元朝末年,官贪吏污,始因蒙古、色目人罔然不知廉耻之为何物。其问人讨钱,各有名目:所属始参曰拜见钱②,无事白要曰撒花钱,逢节曰追节钱,生辰曰生日钱,管事而索曰常例钱,送迎曰人情钱,句追曰赍发钱③,论诉曰公事钱;觅得钱多曰得手,除得州美曰好地分,补得职近曰好窠窟。漫不知忠君爱民之为何事也④。(卷四下《杂俎篇》)

【注释】

① 利遗一孔:谓利禄赏赐剩馀一条途径。孔,此喻途径或来源。

② 所属始参:指下属首次参拜。

③ 句(gōu)追:拘捕查究。　赍(jī)发:资助;打发。

④ 漫:全。

水东日记

［明］叶 盛

《水东日记》四十卷，明叶盛撰。盛字与中，昆山（今属江苏苏州市）人。正统十年（1445）进士，授兵科给事中。历仕正统、景泰、天顺、成化四朝，尝为右佥都御史巡抚两广、左佥都御史巡抚宣府，官至吏部左侍郎。成化十年（1474）卒，年五十五。谥文庄。《明史·叶盛传》曰：『盛清修积学，尚名俭，薄嗜好，家居出入常徒步。生平慕范仲淹，堂寝皆设其像。志在君民，不为身计，有古大臣风。』

《水东日记》记明代前期制度及一时轶闻逸事，兼及宋、元。作者颇留心朝廷旧典，又家富图籍，故引据广博，考究甚详，多可与史传相参。然《四库全书总目提要》云：『其间征引既繁，亦不免时有抵牾。又好自叙居官事迹，殆不免露才扬己之病。』书成于淞水之东，是以名之。

选文标题为原书所有。

1. 翰林文字润笔

三五年前,翰林名人送行文一首①,润笔银二三钱可求,事变后文价顿高②,非五钱一两不敢请,迄今犹然,此莫可晓也。尝记一日过钱原溥翰检第③,强予宿,初不知其意。黎明起,而其夙所约张士谦先生来④,一相者继亦来,相者目先生良久,首曰:“此大人平生不得弟兄气力。”先生大笑而却之,曰:“吾永乐中为进士、庶吉士⑤、中书舍人⑥,时年向壮⑦,有志文翰,昼夜为人作诗写字,然未尝得人一叶茶,非如今人来乞一诗,则可得一贽见帨帕⑧。向非吾弟贸易以资我,我何以至今日耶!”繇此观之,当时润笔亦薄已。(卷一)

【注释】

① 送行文:赠别文字。

② 事变:即“土木之变”。明正统十四年(1449)七月,蒙古瓦剌部贵族也先率军分四路攻明。宦官王振挟英宗朱祁镇率五十万兵亲征,至大同,闻前方小败,即惊慌后撤。振又欲使英宗退兵时“临幸”其家乡蔚州,行军路线屡变。八月初,至土木堡(在今河北张家口市怀来县东),为瓦剌军追及。将士饥渴疲劳,仓促应战,死伤过半,英宗被俘,振亦死于乱军中。瓦剌军乘势攻京师,兵部侍郎于谦升尚书,拥立英宗之弟朱祁钰即皇帝位,反对南迁,调集重兵,击退瓦剌军。

③ 钱原溥:钱溥,字原溥,华亭(今上海市松江区)人。正统四年(1439)进士,授翰林检讨。成化中为南京吏部尚书。卒,谥文通。　翰检:翰林院检讨官。明翰林院含前朝秘书监、史馆、著作局、起居郎、舍人等职。洪武十八年(1385),更定翰林品员,置学士一人,正五品;侍读学士、侍讲学士各二人,从五品;侍读、侍讲各二人,正六品;五经博士九人,正八品,并世袭;典籍二人,从八品;侍书二人,正九品,后不常设;待诏六人,从九品,不常设;孔目一人,未入流。史官修撰从六品,编修正七品,检讨从七品;庶吉士,无定员。修撰以下选进士充任,一甲授修撰,二甲以下授编修、检讨。

④ 张士谦:张益,字士谦,吴县(今江苏苏州市)人,隶籍江宁(今江苏南京市)。永乐十三年(1415)进士。由庶吉士授中书舍人,改大理评事。与修《宣宗实录》成,改修撰,寻进侍读学士。正统末入文渊阁,未三月,扈从英宗北征,死于土木之难,年五十。谥文僖。

⑤ 庶吉士:明初有六科庶吉士。洪武十八年,使进士观政于诸司,练习办事。永乐后,专属翰林院,选进士文学优等及善书者为之。三年后考试,成绩优良者分别授以编修、检讨等职,谓之“留馆”;其馀则为给事中、御史,或出为州县官,谓之“散馆”。

⑥ 中书舍人：明初废中书省及丞相制，权归六部，故中书舍人职掌与品级皆不同于前朝。永乐初，置中书科中书舍人，掌书写诰敕、制诏、银册、铁券等事；直文华殿东房中书舍人，掌奉旨抄写书籍；直武英殿西房中书舍人，掌奉旨纂写册宝、册页、图书；内阁诰敕房中书舍人，掌书办文官诰敕、翻译敕书并外国文书、揭帖、兵部纪功、勘合底簿；制敕房中书舍人，掌书办制敕、诏书、诰命、册表、宝文、玉牒、讲章、碑额、题奏等一应文书，以及各王府敕符底簿。以上并从七品，无定员。其实，中书舍人惟照例书写诰敕而已，并无重要职权。

⑦ 向壮：谓近三十岁。

⑧ 贽见帨(shuì)帕：指用巾帕包裹的见面礼。贽见，谓手执礼品求见，代指见面礼。

2. 会奏遣使迎复

景泰元年九月二十六日，礼部会奏①，虏请遣使迎复②，当从。明日，上立文华殿门内③，面谕公侯以下各堂上官、各科道管印官曰④："朝廷因通和坏事，欲与虏绝，而卿等累以为言，何谓？"吏部王公首对云云⑤，大意以为必乞遣使，勿使有他日之悔。玉色稍不怡，曰："当时大位，是卿等要我为之，非出朕心。"少保于公继对⑥，以为"大位已定，孰敢有议！但欲答使尽礼纾边急耳⑦"，辞畅而意婉，上意始释，曰："从汝，从汝。"言已即退。群臣既出文华门，太监兴安匍匐而出，呼群臣言："尔等固欲答使，且来言，孰可行者？孰为文天祥、富弼其人耶⑧？"众未有答。王公面发赪⑨，大言曰："大人岂可为此言？今日群臣皆在此，皆朝廷人，一唯朝廷用，孰敢有不行者！"如是言之且至再，而辞色愈厉，兴安为之语塞。既而升礼部侍郎李实等为正副使以行⑩。敕书既下，则惟言报礼，不及迎复。实惊讶，诣内阁白之⑪，遇兴安，被诟曰："尔第奉黄纸干事⑫，他何与焉！"兴安虽短于才，溺于僧佛，误信二三故旧大臣，然能廉守，人不易干以私，惟于迎复，则深可罪也。（卷一）

【注释】

① 礼部会奏：会聚礼部奏议。明礼部初辖总部、祠部、膳部、主客部。洪武二十九年(1396)，改仪制、祠祭、精膳、主客四清吏司，另辖铸印局。仪制，分掌诸礼文、宗封、贡举、学校之事。祠祭，分掌诸祀典及天文、国恤、庙讳之事。精膳，分掌宴飨、牲豆、酒膳之事。主客，分掌诸蕃朝贡、接待、给赐之事。

② 遣使迎复：派遣使臣迎回被俘皇帝。土木之变，英宗为瓦剌军所俘。次年即景泰元年(1450)五月，也先遣使请和，欲送归英宗，而仓促登位之景帝(南明弘光时加庙号"代宗")并不热

心，乃有此次礼部会奏。此则言会奏在九月，与史未合。据《明史·景帝纪》，遣李实等使瓦剌在六月，七月还；八月，由另使瓦剌杨善等迎英宗还，入居南宫，实软禁于此。

③ 文华殿：明北京紫禁城宫殿名。在太和门东侧，与武英殿东西相对。为皇帝经筵及太子视事之所。

④ 各堂上官、各科道管印官：明中枢机构为六部（吏、户、礼、兵、刑、工），各部设尚书一人，正二品；左、右侍郎各一人，正三品。尚书、侍郎称为"堂官"，因在各衙署大堂上办公而得名。明中央机构又有六科（吏、户、礼、兵、刑、工），掌侍从规谏、补阙拾遗、稽察六部百官之事，各科设都给事中一人，正七品；左、右给事中及给事中，皆从七品。明又创置都察院，与前朝御史台之制不甚相同，设左、右都御史，正二品；左、右副都御史，正三品；左、右佥都御史，正四品；十三道监察御史，巡按本道，正七品。以上六科给事中与各道监察御史统称为"科道官"，其长官为"科道掌印官"。

⑤ 王公：王直，字行俭，泰和（今属江西吉安市）人。幼家贫力学。永乐二年（1404）进士及第，改庶吉士，寻授翰林院修撰。历事仁宗、宣宗、英宗，累迁少詹事兼侍读学士。正统三年（1438），《宣宗实录》成，进礼部侍郎。八年，为吏部尚书。十一年，受诬陷下狱，三法司会审后，斩诬告者，直等赎徒。十四年，英宗亲征瓦剌，直等力谏，不听，命其留守。土木堡大败，英宗被俘，景帝即位。直自以为不如于谦，每事推下之。又力主遣使迎复英宗。景泰八年（1457）正月，石亨、徐有贞等夺门迎上皇英宗复位，直遂乞休。天顺六年（1462）卒，年八十四。赠太保，谥文端。

⑥ 于公：于谦，字廷益，钱塘（今浙江杭州市）人。永乐十九年（1421）进士。宣德初（1426），授监察御史，迁兵部右侍郎巡抚河南、山西，曾平反冤狱，赈济灾荒。正统末为兵部左侍郎。土木之变后，升兵部尚书，拥立景帝，调重兵捍卫京师，击退瓦剌军。加少保。次年和议成，英宗被释还。谦以和议难恃，力治军备，加强练兵。景泰八年夺门之变，英宗复位，为石亨、徐有贞所诬，被杀。年六十。籍没时家无馀资。都督同知陈逵收其遗骸殡之，后由婿朱骥归葬于杭州西湖。成化初（1465），宪宗追复其原官。万历（1573—1619）间又追谥忠肃。有《忠肃集》十二卷。

⑦ 纾边急：解除边防险情。

⑧ 文天祥、富弼：分别为南宋、北宋大臣。二人皆曾于危难之时出使元、辽，坚贞守大节。

⑨ 发赪（chēng）：又作"发赬"。发红。

⑩ 李实：字孟诚，四川合州（今重庆市合川区）人。正统七年（1442）进士。官礼科都给事中。土木之变后，于淮安、扬州募兵二万，赴京戍卫。景泰元年六月，景帝以实为礼部右侍郎充正使，大理寺丞罗绮为少卿充副使，出使瓦剌。所携敕书只言议和，未提迎奉上皇南归事，七月无功而返。未及抵京，英宗由另一路奉使杨善迎归。实进右都御史，继巡抚湖广五年，召还掌都察院事。后以居乡暴横，斥为民。

⑪ 内阁：明初废中书省及丞相，另设华盖殿（后改中极殿）、谨身殿（后改建极殿）、武英殿、文

华殿、文渊阁、东阁等大学士，为皇帝顾问。成祖即位，命品级较低的翰林院编修、检讨等官入午门内文渊阁当值，参与机务，称为“内阁”。仁宗以后，内阁权位渐高，类似于唐中书、门下省，入阁大学士多为尚书、侍郎，或有加衔至于“三公”者，其班次在六部之上，实掌宰相权力。

⑫ 第奉黄纸干事：谓只管奉命办事。第，但，只管。黄纸，写于黄麻纸上的诏书。

3. 王孟端遗事

毘陵王绂孟端[1]，高介绝俗之士[2]，所订交皆一时名人，遇流俗辈辄白眼视之。工诗翰，画竹称冠绝今古。未达时画已驰名，人不可苟得。尝月夜寓京师旅邸，闻箫声起邻家，清亮可人，倚床而听之，乘兴写竹石一幅。明早扣门寻访其人以为赠，盖一富商也。商人大喜过望，次日奉驼毾叚二求作配幅[3]，孟端曰：“俗子何足当我笔也！”亟索而碎之。其介如此。（卷一）

【注释】

① 毘（pí）陵：亦作“毗陵”。古地名，本春秋时吴季札封地延陵邑，汉置县（治今江苏常州市）。后为常州别称。　王绂：字孟端，常州府无锡县（今江苏无锡市）人。博学工诗书，写山木竹石，妙绝一时。明初尝征召入京。洪武二十三年（1390），坐胡惟庸党案牵累，戍朔州十馀年。后归乡，隐于九龙山（今名惠山）。永乐元年（1403），以善书荐，供事文渊阁。久之，除中书舍人。十四年病卒，年五十四。存世画迹有《墨竹图》《竹鹤双清图》《潇湘秋意图》《枯木竹石图》《江山渔乐图》等。

② 高介：特异独立。

③ 驼毾（róng）：即“驼绒”。用骆驼绒毛所织衣料、毯子等。　叚：别本作“段”。以“段”是。量词，表示布帛等条形物的一截。此句意谓富商奉赠两段驼绒衣料求王绂作前画配幅。

4. 奏弹内官善增

景泰二年春，内官善增恃宠骄纵，势炽日甚。且闻大臣中有候其生日，结约武弁持贿拜贺其门，如往年之事王振者[1]。季聪偕六科十三道上言[2]，尽暴其罪恶，乞急治之，不然必蹈覆辙。章既成，对众复增二语，曰：“复起群邪趍附之风[3]，大开小人奔竞之路[4]。”盖厚嫉大臣之憸小者也[5]。既奏上，即命锦衣捕治之[6]。后虽复释，然迄今不复肆云。（卷二）

【注释】

① 王振：蔚州（治今河北张家口市蔚县）人。少选入内书堂，侍英宗东宫，为局郎。英宗即位，以狡黠得帝欢心，令掌司礼监。导帝用重典御下，大臣为此下狱者不绝，因而为有明一代内侍弄权第一人。英宗以“先生”呼之，公侯勋戚称之为“翁父”，惧祸求进者争相依附贿赂。正统十四年（1449），元裔瓦剌太师也先贡马，振减其价，使者恚而去。秋七月，也先率军大举入侵，振挟帝亲征，廷臣交谏不听。至大同，前方小败即退师。振欲取道紫荆关，由蔚州邀帝幸其第，又恐人马践蹂乡稼，复改道宣府。军士迂回奔走，至土木堡，为瓦剌兵追及，大溃，英宗被俘，振亦为乱兵所杀。败报传回，百官恸哭，郕王令诛杀其党羽，灭族籍家。后英宗复辟，犹顾念振不已，祀之智化寺，赐祠曰“精忠”。

② 季聪：林聪，字季聪，宁德（今属福建）人。正统四年（1439）进士，授吏科给事中。景泰元年（1450），进都给事中。慷慨论事，无所讳忌，威严不可犯。累官至刑部尚书，加太子少保。成化十八年（1482）卒，年六十八。赠少保，谥庄敏。　六科十三道：即科道官。参见第129页第2则注释④。

③ 趍（qū）附：又作“趋附”。迎合依附。

④ 奔竞：奔走竞争。多指追求名利。

⑤ 憸（xiān）小：奸邪宵小之徒。

⑥ 锦衣：锦衣卫。明上直卫亲军指挥使司辖下二十六卫之一，洪武十五年（1382）置。掌侍卫、缉捕、刑狱之事，常以勋戚充任。长官为指挥使，设同知、佥事、镇抚司镇抚等官，其下为官校。明锦衣卫，多非法凌虐，最为专横跋扈。

5. 黄　希　声

黄铎字希声，永乐中乡贡举人①。尝授徒昆城，自题其座隅曰：“非公事不入县门。”先叔祖手携家兄仲盝从之学，三日不授书，唯命以正立，必欲坚不动。或怪以为问，曰：“读书易耳，为人难。苟坐立未当，他何望焉？”识者以为善教。郑有林先生初作先祠②，客有问资价者，郑对以工费之详。适希声在座，客退，希声曰：“设后有问③，当惟举木石工价，若饮食日费，略之可耳。盖好事须从臾④，不则恐沮其志也。”（卷三）

【注释】

① 乡贡：即乡试。明科举制为三级考试：第一级为院试。凡童生（或称儒生）经县试、府试录

取后，才能参加院试。院试由学正主持，考中者为生员（即秀才）。生员又分为三等，初进学者为附生，经岁考、科考成绩优异者升为增生、廪生。生员隶属于本府、州、县学，若升入京师国子监就读者，则为贡生，贡生坐监期满则称监生。第二级为乡试。每三年（逢子、卯、午、酉年）考一次，五年考两次，称为正科。此外，若遇各种庆典而加科，则称恩科。乡试在南京、北京及各省省城举行，须有生员或监生资格方可参加。乡试录取者，称举人。榜上第一名为解元，第二名为亚元，第三、四、五名为经魁，第六名为亚魁，其馀皆为文魁。第三级分会试、殿试和朝考。各省举人赴京应进士试，称为会试。每三年（逢丑、辰、未、戌年）一科，由礼部主持。录取者称贡士，第一名为会元。未考中者，亦具备做官资格。中选贡士参加由皇帝主持的殿试，赐一甲三人进士及第，二甲进士出身，三甲同进士出身，以次授官。殿试三日后传胪，第一名为钦点状元（或称殿元），第二名为榜眼，第三名为探花。殿试传胪三日后，还有一次朝考，分三等，与功名无关，专为选庶吉士和授官而设。成绩综合殿试排名，或入翰林院为庶吉士，或授六部主事、中书舍人、国子监博士等，或发外为知县等。

② 先祠：祭祀先祖的祠堂。

③ 设：假如，如果。

④ 从臾（sǒng yú）：亦作“从谀”。奉承；怂恿。

6. 庄伯和诙谐

庄伯和，碛澳名医[①]，好诙谐。一日，李无易遣家僮持简诣伯和[②]，家僮误举伯和姓名，伯和给之曰：“若翁欲借药磨耳，汝当负去。”且书片纸以复曰：“来人面称名姓，罚驮药磨两遭。”无易得之，大笑，即令仍负磨以还。前辈善谑，风味如此。伯和子允恭，诚确老医[③]，常往来吾家，犹及识之。（卷三）

【注释】

① 碛（qì）澳：村名。明隶苏州府昆山县（今江苏苏州市昆山市）。

② 李无易：李庸，字无易，一字无逸，碛澳巨姓。颇尚文学。明初，坐累徙云南。见本书卷三。

③ 诚确：诚实。

7. 余尚书遗事

余尚书茂本熑[①]，父尝为镊工[②]，茂本既贵，每造谢邻曲，不遇辄曰：“烦为道，余待诏儿来拜也[③]。”盖吴俗称镊工为待诏云，人以是贤之。茂本美风姿，有俊才，为县学生。御史行香[④]，见茂本曰：“此子外材好，内材何如？”茂本应声曰：“熄有诗八句，其首句曰‘外材争似内材高[⑤]’，馀不能记。”又一日，茂本方与诸生会馔[⑥]，一微行老御史坐明伦堂[⑦]，诸生出见，御史曰：“‘黄米饭香青菜熟’，诸生有能对此者乎？”茂本应声曰：“白头人老赤心存。”（卷三）

【注释】

① 余熄(xì)：字茂本，昆山（今属江苏苏州市）人。明王鏊《姑苏志》卷五十二：“（熄）美丰姿，少有俊才，从殷奎、陈潜夫学得《春秋》之传。洪武初，选授承敕郎，进通政司参议，拜吏部尚书。”洪武十八年(1385)四月，以迫令国子监祭酒宋讷致仕，坐诛。

② 镊工：犹今之理发师。

③ 待诏：唐、宋以专门技艺待命供奉内廷的人。此处泛指有专门技艺者，为元时旧习。明陆容《菽园杂记》卷二：“吏人称外郎者，古有中郎、外郎，皆台省官，故僭拟以尊之。医人称郎中，镊工称待诏，磨工称博士，师巫称太保，茶酒称院使皆然。此元时旧习也，国初有禁。”

④ 行香：明官吏每至朔望入庙焚香叩拜，或新官赴任后举行入庙焚香仪式，均称行香。

⑤ 争似：怎似。

⑥ 诸生：明称已入学生员。　会馔(zhuàn)：聚餐。

⑦ 微行：旧时谓帝王或有权势者隐匿身份，易服出行或私访。　明伦堂：旧时各地孔庙大殿称明伦堂。本《孟子·滕文公上》：“夏曰校，殷曰序，周曰庠，学则三代共之，皆所以明人伦也。”

8. 广西帅府隶郑牢

广西总帅府一郑牢者[①]，老隶也，性鲠直敢言。都督韩观威严不可犯[②]，亦知牢。观每醉后杀人，牢度有不可杀者，辄不杀，留俟其醒，白以不敢杀之故，以是观尤德之。观卒，山忠毅公云继其任[③]，公固廉正贤者，下车首延高年耆德，询边事。有以郑牢言者，云进之曰：“世谓为将者不计贪[④]，矧广西素尚货利，我亦可贪否？”牢曰：“大人初到，如一洁新白袍，有一沾污，如白袍点墨，终不可湔也[⑤]。”公又曰：“人云土夷馈送，苟不纳之，彼必疑且忿，奈何？”牢言：“居官黩货[⑥]，则朝廷有重法，乃不畏朝廷，反畏蛮子耶？”公亦笑纳之。公镇广西逾十年，廉操终始不渝，固不由牢，而牢亦可尚云[⑦]。（卷五）

【注释】

① 总帅府：明地区军事机构都指挥使司。明代兵制为卫所制，军事要地设卫，次要地区设所，全国军队皆编置于卫所中。明初罢枢密院，改置大都督府，统领中外诸军事。设大都督从一品，左、右都督正二品，同知都督从二品，副都督正三品，佥都督从三品；下设司马、参军、经历、都事诸官。又置诸翼统军元帅府，设元帅正三品，同知元帅从三品等。不久，罢统军元帅府。洪武十三年（1380），废中书省及丞相制，亦废大都督府，改为中、左、右、前、后五军都督府，分别管辖京师及各地卫所。五军都督府各设左、右都督正一品，都督同知从一品，都督佥事正二品。以中军都督府断事官为五军断事官，升为正五品。地方设都指挥使司，掌各省军事，简称都司，与布政使司、按察使司合称"三司"，位次在布、按两司之上。长官都指挥使一人，正二品；都指挥同知二人，从二品；都指挥佥事四人，正三品。其下设经历司、断事司、司狱司等。《明史·职官志五》："都司，掌一方之军政，各率其卫所以隶于五府，而听于兵部。"广西都司，率桂林等十卫、梧州等二十二所，隶于右军都督府。

② 韩观：字彦宾，虹县（今安徽宿州市泗县）人。少长于军中，以舍人宿卫忠谨，为太祖所知，授桂林右卫指挥佥事。洪武十九年（1386），讨平柳州融县诸蛮，累迁广西都指挥使。后又征讨各处群蛮，诛罚无所假，下令如山，人莫敢犯。二十九年召还，进都督同知，理左军都督府事。建文元年（1399），练兵德州，抵御燕王朱棣无功。成祖即位，仍委任如故，命往江西练兵，节制广东、福建、湖广三都司。后佩征南将军印镇广西，节制两广官军。永乐元年（1403），平定西南各地叛乱。九年，拜征夷副将军，仍佩故印，总兵镇交趾。十二年九月卒，无子。

③ 山云：徐（今江苏徐州市）人。貌魁梧，多智略。初袭金吾左卫指挥使，数从出塞，有功。仁宗即位，擢行在中军都督佥事。宣德元年（1426），调北京行都督府，巡视自山海关至居庸关沿途关隘。三年，佩征蛮将军印，充总兵官往镇临桂，平柳庆蛮韦朝烈。先是，广西帅韩观卒后，诸蛮渐横，云用贵州兵先后讨平之。英宗即位，云坠马伤股，请代不许，进右都督。正统三年（1438），卒于镇。赠怀远伯，谥忠毅。

④ 不计：犹言不计较。

⑤ 湔（jiān）：洗。

⑥ 黩货：贪求财货。

⑦ 可尚：值得推崇。

9. 卢重斋遗事

中书舍人卢儒字为己，号重斋，昆山人。博学能文，善笔札。文学韩柳[①]，书法欧颜[②]，自负甚高，诚亦时流罕及。或请文藁，曰："吾有腹藁耳。吾昔备顾问翰林，一日上促《雪赋》急,诸公未即就,小子一扫,萧状元见之[3],吐舌走去。"其文今多不传,然其为人,颇类迂僻。陈孟东者招饮[4],入门偶见胡仲子文一册[5],席间饮食外,手读此文不已,不与众接一谈,虽诮之,不复顾也。一日,乡显宦往候之,读书阁中,久不出。其子侄请之至再,曰:"客候久矣。"遽答之曰:"尔何知彼曾读何书来!"(卷五)

【注释】

① 韩柳:唐文学家韩愈、柳宗元。倡导古文运动,并称"韩柳",同列"唐宋八大家"。

② 欧颜:唐书法家欧阳询、颜真卿。欧阳询书学二王(羲之、献之),世称"欧体"。颜真卿初学褚遂良,后从张旭得笔法,创行、楷新格,人称"颜体"。

③ 萧状元:萧时中,庐陵(今江西吉安市)人。永乐九年(1411)进士第一人,入翰林为修撰。

④ 陈孟东:陈皞,字孟东,号安止。其先奉化(今属浙江宁波市)人,元时曾祖为昆山学正,因家焉。早孤,专心为法律算数之学。永乐初,为县吏,遍读群经,大义要旨悉能领会。尝从总兵官南征交趾,还朝授会稽县知县,又改知淳安县。景泰六年(1455)卒。

⑤ 胡仲子:胡翰,字仲子,一字仲申,金华(今属浙江)人。少从兰溪吴师道、浦江吴莱学古文,复登同邑许谦之门。遭元末乱世,不仕,避地南华山著书自适。洪武初,以荐为衢州教授,与修《元史》。书成,归隐北山,十数年而终,年七十五。有《胡仲子集》十卷。

10. 山　歌

吴人耕作或舟行之劳,多作讴歌以自遣,名唱山歌,中亦多可为警劝者,谩记一二。"月子弯弯照几州?几家欢乐几家愁。几家夫妇同罗帏[1]?多少漂零在外头。""南山头上鹁鸪啼[2],见说亲爷娶晚妻。爷娶晚妻爷心喜,前娘儿女好孤恓[3]。"(卷五)

【注释】

① 罗帏:丝罗帷幔。

② 鹁鸪(bó gū):亦作"鹁姑"。鹁鸠。鸟名。天将雨时其鸣甚急,俗称水鹁鸪。三国吴陆玑《毛诗草木鸟兽虫鱼疏·宛彼鸣鸠》:"鹁鸠,灰色,无绣项,阴则屏逐其匹,晴则呼之。语曰'天将雨,鸠逐妇'是也。"

③ 孤恓(xī):寂寞凄凉;悲伤。

11. 王元章画梅

会稽王冕元章①，其为人，见宋潜溪所著传②。今人间往往有其所画梅花，断缣尺楮③，人争宝之，多元章自书所题其上。如所谓“我家洗研池头树，个个花开淡墨痕。不要人夸好颜色，只留清气满乾坤。”皆有可观。又闻初见太祖皇帝应制题梅诗曰：“猎猎北风吹倒人，乾坤无处不沙尘。胡儿冻死长城下，谁信江南别有春。”睿意极眷赏之④。（卷六）

【注释】

① 王冕：元末画家、诗人。字元章，号煮石山农、饭牛翁、会稽外史、梅花屋主等，诸暨（今属浙江绍兴市）人。初为牧童，后从韩性学，试进士不第，即弃去。尝游大都，泰不花荐以翰林院馆职，不就。归隐九里山，卖画为生。工墨梅，学杨无咎（补之）。亦善竹石。有《墨梅》《南枝春早》等传世。

② 宋潜溪：宋濂，字景濂，号潜溪，浦江（今属浙江金华市）人。元末荐授翰林编修，不就。至正二十年（1360），与刘基、章溢、叶琛同受朱元璋礼聘，尊为先生。洪武初，主修《元史》，官至学士承旨知制诰。十三年（1380），以长孙宋慎坐胡惟庸案，全家谪茂州。明年，卒于夔州途中，年七十二。武宗正德中，追谥文宪。濂著述颇丰，为明初一代文宗。所撰《王冕传》，见四库全书本《文宪集》卷十：“王冕者，诸暨人。七八岁时，父命牧牛陇上，窃入学舍听诸生诵书，听已辄默记。暮归，忘其牛。或牵牛来责蹊田，父怒，挞之。已而复如初。母曰：‘儿痴如此，曷不听其所为？’冕因去，依僧寺以居。夜潜出，坐佛膝上，执策映长明灯读之，琅琅达旦。佛像多土偶，狞恶可怖，冕小儿恬若不见。安阳韩性闻而异之，录为弟子，学遂为通儒。性卒，门人事冕如事性。时冕父已卒，即迎母入越城就养。久之，母思还故里，冕买白牛，驾母车，自被古冠服随车后。乡里小儿竞遮道讪笑，冕亦笑。著作郎李孝光欲荐之为府史，冕骂曰：‘吾有田可耕，有书可读，肯朝夕抱案立庭下，备奴使哉？’每居小楼上，客至，僮入报，命之登，乃登。部使者行郡，坐马上求见，拒之去。去不百武，冕倚楼长啸，使者闻之惭。冕屡应进士举，不中。叹曰：‘此童子羞为者，吾可溺是哉？’竟弃去。买舟下东吴，渡大江，入淮、楚，历览名山川。或遇奇才侠客，谈古豪杰事，即呼酒共饮，慷慨悲吟，人斥为狂奴。北游燕都，馆秘书卿泰不华家。泰不华荐以馆职，冕曰：‘公诚愚人哉！不满十年，此中荆棘生矣，何以禄仕为？’即日将南辕，会其友武林卢生死滦阳，惟两幼女、一僮留燕，伥伥无所依。冕知之，不远千里走滦阳，取生遗骨，且挈二女还生家。冕既归越，复大言天下将乱。时海内无事，或斥冕为妄。冕曰：‘妄人非我，谁当为妄哉？’乃携妻孥隐于九里山。种豆三亩，粟倍之。树梅花千，桃杏居其半。芋一区，薤、韭各百本。引水为池，种鱼千馀头。结茅庐三

间,自题为梅花屋。尝仿周庐(或为《周礼》之误)著书一卷,坐卧自随,秘不使人观。更深人寂辄挑灯朗讽,既而抚卷曰:'吾未即死,持此以遇明主,伊、吕事业不难致也。'当风日佳时,操觚赋诗,千百不休,皆鹏骞海怒,读者毛发为耸。人至不为宾主礼,清谈竟日不倦。食至辄食,都不必辞谢。善画梅,不减杨补之。求者肩背相望,以缯幅短长为得米之差。人讥之,冕曰:'吾借是以养口体,岂好为人家作画师哉?'未几,汝颍兵起,一一如冕言。皇帝取婺州,将攻越,物色得冕,置幕府,授以咨议参军,一夕以病死。冕状貌魁伟,美须髯,磊落有大志,不得少试以死,君子惜之。史官曰:予受学城南时,见孟寀言:'越有狂生,当天大雪,赤足上潜岳峰,四顾大呼曰:"遍天地间皆白玉合成,使人心胆澄澈,便欲仙去。"及入城,戴大帽如簁,穿曳地袍,翩翩行,两袂轩翥,哗笑溢市中。予甚疑其人,访识者问之,即冕也。'冕真怪民哉!马不覂驾,不足以见其奇才,冕亦类是夫!"

③ 断缣尺楮:残缺不全的书画。

④ 睿(ruì)意:圣明意旨。此指皇帝之意。

12. 诗有唐气

吴下举子,有作诗自揭厅壁间者①,乃兄誉之座客曰②:"舍弟此诗③,云有唐气④。"一客忽起,索梯甚急,众莫晓其故。既得梯,以舌舐其诗曰:"有糖气,何为不甜?"一座为之绝倒。(卷七)

【注释】

① 揭:公布;发表。

② 乃兄:其兄;他的兄长。

③ 舍(shè):谦词。用于对别人称自己的辈分低或年纪小的亲属。

④ 唐气:此指唐诗气象。

13. 张云门书印谱后

馆阁诸公,无不喜用名印,虽草庐吴公所尚质朴①,亦所不免。惟揭文安公绝不用其制②,吾竹房论著甚详③。然其所用,却又多不合作④,赵文敏有一印⑤,文曰"水晶宫道人"。在京与李息斋、袁子方同坐⑥,适用此印,袁曰:"'水晶宫道人',政可对'玛瑙寺行者'。"阖座绝倒。盖息斋元居庆寿寺也⑦。鲜于郎中一印曰"鲜于伯幾父”[8]，吾子行曰：“可对‘尉迟敬德鞭’[9]。”滑稽大略相同。子行尝作小印，曰“好嬉子”[10]，盖吴中方言。一日，魏国夫人作《马图》传至子行处[11]，子行为题诗，后倒用此印，观者曰：“先生倒用了印。”子行曰：“不妨。”坐客不晓。他日文敏见之，骂曰：“个瞎子，他道倒好嬉子耳。”太平盛时，文人滑稽如此，情怀可见，今不可得矣。余座主张先生仲举[12]，在杭一印曰“平皋鹤叟”，盖用杭州三山名，临平、皋亭、黄鹤也。古人亦有如此者，如《云烟过眼录》载姜白石印文“鹰扬周郊”“凤仪虞廷”[13]，盖以其姓字作隐语。辛稼轩印曰“六十一上人”[14]，又以破其姓文。米元章《书史》言“刘巨济符”[15]，“符”字亦好奇耳。云门山樵张绅[16]，书于朱伯盛《印谱》后。云门此跋真迹，予得之萧墅张世昌家[17]，因徐尚宾借录失去矣。云门“水晶宫道人”一说，与陶南村所记不同[18]，盖小说异事，出于传闻，固多如此，诚实不妄，如司马温公犹或失之，不足怪也。朱伯盛名珪，昆山人，工刻画，通六书之学。性高洁，不娶，无子。今孙绍先者，其女兄之孙云[19]。（卷七）

【注释】

① 草庐吴公：吴澄，宋元之际学者。字幼清，抚州崇仁（今属江西抚州市）人。因所居草屋，程钜夫题曰“草庐”，故学者称草庐先生。入元，历国子司业、翰林仕郎、编修、集贤直学士等。为学主折中朱熹、陆九渊两派，而终近于朱。元统元年（1333）卒，年八十五。谥文正。著有《老子注》、诸经《纂言》等。

② 揭文安：揭傒斯，元文学家。字曼硕，龙兴富州（今江西宜春市丰城市）人。延祐初（1314），以荐授翰林国史院编修，累官至翰林侍讲学士。总修辽、金、宋三史。诗与虞集、杨载、范椁并称“元诗四大家”；文与柳贯、黄溍、虞集并称“儒林四杰”。至正四年（1344）卒，年七十一。谥文安。有《揭文安公全集》十四卷、补遗一卷。

③ 吾竹房：吾丘衍，又作吾衍，元初书法家、诗人。字子行，号竹素、竹房、贞白居士等，其先本太末（今浙江衢州市龙游县）人，居于钱塘（今浙江杭州市）。工隶书，精于小篆，兼通音律及经史百家。隐居不仕，以教授为生。至大四年（1311），因官司受辱，投湖死，年四十。著有《学古编》《周秦刻石释音》《闲居录》《竹素山房诗集》等。其中，以印学著作《学古编》最为著名。

④ 合作：犹言本色当行。多指书画创作。

⑤ 赵文敏：赵孟頫，元书画家。字子昂，号松雪道人、水精宫道人（本则作“水晶”误），封魏国公，谥文敏。参见第72页第9则注释㊵。

⑥ 李息斋、袁子方：指元画家李衎、诗人袁矩。衎字仲宾，号息斋道人，蓟丘（今北京市）人；官至吏部尚书、集贤殿大学士；擅墨竹，初学王庭筠，后法文同，与赵孟頫、高克恭并称元初画竹三

大家;延祐七年(1320)卒,年七十六;追封蓟国公,谥文简。矩字子方,建康(今江苏南京市)人;延祐中尝官秘书监著作佐郎,供职礼部;与赵孟頫、柳贯、倪瓒等有诗简往还,《草堂雅集》中多见题赠。

⑦ 庆寿寺:又名"双塔寺"。位于元大都城西(今北京市西长安街)。至元十二年(1275),在金庆寿宫旧址上重建,历七年而成。为皇太子功德院。明正统时改称大兴隆寺,又称慈恩寺。今不存。此句谓李衎尝居庆寿寺,称"玛瑙寺行者",以"玛瑙"对"水晶"。而南宋都城临安西湖边有玛瑙寺,庆寿寺亦在都城之西,故巧借而代之。

⑧ 鲜于伯幾父:鲜于枢,元书法家。字伯幾,晚营室名"困学之斋",渔阳(今天津市蓟县)人,居于杭州。为江浙行省都事,迁太常典簿,致仕。枢风流文雅,善为诗歌,尤工行草,书与赵孟頫、邓文原齐名。"伯幾父"为鲜于枢字之全称。古代贵族男子取字,字前加伯、仲、叔、季表示排行,字后缀以"父"或"甫"表示性别,以此构成字的全称。如伯禽父、仲山甫、仲尼父。周人字有全称,也有省称。或省后面"父"或"甫",如称"伯禽""仲尼";或省前面排行,如称"禽父""尼父"。后世取字多用两字,全称则较少见。

⑨ 尉迟(yù chí)敬德:尉迟恭,唐武将。字敬德,朔州善阳(今山西朔州市)人。隋末从军,骁勇善战,为刘武周偏将。武德三年(620),唐太宗讨武周,敬德降,引为右一府统军。后从太宗击败王世充军,平窦建德、刘黑闼之乱。九年六月,玄武门之变,射杀李元吉,助太宗即位。历泾州道行军总管、襄州都督等,封鄂国公。晚年笃信仙方,不与外人交通十六年。显庆三年(658)卒,年七十四。赠司徒,谥忠武,陪葬昭陵。"尉迟敬德鞭",以"鞭"对"父","父"与"斧"谐音。

⑩ 好嬉子:犹言好玩儿、有趣。宋、元时江浙市语。

⑪ 魏国夫人:指赵孟頫妻管道昇。据明何良俊《何氏语林》卷二十一《捷悟》:"赵魏公夫人管道昇善书画,吾竹房尝题其所画竹石。竹房有一私印,是'好嬉子'三字,即以此印倒用于跋尾,人皆以为竹房之误。魏公见之曰:'此非误也。这瞎子道妇人会作画,倒好嬉子。'"

⑫ 座主:唐宋时,进士称主试官为座主。至明清,举人、进士亦称其本科主考官或总裁官为座主,或称师座。"余座主"之"余",指书《印谱跋》之张绅(云门)。 张仲举:张翥,元文学家。字仲举,号蜕庵,其先晋宁襄陵(今山西临汾市西南)人,徙居杭州。尝受业于名儒李存,又从仇远学诗,遂以诗文知名于时。至正初(1341),荐为国子助教,迁翰林国史院编修,与修宋、辽、金三史。累官至翰林学士承旨,致仕后又加河南行省平章政事。二十八年卒,年八十二。

⑬ 云烟过眼录:笔记名。四卷,续录一卷,南宋周密撰。记其所见书画古器,略品甲乙。 姜白石:姜夔,南宋词人、音乐家。字尧章,号白石道人,饶州鄱阳(今属江西上饶市)人,寓居武康(今浙江湖州市德清县西)。一生不仕,与当时诗人词客交游。嘉定二年(1209),卒于杭。有《白石道人诗集》《白石道人歌曲》《绛帖平》《续书谱》等传世。"鹰扬周郊",隐指姜夔之姓。周封地姜氏(今陕西咸阳市杨凌区),为周发源地之一,故称"周郊"。"凤仪虞廷",隐指姜夔之名。传说中虞舜朝廷有皋陶(刑官)、夔(乐官)、后稷(农官)、契(司徒)四大贤臣,故称。

⑭ 辛稼轩：辛弃疾，南宋词人。字幼安，号稼轩，历城（今山东济南市）人。绍兴三十一年（1161），率义军归宋，历湖北、江西、湖南、福建、浙东安抚使。曾上《美芹十论》《九议》等奏疏以图恢复，不纳。后长期落职闲居上饶、铅山一带。韩侂胄当政，一度起用。开禧三年（1207）病卒，年六十八。赠少师，谥曰忠敏。工词，与苏轼并称“苏辛”。有《稼轩长短句》十二卷。“六十一上人”，拆“辛”字。参见第43页第5则。

⑮ 米元章：米芾，北宋书画家。参见第49页第9则注释①。　刘巨济：刘泾，字巨济，北宋简州阳安（今四川资阳市简阳市西北）人。举进士，王安石荐为经义所检讨，后迁太学博士，累官至职方郎中。以文知名，好为奇怪语；亦工画，善作林石槎竹。

⑯ 张绅：元末明初书法家。字士行，一字仲绅，号云门山樵，胶州（今属山东青岛市）人。至正七年（1347），与弟经、缉同领乡荐，授鄠县教谕，寻召为右佥都御史，终浙江布政使。工大小篆，精于赏鉴，法书、名画多所品题，撰《法书通释》两卷。本则此前文字，为张绅所书《印谱跋》。

⑰ 萧墅：村名。位于苏州府昆山县东南（今江苏苏州市昆山市千灯镇东北）。

⑱ 陶南村：陶宗仪，号南村。参见第57页《南村辍耕录》题解。《辍耕录》卷十记周密以“玛瑙寺行者”对“水晶宫道人”，曰：“赵魏公刻私印曰‘水晶宫道人’，钱唐周草窗先生密以‘玛瑙寺行者’属比之，魏公遂不用此印。”本则记为袁矩所对，未知孰是。

⑲ 女兄：姊。

14. 何文渊自经

壬申易立之诏既下①，何文渊尝告人曰②：“诏语‘天佑下民作之君，父有天下传之子’出自手笔。”既归里，又屡以告郡邑亲识，人皆知之。天顺改元③，乡人固虞文渊必及祸④，谓在旦夕。一日，报陈都御史将至⑤，邑人益惊信，文渊因自经死。未几，至者盖广东陈副使泰⑥，取便道过家耳。陈以都宪改职，因误传云。（卷七）

【注释】

① 壬申易立之诏：指景泰三年（1452），景帝朱祁钰改立皇太子的诏书。土木之变后，孙太后命郕王朱祁钰监国，立英宗两岁之子朱见濬为皇太子。郕王即皇帝位，谋易储。三年五月，废见濬为沂王，立独子见济为皇太子。诏内有云：“天佑下民作之君，实遗安于四海；父有天下传之子，斯固本于万年。”然明年十一月，见济病逝。朝中有复立沂王之议，景帝不允。英宗复辟，见濬亦复立为皇太子，改名见深，后继位为宪宗。

② 何文渊：字巨川，江右广昌（今属江西抚州市）人。幼勤读力学，为文咸中矩度。永乐十六年（1418）登进士第，授湖广道监察御史，巡按山东、四川。历知温州府、刑部右侍郎，累官至吏部

尚书、太子太保。景泰四年(1453),遭弹劾下狱,未几,释归故里。天顺元年(1457),英宗复帝位,削去加官,下令逮捕,文渊闻讯自缢死,年七十三。

③ 天顺改元:景泰八年(1457)正月,景帝病重,英宗以“夺门之变”重登帝位,改景泰八年为天顺元年。

④ 固虞:愈加猜度;坚信。

⑤ 都御史:明都察院长官。参见第129页第2则注释④。

⑥ 陈泰:字吉亨,光泽(今属福建南平市)人。举乡试第一,除安庆府学训导。正统初(1436),荐为御史,巡按贵州、山西、山东,惩奸去贪,威稜甚峻。九年,擢四川按察使。景帝时,以右佥都御史参议军务,巡抚保定六府,寻督治河道。天顺元年,罢巡抚官,改广东副使,以忧去。累官至右副都御史,总督漕运兼巡抚淮扬诸府,致仕。成化六年(1470)卒。

15. 描　朱

“上大人,丘乙巳[①],化三千,七十士,尔小生,八九子,佳作仁,可知礼也。尚仕由山水,中人坐竹林。王生自有性,平子本留心。王子去求仙,丹成入九天。山中方七日,世上已千年。”已上数语,凡乡学小童,临仿字书,皆昉于此[②],谓之描朱[③]。尔传我习,几遍海内,然皆莫知所谓。或云仅取字画简少无他义,或云义有了了可解者,且有出也。诸暨陈儒士洙今日云:“尝见宋学士晚年以眼明自夸[④],细书小字,尝及此。学士其知所自者耶?”(卷十)

【注释】

① 丘乙巳:指孔子。孔子名丘,字仲尼。“乙巳”或为其生日。南宋释普济《五灯会元》卷十九中作“丘乙己”。明清以来传写为“孔乙己”,如鲁迅小说《孔乙己》:“因为他姓孔,别人便从描红纸上的‘上大人孔乙己’这半懂不懂的话里,替他取下一个绰号,叫作孔乙己。”

② 昉(fǎng):天方明。引申为开始。

③ 描朱:亦作“描红”。谓儿童初学毛笔字时,在印有红色楷字的习字纸上摹写。

④ 宋学士:宋濂,官至学士承旨知制诰。参见第136页第11则注释②。

16. 戏言取怨

戏言辩口[①],轻为评泊[②],亦足以取怨,得罪于人。尝闻修《永乐大典》时[③],诸儒群集。一日有及凡例未当者，王偁孟扬曰[④]：“譬之欲搆层楼华屋，乃计工于箍桶[⑤]，都料得不有误耶[⑥]？”景泰中，徐左佥有贞治河无成功[⑦]，于少保尝笑谓同官曰[⑧]：“徐先生五墨匠耳[⑨]，奈何令脱土墼也[⑩]。”（卷十一）

【注释】

① 辩口：谓善于辞令，能言善辩。

② 评泊：评说；评论。

③ 永乐大典：类书名。明成祖朱棣命解缙等辑。初名《文献大成》，后更广收各类图书七八千种，辑成二万二千八百七十七卷，凡例、目录六十卷，定名《永乐大典》。始辑于永乐元年（1403），成于六年。全书按韵目分列单字，按单字依次辑入相关文史记载。嘉靖、隆庆间，又依永乐所缮正本另摹副本一份。正本约毁于明亡之际，副本至清咸丰时亦渐散失。今有中华书局征集影印本七百三十卷。

④ 王偁：字孟扬，永福（今福建福州市永泰县）人。元潮州总管王翰之子，翰于明初抗节死。偁幼，其母教之读书。洪武二十三年（1390）领乡荐，乞归养母。成祖即位，征至京师，授国史院检讨，充《永乐大典》副总裁。后坐解缙党，下狱死。为“闽中十子”之一。

⑤ 计工于箍桶：按箍桶计算用工量。意谓计较于小事。箍桶，用竹篾或金属做成圆形，套在桶上，使桶片之间紧固而不渗水。与构建层楼华屋相比，箍桶用工则微不足道。

⑥ 都料：即“都料匠”。营造师，总工匠。

⑦ 徐有贞：字元玉，初名珵，吴（今江苏苏州市）人。宣德八年（1433）进士，选庶吉士，授编修。土木之变，力主南迁，为太监金英、兵部侍郎于谦所沮。景泰三年（1452）为右谕德，擢左佥都御史以治河，有功迁左副都御史。八年正月，景帝不豫，以谋划英宗复位，封武功伯兼华盖殿大学士，掌文渊阁事。后诬害少保于谦、大学士王文等，独揽事权。因与石亨、曹吉祥相恶，出为广东参政，复诏徙金齿（今云南保山市一带）为民。亨败，得放归。成化初（1465），复官无望，遂浪迹山水间，十馀年乃卒。工书画。有《武功集》五卷。

⑧ 于少保：于谦，官至兵部尚书，加少保。参见第129页第2则注释⑥。

⑨ 五墨匠：即“拓匠”。专事从碑碣、钟鼎等物上以墨捶拓文字图像的工匠。

⑩ 土墼（jī）：砖坯。两句意谓让从事精细工作的人去干粗鄙的活。

17. 宋元绛闵忠诗石刻

皇祐四年夏五月[①]，邕僚劫库兵称乱[②]，陈船顺江，绝数郡。郡之守臣狃狎承平[③]，弛武备，辄委符管避贼[④]，独封、康二州将提罢卒数十力战以死[⑤]。明年春，予传车过二州[⑥],问其吏民,皆为出涕,愀然感之,作《闵忠诗》,书于康州三洲洞石。广南东路转运使、尚书司封员外郎、直集贤院武林元绛题。《赠光禄少卿康州赵使君师旦》[⑦]:"使君亲门城谯间[⑧],一日矢尽,军吏请避,使君麾之曰:'士不死敌,非壮也。'城门既开,度必死,坚坐廷上,贼捽而害之[⑨],至绝诟詈不已。一子在褓中,其母拥持遁去,力屈蹴弃[⑩],三日还视,尚呱啼草间,闻者异之。'转战谯门日再晡[⑪],空拳犹自冒戈殳[⑫]。身垂虎口方坚坐,命弃鸿毛更疾谑。柱上枭卿馀断节[⑬],绔间杵臼得遗孤[⑭]。吁嗟天下英豪气,不愧山西士大夫。'"《赠太常少卿封州曹使君觐[⑮]》:"使君烈考、季父[⑯],皆以谠言介节有名当世,予昔介江西刺举[⑰],使君方佐章幕[⑱],尝以劲正有守荐于朝。贼之至州也,使君转战数刻,杀伤大当[⑲],已而贼合围急攻,军吏潜遁,力穷被擒,使之拜,又啖以伪官,皆不屈。'仓卒蛮鼙上水滨,使君忠愤独忘身。平明戈剑摧城阖,俄顷衣冠落路尘。志士一门能许国,老夫当日亦知人。朝廷赠襚哀荣极[⑳],青骨千年合有神。'"按《方舆胜览》所载前赵师旦一诗在封州[㉑],又误以为魏矼作,亦讹数字,幸真迹石刻尚存三洲岩中可考也。予既得石本,装褫之云[㉒]。(卷十四)

【注释】

① 皇祐:北宋仁宗年号(1049—1053)。是时,宋羁縻广源州(治今越南高平省广源)壮族首领侬智高,建立"大历国"政权。皇祐元年徙安德州(今广西百色市靖西市境),称"南天国",年号景瑞。四年四月起兵反宋,据邕州(治今广西南宁市),称"大南国",自称"仁惠皇帝",改年号为启历。又自邕州沿江而下,攻破横、贵、浔诸州,围广州。后北上欲攻荆湖,受挫返邕州。五年被宋将狄青击败于昆仑关归仁铺,退走大理,为大理国王所杀。

② 库兵:守卫州府库仓之兵。此句谓邕州官吏挟库兵以从侬智高反。

③ 狃狎(niǔ xiá):习惯;习熟。

④ 符管:官府印信与管钥。

⑤ 封、康:宋广南东路封州、康州。封州治封川(今广东肇庆市封开县东南),康州治端溪(今广东肇庆市德庆县)。 罢(pí)卒:疲弱之兵。

⑥ 传(zhuàn)车:驿车。此处用为动词。

⑦ 元绛(féng):字厚之,北宋钱塘(今浙江杭州市)人,居于吴(今江苏苏州市)。登天圣五年(1027)进士甲科。初任金陵幕官,寻即进用,屡为藩郡帅。皇祐间,有传侬智高馀党寇二广,遂以绛知广州,改越州。神宗时,以王安石荐,自外迁翰林学士,拜参知政事,以太子少保致仕。年七十六卒,谥庄简。广南东路转运使,为元绛职事官称,转运使乃宋府州以上、一级行政区路长

官;尚书司封员外郎,为元绛寄禄官称,无职事,元丰改制后对应于朝请郎阶,正七品;直集贤院,为元绛外任所带贴职名,以示尊荣。武林,杭州西湖西部诸山统称武林山,以此为杭州别称。赵师旦:字潜叔,北宋宣城(今属安徽)人。枢密副使赵稹从子。少颇涉书史,尤刻意刑名之学。以稹荫试将作监主簿,累迁宁海军节度推官。历知江山、彭城诸县,迁太子右赞善大夫,移知康州。值侬智高破邕州,顺流东下,师旦率卒迎战。城破,据堂而坐,为贼所害,年四十二。事平,赠光禄寺少卿。光禄寺少卿,宋前期寄禄官称,无职事;元丰改制后易阶为朝议大夫,正六品,原官称为职事官,本寺副长官。使君,对府、州长官的尊称。

⑧ 城谯:城上的望楼。

⑨ 捽(zuó):抓住头发。亦泛指揪,抓。

⑩ 蹳(bō)弃:踢开遗弃。此指从马或车上用脚拨开丢弃。

⑪ 晡:申时(下午三时至五时)。

⑫ 券(quān):弩弓。　戈殳(shū):兵器。指戈和殳。殳,杖属。

⑬ 杲卿:颜杲卿,唐常山(治今河北石家庄市正定县)太守。字昕,京兆万年(今陕西西安市)人。安禄山反,杲卿联络从弟平原(治今山东德州市陵县)太守真卿起兵抵抗,河北十七郡响应。天宝十五载(756),叛军围常山,俘其子季明,迫杲卿以降,不屈。继而城破,执送洛阳见安禄山,杲卿瞋目怒骂之,被缚于天津桥柱断舌节解死。追赠太子太保,谥忠节。

⑭ 杵臼:公孙杵臼,春秋时晋国执政赵盾及其子赵朔的门客。晋景公三年(前597),大夫屠岸贾族灭赵氏,公孙杵臼与程婴合谋保全赵氏孤儿赵武。事见《史记·赵世家》。

⑮ 曹觐:字仲宾,北宋建州(今福建南平市建瓯市)人。初为建州司户参军,皇祐中以太子中舍知封州。侬智高叛军进攻广州,行至封州,州士卒才百人,不任战斗,或劝觐遁去,觐正色叱之,率从卒以战,不胜被执。贼诱以降,不肯拜,害之,至死诟贼声不绝,投尸江中,时年三十五。事闻,赠太常寺少卿。太常寺少卿,宋前期寄禄官称,无职事;元丰改制后易阶为朝议大夫,从五品,原官称为职事官,本寺副长官。

⑯ 烈考、季父:亡父和叔父。指曹觐父修古、叔父修睦。修古无子,以兄之子为后。修古进士起家,累以太常博士为监察御史。修睦与修古同时举进士,累官侍御史。《宋史·曹修古传》:"曹氏自修古以直谅闻,其女子亦能不累于利,至觐又能死其官。而修、睦亦恬于仕进,不待老而归,世以是贤之。"

⑰ 刺举:检举。谓检举奸恶,举荐有功。此指任职地方长官。元绛在仁宗时尝任江西转运使。

⑱ 章(zhàng)幕:帷幕。此指将帅幕府。章,通"障"。

⑲ 杀伤大当:谓双方死伤大致相当。

⑳ 赠襚(suì):追赠死者官爵、衣物等。襚,古代吊丧之礼,向死者赠送衣衾等物,停柩前为死者穿衣,停柩后将赠死者之衣置于柩东等,皆谓之"襚"。

㉑ 方舆胜览:地理总志,七十卷。南宋祝穆撰。刻于理宗嘉熙三年(1239),其子祝洙增补重订于度宗咸淳二至三年(1266—1267)。是书所记仅十七路,限南渡后境域。略于建置沿革、疆域道里、田赋户口、关塞险要,而详于名胜古迹、诗赋序记,尤重"四六"一门。于各地风土习俗,采摭丰富。原本已佚,今存祝洙重订宋刻本。

㉒ 装褫(chǐ):装裱古籍或书画。

18. 陆放翁家训

今山阴《陆氏谱》有唐观察使庶《吴郡陆氏四十九枝族谱》,欧阳修《唐书·陆氏宰相世系表》,平江府慧感夫人家藏《谱序》,衢州《陆氏太常左卿纬遗谱》,宋馀杭《陆氏周宰谱》,庆元《陆氏宗系后谱录》,吴郡《陆氏家乘》,山阴《陆氏重修二十九枝宗系》。盖自齐元侯通为一世[①],至今凡六十又三世矣。兹录放翁《家训》于此[②],元题曰《太史公绪训》。

"昔唐之亡也,天下分裂,钱氏崛起吴越之间[③],徒隶乘时,冠屦易位[④]。吾家在唐为辅相者六人,廉直忠孝,世载令闻。念后世不可事伪国,苟富贵,以辱先人,始弃官不仕,东徙渡江,夷于编氓[⑤]。孝悌行于家,忠信著于乡,家法凛然,久而弗改。宋兴,海内一统,祥符中天子东封泰山[⑥],于是陆氏乃与时俱兴,百馀年间文儒继出,有公有卿,子孙宦学相承,复为宋世家,亦可谓盛矣。然游于此切有惧焉。天下之事,常成于困约而败于奢靡。游童子时,先君谆谆为言,太傅出入朝廷四十馀年[⑦],终身未尝为越产,家人有少变其旧者辄不怿。其夫人棺才漆四会[⑧],婚姻不求大家显人,晚归鲁墟[⑨],旧庐一椽不可加也。楚公少时尤苦贫[⑩],革带敝,以绳续绝处。秦国夫人尝作新襦[⑪],积钱累月乃能就,一日覆羹污之,至泣涕不食。太尉与边夫人方寓宦舟[⑫],见妇至喜甚,辄置酒,银器色黑如铁,果醢数种,酒三行以已。姑嫁石氏,归宁食有笼饼,亟起辞谢曰:'昏耄不省是谁生日也。'左右或匿笑,楚公叹曰:'吾家故时数日乃啜羹,岁时或生日乃食笼饼,若曹岂知耶?'是时楚公见贵显,顾以啜羹食饼为泰,愀然叹息如此。游生晚,所闻已略,然少于游者又将不闻,而旧俗方以大坏,厌藜藿,慕膏粱,往往更以上世之事为讳。使不闻此风,放而不还,且有陷于危辱之地,沦于市井,降于皂隶者矣。复思如往时,父子兄弟相从居于鲁墟,葬于九里[⑬],安乐耕桑之业,终身无愧悔,可得耶?呜呼,仕而至公卿命也,退而为农亦命也,若夫挠节以求贵,市道以营利,吾家之所深耻,子孙戒之,尚无坠厥初。乾道四年五月十三日，太中大夫、宝谟阁待制游谨书。”

“吾见平时丧家百费方兴，而愚俗又侈于道场斋施之事，彼初不知佛为何人，佛法为何事，但欲夸邻里为美观尔。以佛经考之，一四句偈功德不可称量[14]，若必以侈为贵，乃是不以佛言为信。吾死之后，汝等必不能都不从俗，遇当斋日，但请一二有行业僧诵《金刚》《法华》数卷或《华严》一卷[15]，不啻足矣。如此为事，非独称家之力，乃是深信佛言，利益岂不多乎！又悲哀哭踊，是为居丧之制，清净严一，方尽奉佛之礼。每见丧家张设器具，吹击螺鼓，家人往往设灵位辍哭泣而观之，僧徒衒技，几类俳优，吾常深疾其非礼，汝辈方哀慕中，必不忍行吾所疾也。且侈费得福，则贪吏富商兼并之家死皆升天，清节贤士无所得财，悉当沦坠，佛法天理，岂容如是！此是吾告汝等第一事也，此而不听，他可知矣。

升济神明之说，惟出佛经，黄老之学[16]，本于清净自然，地狱天宫，何尝言及？黄冠辈见僧获利[17]，从而效之，送魂登天，代天肆赦，鼎釜油煎，谓之炼度，交梨火枣[18]，用以为修，可笑者甚多，尤无足议，聊及之耳。

墓有铭，非古也。吾已自记平生大略以授汝等，慰子孙之心，如是足矣，溢美以诬后世，岂吾志哉！

吾平生未尝害人，人之害吾者，或出忌嫉，或偶不相知，或以为利，其情多可谅，不必以为怨，谨避之可也，若中吾过者，尤当置之。汝辈但能寡过，勿露所长，勿与贵达亲厚，则人之害己者自少。吾虽悔，已不可追，以吾为戒可也。

祸有不可避者，避之得祸弥甚，既不能隐而仕，小则谴斥，大则死，自是其分。若苟逃谴斥而奉承上官，则奉承之祸不止失官，苟逃死而丧失臣节，则失节之祸不止丧身。人自有懦而不能蹈祸难者，固不可强，惟当躬耕绝仕进，则去祸自远。

风俗方日坏，可忧者非一事，吾幸老且死矣，若使未遽死，亦决不复出仕，惟顾念子孙不能无老妪态。吾家本农也，复能为农，策之上也。杜门穷经，不应举，不求仕，策之中也。安于小官，不慕荣达，策之下也。舍此三者，则无策矣。汝辈今日闻吾此言，心当不以为是，他日乃思之耳，暇日时与兄弟一观以自警，不必为他人言也。

气不能不聚，聚亦不能不散，其散也或遽或久，莫或致诘。而昧者置欣戚于其间[19]，甚者祈延而避促，亦愚矣。吾年已八十，更寿亦不过数年便终，固不为夭，杜门俟死，尚复何言？且夫为善自是士人常事，今乃规后身福报，若市道然[20]，吾实耻之，使无祸福报应，可为不善耶？

吾承先人遗业，家本不至甚乏，亦可为中人之产，仕宦虽龃龉[21]，亦不全在人后。恒素不闲生事[22]，又赋分薄[23]，俸禄入门，旋即耗散。今已悬车[24]，目前萧然，意甚安之，他人或不谅，汝辈固不可欺也。

厚葬于存殁无益，古今达人言之已详。余家既贫甚，自无此虑，不待形言。至于棺柩，亦当随力，四明、临安倭船到时[25]，用三十千可得一佳棺，念欲办此一事，窘于衣食，亦未能及，终当具之，万一仓卒，此即吾治命也[26]。汝等第能谨守，勿为人言所摇，木入土中，好恶何别耶？

近世出葬，或作香亭、魂亭、寓人、寓马之类[27]，一切当屏去，僧徒引导，尤非敬佛之意，广召乡邻，又无益死者，徒为重费，皆不须为也。

古者植木冢上，以识其处耳，吾家自先太傅以上，冢上松木多不过数十。太尉初葬宝峰，比上世差为茂郁，然亦止数亩耳。左丞归葬之后，积以岁月，林樾浸盛，遂至连山弥谷。不幸孙曾遂有剪伐贸易之弊[28]，坐视则不可，禁止则争讼纷然，为门户之辱，其害更甚于厚葬。吾死后墓木毋过数十，或可不陷后人于不孝之地，戒之戒之。

石人、石虎之类，皆当罢之，欲识墓处，立一二石柱可也。守墓以僧，非旧也，太傅尝为乡邦，其力非不可置庵赡僧，然终不为，岂俭其亲哉？盖虑之审耳。坟墓无穷，家资厚薄不常，方当盛时虽可办，贫则必废。又南方不族墓，世世各葬，若葬必置庵赡僧，数世之后，何以给之？吾墓但当如先世置一庵客，岁量给少米，拜扫日给之酒食及少钱，此乃久远事也，若云赖僧为福，尤为不然。

吾少年交游多海内名辈，今多已零落，后来佳士，不以衰钝见鄙，往往相从，虽未识面而无定交者亦众，恨无繇遍识之耳。又有道途一见，心赏其人，未暇从容，旋即乖隔，今既屏居不出，遂不复有邂逅之期。吾于世间万事，悉不贮怀，独此未能无遗恨耳。

人生才固有限，然世人多不能克尽其实，至老必抱遗恨。吾虽不才，然亦一人也。人未四十，未可著书，过四十又精力日衰，忽便衰老，子孙以吾为戒可也。

人与万物同受一气，生天地间，但有中正偏驳之异尔，理不应相害，圣人所谓‘数罟不入污池’‘弋不射宿’[29]，岂若今人畏因果报应哉！上古教民食禽兽，不惟去民害，亦是五谷未如今之多，故以补粒食所不及耳。若穷口腹之欲，每食必丹刀几，残馀之物，犹足饱数人，方盛暑时，未及下箸，多已臭腐，吾甚伤之。今欲除羊彘鸡鹅之类，人畜以食者，（牛耕犬警，皆资其用，虽均为畜，亦不可食。）姑以供庖，其馀川泳云飞之物，一切禁断，庶几少安吾心。凡饮食，但当取饱，若稍令精洁以奉宾燕，犹之可也。彼多珍异夸眩世俗者，此童心儿态，切不可为其所移，戒之戒之。

世之贪夫，溪壑无餍，固不足责。至若常人之情，见他人服玩，不能不动，亦是一病。大抵人情慕其所无，厌其所有，但念此物若我有之，竟亦何用？使人歆艳，于我何补？如是思之，贪求自息。若夫天性澹然，或学问已到者，固无待此也。

人士有与吾辈行同者，虽位有贵贱，交有厚薄，汝辈见之，当极恭逊己，虽官高亦当力请居其下，不然则避去可也。吾少时见士子有与其父之朋旧同席而剧谈大噱者[30]，心切恶之，故不愿汝曹为之也。

吾惟文辞一事，颇得名过其实，其馀自勉于善，而不见知于人，盖有之矣。初无愿人知之心，故亦无憾，天理不昧，后世将有善士，使世世有善士，过于富贵多矣，此吾所望于天者也。

居丧之礼，不可不勉，人固有体气素弱不能常去肉食者，礼亦许之，然亦不得已耳。至若寝苫于地[31]，东南卑湿，决不可行，食去盐酪，亦非南人所堪。如此之类，小有出入，固有不得已者。若夫饮酒及广设殽羞，以至招客赴食之类，乃可以守礼而不守者，亦是近世礼法陵夷遂至于此！汝辈各宜勉之，若不能人人皆行，则行者自行而已，兄弟相驳，亦无如之何也[32]。

诉讼一事，最当谨始，使官司公明可恃，尚不当为，况官司关节，更取货贿，或官司虽无心，而其人天资暗弱，为吏所使，亦何所不至？有是而后悔之，固无及矣。况邻里间所讼，不过侵占地界，逋欠钱物，及凶悖陵犯耳，姑徐徐谕之，勿遽兴讼也，若能置而不较，尤善。李参政汉老[33]，作其叔父成季《墓志》云‘居乡则以困畏不若人为哲’，真达识也。

吾居贫，不喜为人言，故知者少，今启手足之后，乃至不能办棺殓，度不免以累亲故，然当痛节所费，但或入土则已矣，更不可借口干人，以资他用。

九里袁家嶴大墓及太傅、太尉、左丞、少师、荣国夫人、康国夫人诸墓[34]，岁时切宜省视修葺。近岁族人不幸有残伐扰害者，吾竭力禁止之，虽遭怨詈诬讼者，皆不敢恤。一二年来，方似少止，以后固不可保，然已蒙郡中给榜严戒。他日援此有请，既非创始，必易为力，然须汝辈念念不忘，举措必当，然后可耳。

‘馀庆’藏书阁色色已具，不幸中遭扰乱，至今未能建立，吾寝食未尝去心。若神明垂祐，未死间或可遂志，万一赍志及泉，汝辈切宜极力了之，至祝至望。此阁本欲藏左丞所著诸书，今族人又有攘取庵中供赡储蓄及书籍者，则藏书于此，必至散亡,不若藏之于家,止为佛阁,略及奉安左丞塑像可也。此事本不欲书,然势不可不告子孙,言及于此,痛心陨涕而已。

子孙才分有限,无如之何,然不可不使读书。贫则教训童稚以给衣食,但书种不绝足矣。若能布衣草履,从事农圃,足迹不至城市,弥是佳事。关中村落有魏郑公庄㉟,诸孙皆为农,张浮休过之㊱,留诗云:'儿童不识字,耕稼郑公庄。'仕宦不可常,不仕则农,无可憾也。但切不可迫于衣食,为市井小人事耳,戒之戒之。

后生才锐者最易坏,若有之,父兄当以为忧,不可以为喜也。切须常加简束,令熟读经子,训以宽厚恭谨,勿令与浮薄者游处,如此十许年,志趣自成,不然其可虑之事盖非一端,吾此言后人之药石也,各须谨之,毋贻后悔。"(卷十五)

【注释】

① 齐元侯通:战国田齐宣王少子通。通字季达,谥元侯。因封于平原陆乡(今山东德州市平原县西南),遂以为氏。后世陆氏推为始祖。

② 放翁:南宋诗人陆游。字务观,号放翁,山阴(今浙江绍兴市)人。高宗绍兴中应礼部试,为秦桧所黜。孝宗时,赐进士出身,曾任镇江、隆兴通判。乾道六年(1170)入蜀,任夔州通判;八年,入四川宣抚使王炎幕府,投身军旅。后官至太中大夫、宝谟阁待制。淳熙末(1189)退居家乡,于镜湖边筑庐读书写作,取庐名"老学庵"。宁宗嘉定三年(1210)卒,年八十六。

③ 钱氏:即钱镠(liú)。唐昭宗景福二年(893)任镇海节度使,驻杭州。乾宁三年(896),浙东节度使、越州刺史董昌自立罗平国王,钱镠灭之,得越州,授镇海镇东节度使。后梁开平元年(907),为尚父,封吴越国王。宋太宗太平兴国三年(978),其孙钱俶献所据两浙十三州之地降宋。历五主,共七十二年。

④ 徒隶乘时,冠屦易位:两句意谓小人得势,上下颠倒。徒隶,服徭役犯人与低贱之民。

⑤ 夷于编氓:意谓贬低身份,成为编入户籍的平民。

⑥ 祥符中天子东封泰山:指大中祥符元年(1008)十月,宋真宗幸泰山行封禅事。

⑦ 太傅:指陆游高祖陆轸。字齐卿,大中祥符五年(1012)进士。仁宗时历官祠部员外郎、集贤校理,知会稽、明州,皇祐中以吏部郎中、直昭文馆守新定,分司南京。卒,年七十七。赠太傅、谏议大夫。

⑧ 四会:四遍。此句谓涂漆于棺仅四遍。古人生前置棺,须层层涂漆。《礼记·檀弓上》:"君即位而为椑,岁壹漆之藏焉。"椑(bì),内棺。后亦泛指棺材。

⑨ 鲁墟:古地名。在山阴鉴湖之北(今浙江绍兴市东浦镇鲁东村)。

⑩ 楚公:指陆游祖父陆佃。字农师,号陶山。少贫苦学,尝受经于王安石。熙宁三年(1070)进士,授蔡州推官,召补国子监直讲。元丰时擢中书舍人、给事中。哲宗朝,以修撰《神宗

实录》为人所议，徙知邓州、江宁府、秦州、海州等地。徽宗即位，召为礼部侍郎，命修《哲宗实录》，迁吏部尚书，拜尚书右丞，转左丞。后因劝阻徽宗不宜穷治元祐馀党，为谗者所诋，遂罢为中大夫、知亳州。数月卒，年六十一。追复资政殿学士，赠太师、楚国公。

⑪ 秦国夫人：或指秦鲁国大长公主。仁宗第十女，下嫁吴越王钱俶曾孙景臻。其子忱，娶唐介孙女，即公主之媳为陆游姨母。绍兴六年(1136)，游十二岁，尝随母唐氏往谒秦鲁国大长公主。

⑫ 太尉：指陆游曾祖陆珪。轸次子，妻边氏。官至国子博士，赠太尉。据《渭南文集》卷三十五《奉直大夫陆公墓志铭》："吴郡陆氏，方唐盛时号四十九枝，太尉枝最盛。唐末，自吴之嘉兴东徙钱塘。吴越王时，又徙山阴鲁墟。宋祥符中，赠太傅讳轸以进士起家，仕至吏部郎中、直昭文馆。太傅生国子博士、赠太尉讳珪，太尉生尚书左丞、赠太师、楚国公讳佃，太师生中散大夫、赠少师讳宰。少师八子，皆以文学政事自奋。"

⑬ 九里：地名。在山阴城南(今属绍兴市越城区)。陆氏祖茔地。

⑭ 四句偈(jì)：佛经中的偈颂。因四句合为一偈，故称。四句偈字数多寡不拘，往往涵盖佛法要义。佛教认为，以四句偈教人，或持受某四句偈，皆有大功德。

⑮ 金刚、法华、华严：佛经。《金刚经》，全称《金刚般若波罗蜜经》，以金刚喻智慧，可断烦恼；通行后秦鸠摩罗什译一卷本，禅宗南宗即以此经为重要典据。《法华经》，全称《妙法莲华经》，以莲华比喻佛所说教法的清净微妙；通行后秦鸠摩罗什译七卷本，为天台宗主要典籍。《华严经》，全称《大方广佛华严经》，宣说"法界缘起"与"顿入佛地"；通行东晋佛驮跋陀罗所译六十卷本、唐实叉难陀所译八十卷本，为华严宗主要典籍。

⑯ 黄老之学：战国、汉初道家学派。尊崇传说中的黄帝、老子为创始人，代表人物有齐稷下学者慎到、田骈、接子、环渊等。主张"清净无为""执道者生法而弗敢犯""阴阳备物，化变乃生"等观点。

⑰ 黄冠：道士之冠。亦借指道士。

⑱ 交梨火枣：道教所称仙果。北宋王逵《蠡海集·鬼神》："老氏之言交梨火枣者，盖梨乃春花秋熟，外苍内白，虽雪梨亦微苍，故曰交梨，有金木交互之义。枣味甘而色赤为阳，有阳土生物之义，故曰火枣。"

⑲ 欣戚：喜乐与忧戚。

⑳ 市道：谓商贾逐利之道。

㉑ 龃龉(jǔ yǔ)：上下牙齿不齐。喻不相投合，抵触。

㉒ 不闲：不娴熟，不精通。

㉓ 赋分(fèn)：天赋；资质。

㉔ 悬车：致仕。古人一般年七十辞官家居，废车不用，故云。

㉕ 倭船：倭国商贸之船。此句谓当时日本常有商船往来四明(今浙江宁波市)、临安(今浙江杭州市)等港口。

㉖ 治命:指人死前神智清醒时的遗嘱。后亦泛指生前遗言。

㉗ 寓人、寓马:木偶人、木偶马。用作陪葬的冥器。寓,通"偶"。

㉘ 孙曾:孙子和曾孙。亦泛指后代。

㉙ 数罟(cù gǔ)不入污池:谓细密的鱼网不入水塘。数,细密。罟,网。语出《孟子·梁惠王上》:"数罟不入洿池,鱼鳖不可胜食也;斧斤以时入山林,材木不可胜用也。"洿,同"污"。　弋不射宿:谓以带生丝的箭射鸟,不射归巢歇息的鸟。弋,以生丝系箭而射。宿,歇宿的鸟。语出《论语·述而》:"子钓而不纲,弋不射宿。"

㉚ 剧谈大噱(jué):畅谈大笑。

㉛ 寝苫于地:即"寝苫枕块"。铺草苫,枕土块。古时居父母丧之礼。《仪礼·既夕礼》:"居倚庐,寝苫枕块。"贾公彦疏:"孝子寝卧之时,寝于苫以块枕头。必寝苫者,哀亲之在草;枕块者,哀亲之在土云。"

㉜ 无如之何:指没有任何办法。

㉝ 李汉老:李邴,字汉老,北宋济州任城县(今山东济宁市)人。崇宁五年(1106)进士。高宗时,累官翰林学士,拜参知政事。绍兴五年(1135),上书言治国方略,不报。闲居十七年,卒于泉州,年六十二。谥文敏。

㉞ 荣国夫人:陆游姨母唐氏,嫁荣国公钱忱。忱字伯诚,吴越王俶五世孙;其父景臻,尚仁宗第十女秦鲁国大长公主,生忱。高宗时官至检校少保、泸州节度使。　康国夫人:秦鲁国大长公主。夫钱景臻,拜左领军卫大将军、驸马都尉,官至少师、安武军节度使,封康国公。

㉟ 魏郑公:唐大臣魏徵。字玄成,魏郡内黄(今河南安阳市内黄县西北)人,祖籍巨鹿下曲阳(今河北石家庄市晋州市西),一说馆陶(今属河北邯郸市)。少孤贫好学,曾为道士。隋末隶李密。密败,降唐。又为窦建德所获,任起居舍人。建德败,入唐为太子李建成洗马,劝建成早除李世民。及太宗即位,擢为谏议大夫。贞观三年(629),授秘书监,参与朝政。后官侍中,封郑国公。十七年卒,年六十四。赠司空、相州都督,谥曰文贞。魏郑公庄,在同州澄城县(今属陕西渭南市)北二十五里修善里。唐太宗所赐魏徵庄也,其子孙世居焉。

㊱ 张浮休:张舜民,字芸叟,号浮休居士,北宋邠州(今陕西咸阳市彬县)人。工诗画。治平二年(1065)进士,为襄乐令。元丰中,环庆帅高遵裕辟掌机密文字。元祐初,以馆阁校勘为监察御史,刚直敢言。徽宗立,擢右谏议大夫,居职才七日,上事已六十章。徙吏部侍郎,旋以龙图阁待制知定州,改同州。坐元祐党贬为楚州团练副使、商州安置。复集贤殿修撰,卒。绍兴中,追赠宝文阁直学士。张舜民《画墁集》卷四有《过魏文贞公旧庄》诗,曰:"破屋居人少,柴门春草长。儿童不识字,耕稼郑公庄。"

19. 记辛未廷试事

景泰辛未廷试①,盛预弥封②,徐侍讲珵受卷③,陈御史同年叔绍等监试④。正午忽大风骤起，黄尘涨天，侍讲曰："今日譬之人家纳妇赘婿，而变异若此，进士中他日其有小人偾事者乎⑤？"良久，一贡士纸卷为风所飏半空去，呼之至，乃浚县王越也。云文已成，尚有藁底在。盛谓叔绍："当入奏，庶不误此生三年。"叔绍遂执笔，至奏尾，思而未得。盛曰："以全盛典。"侍讲曰："当矣。"偕叔绍至兵科，适书奏监生皆已出，不得已，盛为自书之。既而得旨，礼部再给纸卷。是科诸进士纸卷皆盛手封，惟王越卷独长，成凯卷以病，录正不完，不得封。二卷人皆能识之。抑庵王先生谓成卷不胡说⑥，王越策能引《汉传》"士修于家，而坏于天子之廷"语⑦，众以其能言，皆传观焉。又是日东阁读卷，陈阁老已得三卷⑧，赴南房向西纸窗圈点，三卷外尚馀周舆等六七卷未有所归。盖先是二甲三甲卷皆陈手自判定，封置他所，商弘载至⑨，以两甲既皆定，因判六七卷之外封曰头等，予所亲见也。俄顷，王抑庵拉陈至户外附耳数语，陈仓皇入内，索所谓六七卷者，即得首卷，喜而入。颇闻此卷始得柯状元潜，而初三卷内换出一卷，则吴汇也⑩。（卷二十）

【注释】

① 景泰辛未廷试：景泰二年（1451）殿试。

② 弥封：将试卷上填写姓名处折角或盖纸糊住，以防止舞弊。此句谓叶盛参与弥封事。

③ 徐理：后改名有贞。参见第 142 页第 16 则注释⑦。　受卷：接取试卷。

④ 陈叔绍：以字行，闽县（今福建福州市）人。少无意科场，精《春秋》学，有司欲以明经辟之，弗就。年三十馀，补弟子员，始有仕进意。举正统十年（1445）进士，选监察御史。景泰初（1450），朝廷多故，台中建白弹击皆叔绍率先，升湖广按察副使，卒。

⑤ 偾（fèn）事：败事；把事情搞坏。

⑥ 抑庵王先生：王直，别号抑庵。参见第 129 页第 2 则注释⑤。

⑦ 汉传：此指《汉书·贾山传》。贾山，颍川（治今河南许昌市禹州市）人。孝文时，言治乱之道，借秦为喻，名曰《至言》，内云："夫士修之于家，而坏之于天子之廷，臣窃愍之。"

⑧ 陈阁老：陈循，字德遵，泰和（今属江西吉安市）人。永乐十三年（1415）进士第一，授翰林修撰。正统中，累进户部右侍郎兼学士。景泰二年（1451），进华盖殿大学士兼太子太傅。英宗复位，谪戍铁岭卫。石亨败后，循上疏自讼，释为民，一年卒。阁老，明代对内阁大学士的称呼。

⑨ 商弘载：商辂，字弘载，淳安（今浙江杭州市淳安县西北）人。举乡试第一，正统十年（1445）会试、殿试皆第一。终明之世，三试第一者惟辂一人而已。除翰林修撰，寻进学东阁。郕王监国，以陈循等荐，入内阁参议机务。景泰元年（1450），遣迎上皇于居庸关，进学士，为兵部左

侍郎兼左春坊大学士。英宗复位,不复用。成化三年(1467),宪宗召至京,命以故官。历兵部尚书、户部尚书兼文渊阁大学士、太子少保、吏部尚书、谨身殿大学士。在内阁十年,宦官汪直专权,辞官居家十年。二十二年卒,年七十三。赠太傅,谥文毅。著有《续资治通鉴纲目》二十七卷。

⑩ 颇闻等句:据《明景泰辛未科殿试金榜名录》:第一甲赐进士及第共三名,柯潜第一;第二甲赐进士出身共七十五名,吴汇第一,周舆第二,成凯第四十四;第三甲赐同进士出身共一百二十三名,王越第六。

20. 孟氏祖庭图记

世有可鄙庸人俗子,变雅为俗,易正为邪,冥行妄作①,强名解事,或从而妄自矜诩②,而不知遭其不幸者多矣,如所谓劈琴煮鹤、花上晒裈之类是已③。孔承文上舍尝惠予孔林数碑④,内一通题曰《孟氏祖庭图记》,卷第一皆界为格子,曰断机⑤,则有一妪一男;曰传食诸侯⑥,则车骑两两⑦;曰思孟传受⑧,则两人对坐;曰问利,曰问治国,则为王者、儒生坐立之状,且引堂下一牛⑨。既甚可鄙,其字画标目、书手刻工,尤为庸俗之甚,细观之,则其中隐隐有磨去字痕。唉!安知其非汉、唐时碑刻耶?此岂孟氏不才后人所为,或庸俗上官使然耶?政亦可惜。吾恐天地间似此者尚多,又奚伤乎是碑也。(卷二十三)

【注释】

① 冥行:盲目行事。

② 矜诩:夸耀。

③ 劈琴煮鹤:又作"焚琴煮鹤"。把琴劈成柴火烧了煮白鹤。喻糟蹋美好事物。 花上晒裈(kūn):在鲜花上晾晒裤子。喻杀风景,不文雅。北宋蔡絛《西清诗话》卷上:"李义山《杂纂》,品目数十,盖以文滑稽者。其一曰'杀风景',谓清泉濯足、花上晒裈、背山起楼、烧琴煮鹤、对花饮茶、松下喝道。"

④ 上舍:明监生之别称。参见第131页第5则注释①。 孔林:孔子及其后裔墓园。在曲阜城北门外。有古木、享殿、碑刻、石兽等。

⑤ 断机:又作"断织"。相传孟轲少时,废学归家,孟母方绩,因引刀断其机织,曰:"子之废学,若吾断斯织也。"轲因勤学自奋,师事子思,遂成大儒。事见西汉刘向《列女传·邹孟轲母》。

⑥ 传食:辗转受人供养。《孟子·滕文公下》:"后车数十乘,从者数百人,以传食于诸侯,不以泰乎?"一说传(zhuàn),客舍;传食,谓止息于诸侯客馆而受其饮食。

⑦ 两两:谓成双成对。

⑧ 思孟:子思与孟子。子思,孔子之孙伋,战国初学者。相传受业于曾子,以"中庸"为其说。后孟子受业于其门人,发扬其学,形成为思孟学派。

⑨ 引堂下一牛:齐宣王衅钟悲牛,孟子以为其有不忍之心,可以保民而王。见《孟子·梁惠王上》:"齐宣王问曰:'齐桓、晋文之事可得闻乎?'孟子对曰:'仲尼之徒,无道桓、文之事者,是以后世无传焉,臣未之闻也。无以,则王乎?'曰:'德何如,则可以王矣?'曰:'保民而王,莫之能御也。'曰:'若寡人者,可以保民乎哉?'曰:'可。'曰:'何由知吾可也?'曰:'臣闻之胡龁曰,王坐于堂上,有牵牛而过堂下者,王见之,曰:"牛何之?"对曰:"将以衅钟。"王曰:"舍之!吾不忍其觳觫,若无罪而就死地。"对曰:"然则废衅钟与?"曰:"何可废也?以羊易之!"不识有诸?'曰:'有之。'曰:'是心足以王矣。百姓皆以王为爱也,臣固知王之不忍也。'王曰:'然。诚有百姓者。齐国虽褊小,吾何爱一牛?即不忍其觳觫,若无罪而就死地,故以羊易之也。'曰:'王无异于百姓之以王为爱也。以小易大,彼恶知之?王若隐其无罪而就死地,则牛羊何择焉?'王笑曰:'是诚何心哉?我非爱其财而易之以羊也。宜乎百姓之谓我爱也。'曰:'无伤也,是乃仁术也,见牛未见羊也。君子之于禽兽也,见其生,不忍见其死;闻其声,不忍食其肉。是以君子远庖厨也。'"衅(xìn)钟,新铸钟成,杀牲以血涂之行祭。觳觫(hú sù),恐惧战栗貌。

21. 史官以心术为本

信史,古今所称。欧阳子曰[①]:"有欲书而不得书,有欲书而不敢书。"则遗漏,一也;讳,二也。曾南丰曰[②]:"公以龃龉终,功行不得在史氏记[③],藉令记之[④],当时好公者少,史其果可信欤?"则拘于著令[⑤],三也;偏私不公,四也。朱子曰[⑥]:"一时馆职,岂尽刘向、扬雄之伦。"则史官之才不足,五也。斯五者,盖当常有之,固不敢谓无于是乎。信史诚有未足信者矣。虽然,揭文安公尝论史官不当专尚史才[⑦],必以心术为本。而杨文贞公亦云[⑧]:"天下万世之事,当以天下万世之心处之,苟出于私意,无论厚薄,皆当获罪神明。"然则修史者,又必有揭、杨之心之才而后可。噫!"尽信书不如无书"[⑨],斯言其果信矣夫!(卷二十四)

【注释】

① 欧阳子:欧阳修,北宋大臣、文史学家。字永叔,号醉翁,晚年又号六一居士,吉州吉水(今属江西吉安市)人。仁宗天圣八年(1030)进士。因直言敢谏,曾贬知夷陵、滁州。后累官至翰林学士、枢密副使、参知政事。神宗熙宁五年(1072)卒,年六十五。谥文忠。其文理达情婉,为"唐

宋八大家”之一，与曾巩并称“欧曾”；其诗颇重气势而自然流畅，与梅尧臣并称“欧梅”；其词婉丽而承南唐馀风，与晏殊并称“晏欧”。曾与宋祁合修《新唐书》，独撰《新五代史》，又撰《六一诗话》《归田录》等。有《欧阳文忠公文集》。下引见《欧阳修全集》卷一百十一《论史馆日历状》："今时政记虽是两府臣寮修纂，然圣君言动有所宣谕，臣下奏议事关得失者，皆不记录，惟书除目、辞见之类，至于起居注亦然，与诸司供报公文无异。修撰官只据此铨次，系以月日，谓之日历而已。是以朝廷之事，史官虽欲书而不得书也。自古人君皆不自阅史，今撰述既成，必录本进呈，则事有讳避，史官虽欲书而又不敢书也。"

② 曾南丰：曾巩，北宋文学家。字子固，南丰(今属江西抚州市)人。世称南丰先生。嘉祐进士。尝奉召编校史馆书籍，官至中书舍人。元丰元年(1078)卒，谥文定。有《元丰类稿》五十卷，《隆平集》二十卷。下引见《元丰类稿》卷十二《先大夫集后序》："公卒以龃龉终，其功行或不得在史氏记，藉令记之，当时好公者少，史其果可信欤？"

③ 功行(xìng)：功绩和德行。

④ 藉(jiè)令：假使。

⑤ 著(zhuó)令：下令；责成。此处用为名词。

⑥ 朱子：朱熹，南宋学者。字元晦，一字仲晦，号晦庵，别称紫阳。祖籍徽州婺源(今属江西上饶市)，生于南剑州尤溪(今属福建三明市)，寓居建阳(今属福建南平市)。绍兴十八年(1148)进士及第，累官秘阁修撰。师事李侗，为二程四传弟子，南宋理学集大成者。讲学授徒五十馀年，世称"考亭学派"，亦称考亭先生。庆元六年(1200)卒，年七十一。谥曰文。著述主要有《四书章句集注》《诗集传》《周易本义》，及后人所辑《晦庵先生朱文公文集》《朱子语类》等。下引见《晦庵集》卷七十六《韩文考异序》："至于秘阁官书，则亦民间所献掌故，令史所抄，而一时馆职所校耳。其所传者，岂真作者之手稿？而是正之者，岂尽刘向、扬雄之伦哉？"

⑦ 揭文安：揭傒斯，元文学家。参见第138页第13则注释②。

⑧ 杨文贞：杨士奇，名寓，以字行，号东里，泰和(今属江西吉安市)人。家贫力学，授徒自给。建文初(1399)，用荐征授教授，修《太祖实录》，入翰林院充编纂官。成祖即位，改编修，入内阁典机务，进侍读。永乐中累迁翰林学士、左春坊大学士。仁宗即位，擢礼部侍郎兼华盖殿大学士。宣宗时，为《太宗实录》《仁宗实录》总裁官，在内阁与杨荣、杨溥同辅政，并称"三杨"。英宗即位方九龄，军国大政皆由太皇太后咨议三杨后裁定。正统之初，朝政清明，士奇等之力也。后宦官王振专权，士奇请辞，不允。因子杨稷杀人，致仕，忧虑不起。正统九年(1444)卒，年八十。赠太师，谥文贞。有司依法诛稷。有《东里集》九十三卷。下引见王直《抑庵文集》卷十一《少师泰和杨公传》："三朝史事，皆公总裁，是是非非，悉征诸实。每语同列曰：'天下万世之事，当以天下万世之心处之，如有一毫出于私意，不论厚薄，皆当获罪神明。'"

⑨ 尽信书不如无书：《孟子·尽心下》："尽信书，则不如无书。"书，本指《尚书》。后泛指一般史籍或图书。

22. 张泰拒石彪索瓶

张泰都督镇宁夏逾廿年[①]，绰有贤声。石彪充游击将军[②]，巡边，将至宁夏，有赵缙者，宁夏人，道语彪曰："都督家一古瓶，可宝也。"彪即为书，仍伪为石亨书[③]，使人索之。张得书不答，既而彪至，以不得瓶故，百方窘辱之，张殊不为意。最后使人要迫之[④]。其子中夜告之曰："彼时人[⑤]，何可拒！瓶所直仅百金耳。"张艴然不悦曰[⑥]："尔非张泰子矣！吾岂吝百金，顾此瓶吾祖宗所贻，岂可自我为权贵失之？彼总兵能百年，我总兵能百年否耶？"明日，泰称病不出，子袭官。往时刘征蛮为余道此事甚悉也[⑦]。（卷二十六）

【注释】

① 张泰：字季通，南直隶合肥县（今安徽合肥市）人。父麟，永乐中以陕西都司都指挥使镇守宁夏。泰少从父军中，宣德三年（1428），为宁夏左屯卫指挥使；八年，升陕西都司都指挥佥事。正统十三年（1448），为镇守宁夏总兵官。创置兵车及战车之法，构筑工事，边境赖以无虞。成化九年（1473）卒于家。宪宗恤赐优厚，敕修墓于宁夏镇（今宁夏银川市）城东十馀里处，遣使祭之。

② 石彪：渭南（今属陕西）人。石亨从子。初以舍人从军，骁勇敢战，善用斧。正统末（1449），积功至指挥同知。拒也先兵，颇有斩获，进署都指挥佥事。景泰改元，授游击将军，守备威远卫，每战必捷，迁至都督佥事。恃石亨势，多纵家人占民产，为给事中、御史所劾，景帝皆宥不问。寻充右参将，协守大同。及英宗复辟，召还，进都督同知，再以游击将军赴大同备敌，以功封定远伯。天顺二年（1458），充总兵官，为西北战功第一，进侯。彪势盛而骄，多行不义，谋镇大同，与亨表里握兵权，为帝所疑。三年，以凌侮亲王罪下狱，明年伏诛。　游击将军：明统兵官，在参将之下、守备之上。明都督府都督后已成空头官阶，统兵之官则须别加总兵、副总兵、参将、游击将军、守备、把总等名目。

③ 石亨：渭南（今属陕西）人。长相奇异，方面伟躯，美髯及膝，承父职为宽河卫指挥佥事。善骑射，能用大刀，每战必摧破。正统元年（1436），击败瓦剌军，迁都指挥佥事。三年，擢都指挥同知，充左参将，协守大同。十四年，进都督同知，败于也先军，单骑走归。郕王监国，以于谦荐为右都督，封武清伯，率兵守京师，以拒也先功进侯。景帝即位，命佩镇朔大将军印，帅京军三万巡哨大同，击败瓦剌军，加太子太师。于谦立团营，命亨为提督，充总兵官。景泰八年（1457），帝郊祀宿斋宫，疾作，不能行礼，召亨代祭，亨遂与张軏、曹吉祥等谋迎立英宗。既复辟，亨以首功进封忠国公。自此，骄横跋扈，势焰熏灼。弟侄家人冒功进官者五十馀人，部曲亲故窜名夺门籍得官

者四千馀人，两京大臣斥逐殆尽，挟私杀害于谦、范广等重臣，大兴冤狱等。天顺三年(1459)，坐从子石彪谋镇大同、凌侮亲王罪被劾。明年五月，以谋叛罪下诏狱，逾月瘐死。

④ 要(yāo)迫：要挟逼迫。

⑤ 时人：犹"时贵"。谓当时贵宠。

⑥ 艴(bó)然：恼怒貌。

⑦ 征蛮：明征蛮将军简称。为两广总兵官。《明史·职官志五》："总兵官、副总兵、参将、游击将军、守备、把总，无品级，无定员。总镇一方者为镇守，独镇一路者为分守，各守一城一堡者为守备，与主将同守一城者为协守。又有提督、提调、巡视、备御、领班、备倭等名。凡总兵、副总兵，率以公、侯、伯、都督充之。其总兵挂印称将军者，云南曰征南将军，大同曰征西前将军，湖广曰平蛮将军，两广曰征蛮将军，辽东曰征虏前将军，宣府曰镇朔将军，甘肃曰平羌将军，宁夏曰征西将军，交阯曰副将军，延绥曰镇西将军。"刘征蛮，未详何许人。

23. 于少保文山像赞

张遂郎中持文山像求题[①]，上有少保兼太子太傅兵部尚书钱塘于谦赞，且云于公座侧每悬置此像，数十年一日也。其辞曰："呜呼文山！遭宋之季，狗国忘身[②]，舍生取义，气吞寰宇，诚感天地。陵谷变迁[③]，世殊事异，坐卧小阁，困于羁系，正色直辞，久而愈厉。难欺者心，可畏者天，宁正而毙，弗苟而全。南向再拜，含笑九泉，孤忠大节，万古攸传[④]。我瞻遗像，清风凛然。"(卷三十)

【注释】

① 张遂：宪宗朝官户部郎中。成化五年(1469)，升两浙都转运盐使司运使。　郎中：明中枢六部属官。六部初置于洪武元年(1368)，各部设尚书、侍郎、郎中、员外郎、主事等官，隶中书省统辖。十三年，废中书省后，即升六部品秩。尚书为正二品，侍郎正三品，郎中正五品，员外郎从五品，主事正六品。　文山：文天祥，号文山。参见第 80 页第 13 则注释①。

② 狗国：为国捐躯。狗，通"殉"。

③ 陵谷：谓君臣高下易位或世事巨变。《诗经·小雅·十月之交》："高岸为谷，深谷为陵。"毛传："言易位也。"郑玄笺："易位者，君子居下，小人处上之谓也。"

④ 攸传：永久流传。

24. 海角亭记全文

钦、廉、雷在百粤[①]，距中国万里而远，郡南皆岸大洋[②]，而廉又居其折，故曰海角。有亭在城西南隅，昔人以是名之。岁远代易，废亦久矣。延祐三年秋[3]，余使过郡访其地，得于荒芜乱水之间，欲复之未能也。属之郡吏，曰诺。明年来告成，请记之。夫土木之靡，工人之用，虽未获谂[4]。至于云霞之映带[5]，坞陼之出没[6]，梦寐所历，犹见其处，亦殊方之胜概也[7]。然廉为侯邦[8]，亭有地胜，居是者虽拥高爵厚禄，亦往往有悲愤无聊之感者何哉？盖尝因是而亿之[9]，地僻远，加瘴疠，自古以来，非谪徙流离之士鲜至焉。故吾无为而得之，宜其人之戚戚尔也[10]。抑尝推昔朝廷之于士大夫[11]，苟非甚过极恶，未尝不欲曲受而优容之。万不得已，则又非深放远屏无以启其摧痛自反之忠。古之人臣思尧君而心魏阙者[12]，每惓惓于畎亩之间[13]，江海之上，彼萧墙之内[14]，固有负不扶不持之忧者多矣[15]。然则甚疏之者，乃所以甚亲之也。于此见圣王忠厚之至也。而居者从未思也，思而或未之求也。登斯亭者，有能驱去流俗之悲，涵养孤忠之气，把酒赋诗，凭高瞰远，反而求之，何往而不得所适哉！又岂独夸结构之华，从临眺之乐而已[16]。于是记之，俾刻亭上。后之览者，其不参有所感发矣乎！前翰林国史院编修官、今授将仕佐郎、海北海南道肃政廉访司管勾承发架阁库兼照磨高平范梈文[17]，承直郎佥海北海南道肃政廉访司事燕山大都题额。

此吾家所藏范德机先生《海角亭记》石本，书出汉八分隶[18]，先生笔也。惟草庐先生之次虞、范、揭、杨、欧阳圭斋、危太朴[19]，皆元之季世文章大家，当时刊刻誊写文集甚多，今予所见者，草庐《支言集》一百卷，虞道园《学古录》五十卷、《遗稿》六卷，范诗书坊本七卷，揭诗书坊本三卷，《揭曼硕集》五十卷、内阙十三卷，杨诗书坊本八卷，危有手笔诗文十馀册在危山处，予从潮州人家追还，其借去二册，止存一册，未分卷。他如草庐诸经著述，范《燕然》等诸稿，危《云林》等集，皆未尝见。圭斋虽宋学士所序，七年寓燕之作，亦皆不复可见，仅有其家近年收录三册耳。固予寡陋而然，要之其所存亦鲜矣。噫！诸公人品高下，固自有定论，而其文章论议，皆一代奇伟，后学所不可不知者。今仅逾百年，而皆不可得见，惜哉！吾家虞文有补遗，揭文有续录，欧阳有第三册，自馀有得则姑附漫录中，吾家子弟尚有以知予意也。（卷三十八）

【注释】

① 钦、廉、雷：元湖广行省海北海南道钦州路（治今广西钦州市）、廉州路（治今广西北海市合浦县）、雷州路（治今广东湛江市雷州市）。

② 大洋：指今北部湾。

③ 延祐：元仁宗年号（1314—1320）。

④ 获谂（shěn）：获知详尽。

⑤ 映带：景物相互衬托。

⑥ 坞陼（zhǔ）：土障与水滨。

⑦ 殊方之胜概：远方异域之美景。

⑧ 侯邦：犹“侯国”。侯爵封地。

⑨ 亿：疑忌。

⑩ 宜其人句：意谓平和那些人的忧惧。

⑪ 抑：于是；而且。表承接。

⑫ 魏阙：古代宫门两侧高台，其下为悬布法令之所，因以为朝廷之代称。《吕氏春秋·审为》：“中山公子牟谓詹子曰：‘身在江海之上，心居乎魏阙之下，奈何？’”

⑬ 惓惓（quán—）：忠心耿耿貌。《汉书·刘向传》：“欲终不言，念忠臣虽在甽亩，犹不忘君，惓惓之义也。”颜师古注：“惓惓，忠谨之意。”

⑭ 萧墙：古代宫室内作为屏障的矮墙，即照壁。借指内部。

⑮ 不扶不持：意谓尽力扶持、辅佐。不，助词，无义。用以足句或加强语气。

⑯ 从（zòng）：同“纵”。放纵。

⑰ 范梈（pēng）：元诗人。字亨父，一字德机，人称文白先生，清江（今江西宜春市樟树市西南）人。与虞集、杨载、揭傒斯并称“元诗四大家”。历官翰林院编修、海北海南道肃政廉访司照磨兼管勾、福建闽海道知事。天历三年（1330）卒，年五十九。有《范德机诗集》七卷。

⑱ 八分隶：汉字书体名。历来说法不一，或以为汉隶的波折向左右分开，形如八字。

⑲ 草庐先生：吴澄，字幼清，学者称草庐先生。参见第138页第13则注释①。 虞集：字伯生，号道园，人称邵庵先生。参见第81页第13则注释⑤。 范梈，见上注。 揭傒斯，字曼硕，谥文安。参见第138页第13则注释②。 杨载：字仲弘，浦城（今属福建南平市）人。延祐二年（1315）进士，授承务郎。官至宁国路总管府推官。有《杨仲弘集》八卷。 欧阳玄：字元功，号圭斋，祖籍庐陵（今江西吉安市），生于浏阳（今湖南长沙市浏阳市东北）。欧阳修后裔。延祐间为芜湖县尹，有贤声。历侍讲学士兼国子祭酒、翰林学士承旨，授湖广行省右丞致仕。至正十七年（1357）卒，年八十五。赠大司徒、柱国，封楚国公，谥文。有《圭斋文集》十五卷。 危素：字太朴，号云林，金溪（今属江西抚州市）人。少通五经，游吴澄、范梈之门。至正元年（1341）荐授经筵检讨，历翰林编修、太常博士、监察御史、工部侍郎、礼部尚书。二十年，拜参知政事。元亡，欲投井死，为寺僧所救，云：“国史，非公莫知。公死，是死国史也。”洪武二年（1369），授翰林侍讲学士。寻以亡国之臣谪居和州。五年忧恨而卒，年七十馀。有《说学斋稿》四卷、《云林集》二卷。

寓圃杂记

［明］王锜

《寓圃杂记》十卷，明王锜撰。锜字元禹，长洲（今江苏苏州市）人。世业农。家富，克身自约，常从长者游。学读书于其妇父刘草窗博，刻苦勤勉，故所通多，尤熟于史。一生隐而不仕，因自号苇庵处士，一号梦苏道人。弘治十二年（1499）卒，年六十七。

《寓圃杂记》载明洪武迄正统间朝野事迹，于吴中故实尤详。作者平生有所闻见即笔之，劝惩美刺，言必自衷，不顾忌讳。然亦失于摭拾琐屑，无关考据。

选文标题为原书所有。

1. 建　都

自五代以来,北虏侵我疆土,索我金帛,以宋太祖、太宗之继兴,终不能制。下至靖康之变①,尤不忍言,盖由所都非形势之地也②。胡元据有中国垂九十载,无复天理之可言。天生我太祖扫除之③。推戴之初,即欲宅形势④,以临中夏、御夷狄,故皆幸汴、幸洛,将幸关陕而还。斯时中原之地,久为胡马所践,继以寇盗,民不聊生,六骈所过⑤,率背空城⑥。于是定鼎江南⑦,以资兵食,而都北之志未尝一日忘也。且以燕城为元旧都,形势可以制虏,因以封我太宗焉⑧。及上登极,即广旧邸为皇城,频年驻跸⑨。当时群臣不知睿意所向,屡请南还,因出令曰:"敢有复请者,论以妖言。"于是,河南布政使周文褒等皆遭重罚⑩。自此基命始定,遂成万世之业。虽殽函之固莫能及矣⑪。永乐壬辰之后⑫,大驾频征沙漠,搜剿遗孽,屡抵巢穴而归。是则都燕之志,太祖实启之,太宗克成之也。(卷一)

【注释】

① 靖康之变:指宋靖康二年(1127)春,金兵破东京,掳徽宗、钦宗北还,北宋亡。

② 形势之地:险要之地。形势,地形险要。

③ 太祖:明开国皇帝朱元璋。谥曰高皇帝,庙号太祖。嘉靖十七年(1538),增谥开天行道肇纪立极大圣至神仁文义武俊德成功高皇帝。

④ 宅:开辟居住之处;定居。此指选择建都之地。

⑤ 六骈(fēi):亦作"六飞""六蜚"。古代皇帝车驾六马,疾行如飞,故名。后因以指称皇帝车驾或皇帝。

⑥ 率背:别本作"率皆"。犹言都是。

⑦ 定鼎:奠定国家政权。鼎,古代饮器,又为熟牲盛器,以青铜或陶土制成。圆鼎两耳三足,方鼎两耳四足。多用为宗庙礼器和墓葬明器。相传夏禹铸九鼎,历商至周,为传国重器。后遂以指代国家政权与帝位。元至正二十八年(1368)正月,朱元璋即皇帝位于应天府,国号大明,建元洪武。遂以应天府为南京,开封府为北京,凤阳府为中都,改元大都为北平。建文四年(1402)六月,燕王朱棣率军攻入南京,夺皇帝位,改明年为永乐元年(1403),以北平为北京,设行在六部。四年,诏建北京宫殿。七年,巡行北京,以太子监国南京。十四年,又营北京宫殿。十九年,正式迁都北京。

⑧ 太宗:朱棣,太祖第四子。洪武三年(1370),封燕王。十三年,就藩于北平。二十五年,皇

太子朱标病死，立其子朱允炆为皇太孙。三十一年，太祖崩，皇太孙即位，改年号建文，下诏削藩。建文元年(1399)，燕王以"奉天靖难"名义起兵，历时四年，夺皇帝位。永乐二十二年(1424)七月，崩于第五次北征回师途中。谥曰体天弘道高明广运圣武神功纯仁至孝文皇帝，庙号太宗；嘉靖十七年，改谥启天弘道高明肇运圣武神功纯仁至孝文皇帝，庙号成祖。

⑨ 频年驻跸：连年出行驻留。驻跸，帝王出行途中作短暂停留。

⑩ 布政使：明行省三司之一承宣布政使司长官，掌一省之政。《明史·职官志四》："承宣布政使司：左、右布政使各一人，从二品；左、右参政，从三品；左、右参议，无定员，从四品。参政、参议因事添设，各省不等，详诸道。经历司经历一人，从六品；都事一人，从七品。照磨所照磨一人，从八品；检校一人，正九品。理问所理问一人，从六品；副理问一人，从七品；提控案牍一人。司狱司司狱一人，从九品。库大使一人，从九品；副使一人。仓大使一人，从九品；副使一人。杂造局、军器局、宝泉局、织染局，各大使一人，从九品；副使一人。"行省三司，指承宣布政使司、提刑按察使司、都指挥使司。参见第134页第8则注释①。　周文褒：永嘉(今浙江温州市)人。学行卓越，善楷书。永乐四年(1406)登进士第，擢河南左布政使。惠政及人，声誉赫然。十五年，与人合疏言建都北京非便，谪均州太和山(今湖北十堰市武当山)为民。又，十九年，北京皇宫奉天、华盖、谨身三殿毁于火，群臣复议迁都不便，帝大怒，杀主事萧仪。

⑪ 殽(yáo)函：殽山和函谷关(在今陕西渭南市潼关县东至河南三门峡市灵宝市西南)。西汉贾谊《过秦论》："秦孝公据殽函之固，拥雍州之地。"

⑫ 永乐壬辰：指永乐十年(1412)。此与史载未合。永乐初，故元势力相互混战，已分为瓦剌、鞑靼、兀良哈三部。七年二月，成祖遣使漠北，为鞑靼太师阿鲁台所杀。七月，以淇国公丘福为征虏大将军，率师十万讨鞑靼，战不利，全军覆没。八年二月，成祖统五十万大军亲征，破鞑靼，可汗本雅失里远遁，阿鲁台降。十二年三月，再率五十万亲征瓦剌，明年瓦剌马哈木谢罪请朝贡，然明军亦损失惨重。二十至二十二年，又三次亲征漠北，其中，两征鞑靼，所获甚微。最后一次北征回京途中，成祖崩于榆木川(今内蒙古呼伦贝尔市海拉尔区)。故成祖五次亲征漠北，始于永乐八年，非十年也。

2. 英宗复辟

景皇帝之八年正月[①]，病久不能朝，外议稍籍籍[②]。王冢宰直与诸大臣议请旧太子某监国[③]，太上还内[④]。议毕，具本，时正月十四日，以灯假有妨，候十六日早进，其稿留于礼部尚书姚夔家[⑤]。诸臣中有一人泄其议，其贪功喜事若曹、石诸人知之[⑥]，遂亟造谋，先于十五夜，部聚整定，至四鼓，斩关而入，亦有内应者，遂成"南城之计"。而前诸臣之议竟寝焉。英宗既复辟，虽赏诸人之功，而恒不悦，以其有轻朝廷之心,后皆不得其终。成化初[⑦],姚为冢宰,尝以其稿出示郎中陆昶[⑧],且曰:“朝廷本无事,但庸人扰之。兼亦无迎藩之谋[⑨],特以此诬于谦辈之死耳。”昶向为余言如此。(卷一)

【注释】

① 景皇帝:景帝朱祁钰。正统十四年(1449)八月土木之变后,以郕王监国,寻登皇帝位,改元景泰。景泰八年(1457)正月夺门之变,英宗复辟,废帝仍为郕王。未几病逝,年三十。赐谥曰戾。成化十一年(1475)二月,宪宗恢复郕王帝号,加谥恭仁康定景皇帝,无庙号。南明弘光元年(1645),增谥符天建道恭仁康定隆文布武显德崇孝景皇帝,加庙号代宗。

② 籍籍:众口喧腾貌。

③ 王冢宰直:王直。参见第129页第2则注释⑤。冢宰,周官名。亦称太宰,为六卿之首,主国政,统百官。后世因以为宰相之称。亦用于天子居丧日,授之以代为听政。王直时任吏部尚书,吏部为六部之首,故称冢宰。　旧太子某:指宪宗朱见深。参见第140页第14则注释①。

④ 太上:指英宗朱祁镇。土木之变后,英宗被俘,郕王即皇帝位,遥尊英宗为太上皇帝。

⑤ 姚夔:字大章,桐庐(今属浙江杭州市)人。正统七年(1442)进士,乡、会试皆第一。明年授吏科给事中,陈时政八事,立见施行。劝郕王即帝位有功,擢南京刑部右侍郎。景泰四年(1453),改礼部,奉敕考察云南官吏。天顺二年(1458)改吏部,七年,代石瑁为礼部尚书。成化五年(1469),迁吏部尚书。有干能,朝议不定,每一言立决,加太子少保。九年卒,年六十。谥文敏。故英宗复辟时,姚夔官礼部右侍郎,非为尚书。此则所述,与史未合。

⑥ 曹、石:指曹吉祥、石亨。景泰八年(1457)正月,景帝病重。十二日,诸臣议建储事。十四日,疏进,帝不允;武清侯石亨、副都御史徐有贞、宦官曹吉祥等谋立太子不如复上皇。十六日,王直、于谦等会诸大臣,请复立沂王为皇太子,推大学士商辂草疏,疏成日暮,未奏。是日夜,以曹吉祥为内应,石亨率兵千馀,会合徐有贞等,自长安门直入南宫,簇拥上皇出。十七日早四更,入奉天殿,英宗复位。此则记石亨等夺门之时为正月十五日夜至十六日晨,与史略有出入。

⑦ 成化:明宪宗年号(1465—1487)。姚夔为吏部尚书,在成化五年。

⑧ 陆昶:字孟昭,常熟(今属江苏苏州市)人。景泰二年(1451)进士。历吏部郎中,官至福建参政,以谗归。

⑨ 兼:而且;并且。表层进。　迎藩之谋:指英宗复辟后,石亨、徐有贞诬于谦等谋迎立襄王之子,谦坐谋逆,处极刑。

3. 景泰帝上宾[①]

景皇帝八年正月十二日,方郊[②],忽呕血不能成礼而还。出居外殿,惟太医董速与宦者二十馀人侍，日则进药，夜则处榻前。十三日，少保于谦请见，恳帝视事。十四日，帝令速诊脉，奏曰："圣体安矣。"帝曰："明当受朝。"十五日早起，服汤药，具衣冠。将出，闻夜漏未尽[③]，因和衣假卧以待旦，不觉酣寝，左右莫敢惊。及日以高，遽命放朝，曰："姑俟明日。"至夜，曹、石诸人诣南城请太上复辟，声彻帝所。帝命宦者升高四望，遥见火光自延安宫来[④]，帝曰："大兄做皇帝，吾无天之人[⑤]。"此虽出于人谋，亦帝天禄之终也。董速亲见其事如此。（卷一）

【注释】

① 上宾：谓作客于天帝之所。指帝王去世。

② 郊：郊祀。古代天子于郊外祭祀天地。南郊祭天，北郊祭地。

③ 夜漏：夜间时刻。漏，古代滴水记时之器。

④ 延安宫：即英宗为太上皇时所居南宫。

⑤ 无天之人：谓无天禄之人。天禄，天赐福禄。喻帝位。

4. 罗 侍 郎

宣德中[①]，吉水罗公汝敬刚直不屈[②]，为权贵所挤，以工部侍郎兼翰林修撰，出使交趾回，过吴中，适大理卿熊槩巡抚[③]，肆作威福。大家巨族少被诬构，随至抄没，冤号之声，上闻于天。公见而不忍，且与槩有乡里之好，出以阴骘为谕[④]，槩岸然不省，为之益甚。公至京谒见，陈使事毕，具以槩事奏上，其言甚切。上览之恻然曰："事有甚于此者！"即日召槩回，以周文襄往代[⑤]。自此东南荐安矣[⑥]。锜六岁时，侍先君可竹府君之侧[⑦]，闻与客言公事甚详，若有感荷之意。不幸早孤，其详不复记忆，止记疏中有"暂疏法网"一言，因书其大概。且闻罗之使有一仆，死于交，其王范一金人与仆身略等[⑧]，用以偿公，公拒而不受。其奉使得体又如此云。（卷二）

【注释】

① 宣德：明宣宗年号（1426—1435）。

② 罗汝敬：名简，以字行，吉水（今属江西吉安市）人。永乐二年（1404）进士，选庶吉士。预修实录，升侍讲。洪熙元年（1425），仁宗初登极，汝敬上书言政事，改监察御史，寻以忤旨入狱。未几，仁宗崩，汝敬脱罪。宣德二年（1427）六月，安南国反，击明军于昌江。十一月，以李琦为礼部左侍郎、罗汝敬为工部右侍郎出使安南，赦黎利，立陈暠为安南国王。明年五月，黎利上书奏陈

罵死,子孙绝后,请求镇守交趾待命,朝廷再派汝敬等册立黎利。后巡抚陕西,一方仰赖。致仕。正统四年(1439)卒,年六十八。

③ 熊槩:字元节,丰城(今属江西宜春市)人。永乐九年(1411)进士,授御史。十六年,擢广西按察使,调广东。宣宗时,升大理寺卿,巡抚南畿、浙江等地。其执法严厉,奸民惮之,常有谤书上闻。官至都御史。宣德九年(1434)卒。 巡抚:古代偶有派官员巡抚各地之举,非专设之官。明洪武时敕遣皇太子巡抚陕西为始,至宣德时乃于关中、江南等处专设巡抚,后遂与总督同为地方长官。

④ 阴骘:犹“阴德”。暗中做有德之事。此指阴骘文,即劝善书。

⑤ 周文襄:周忱,字恂如,吉水(今属江西吉安市)人。永乐二年(1404)进士,选庶吉士。授刑部主事,进员外郎。忱有经世才,浮沉郎署二十年,未得升迁。洪熙改元,以夏原吉荐,稍迁越府长史。宣德五年(1430),以大学士杨荣荐,迁工部右侍郎,巡抚江南诸府,总督税粮。正统初,又巡视淮安、扬州盐务,整理盐课亏欠。后为权贵所劾,以工部尚书致仕。景泰四年(1453)卒,年七十三。谥文襄。

⑥ 荐安:连续安宁。荐,再,又,接连。

⑦ 府君:对已故者的敬称。此指王锜之父。锜早孤。

⑧ 范:模子,制作器物的模型。此处用为动词。

5. 李祭酒荷枷

正统间[①],李时勉为祭酒[②],多所造就,六堂师生[③],敬而爱之,私号曰古廉先生。又拟其有沧海之量、父母之心,亦不为过也。中官王振生辰[④],诸大臣皆往贺,先生独不往。振衔之,坐以擅斫文庙前古木为不敬,特置“百斤枷”,命枷先生与司业赵琬、掌馔金鉴。有一枷特重数斤,为先生设也。金曰:“鉴年颇壮,当荷此。”先生曰:“老夫筋骨甚坚。”即以自荷。诸生司马询等数百人上章伏阙愿代[⑤],三日方得苏[⑥],稍迟皆死矣。不半年,恳求致仕,振犹以为恨,削其恩礼焉[⑦]。(卷二)

【注释】

① 正统:明英宗年号(1436—1449)。

② 李时勉:名懋,以字行,安福(今属江西吉安市)人。永乐二年(1404)进士,选庶吉士。预修《太祖实录》,授刑部主事,改翰林侍读。性刚鲠,直言敢谏。十九年,三殿大火,上书陈十五事,又言迁都北京之非,忤帝意。洪熙元年(1425),上疏言事,仁宗怒甚,命武士以金爪拉其胁,拽出下狱。岁馀,宣宗即位,命使者缚以来,已而又命武将即缚斩西市,毋入见。幸前后相错,使者已

缚时勉从旁门入。宣帝遥见,骂曰:“尔小臣,敢触先帝!疏何语?趣言之。”时勉曰:“臣言谅暗中不宜近妃嫔,皇太子不宜远左右。”上怒少解。寻释其狱,得复原官。正统三年(1438),以《宣宗实录》成,进学士,掌院事兼经筵官。六年,为国子监祭酒。十二年,致仕。景泰元年(1450)卒,年七十七。谥文毅。成化五年(1469),从其孙颙请,改谥忠文,赠礼部侍郎。

③ 六堂:明国子监博士厅所设肄业之所,为明独创。明国子监,设祭酒一人从四品,司业一人正六品,掌国学诸生训导之政令。其属有:绳愆厅监丞一人正八品,掌参领监务、坚明约束、纠惩过错;博士厅五经博士五人从八品,人专一经,兼习四书;下分率性、修道、诚心、正义、崇志、广业六堂,助教十五人从八品,学正十人正九品,学录七人从九品,掌士子肄业、导约规矩;典簿厅典簿一人从八品,掌文移金钱出纳支受;典籍厅典籍一人从九品,掌书籍;掌馔厅掌馔二人,未入流,掌饮馔。

④ 王振:英宗朝宦官。参见第131页第4则注释①。

⑤ 伏阙:拜伏于宫阙下。多指直接向皇帝上书奏事。

⑥ 苏:解救;拯救。据《明史·李时勉传》:“初,时勉请改建国学,帝命王振往视,时勉待振无加礼。振衔之,廉其短,无所得。时勉尝芟彝伦堂树旁枝,振遂言时勉擅伐官树入家。取中旨,与司业赵琬、掌馔金鉴并枷国子监前。官校至,时勉方坐东堂阅课士卷,徐呼诸生品第高下,顾僚属定甲乙,揭榜乃行。方盛暑,枷三日不解,监生李贵等千馀人诣阙乞贷。有石大用者,上章愿以身代。诸生圜集朝门,呼声彻殿庭。振闻诸生不平,恐激变,及通政司奏大用章,振内惭。助教李继请解于会昌侯孙忠。忠,皇太后父也。忠生日,太后使人赐忠家,忠附奏太后,太后为言之帝。帝初不知也,立释之。”

⑦ 恩礼:谓尊上对下礼遇。

6. 郭登镇云中

正统十四年,定襄伯郭登镇大同[①]。英宗驾在虏庭,犬羊悔过[②],送驾直至城下,登闭门不纳。英宗传旨曰:“朕与登有亲[③],何外朕如此?”登遣人奏曰:“臣奉朝廷命守城,不敢擅弃。”终不出见。虏复奉驾而去。天顺元年[④],上思其事,止夺登伯爵,命守甘州[⑤]。圣度之广如此。(卷三)

【注释】

① 郭登:字元登,濠(今安徽滁州市凤阳县东北)人。出身武将。洪熙时授勋卫。正统中,从王骥征麓川有功,擢锦衣卫指挥佥事;又从沐斌征腾冲,迁都指挥佥事。英宗亲征瓦剌,登扈从至大同,拜都督佥事充参将,佐总兵官刘安镇守。也先掳英宗,要挟大同守军出降,登紧闭城门,谋

遣壮士劫营迎驾，不果。景帝监国，进登都督同知，令代刘安为大同总兵官。又以追袭敌兵有功，封定襄伯。瓦剌再犯大同，挟英宗至城外，声言送圣驾还。登设计埋伏兵，也先不敢入。景泰二年(1451)，登以老疾乞休，举石彪自代。英宗复辟，登惧不免，寻命掌南京中府事。天顺二年(1458)，被劾论斩，宥死降都督佥事，命守甘肃立功赎罪。宪宗即位，诏复伯爵，充甘肃总兵官。成化八年(1472)卒。赠侯，谥忠武。

② 犬羊：对外敌的蔑称。此指元裔瓦剌。

③ 有亲：有姻亲关系。太祖宁妃郭氏，郭登曾祖营国公郭山甫之女。

④ 天顺元年：英宗复辟，改景泰八年为天顺元年(1457)。据《明史·郭登传》，登被劾夺爵，命守甘肃，在天顺二年。此则所记，与史未合。

⑤ 甘州：明隶陕西行都指挥使司，治甘肃镇(今甘肃张掖市)。洪武五年(1372)十一月置。陕西行都司下辖甘州五卫(左、右、中、前、后)及肃州卫(治今甘肃酒泉市)、山丹卫(治今甘肃张掖市山丹县)、永昌卫(治今甘肃金昌市永昌县)、镇番卫(治今甘肃威武市民勤县)、庄浪卫(治今甘肃兰州市永登县)、西宁卫(治今青海西宁市)、凉州卫(治今甘肃威武市)共十二卫，并直辖镇夷(治今甘肃张掖市高台县罗城乡西北)、高台(治今甘肃张掖市高台县)、古浪(治今甘肃威武市古浪县)三个守御千户所。

7. 祝大参活人

参政祝公颢惟清在晋藩时①，汾州妖人以天顺六年五月五日作乱②，自称天王，僭年号曰天福。时公分部其地③，闻实，即戎服驰往，贼已就擒，凡十六人，指同谋者甚众，皆其素仇。同官以逆党欲悉置极刑，公曰："诸人同谋，何不齐举，而遽发若是？且胁从罔治，况攀援者乎④？"遂奏释之，得活千有馀人。尝与使者同决崞县囚七人⑤，已伏质者五人⑥，二人者次当⑦，遽发嗟叹，公急止问之。囚曰："我罪不当死，苦于恶刑而诬伏。今见公仁慈，故敢衔哀求辩也。"公语使者曰："几误杀二人矣！宜为别白。"使者不从，公称疾以缓之。使者问病，公曰："某以无罪者当死，故为腹心之病耳。"使者悟，因而两囚得出。公之慎狱如此。若其政化之美，不可概举。成化丙戌⑧，公遂悬车之请，锜以契家子⑨，间得参侍，从容问公居官之要，公曰："吾为给事居刑科，凡奏谳者⑩，屡为驳正，必使平反乃止。虽职多纠劾，惟责人以大义，未尝以帷箔阴私污辱士夫⑪。在官几三十年，不妄笞人至死，亦不以喜怒加赏罚。惟此而已。"锜再拜曰："仁人长者之言也。"佩服以退。后公享有多福，寿考令终⑫，今孙允明为吴中巨儒⑬，非公积德之报欤！（卷四）

【注释】

① 祝颢：字惟清，长洲（今江苏苏州市）人。正统四年（1439）进士，授刑科给事中。景泰间升山西布政使司左参议，未几迁右参政。天顺中，汾州妖人作乱，颢以罪坐首事，不欲多伤善类。行部封内，往往驻车民间，兴利除弊，助学重教。成化初罢归，归二十年卒，年七十九。著有《侗轩集》。

② 汾州：明汾州隶山西行省，治汾阳（今属山西吕梁市）。

③ 分部：部署；分派。此处意谓巡行所辖境域，考核政绩。

④ 攀援：追随；依附。

⑤ 崞县：明山西太原府崞县（治今山西忻州市原平市崞阳镇）。

⑥ 伏质：亦作"伏锧"。古代腰斩之刑。施刑时，罪犯裸身伏于砧上，故称。质，通"锧"，砧。亦泛指处死。

⑦ 次当：依次当斩。

⑧ 成化丙戌：成化二年（1466）。

⑨ 契家：通好之家。王锜亦长洲人，其父辈与祝颢通好。王锜著《寓圃杂记》，祝颢之孙允明为之序。

⑩ 奏谳（yàn）：对狱案提出处理意见，报请朝廷评议定案。

⑪ 帷箔：帷幕与帘子。借指内室，隐私。

⑫ 寿考令终：谓长寿而善终。

⑬ 允明：字希哲，因生而枝指，故自号枝山，又号枝指生。祝颢之孙。少攻文词，多奇气；又善书，笔法遒劲。与唐寅、文徵明、徐祯卿并称"吴中四才子"。弘治五年（1492）举人，屡赴省试不第。年五十五，方除惠州府兴宁知县。进应天府通判，致仕。嘉靖五年（1526）卒，年六十七。有《怀星堂集》三十卷。

8. 张　学　士

张士谦学士作文[①]，不险怪，不涉浅，若行云流水，终日数篇。凡京师之送行、庆贺，皆其所作，颇获润笔之资[②]。或冗中为求者所逼，辄取旧作易其名以应酬。有除郡守者，人求士谦文为赠。后数月，复有人求文送别驾[③]，即以守文稍易数言与之。忘其同州也。二人相见，各出其文，大发一笑。（卷四）

【注释】

① 张士谦：张益，字士谦。参见第 127 页第 1 则注释④。据《明史·张益传》："（益）博学强记，诗文操笔立就，三杨雅重之。"

② 润笔:写稿的酬金。

③ 别驾:明府州佐官通判,正六品。宋于诸州设通判,近似别驾一职。后世因沿称通判为别驾。

9. 元敬乞米诗

元敬自幼读书讲解①,必至究竟,好与老儒先生游。累试不就,泊如也②。作文与杨君谦、祝希哲齐名③。年始三十,其纪志诸书,积稿已至数十卷。或闻事关古今之奇怪者,必汲汲访其地④,求其人,得其详乃归;不得,则数日忘返,其好古至此。最喜济人之急,尤爱食客,所有辄尽,尽则解衣为质⑤,故屡空焉。一岁除夕绝粮,作诗寄故人朱尧民⑥,曰:"岁云暮矣室萧然,牢落生涯只旧膻⑦。君肯太仓分一斗⑧,免教人笑灶无烟。"尧民储钱千文,为新岁之用,遂分半赠之,亦好义之士也。(卷五)

【注释】

① 元敬:都穆,字元敬,吴县(今江苏苏州市)人。七岁能诗,杜门笃学。弘治十二年(1499)进士。官至太仆少卿,致仕。辞归,居阊门南濠里,郡人称南濠先生。尝奉使至秦中,访其名胜遗迹,作《西使记》;又搜金石遗文,作《金薤琳琅》。据《江南通志》卷一百六十五:"归老之日,斋居萧然,日事雠讨(对)。或至乏食,辄笑曰:'天壤间当不令都生饿死,晏如也。'"

② 泊如:恬淡无欲貌。

③ 杨君谦:杨循吉,字君谦,吴县(今江苏苏州市)人。成化二十年(1484)进士,授礼部主事。好读书,每得意手足踔掉不能自禁,因获"颠主事"之名。多病,弘治初致仕归,年才三十一。结庐姑苏支硎山下课读经史。武宗驻跸南京,召赋《打虎曲》称旨,易武士装日侍御前,帝以俳优待之,不授官,循吉以为耻而辞归。嘉靖中卒,年八十九。其诗文自定为《松筹堂集》。

④ 汲汲:心情急切貌。

⑤ 解衣为质:脱下衣服作为抵押。质,(以财物)抵押。

⑥ 朱尧民:朱凯,字尧民,长洲(今江苏苏州市)人。与同里朱存理齐名,时称"二朱先生"。不仕,读书著述于家。据《江南通志》卷一百六十五:"日挟策呻吟,求昔人理言遗事而识之,对客举似如引绳贯珠,纚纚不能休,吴中故实往往借以考焉。"正德中卒。文集散佚不传。

⑦ 牢落:孤寂;无聊。　旧膻:原先烧煮牛羊肉留下的气味。

⑧ 太仓:京师储谷大仓。此处泛指大谷仓。

10. 吴中近年之盛

吴中素号繁华，自张氏之据[①]，天兵所临，虽不被屠戮，人民迁徙实三都、戍远方者相继[②]，至营籍亦隶教坊[③]。邑里潇然，生计鲜薄，过者增感。正统、天顺间，余尝入城，咸谓稍复其旧，然犹未盛也。迨成化间，余恒三四年一入，则见其迥若异境，以至于今，愈益繁盛，闾檐辐辏，万瓦甃鳞[④]，城隅濠股，亭馆布列，略无隙地。舆马从盖，壶觞罍盒[⑤]，交驰于通衢。水巷中，光彩耀目，游山之舫，载妓之舟，鱼贯于绿波朱阁之间，丝竹讴舞与市声相杂。凡上供锦绮、文具、花果、珍羞奇异之物，岁有所增，若刻丝累漆之属，自浙宋以来，其艺久废，今皆精妙，人性益巧而物产益多。至于人材辈出，尤为冠绝。作者专尚古文，书必篆隶，骎骎两汉之域[⑥]，下逮唐、宋未之或先。此固气运使然，实由朝廷休养生息之恩也。人生见此，亦可幸哉。（卷五）

【注释】

① 张氏：张士诚。元末割据江南，定都平江（今江苏苏州市）。参见第 112 页第 42 则注释⑦。

② 人民迁徙实三都：指明洪武、永乐间，迁徙人民充实中都（凤阳）、南京、北京。洪武三年（1370）六月，迁江南民十四万于凤阳；二十二年，命湖、杭、温、台、苏、松诸郡无田之民，往耕淮河迤南滁、和等处闲田；永乐元年（1403）八月，徙苏州等十府、浙江等九省富民实北京。

③ 营籍：官妓。唐宋时，官妓隶属于州县官府乐籍，以伎乐歌舞为官府宴会侑酒助兴，故亦称酒妓或饮妓。明代官妓隶属礼部教坊司，不再侍奉官吏。　教坊：古代管理宫廷乐舞官署，专管雅乐以外乐舞百戏的教习、演出等事务。

④ 万瓦甃（zhòu）鳞：形容屋瓦砖壁密集排列。

⑤ 壶觞罍（léi）盒：泛指酒器。

⑥ 骎骎（qīn—）：渐进貌。唐李翱《故处士侯君墓志》："每激发，则为文达意，其高处骎骎乎有汉魏之风。"

11. 云 林 遗 事

倪云林洁病[①]，自古所无。晚年避地光福徐氏[②]。一日，同游西崦，偶饮七宝泉，爱其美，徐命人日汲两担，前桶以饮，后桶以濯。其家去泉五里，奉之者半年不倦。云林归，徐往谒，慕其清秘阁[3]，恳之得入。偶出一唾，云林命仆绕阁觅其唾处，不得，因自觅，得于桐树之根，遽命扛水洗其树不已。徐大惭而出，其不情如此[4]。后家渐替[5]，往游江阴，有习里夏氏馆之[6]，所奉大不如意，因染痢，秽不可近，卒。夏以小棺葬于近地，其墓尚存。后人皆传云林为太祖投溷厕中死[7]，尽恶其太洁而诬之也。其遗址今为周济广所居[8]，济广最知其详。（卷六）

【注释】

① 倪云林：倪瓒，元末画家。初名珽，字元镇，号云林子、幻霞子、荆蛮民等，无锡（今属江苏）人。家富，工诗善书画，四方名士日至其门。为人有洁癖。至正初（1341），忽散尽家财，浪迹太湖、泖湖一带。擅画水墨山水，宗董源，参以荆浩、关仝技法，创"折带皴"写山石。所作意境清远萧疏，与黄公望、王蒙、吴镇合称"元四家"。洪武七年（1374）卒，年七十四。存世作品有《渔庄秋霁图》《梧竹秀石图》等。诗文有《清閟阁集》十二卷。

② 光福：古镇名。在太湖东岸邓尉山下（今属江苏苏州市吴中区）。

③ 清秘阁：又作"清閟阁"。倪瓒家藏书阁。据《明史·倪瓒传》："所居有阁曰清閟，幽迥绝尘，藏书数千卷，皆手自勘定。古鼎、法书、名琴、奇画陈列左右，四时卉木萦绕其外，高木修篁蔚然深秀，故自号云林居士，时与客觞咏其中。"

④ 不情：不近人情。

⑤ 渐替：逐渐衰落。

⑥ 习里：地名。在江阴州西（今江苏无锡市江阴市西）。

⑦ 溷（hùn）厕：厕所。

⑧ 周济广：名紘，以字行，无锡人。读书于外家金氏。攻医，遂精其术，疡疹妇人诸科，无不通晓，名满吴中。成化中，以明医征至京师，引疾还。

12. 江 阴 奇 事

江阴有焦某，为太祖旧人，屡召不赴。将使人搜索，焦忽自荷鸡酒由御道直入。太祖喜其至，以其物付光禄治具[1]，其饮甚欢，出金银角三带[2]，命其自取以官之，焦取其角，授以千户[3]。数日，径出高桥门[4]，挂冠带于桑间而归。正统初，有刘士宗者，颇读书，语言斩绝[5]。常守莫愚贪酷[6]，士宗抱不平，奏其不法数十事。上命大臣置辩于午门外[7]，两人不伏，大宗伯胡公濙以乡人稍劝解[8]。士宗即大诟曰："汝欲愚庇其家而坏朝廷法耶！"历数其过，声振禁闼[9]。诸臣以莫能为吏，而士宗言有

理,奏两释之。故江阴有“焦千户直行天子道,刘士宗大闹六科廊”之语,以为奇事。(卷七)

【注释】

① 光禄:光禄寺,朝廷事务机构之一。隋唐至宋设有九寺,为太常、宗正、光禄、卫尉、太仆、大理、鸿胪、司农、太府等,分掌朝廷各方面事务。辽、金、元有所削减,至明亦减为五寺,即大理、太常、光禄、太仆、鸿胪。各寺长官为“卿”,副官为“少卿”。据《明史·职官志二》:“(大理)掌审谳平反刑狱之政令。”大理寺在明前期权位较重,与刑部、都察院合称“三法司”,朝廷重大案件常由“三法司”会审,“初审,刑部、都察院为主,覆审,本寺为主”。但中期以后,大理寺执法权被夺,仅限审阅案卷而已。又据《职官志三》:“(太常)掌祭祀礼乐之事,总其官属,籍其政令,以听于礼部”;“(光禄)掌祭享、宴劳、酒醴、膳羞之事,率少卿、寺丞官属,辨其名数,会其出入,量其丰约,以听于礼部”;“(太仆)掌牧马之政令,以听于兵部”;“(鸿胪)掌朝会、宾客、吉凶仪礼之事。凡国家大典礼、郊庙、祭祀、朝会、宴飨、经筵、册封、进历、进春、传制、奏捷,各供其事。外吏朝觐,诸蕃入贡,与夫百官使臣之复命、谢恩,若见若辞者,并鸿胪引奏。”

② 金银角三带:指金带、银带、角带。古代官服腰带饰以金属、兽角等,有革、玉、金、银、角等差别,其制度各代不同,亦多变易。据《明会典》卷五十八《洪武礼制》:“公服,一品玉带,二品花犀带,三品金鈒花带,四品素金带,五品银鈒花带,六品、七品素银带,八品、九品乌角带。”

③ 千户:由金女真族军事组织“猛安”演绎而来。参见第 20 页第 14 则注释③。元沿置,其军制设“千夫长”;有千户所,隶属于万户府,下统百户所。明卫所兵制亦设千户所,千户为一所之长官,驻重要府州,统兵一千一百二十人,分为十个百户所。

④ 高桥门:明南京外郭城门之一。明初建都南京,筑有宫城、皇城、京城、外郭四重城垣。外郭依山水之势修建,共有十八座城门,今皆不存。高桥门在外郭东南。

⑤ 斩绝:形容语气锋芒毕露,不留馀地。

⑥ 莫愚:临桂(今广西桂林市)人。由乡举为工部郎中。宣德五年(1430),以尚书蹇义、胡濙荐,擢知常州府。秩满,郡民乞留,诏进二阶复任。

⑦ 午门:帝王宫城正门,群臣待朝或候旨之处。此指明北京宫城正门。

⑧ 大宗伯:本周官名。春官之长,掌邦国祭祀、典礼等事。明称礼部尚书为大宗伯。 胡濙:字源洁,武进(今江苏常州市)人。建文二年(1400)进士,授兵科给事中。永乐元年(1403),迁户科都给事中。五年,奉成祖之命赴各地追寻建文帝下落,十四年乃还,迁礼部左侍郎。宣宗即位,擢礼部尚书。景帝时,加太子太师。英宗复位,求去。濙历事六朝近六十年,为人节俭宽厚,喜怒不形于色,能以身下人,中外皆称耆德。天顺七年(1463)卒,年八十九。赠太保,谥忠安。

⑨ 禁闼(tà):宫廷门户。亦指宫廷。

13. 脂 麻 通 鉴

郡人有韦政者，貌大不检[①]，人称之曰韦大夫。平生好讦[②]，凡官吏之贪酷，豪强之侵渔[③]，人所不能直者[④]，被其讦，讦则必去其人乃已。宣德、正统间，累系狱几死，后得脱，避祸余乡者久之。政素不读书，好大言，偶记君臣故事数则，往往对客谈之，谈毕寂然无声。盖已罄矣。一日，从父玉涧翁酒间戏谓曰："如君之所谈，'脂麻通鉴'耳[⑤]。"盖吴人爱以脂麻点茶，鬻者必以纸裹而授。有一鬻家藏旧书数卷，旋摘为用，市人得其所授，积至数叶视之，乃《通鉴》也。其人取以熟读，每对人必谈及，或扣其蕴[⑥]，则实告曰："我得之脂麻纸上，仅此而已，馀非所知也。"故曰"脂麻通鉴"。（卷九）

【注释】

① 貌大不检：形容表情、言语夸张而不加约束。

② 好讦(jié)：喜欢责人之过或揭人阴私。

③ 侵渔：侵夺；侵吞牟利。

④ 直：有理；正义。

⑤ 脂麻：即芝麻。又称胡麻、油麻。　通鉴：此指编年体通史《资治通鉴》，北宋司马光撰。"脂麻通鉴"，暗讽仅获表面点滴知识便夸夸其谈者。

⑥ 扣其蕴：探问其深义。扣，同"叩"。求教；探问。蕴，深奥的涵义。

14. 董 用 和

松江将董用和在京师时[①]，其寓舍与于侍郎谦相对[②]。用和生子，亲友致贺礼，定日会客。先已发书，至日，宰牲陈设已毕，忽闻于公丧母，举哀于家。用和曰："于公有丧，而吾家燕客，非人情也。"遂辍饮，且令人遍告诸客，请易他日。人甚异焉。用和一日与同官叶盛退朝[③]，并辔徐行，暑日方中，用和行愈缓，叶不能堪，曰："君何不策马？"用和曰："子以热乎？"叶曰："然。"用和曰："我与子热，马独不热耶？"终不加鞭。其性度如此。（补遗）

【注释】

① 董用和：别本作“蒋黄门用和”。蒋性中，字用和，松江上海（今上海市）人。宣德二年（1427）进士，授兵科给事中。议节冗食以养骁勇，迁江西右参议。明叶盛《水东日记》卷二十九《六科旧僚题名·兵科》录其名。后以疾致仕归，建乐耕堂、勤织堂，躬耕养母，不以私干人。

② 于侍郎谦：于谦，宣德、正统间为兵部侍郎。参见第 129 页第 2 则注释⑥。

③ 叶盛：字与中，昆山（今属江苏苏州市）人。参见第 125 页《水东日记》题解。正统十年（1445）进士，授兵科给事中。故此则言用和与叶盛“同官”。

菽园杂记

[明] 陆容

《菽园杂记》十五卷，明陆容撰。容字文量，号式斋，太仓州（今属江苏苏州市）人。少与同郡张泰、昆山陆釴齐名，称『娄东三凤』。成化二年（1466）进士。授南京主事，进兵部职方郎中。西番进狮子，奏请大臣往迎，容谏止之。迁浙江参政，罢归。

《菽园杂记》以记史实掌故为主。《四库全书总目提要》曰：『是编乃其札录之文，于明代朝野故实，叙述颇详，多可与史相考证。旁及谈谐杂事，皆并列简编。』作者记述议论，不蹈袭前人，颇多创见。大学士王鏊罢归吴中，尝语其门人曰：『本朝纪事之书，当以陆文量为第一。』即指此书也。

选文标题为编者所拟。

1. 端午放炮

朝廷每端午节,赐朝官吃糕粽于午门外,酒数行而出。文职大臣仍从驾幸后苑,观武臣射柳[①],事毕皆出。上迎母后幸内沼,看划龙船,炮声不绝。盖宣德以来故事也。丙戌岁[②],炮声无闻,人疑之。后闻供奉者云:是日,内官奏放炮,上止之云:"酸子闻之[③],便有许多议论也。"上之顾恤人言如此[④],可以仰见圣德矣。(卷一)

【注释】

① 射柳:辽金时的一种竞技游戏。在场上插柳,驰马射之,中者为胜。源于古鲜卑族秋祭时驰马绕柳枝三周的仪式。《金史·礼志八》:"皇帝回辇至幄次,更衣,行射柳、击球之戏,亦辽俗也,金因尚之。凡重五日拜天礼毕,插柳球场,为两行,当射者以尊卑序,各以帕识其枝,去地约数寸,削其皮而白之。先以一人驰马前导,后驰马以无羽横镞箭射之。既断柳,又以手接而驰去者为上;断而不能接去者次之;或断其青处,及中而不能断,与不能中者为负。每射,必伐鼓以助其气。"明代射柳之法有异于前。据清刘献廷《广阳杂记》卷一:"永乐时,禁中有剪柳之戏。剪柳,即射柳也。陈眉公云:'胡人以鹁鸽贮葫芦中,悬之柳上,射之。射中葫芦,鸽辄飞去,以飞之高下为胜负。往往会于清明端午日,名曰射柳。'"

② 丙戌:此指宪宗成化二年(1466)。

③ 酸子:犹"酸丁"。旧时对贫寒而迂腐的读书人嘲讽性的称呼。此处指文臣。

④ 顾恤:顾念怜惜。

2. 陈镒得民

吾苏陈僖敏公镒为都御史巡抚陕西时[①],用法宽平,临事简易。数年间,雨旸时若[②],年谷屡登[③]。民信爱之,以其美髯鬣[④],呼为胡子爷爷。尝以议事还朝,民讹传得代,遮道借留者数千人。公谕以当复来,始稍稍散去。及其复来,焚香迎候亦然。民父母及身有疾者,发愿为公舁轿[⑤],则不事医药祈祷,辄愈。一出行台,人争舁之,虽禁之不息也。及公去,有画像事之者。其得民如此。代公者欲惩其弊,而济之以猛,识者亦以为宜,然民虽阳畏而阴实怒之。且旱潦相仍[⑥],边事日作,非复昔时之气象矣。故善论公者,以为非但其德有以惠乎民,而其福之庇乎民者亦博矣。(卷一)

【注释】

① 陈镒：字有戒，吴县（今江苏苏州市）人。永乐十年（1412）进士，授御史。历湖广、山东、浙江副使，皆有声。英宗即位，擢右副都御史镇守陕西，解军民饥馁之困。进右都御史，迁左都御史。凡三镇陕，先后十馀年，陕人戴之。景泰四年（1453），以疾致仕，卒。赠太保，谥僖敏。

② 雨旸时若：谓雨晴适时，气候调和。语本《尚书·洪范》："曰肃，时雨若；曰乂，时旸若。"

③ 登：庄稼成熟。

④ 髯鬣（rán liè）：胡须。

⑤ 舁（yú）轿：抬轿。

⑥ 旱潦（lào）相仍：谓干旱与水涝相继。

3. 吴中山歌第一曲

吴中乡村唱山歌，大率多道男女情致而已。惟一歌云："南山脚下一缸油，姊妹两个合梳头。大个梳做盘龙髻[①]，小个梳做扬篮头[②]。"不知何意。朱廷评树之尝以问予[③]，予思之。翼日报云："此歌得非言人之所业本同[④]，厥初惟其心之趣向稍异，则其成就遂有大不同者。作如是观，可乎？"树之云："君之颖悟过我矣。作如是观。"此山歌第一曲也。（卷一）

【注释】

① 盘龙髻：指妇女盘绕卷曲的发髻。

② 扬篮：亦作"飏篮"。江浙农家扬谷工具。据明徐光启《农政全书》卷二十四："飏篮，篮形，如簸箕而小，前有木舌，后有竹柄。农夫收获之后，场圃之间所踩禾穗糠粃相杂，执此攘而向风掷之，乃得净谷。不待车扇，又胜箕簸，田家便之。"此处"扬篮头"，即妇女把头发梳成扬篮形。

③ 廷评：又称"廷平""廷尉平""廷尉评"。官名。汉时为廷尉属官，隋唐时属大理寺，称为大理寺评事，掌平决诏狱事。宋以后沿之，为大理寺属官。

④ 所业：所操职业。此句及下文，意谓从事同一职业的人，其志趣不同，所取得的成就也不同。

4. 甲　申　科

本朝开科取士，京畿与各布政司乡试，在子午卯酉年秋八月[①]。礼部会试，在辰丑未戌年春二月[②]。盖定规也。洪武癸未[③]，太宗渡江。天顺癸未[④]，贡院火。皆以其年八月会试，明年三月殿试，于是二次有甲申科。贡院火时，举人死者九十馀人。好事者为诗云："回禄如何也忌才[⑤]，春风散作礼闱灾[⑥]。碧桃难向天边种，丹柱翻从火里开。豪气满场争吐焰，壮心一夜尽成灰。曲江胜事今何在[⑦]？白骨棱棱漫作堆[⑧]。"至今诵之，令人伤感。或云苏州奚昌元启作。（卷二）

【注释】

① 子午卯酉：应作"子卯午酉"。明科举乡试，每三年（逢子、卯、午、酉年）一考，五年两考。

② 辰丑未戌：应作"丑辰未戌"。会试在乡试第二年举行，亦三年（逢丑、辰、未、戌年）一科，由礼部主持。参见第131页第5则注释①。

③ 洪武癸未：即永乐元年（1403）。建文元年（1399），燕王朱棣起兵"靖难"，革除"建文"年号，仍称"洪武"。四年六月，强渡大江，攻入南京，即皇帝位，以洪武三十五年为纪，改明年为永乐元年。明年即癸未年，二月礼部会试以故延至八月。永乐二年为甲申年，三月殿试，故有定规之外甲申科。

④ 天顺癸未：指天顺七年（1463）。是年二月礼部贡院大火，改八月复试。明年甲申年，正月英宗崩，宪宗即位，三月殿试，再为甲申科。而焚死举人皆赠进士及第，世称"孤魂及第"。

⑤ 回禄：传说中的火神。

⑥ 礼闱：会试。因其为礼部主持，故称。

⑦ 曲江：即曲江池，位于长安城东南。秦为宜春苑，汉为乐游原，有水流曲折，故称。隋改名芙蓉园，唐复名曲江。为长安士民中和、上巳等盛节游赏胜地。"曲江胜事"，指自唐中宗神龙始，进士登科，皇帝均赐宴曲江上，题名雁塔。

⑧ 棱棱（léng—）：形容高耸突起。

5. 讨债秀才

僧慧暕涉猎儒书而有戒行。永乐中，尝预修《大典》，归老太仓兴福寺。予弱冠犹及见之，时年八十馀矣。尝语坐客云："此等秀才，皆是讨债者[①]。"客问其故，曰："洪武间，秀才做官，吃多少辛苦，受多少惊怕，与朝廷出多少心力，到头来，小有过犯，轻则充军，重则刑戮，善终者十二三耳。其时士大夫无负国家，国家负天下士大夫多矣。这便是还债的。近来，圣恩宽大，法网疏阔。秀才做官，饮食衣服，舆马宫室，子女妻妾，多少好受用，干得几许好事来？到头全无一些罪过。今日国家无负士大夫，天下士大夫负国家多矣。这便是讨债者。”还债、讨债之说，固是佛家绪馀[②]，然谓今日士大夫有负朝廷，则确论也。省之，不能无愧。（卷二）

【注释】

① 讨债：佛教以为，“子以三因缘生：一者，父母先世负子钱；二者，子先世负父母钱；三者，怨家来作子”。凡子生百日、千日便死，便是怨家来讨前生未了之债。见《阿含口解十二因缘经》。俗因称夭殇儿女为“讨债鬼”。亦用于夫妇、父子之间。清王有光《吴下谚联·无冤不成夫妇无债不成父子》：“父负子，人谓其子讨债块；子负父，人谓其子还债货。”

② 绪馀：抽丝后留在蚕茧上的残丝。借指事物之残馀或主体之外所剩馀者。

6. 自 净 之 风

京畿民家，羡慕内宫富贵，私自奄割幼男[①]，以求收用。亦有无籍子弟[②]，已婚而自奄者。礼部每为奏请，大率御批之出，皆免死，编配口外卫所[③]，名净军。遇赦，则所司按故事奏送南苑种菜[④]。遇缺，选入应役。亦有聪敏解事，跻至显要者。然此辈惟军前奄入内府者，得选送书堂读书，后多得在近侍，人品颇重。自净者[⑤]，其同类亦薄之。识者以为朝廷法禁太宽，故其伤残肢体，习以成风如此。欲潜消此风，莫若于遇赦之日，不必发遣种菜，悉奏髡为僧[⑥]；私蓄发者，终身禁锢之。则此风自息矣。（卷二）

【注释】

① 奄割：阉割。奄，通“阉”。

② 无籍：亦作“无藉”。无赖。刁顽耍奸、为非作歹之徒。

③ 口外：亦称“口北”。泛指长城以北地区。

④ 南苑：御苑名。因在皇宫之南，故名。历代所指不一。明南苑，在北京永定门外，又名“南海子”。据《明一统志》卷一：“南海子，在京城南二十里，旧为下马飞放泊，内有按鹰台。永乐十二年，增广其地，周围凡一万八千六百六十丈，乃域养禽兽、种植蔬果之所。中有海子，大小凡三，其水四时不竭，汪洋若海。以禁城北有海子，故别名曰南海子。”

⑤ 自净：犹“自宫”。男子割去自己生殖器，自毁其身。

⑥ 髡（kūn）：古代剃去男子头发之刑。

7. 张 倬 聪 敏

张倬,山阴人。景泰初,为昆山学训[①]。年未三十,以聪敏闻。典史姜某体肥[②],尝戏张云:“二十三岁小先生。”倬应云:“四五百斤肥典史。”有玙僧会者[③],尝对客云:“儒教虽正,不如佛学之博。如僧人多能读儒书,儒人不能通释典是也。本朝能通释典者,宋景濂一人而已[④]。”倬云:“譬如饮食,人可食者,狗亦能食之;狗可食者,人决不食之矣。”此虽一时戏言,亦自可取。(卷二)

【注释】

① 学训:明代府州县儒学训导。据《明史·职官志四》:“儒学:府,教授一人,从九品;训导四人。州,学正一人,训导三人。县,教谕一人,训导二人。教授、学正、教谕,掌教诲所属生员,训导佐之。”此处张倬为昆山县学训导。

② 典史:明县级属官,掌文移出纳。据《明史·职官志四》:“县,知县一人,正七品;县丞一人,正八品;主簿一人,正九品。其属,典史一人。”

③ 僧会:明县级僧官,掌一县僧尼事务。据《明史·职官志四》:“府僧纲司,都纲一人,从九品;副都纲一人。州僧正司,僧正一人。县僧会司,僧会一人。”此处僧会名玙。

④ 宋景濂:宋濂,字景濂。参见第136页第11则注释②。

8. 江西民俗勤俭

江西民俗勤俭,每事各有节制之法,然亦各有一名。如吃饭,先一碗不许吃菜,第二碗才以菜助之,名曰“斋打底[①]”。馔品[②],好买猪杂脏,名曰“狗静坐”,以其无骨可遗也。劝酒果品,以木雕刻彩色饰之,中惟时果一品可食,名曰“子孙果盒”。献神牲品,赁于食店[③],献毕还之,名曰“人没分”。节俭至此,可谓极矣。学生读书,人各独坐一木榻,不许设长凳,恐其睡也,名曰“没得睡”,此法可取。(卷三)

【注释】

① 斋打底:谓以素食垫肚。

② 馔(zhuàn)品:食物;菜肴。

③ 赁:租借。

9. 祸及无辜

国初,江岸善崩,土人谓有水兽曰猪婆龙者搜抉其下而然[①]。适朝廷访求其故,人以猪与国姓同音,讳之,乃嫁祸于鼋[②]。上以鼋与元同音,益恶之,于是下令捕鼋。大江中,鼋无大小,索捕殆尽。老鼋逃捕者,不上滩浅,则以炙猪为饵钓之。众力掣不能起,有老渔云:“此盖四足爬土石为力耳。当以瓮穿底,贯钓缗而下,瓮罩其头,必用前二足推拒,从而并力掣之,则足浮而起矣。”如其言,果然。猪婆龙,云四足而长尾,有鳞甲,疑即鼍也[③],未知是否。闻鼋之大者能食人,是亦可恶,然搜抉江岸,非其罪也。夫以高皇之聪明神智,人言一迁就,祸及无辜如此。则朋党狱兴之时,人之死于迁就者,可胜言哉!(卷三)

【注释】

① 猪婆龙:亦称“鼍龙”“扬子鳄”。爬行动物,吻短,体长两米多,背、尾有鳞甲。力大,性贪睡,穴居江河岸边。

② 鼋:俗称“绿团鱼”。爬行动物,鳖科。吻短,背甲近圆形,暗绿色,腹白。栖于江河水流较缓处及湖泊深水中。

③ 鼍(tuó):即猪婆龙。

10. 高皇见苏州老妪

高皇尝微行至三山街[①],见老妪门有坐榻,假坐移时[②],问妪为何许人,妪以苏人对。又问张士诚在苏何如,妪云:“大明皇帝起手时[③],张王自知非真命天子,全城归附,苏人不受兵戈之苦,至今感德。”问其姓氏而去。翌旦,语朝臣云:“张士诚于苏人,初无深仁厚德,昨见苏州一老妇,深感其恩。何京师千万人无此一妇也?”洪武二十四年后,填实京师[④],多起取苏、松人者以此。(卷三)

【注释】

① 三山街:在南京老城西,近三山门(水西门),其东有夫子庙。明初为京城商业中心。

② 假坐移时:借坐一段时间。

③ 起手:动手或下手。元至正二十六年(1366)八月,朱元璋改筑应天城(今江苏南京市)、作新宫,命徐达、常遇春率师二十万讨张士诚。明军下湖州、馀杭等地,十一月围平江(今江苏苏州市)。明年九月克之,执士诚,吴地平。

④ 填实京师:指洪武间迁徙人口充实南京。参见第172页第10则注释②。

11. 内官职事之变

洪武中,内官仅能识字,不知义理①。永乐中,始令吏部听选教官入内教书。正统初,太监王振于内府开设书堂,选翰林检讨、正字等官入教②,于是内官多聪慧知文义者。然其时职专办内府衙门事③,出差者尚少。宣德间,差出颇多,然事完即回。今则干与外政,如边方镇守、京营掌兵、经理内外仓场,提督营造、珠池、银矿、市舶、织染等事,无处无之。尝在通州遇张太监,交址人④,云永乐年间,差内官到五府六部禀事⑤,内官俱离府部官一丈作揖;路遇公侯驸马伯,下马旁立。今则呼唤府部官如呼所属,公侯驸马伯路遇内官,反回避之,且称呼以翁父矣。(卷四)

【注释】

① 义理:此指儒家经义等学问。

② 翰林检讨、正字:明翰林院属官。参见第127页第1则注释③。正字,初属翰林院,后属詹事府,从九品。

③ 内府衙门:明内府有十二监四司八局。十二监:曰司礼,掌督理皇城内一应仪礼刑名及钤束长随;曰御用,掌造办御前所用木具玩器;曰内宫,掌朝廷营造宫室、陵墓、妆奁、器用、冰窖诸事;曰御马,掌御厩诸事;曰司设,掌卤簿、仪仗、帷幕诸事;曰尚宝,掌宝玺、敕符、将军印信等;曰神宫,掌太庙各庙洒扫、香灯等事;曰尚膳,掌御膳、及宫内食用及筵宴诸事;曰尚衣,掌御用冠冕、袍服及履舄之事;曰印绶,掌铁券、诰敕、贴黄、印信、勘合、符验、信符诸事;曰直殿,掌各殿及廊庑扫除事;曰都知,初掌各监行移、关知、勘合之事,后惟随驾前导警跸。又四司:曰惜薪,掌所用薪炭之事;曰宝钞,掌造粗细草纸;曰钟鼓,掌出朝钟鼓及内乐杂戏;曰混堂,掌沐浴之事。又八局:曰兵仗,掌制造兵器、火药等;曰巾帽,掌宫内使、驸马、藩国诸骑尉帽靴;曰针工,掌制宫中衣服;曰内织染,掌染造御用及宫中应用缎匹;曰酒醋面,掌宫内食用酒醋、糖酱、面豆诸物;曰司苑,掌蔬菜瓜果;曰银作,掌打造金银器饰;曰浣衣,掌宫人年老及罢废者之居所,惟此局不在皇城内。以上总谓之曰"二十四衙门"。此外,又有内府供用库、司钥库、内承运库等处。

④ 交址:即交趾(治今越南河内市)。

⑤ 五府六部：指明中央军事机构五军都督府和行政机构六部（吏、户、礼、兵、刑、工）。参见第134页第8则注释①、第129页第2则注释④。

12. 猫 儿 庄

大同猫儿庄①，本北国入贡正路。成化初，北使有从他路入者，上因守臣之奏，许之。时姚文敏公夔为礼书②，奏请筵宴赏赐一切杀礼③。北使有后言，姚令通事谕旨云④："故事，迤北使臣进贡⑤，俱从正路入境，朝廷有大筵宴相待。今尔从小路来，疑非迤北头目，故只照他处使臣相待耳。"北使不复有言，人以为得驭夷之体。（卷四）

【注释】

① 猫儿庄：在大同府以北长城外（今内蒙古察哈尔右翼前旗东南）。

② 姚夔：字大章，谥文敏。参见第165页第2则注释⑤。 礼书：礼部尚书。姚夔时任此职。

③ 杀（shài）礼：减省礼仪。杀，减省。

④ 通事：明提督四夷馆属官。据《明史·职官志三》："提督四夷馆，少卿一人，正四品，掌译书之事。自永乐五年，外国朝贡，特设蒙古、女直、西番、西天、回回、百夷、高昌、缅甸八馆，置译字生、通事。通事初隶通政使司，通译语言文字。"

⑤ 迤：向；往。

13. 松江僧上府官疏

"昔公孙弘对策于汉武之朝①，有曰：'心和则气和，气和则形和，形和则声和，声和则天地之和应矣。故阴阳和，甘露降，五谷登，六畜蕃，嘉禾兴，朱草生，山不童②，泽不涸。此和之至也。'《中庸》曰：'致中和，天地位焉，万物育焉③。'观今日上下之心，和邪，不和邪？伤天地之和气者谁欤？使盲风怪雨发作者谁欤？凶年饥岁，老弱将转乎沟壑矣。思天下有溺由己溺之，思天下有饥由己饥之者④，又谁欤？庖有肥肉，厩有肥马，民有饥色，野有饿莩⑤。当此之时，为民父母，不以由己饥之、由己溺之之心处之，而泛泛然迎请超果寺观音大士至普照⑥，有同儿戏。具文之祷祈，安能召和气而回戾气哉！为今之计，莫若讲行救荒之政，平籴价以纾民力，行赈济以救饥贫，放商税以通客旅，清狱讼以伸冤枉，察吏奸以禁贿赂，抑小人以扶君子，通下情以疗民瘼[7]。凡可以弭灾异、召和气者，尽心力而为之。忧国愿丰，出于一念之诚，则大士不须祈祷，而慧日自呈。人事和而天理见，惟阁下留意。幸甚。”此松江僧顺昌《祈晴上府官疏》。凡僧人文字，多道佛之灵异，及奉佛利益，未有能自指斥其无益者。国初名僧，如復见心辈[8]，亦不免此。此僧独出正论，且以为“有同儿戏”，可谓超乎流俗者矣，读之起敬。（卷四）

【注释】

① 公孙弘：字季，西汉留川国薛（今山东潍坊市寿光市纪台镇）人。少为狱吏。年四十馀始治《春秋公羊传》。建议设五经博士，置弟子员。以熟悉文法吏治，武帝命以为丞相，封平津侯。元狩二年（前121）薨。谥曰献。

② 童：山岭、土地无草木。《管子·侈靡》：“山不童而用赡，泽不弊而养足。”

③ 致中和三句：意谓推极中和，则天地安其所，万物遂其生。

④ 思天下两句：意谓视天下之疾苦由自己所造成，因而有为天下解除痛苦之责。语出《孟子·离娄下》：“禹思天下有溺者，由己溺之也；稷思天下有饥者，由己饥之也。是以如是其急也。”溺，陷于危难困苦之境。

⑤ 饿莩（piáo）：饿死的人。莩，通“殍”。

⑥ 超果寺：在定海岱山岛（今浙江舟山市岱山县）。五代后晋天福二年（937）建，初名“资福寺”。北宋治平二年（1065），赐额为“超果寺”。今存。　观音大士：即观世音菩萨。唐时避太宗讳，省称“观音”。佛教大乘菩萨，以为大慈大悲、救苦救难、有求必应。相传其道场在浙江普陀山。　普照：寺名。在松江府治西。唐为“大明寺”，宋改今额，明洪武中重建。

⑦ 民瘼：人民疾苦。

⑧ 復见心：来復，字见心，丰城（今属江西宜春市）人。从笑隐于中竺。洪武初，以高僧征，仕至左觉义，后坐文字狱死。有诗名。

14. 范文正公荫庇后人

范希荣者，文正公之裔孙[1]。其先有为京官者，因家京师。尝与他商行货[2]，道遇暴客[3]，见其姿美，问之曰：“汝非秀才乎？”希荣曰：“然。吾本范文正公之后。”暴客曰：“好人子息也[4]。”凡舟中之货，悉令认留，不取而去。文正公之荫庇后人矣，虽暴客犹知爱之，况他人乎！（卷四）

【注释】

① 文正公:范仲淹,字希文,苏州吴县(今江苏苏州市)人。北宋名臣。历仕真宗、仁宗两朝,官至参知政事、陕西四路宣抚使。卒谥文正。

② 行货:贩运货物。

③ 暴客:强盗;盗贼。

④ 子息:子嗣。指传宗接代的人。

15. 京师元日拜年

京师元日后①,上自朝官②,下至庶人,往来交错道路者连日,谓之拜年。然士庶人各拜其亲友,多出实心。朝官往来,则多泛爱不专。如东西长安街,朝官居住最多。至此者,不问识与不识,望门投刺③,有不下马或不至其门,令人送名帖者,遇黠仆应门④,则皆却而不纳,或有闭门不纳者。在京仕者,有每旦朝退即结伴而往,至入更酣醉而还。三四日后,始暇拜其父母。不知此何风俗,亦不知始于何年,闻天顺间尚未如此之滥也。(卷五)

【注释】

① 元日:正月初一。

② 朝官:中央机构官员。

③ 投刺:投递名帖。

④ 黠仆:狡黠之仆。

16. 撒　　扇

折叠扇一名撒扇,盖收则折叠,用则撒开。或写作"箑"者①,非是。箑,即团扇也。团扇可以遮面,故又谓之"便面"。观前人题咏及图画中可见已。闻撒扇自宋时已有之,或云始永乐中,因朝鲜国进松扇②,上喜其卷舒之便,命工如式为之。南方女人皆用团扇,惟妓女用撒扇。近年良家女妇亦有用撒扇者。此亦可见风俗日趋于薄也。(卷五)

【注释】

① 箑(shà):扇子。古代楚人谓扇为箑。

② 松扇:亦称"松箑"。据传用柔韧松皮编制而成。一说用水柳皮制成。北宋黄庭坚《次韵钱穆父赠松扇》:"银钩玉唾明茧纸,松箑轻凉并送似。"任渊注:"穆父名勰。按本传,元丰七年使高丽,松扇盖奉使时所得。王云《鸡林志》云:'高丽松扇,揭松肤柔者缉成,文如棕心,亦染红间之,或言水柳皮也。'"南宋邓椿《画继·杂说论近》:"高丽松扇如节板状。其土人云:'非松也,乃水柳木之皮,故柔腻可爱,其纹酷似松柏,故谓之松扇。'"

17. 洗鸟御史与挑土中书

御史职司风纪,中书舍人供奉丝纶[①],其任皆不薄也。名器之轻重[②],衣冠之荣玷,则系其人焉。近时一进士,平素出入阁老万公之门[③],得改翰林庶吉士。万病阴痿[④],吉士自誉善医,具药瀋为洗之[⑤],因得为御史。翌圣夫人之侄季通,以门荫官中舍[⑥]。一同寮济宁人与通友善,尝得归省[⑦],以簏寄通,所封镉甚固[⑧]。夫人素谙世故,命启视之,其人固辞,夫人不许,乃强启之。一簏有旧衣数件,其下皆书籍;一簏旧衣下皆土墼[⑨]。夫人大怒曰:"他日欲诬我家耶!"命欧之。通跪请,乃令自担其二簏去。时人为之语曰"洗鸟御史""挑土中书"[⑩]。一时同官者气为沮丧,其辱败士风甚矣。(卷五)

【注释】

① 丝纶:指帝王诏书。明中书舍人掌书写诰敕,从七品。参见第128页第1则注释⑥。

② 名器:名号与车服仪制。古代用以别尊卑贵贱之等级。

③ 万公:万安,字循吉,眉州(今四川眉山市)人。正统十三年(1448)进士。改庶吉士,授翰林院编修。成化初(1465),迁礼部左侍郎。五年,命兼翰林学士,入内阁参机务。安不学无术,既柄用,惟日事请托,巴结宦官。时万贵妃有宠,安因内侍致殷勤,自称子侄辈。又与贵妃弟、锦衣指挥万通结为族属,备知宫中消息,益自固。召见,不敢言事,止知呼"万岁"。一时传笑,谓之"万岁阁老"。累官吏部尚书、华盖殿大学士,加少师。孝宗即位,安阻谏官进言,又上房中术疏,遭大臣弹劾,辞归。居一年,卒。赠太师,谥文康。安执政二十年,每遇科举考试,必令其门生为考官,子孙甥婿多登第者。

④ 阴痿:又称"阳痿"。男子性功能障碍。

⑤ 药瀋(shěn):药汁。

⑥ 中舍:即中书舍人。

⑦ 归省(xǐng):回家探望父母。

⑧ 封鐍(jué):密闭上锁。鐍,箱子上安锁的环纽,借指锁。

⑨ 土墼(jī):土坯。

⑩ 鸟(diǎo):同"屌"。男性生殖器。

18. 西域贡狮

成化辛丑岁①,西胡撒马儿罕进二狮子②,至嘉峪关③,奏乞遣大臣迎接,沿途拨军护送。事下兵部,予谓进贡礼部事,兵部不过行文拨军护送而已。时河间陈公钺为尚书④,必欲为覆奏。予草奏,大略言:狮子固是奇兽,然在郊庙不可以为牺牲⑤,在乘舆不可以备骖服⑥,盖无用之物,不宜受。且引珍禽奇兽不育中国,不贵异物贱用物等语为律,力言当却之。如或闵其重译而来⑦,嘉其奉藩之谨,则当听其自至,斯尽进贡之礼。若遣大臣迎接,是求之也。古者天王求车求金于诸侯⑧,《春秋》讥之,况以中国万乘之尊⑨,而求异物于外夷,宁不诒笑于天下后世?陈公览之,恐拂上意,乃咨礼部。时则四川周公为尚书⑩,亦言不当遣官迎接,事遂寝。而遣中官迎至,其状只如黄狗,但头大尾长,头尾各有髯耳⑪,初无大异。《辍耕录》所言⑫,皆妄也。每一狮日食活羊一羫⑬,醋蜜酪各一瓶,养狮子人俱授以官,光禄日给酒饭⑭,所费无算。在廷无一人悟狮子在山薮时,何人调蜜醋酪以饲之,盖胡人故为此以愚弄中国耳。(卷六)

【注释】

① 成化辛丑:指成化十七年(1481)。

② 撒马儿罕:即蒙古察合台汗国西部撒麻耳干(今乌兹别克斯坦撒马尔罕东北)。元末为王者,名帖木儿。洪武二十年(1387)四月,帖木儿首遣使来朝。自是频岁贡马驼。至成化中,其锁鲁檀(犹蒙古可汗)阿黑麻三入贡。据《明史·西域传四·撒马儿罕》:"(成化)十九年,偕亦思罕酋长贡二狮,至肃州,其使者奏请大臣往迎。职方郎中陆容言:'此无用之物,在郊庙不可为牺牲,在乘舆不可被骖服,宜勿受。'礼官周洪谟等亦言往迎非礼,帝卒遣中使迎之。狮日啖生羊二,醋酐、蜜酪各二瓶。养狮者,光禄日给酒馔。帝既厚加赐赉,而其使者怕六湾以为轻,援永乐间例为请。礼官议从正统四年例,加彩币五表里。使者复以为轻,乃加正、副使各二表里,从者半之,命中官韦洛、鸿胪署丞海滨送之还。"

③ 嘉峪关:明属陕西行都司肃州卫(治今甘肃酒泉市)。关在嘉峪山麓(今甘肃嘉峪关市西),明长城终点,为东西交通要冲。洪武五年(1372)建,称"天下雄关"。

④ 陈钺:北直隶河间献县(今属河北沧州市)人。天顺元年(1457)进士。成化中,巡抚辽东,治军不严,为兵部右侍郎马文升所劾。钺交结太监汪直,诬陷马文升,致其削籍流放。钺进户部尚书,寻改兵部。十八年(1482),令致仕。

⑤ 牺牲:供祭祀用纯色全体牲畜,如整牛整羊者。

⑥ 骖服:指驾车之马。

⑦ 重(chóng)译:辗转翻译。谓两国远隔,使者往来须多重翻译,言语乃通。

⑧ 求车:指春秋时周桓王向鲁桓公求车。《左传·桓公十五年》:"十五年春,天王使家父来求车,非礼也。诸侯不贡车服,天子不私求财。"杜预注:"车服,上之所以赐下。" 求金:指周顷王遣毛伯卫向鲁文公求金,筹措周襄王丧葬之资。《左传·文公九年》:"毛伯卫来求金,非礼也。"杜预注:"天子不私求财,故曰非礼。"

⑨ 万乘(shèng):天子。周制,天子地方千里,能出兵车万乘。

⑩ 周公:周洪谟,字尧弼,四川长宁(今属四川宜宾市)人。正统十年(1445)进士,授翰林院编修。景泰中升侍读。成化中累迁至礼部尚书,加太子少保。洪谟为官清正,常直言时务,多为帝所纳。弘治元年(1488)致仕归,又三年卒,年七十二。谥文安。

⑪ 髵(ér):多毛貌。

⑫《辍耕录》所言:指陶宗仪《南村辍耕录》卷二十四《帝廷神兽》,曰:"国朝每宴诸王大臣,谓之大聚会。是日,尽出诸兽于万岁山,若虎豹熊象之属,一一列置讫,然后狮子至,身才短小,绝类人家所蓄金毛猱狗。诸兽见之,畏惧俯伏,不敢仰视,气之相压也如此。及各饲以鸡鸭野味之类,诸兽不免以爪按定,用舌去其毛羽,惟狮子则以掌擎而吹之,毛羽纷然脱落,有若燖洗者。此其所以异于诸兽也。古云狮子吼,盖不易于吼,一吼则百兽为之辟易也。"

⑬ 羫(qiāng):量词。用于宰杀过的羊和小牛。

⑭ 光禄:光禄寺。参见第174页第12则注释①。

19. 王伟密奏于谦

兵部侍郎王伟[①],先任职方郎中[②],用少保于公荐升是职。未几,伺于公过误,密奏之。景皇帝信任于公方专,召入,以伟奏授之,公叩头谢罪。上曰:"吾自知卿,卿勿憾也[③]。"公既出,伟下堂迎问曰:"今日圣谕为何?"公曰:"姑入语之。"既入,复请,乃笑曰:"老夫有不是处,贤弟当面言之,未敢不从也,何忍至此!"乃出奏示之,伟局蹐无地[④]。君臣相与如此,谁得而间之。此于公所以得成安社稷之功也。(卷六)

【注释】

① 王伟:字士英,攸(今属湖南株洲市)人。少随父谪戍宣府。宣宗巡边,伟献《安边颂》,命补保安州学生。正统元年(1436)进士,改庶吉士,授户部主事。英宗北狩,命行监察御史事,于谦引为职方郎中,寻荐擢兵部侍郎。英宗复位,坐谦党罢归。成化三年(1467)复官,逾年告病归,卒。

② 职方郎中:兵部职方司长官。唐宋至明清皆于兵部置职方司,掌舆图、军制、城隍、镇戍、简练、征讨之事。据《明史·职官志一》:"兵部。尚书一人,正二品;左、右侍郎各一人,正三品。其属,司务厅司务二人,从九品;武选、职方、车驾、武库四清吏司,各郎中一人,正五品。……员外郎一人,从五品。……嘉靖十二年,增设职方司员外郎一人。……所辖,会同馆大使一人,正九品;副使二人,从九品。大通关大使、副使各一人,俱未入流。"

③ 憛(dàn):不安。

④ 局蹐(jí)无地:形容窘迫或畏惧至极。局蹐,戒慎、畏栗貌。

20. 酒　　令

陈祭酒询[①],字汝同,松江人。善饮酒,酒酣耳热,胸中有不平事,每对客发之。人有过,面语之,不少贷也[②]。在翰林时,尝忤权贵,出为安陆知州。同寮饯之,或倡为酒令,各用二字分合,以韵相协,以诗书一句终之。陈学士循云[③]:"轰字三个车,余斗字成斜。车车车,远上寒山石径斜。"高学士榖云:"品字三个口,水酉字成酒。口口口,劝君更尽一杯酒。"陈云:"矗字三个直,黑出字成黜。直直直,焉往而不三黜[④]。"(卷六)

【注释】

① 陈询:字汝同,南直隶华亭(今上海市松江区)人。永乐十三年(1415)进士,选庶吉士,授编修。宣德间转修撰。正统初(1436),充经筵讲官,预修《宣宗实录》,进侍读。秩满,升侍讲学士。坐累谪知安陆州。后召入为大理少卿,巡抚大名诸郡。改太常少卿兼侍讲学士,寻又改国子祭酒。天顺二年(1458)卒。询刚直慷慨,但嗜酒豪放,不矜细行。

② 贷:宽恕;赦免。

③ 陈循:字德遵,泰和(今属江西吉安市)人。参见第152页第19则注释⑧。

④ 焉往而不三黜:意谓正直行事,到哪里不是多次被撤职。语出《论语·微子》:"柳下惠为士师,三黜。人曰:'子未可以去乎?'曰:'直道而事人,焉往而不三黜?枉道而事人,何必去父母

之邦?'"士师,狱官。

21. 周忱留心公事

江南巡抚大臣,惟周文襄公忱最有名①。盖公才识固优于人,其留心公事,亦非人所能及。闻公有一册历②,自记日行事,纤悉不遗。每日阴晴风雨,亦必详记。如云某日午前晴,午后阴,某日东风,某日西风,某日昼夜雨。人初不知其故。一日,民有告粮船失风者,公诘其失船为何日?午前午后?东风西风?其人不能知而妄对,公一一语其实。其人惊服,诈遂不得行。于是知公之风雨必记,盖亦公事,非漫书也③。(卷七)

【注释】

① 周忱:字恂如,谥文襄。参见第167页第4则注释⑤。其巡抚江南,在宣德中。

② 册历:日记本。

③ 漫书:随意书写。

22. 姚善好贤

俞贞木字有立,钱芹字继忠,皆苏人。革除年间①,苏守姚善好礼贤士②,有立以明经见重于守,月朔望必延至讲书府学。尝令吏馈米于有立,误送继忠。吏惶恐白守,将取还。有立云:"钱先生与人不苟合,尤不苟取与。今受米不辞,必知公之贤耳。"守惊异,即令人请见。继忠对使者云:"吾为郡民,有召敢不赴。但吾心未宿戒③,不可轻往,他日可也。"他日,浣濯衣冠,斋沐而往。守甚喜,延之别室,请问经义,继忠云:"此士子之务耳。公为政,何不谈时务而及此邪?"守益起敬,遂问今日何者为急务?继忠令屏左右,云:"今日之务,勤王为急。"守跃然而悟,于是密结镇、常、嘉、松四郡守,训练其民,率先赴行,竟死其事。(卷七)

【注释】

① 革除年间:指建文年间(1399—1402)。因惠帝年号"建文"为成祖所革除,故称。

② 姚善:字克一,初姓李,安陆(今属湖北孝感市)人。洪武中,由乡举历祁门县丞,同知庐

州、重庆二府。三十年(1397),迁苏州知府。为政持大体,不为苛细,好折节下士,敬礼隐士王宾、韩奕、俞贞木、钱芹辈。时燕王兵已南下,钱芹献以守御策,善即密结镇江、常州、嘉兴、松江四郡守,练民兵以备。建文四年(1402),诏苏、镇、常、嘉、松五府兵勤王,兵未集,燕王已入京师。善守土欲与城共存亡,为麾下许千户者缚以献,不屈死,年四十三。

③ 宿戒:古代举行祭祀等礼仪前十日,与祭者须斋戒两次;第二次斋戒在事前第三日进行,称宿戒。

23. 陈五制女巫

京师闾阎①,多信女巫。有武人陈五者,厌其家崇信之笃,莫能制。一日,含青李于腮,绐家人疮瘇痛甚②,不食而卧者竟日。其妻忧甚,召女巫治之。巫降神③,谓五所患是名丁疮,以其素不敬神,神不与救。家人罗拜恳祈,然后许之。五佯作呻唤甚急,语家人云:“必得神师入视救我,可也。”巫入按视,五乃从容吐青李示之,捽巫,批其颊而出之门外。自此家人无崇信者。(卷七)

【注释】

① 闾阎:里巷外门和内门。后多借指民间或平民。

② 瘇(zhǒng):泛指肌肉浮肿,肿胀。

③ 降神:此指巫师作迎神法术。

24. 王翱敬慎

王忠肃公翱一日入内府①,主事某从至左掖门②,附名③。主事书云:“吏部尚书王、主事某人。”忠肃叱之云:“汝知敬我,不知敬朝廷邪?君前臣名④,汝不闻乎?”使书名而入,立候东阁下⑤。主事在左顺门旁⑥,与一旧识内竖谈笑自若⑦,公遥见之,呼主事问曰:“曾读《论语·乡党篇》否?”主事以曾读对。公曰:“‘过位,色勃如也⑧’,如何说?此地岂是你嬉笑之所?后生如此轻薄邪!”盖奉天门御榻在焉⑨,左顺去奉天不远,故忠肃云然。其敬慎如此,忠肃之谥,可无愧矣。(卷十)

【注释】

① 王翱:字九皋,盐山(今属河北沧州市)人。永乐十三年(1415)进士,改庶吉士,授大理寺

左寺正。宣德元年(1426),以杨士奇荐,擢御史。英宗即位,升右佥都御史出镇江西,惩贪抑奸,吏民畏爱。正统间,历镇陕西,督辽东军务。景泰四年(1453),召入为吏部尚书。英宗复辟后续任。翱刚明廉直,帝眷厚,称"先生"不名。累进太子太保。成化三年(1467)卒,年八十四。赠太保,谥忠肃。

② 主事:明中枢六部属官,正六品。此指吏部主事。 左掖门:明北京皇宫午门东侧门。

③ 附名:此处指填写求见名帖。

④ 君前臣名:臣在皇帝面前称名,以示尊礼。

⑤ 东阁:在皇宫左顺门南庑。邻史馆,后为文渊阁。为内阁学士、经筵讲官候朝行礼处,亦为修书之所。

⑥ 左顺门:在午门内东庑,与东华门相望,为百官上下接本之地。嘉靖末改为会极门。

⑦ 内竖:宦官。

⑧ 过位,色勃如也:意谓经过人君之虚位,面色必为庄敬。语见《论语·乡党》:"入公门,鞠躬如也,如不容。立不中门,行不履阈。过位,色勃如也,足躩如也,其言似不足者。"

⑨ 奉天门:在午门内。门内有奉天殿,皇帝尝御以受朝贺。嘉靖末改奉天门、殿为皇极门、殿。

25. 书画以人品为高

俞汉远[①],上虞人,能诗画。尝膺保举寓京师[②],时吏部郭尚书知其能画[③],使人召之,不赴。召者曰:"冢宰,人欲求一见而不可得,子何独不往?"汉远曰:"吾以应荐而来,今往为之画,使他日得美除[④],人将谓以画得之。"卒不往。后卒旅邸,贫无所蓄,乡人裒金为敛之[⑤]。近有锺钦礼者[⑥],亦上虞人,善画山水。以上司多好其画,辄以此傲人。无何,依托官府声势,诈取人财。事露,问发充军。间有持其画奉予者,予曰:"屋壁虽陋,不挂赚金贼画也。"古人看书画,一要师法古,二要人品高。人品不高,虽工亦减价矣。吾乡张节之先生[⑦],见人收蓄黄廉使翰草书[⑧],即令裂去,云:"好人家却收此人笔迹!"其疾恶如此。(卷十)

【注释】

① 俞汉远:上虞(今浙江绍兴市上虞区丰惠镇)人。明书画家。据明朱谋垔《画史会要》卷四:"俞汉远,名尚禋,上虞人。精于翰墨,且善丹青,戏作枯木春草,自有一种天趣,绝无画家蹊径。官至江西参议。"

② 膺:承受;接受。

③ 郭尚书:郭琎,字时用,初名进,直隶新安(今河北保定市安新县)人。永乐初以太学生擢户部主事,历吏部左右侍郎。仁宗即位,命兼詹事府少詹事,更名琎。宣宗时,吏部尚书蹇义老,欲以琎代,为首辅杨士奇以不足当所沮。逾年,乃代蹇义。能留意人才,举荐李贤为主事,后贤果为名相。正统六年(1441),御史曹恭以灾异请罢大臣不职者,琎等被劾,又因其子受贿,令致仕,以王直为代。

④ 美除:谓除授美官。

⑤ 裒(póu)金:集资。　敛:通"殓"。给死者穿衣,入棺。

⑥ 锺钦礼:明书画家。据《画史会要》卷四:"锺钦礼,上虞人,善画山水、草虫,诗字亦佳。所居门对南山,古松荫翳,日箕踞其下,玩峰峦云气之变,遇得意辄起奋笔。弘治间以绘事被征。李空同作歌以纪其画,有'锺生始学戴文进,后来颇自出机轴'语。"

⑦ 张节之:张和,字节之,昆山(今属江苏苏州市)人。少好读书,为文立就。正统四年(1439)进士,移疾归。景泰元年(1450),主考江西乡试,授南京刑部主事。后膺召纂修秘阁。天顺初还南京,历员外郎、郎中,擢浙江按察副使,提督学校。以疾卒。《姑苏志》卷五十二:"和为人廉介,权贵之门不一濡足。闻忠贤节义事,喜跃如自己出。朋友有过,面折不少贷。董学浙江,多所造就,至今称为得体。"

⑧ 黄翰:字汝申,华亭(今上海市松江区)人。永乐十年(1412)进士,授江西按察佥事。历山东按察使,罢归,卒。其为文,豪健敏捷,未尝起草。字画亦遒劲,以行草题署得名。黄翰政迹不著,略见于《明史·杨信民传》:"(信民)寻以王直荐,擢广东左参议。清操绝俗,尝行田野,访利弊为更置。性刚负气,按察使郭智不法,信民劾之下狱。黄翰代智,信民复发其奸。已又劾佥事韦广,广遂讦信民,因与翰俱被逮。军民哗然,诣阙下乞留信民。诏复信民官,而翰、广鞫实,除名。"　廉使:元廉访使简称。参见第84页第16则注释④。此处借指按察使。

26. 言不谨而受制

毗陵翟、颜二生素交厚[①],每相会辄谈及国事。一日,颜书其所志以示翟,言颇不谨。既而自悔,急遣人追索,翟已执之为奇货矣。后颜登第,为京职,翟每从假贷[②],即应之弗吝。人以颜为仗义,而不知为其制也。一书记辛稼轩帅淮时[③],陈同甫往谒之[④],与谈天下事。稼轩酒酣,言"钱塘非帝王之居。断牛头之山[⑤],天下无援兵;决西湖之水,满城皆鱼鳖"。同甫夜料稼轩酒醒必悔,必杀己以灭口,乃逃去。月馀,致书稼轩,假十万缗以济贫,稼轩如数与之。古今人事,固有偶同者。然同甫平生自许甚重,其亦为此耶!(卷十)

【注释】

① 毗陵:常州古称。参见第 130 页第 3 则注释①。

② 假贷:借贷;借钱。

③ 辛稼轩帅淮:南宋乾道八年(1172),辛弃疾出知淮南滁州。宽征薄赋,招流散,教民兵,议屯田,滁为大治。至淳熙元年(1174),迁江东安抚司参议,归建康。其帅淮,或指知滁。

④ 陈同甫:陈亮,初名汝能,字同甫(父),后改名亮,南宋婺州永康(今属浙江金华市)人。少有才气,喜谈兵,议论风生,下笔数千言立就。州以解元荐,因上《中兴五论》,奏入不报。已而退修于家,力学著书者十年,学者称为"龙川先生"。淳熙五年(1178),诣阙上书论国事,指斥苟安,倡言恢复。孝宗欲官之,亮以"吾欲为社稷开数百年之基,宁用以博一官乎"拒之。后曾两次被诬入狱。绍熙四年(1193),光宗策进士,擢为第一。寻授佥书建康府判官厅公事,未至官而卒,年五十二。谥文毅。

⑤ 牛头山:在萧山县(今浙江杭州市萧山区)东南二十里。唐天宝中改名临江山。

27. 溷厕非读书之所

欧公记钱思公坐则读经史①,卧则读小说,上厕则阅小辞,未尝顷刻释卷。宋公在史院②,每走厕则狭书以往③,讽诵之声,琅然外闻。此虽足以见二公之笃学,然溷厕秽地④,不得已而一往,岂读书之所哉!佛老之徒于其所谓经,不焚香不诵也。而吾儒乃自亵其所业如此,可乎?若欧公于此搆思诗文,则无害于义也。(卷十三)

【注释】

① 欧公句:指北宋欧阳修记钱惟演读书事,见《归田录》卷二:"钱思公虽生长富贵,而少所嗜好。在西洛时,尝语僚属言:'平生惟好读书,坐则读经史,卧则读小说,上厕则阅小辞,盖未尝顷刻释卷也。'谢希深亦言:'宋公垂同在史院,每走厕必挟书以往,讽诵之声琅然闻于远近,其笃学如此。'余因谓希深曰:'余平生所作文章,多在三上,乃马上、枕上、厕上也。'盖惟此尤可以属思尔。"钱惟演,字希圣,北宋钱塘(今浙江杭州市)人。吴越王钱俶第十四子。从俶归宋,累官至保大军节度使,加同中书门下平章事。后落职为崇信军节度使,归本镇。景祐元年(1034)卒,年五十八。赠侍中,谥思,改谥文僖。工文辞,与杨亿、刘筠等十七人相唱和,合集为《西昆酬唱集》。

② 宋公:宋绶,字公垂,北宋赵州平棘(今河北石家庄市赵县)人。大中祥符元年(1008)赐同进士出身。历知制诰、判吏部流内铨兼史馆修撰,为翰林学士兼侍读、同修国史。累官资政殿大学士,迁兵部尚书参知政事。卒赠司徒兼侍中,谥宣献。

③ 狭：别本作“挟”。

④ 溷(hùn)厕：厕所。

28. 宋金和议之罪

宋与金人和议，天下后世专罪秦桧。予尝观之，桧之罪固无所逃，而推原其本，实由高宗怀苟安自全之心，无雪耻复仇之志。桧之奸，有以窥知之①，故逢迎其君，以为容悦②，以固恩宠耳。使高宗能如勾践卧薪尝胆③，必以复仇雪耻为心，则中原常在梦寐，其于临安偏隅，盖不能一朝居矣。恢复之计，将日不暇给，而何以风景为哉！今杭之聚景、玉津等园④，云皆始于绍兴间，而孝宗遂以为致养之地⑤。近游报恩寺⑥，后山顶有平旷处，云是高宗快活台遗址。又如西湖吃宋五嫂鱼羹之类⑦，则当时以天下为乐，而君父之仇置之度外矣。和议之罪，可独归之桧哉？（卷十三）

【注释】

① 有以窥知之：意谓据此而探知之。有以，表示具有某种条件、原因等。

② 容悦：谓曲意逢迎以取悦于上。

③ 勾践：亦作“句践”。春秋末越国君。越王允常之子。姒姓，又称菼执。在位期间（前497—前465），曾败于吴王夫差，屈服求和，入吴为人质三年。放归返国后，卧薪尝胆，重用文种、范蠡等，逐渐恢复国力，转弱为强，终灭吴称霸。

④ 聚景、玉津等园：皆为南宋皇家园林。聚景园在临安清波门外西湖边，又名西园，为宋孝宗奉养上皇而筑；内有会芳殿、瀛春堂、芳华堂及瑶津亭等建筑，又引西湖水入园，上设学士、柳浪二桥。今“西湖十景”之“柳浪闻莺”即在此处。玉津园本东京皇家园林，在东京外城南薰门外东南，后周显德年间置，周世宗赐名“玉津园”，北宋诸帝常幸此；宋室南渡后，绍兴十七年（1147）又建玉津园于临安，在城东南嘉会门外南四里。

⑤ 致养：奉养亲老。

⑥ 报恩寺：南宋时初名报恩院，在临安凤凰山万松岭上。明时置万松书院于此。

⑦ 宋五嫂：南宋临安女厨。高宗退位后游西湖，曾尝其鱼羹，于是声名大振，奉为脍鱼之“师祖”。南宋周密《武林旧事》卷七：“（淳熙六年三月十六日）登御舟入里湖，出断桥，又至真珠园。太上命买湖中龟鱼放生，并宣唤在湖买卖等人，内侍用小彩旗招引，各有支赐。时有卖鱼羹宋五嫂，对御自称东京人氏，随驾到此。太上特宣上船起居，念其年老，赐金钱十文、银钱一百文、绢十匹，仍令后苑供应。”

双槐岁钞

[明] 黄瑜

《双槐岁钞》十卷，明黄瑜撰。瑜字廷美，香山（今广东中山市）人。景泰七年（1456）中乡举，入国子监肄业。继而任职户部，前后在京师八年。成化五年（1469），出为惠州府长乐知县，有惠政。八年，以劲直忤当道，乞归田里。手植二槐，构亭吟啸其间，自称『双槐老人』。后迁居广州。弘治十年（1497）卒，年七十三。所著除本书外，尚有《双槐集》《书传旁通》等。

《双槐岁钞》记明洪武迄成化中事，共二百馀条。《自序》云：『凡圣神功德先书，崇大本也；人文典礼必书，急大务也；天地祥眚必书，期大化也；经史异同必书，决大疑也；懿行美政必书，昭大节也；异端奇术必书，正大经也。』其采摭广博，而多能征之史籍陈编，在明人野史中，颇得体要。然亦有载神怪报应之说，未免失于裁剪。

选文标题为原书所有。

1. 醉学士诗歌

洪武八年秋八月甲午①，上览川流之不息，陋尹程《秋水赋》言不契道②，乃亲更为之。赋成，召禁林群臣观之，且曰："卿等亦各撰赋以进。"宋濂率同列研精覃思③，铺叙成章，诣东黄阁次第投献④，上皆亲览焉，复置品评于其间。已而赐坐，敕太官进天厨奇珍⑤，内臣行觞⑥。觞已，上顾濂曰："卿何不尽饮？"濂出，跽奏曰⑦："臣荷陛下圣慈，赐臣以醇酎⑧，敢不如诏？第臣年衰迈，恐不胜杯杓，志不慑气，或愆于礼度⑨，无以上承宠光尔。"上曰："卿姑试之。"濂即席而饮。将彻，上复顾曰："卿更宜釂一觞。"濂再起，固辞。上曰："一觞岂解醉人乎？卒饮之。"濂举觞至口端，又复瑟缩者三。上笑曰："男子何不慷慨为？"对曰："天威咫尺间，不敢重有所渎。"勉强一吸至尽，上大悦。濂颜面变赪⑩，顿觉精神遐漂，若行浮云中。上复笑曰："卿宜自述一诗，朕亦为卿赋醉歌。"二奉御捧黄绫案进⑪，上挥翰如飞，须臾成楚辞一章，曰："西风飒飒兮金张⑫，特会儒臣兮举觞。目苍柳兮袅娜，阅澄江兮水洋洋。为斯悦而再酌，弄清波兮永光。玉海盈而馨透，泛琼斝兮银浆。宋生微饮兮早醉，忽周旋兮步骤跄跄。美秋景兮共乐，但有益于彼兮何伤。洪武八年八月七日午时书。"濂既醉，下笔欹倾，字不成行列，甫缀五韵，上遽召濂至，命编修官朱右重书以遗濂⑬，遂谕濂曰："卿藏之以示子孙，非惟见朕宠爱卿，亦可见一时君臣道合，共乐太平之盛也。"濂五拜叩首以谢。上更敕侍臣应制赋《醉学士歌》者四人，考功监丞华克勤⑭，给事中宋善、方徵、彭通⑮。闻而续赋者五人，秦府长史林温⑯，太子正字桂彦良⑰，翰林编修王琏、张唯⑱，典籍孙蕡⑲。彭与孙皆吾广人也。（卷一）

【注释】

① 甲午：指洪武八年（1375）八月七日。是年八月戊子朔，甲午为第七日。

② 尹程《秋水赋》：即唐尹程《观秋水赋》。尹程，唐人，生平已不可考。《观秋水赋》为秋日游观黄河而作，见录《文苑英华》卷三十三。此句意谓鄙视尹程之赋言辞不合于道。

③ 研精覃思：专心研究，深入思考。

④ 东黄阁：汉以降称宰相官署为黄阁。明初承元制，设中书省，左、右丞相办公于南京皇宫午门内东侧，故称东黄阁，后改为文渊阁。洪武十三年（1380），罢丞相不设，析中书省之政归六部，以殿阁大学士备顾问。成祖迁都，仿南京已有规制营建北京宫殿，亦开阁于东庑之南，命品级较

低的翰林院编修、检讨等官入午门内文渊阁当值，参与机务，称为“内阁”。参见第 129 页第 2 则注释⑪。

⑤ 太官：古代官名。掌皇帝膳食及燕享之事。明隶光禄寺。据《明史 · 职官志三》：光禄寺下设“大官、珍羞、良酝、掌醢四署，各署正一人，从六品”，“大官，供祭品宫膳、节令筵席、蕃使宴犒之事；珍羞，供宫膳肴核之事；良酝，供酒醴之事；掌醢，供饧、油、醯、酱、梅、盐之事”。

⑥ 行觞：犹“行酒”。谓依次敬酒。

⑦ 跽：长跪。谓双膝着地，上身挺直。

⑧ 醇酎（zhòu）：醇厚美酒。

⑨ 愆（qiān）：违背；违失。

⑩ 赬（chēng）：同“赪”。红。

⑪ 奉御：明内宫诸监属官，有正八品至正六品不等。

⑫ 金张：犹言秋意深浓，五行学说谓秋为金。或指“金帐”，君臣相聚时所设精美帷帐，亦通。

⑬ 朱右：字伯贤，临海（今属浙江台州市）人。元末屡举不就。洪武初，宋濂荐修《元史》，书成辞归。后征修《日历宝训》，授翰林院编修，迁晋府右长史，卒于官。

⑭ 考功监：明初中书科掌书写诰敕机构。据《明史 · 职官志三》：“按洪武间，置承敕监（洪武九年置，设令一人正六品，丞二人从六品。寻改令正七品，丞正八品。十年改令、丞为承敕郎，设二人，从七品。给事中、中书舍人咸隶焉。后罢）、司文监（洪武九年置，设令一人正六品，丞二人从六品。寻改令正七品，丞正八品。十年罢）、考功监（洪武八年置，设令、丞。九年定设令一人正六品，丞二人从六品。寻改令正七品，丞正八品。十八年罢），参掌给授诰敕之事。” 华克勤：萧山（今属浙江杭州市）人。举孝弟力田，授考功监丞，官至山西左布政使。有政声，屡蒙敕奖谕。

⑮ 给事中：明六科属官，掌规谏、稽查之事。参见第 129 页第 2 则注释④。 宋善、方徵、彭通：洪武六年（1373），三人皆由国子学选入武英堂肄业，俾练习政事，寻同授给事中。九年，改监察御史，分巡各地。后宋善为山东布政司参政，方徵为怀庆知府，彭通为山西布政司参政。

⑯ 秦府长史：秦王府长史司长官。秦王，太祖次子朱樉，洪武三年（1370）封，十一年就藩。明诸王府长史司，设左、右长史各一人，正五品，掌王府之政讼，辅相规讽以匡王失，率府僚各供乃事，而总其庶务等。 林温：字伯恭，永嘉（今浙江温州市）人。元至正十四年（1354）进士。治《春秋》，文名倾海内。洪武初，授秦王府教授，改长史。尝典闽、浙二省乡试。宋濂称其诗文“本于气之所养，与世之学诗者自异”。

⑰ 太子正字：明初东宫属官，后隶詹事府。掌缮写装潢，诠其讹谬而调其音切。据《明史 · 职官志二》：“洪武初，置大本堂，充古今图籍其中，召四方名儒训导太子、亲王。诸儒专经面授，分番夜直。已而太子居文华堂，诸儒迭班侍从，又选才俊之士入充伴读，时时赐宴、赋诗，商榷今古，评论文学。是时东宫官属，自太子少师、少傅、少保、宾客外，则有左、右詹事，同知詹事院事，副詹

事，詹事丞，左、右率府使，同知左、右率府事，左、右率府副使，谕德，赞善大夫，皆以勋旧大臣兼领其职。又有文学、中舍、正字、侍正、洗马、庶子及赞读等官。” 桂彦良：名德偁，以字行，慈溪（今浙江宁波市江北区慈城镇）人。元乡贡进士，为平江路学教授，罢归。洪武六年（1373），征为太子正字。后为晋王府右傅，改左长史。

⑱ 翰林编修：明翰林院属官。参见第127页第1则注释③。 王琏、张唯：洪武六年（1373），二人以举人同为翰林院编修，入文华堂肄业，诏宋濂、桂彦良为之师。唯有隽才，宋濂请为弟子员。后又命唯、琏为摄监察御史事，巡按天下，琏官至山东布政司参政。本书卷一有《文华堂肄业》一则，记述颇详，曰：“洪武六年，诏天下乡贡举人罢会试，于是开文华堂禁中，为诸俊秀肄业之所。堂去奉天门不百武，车驾尝幸临之，命选举人年少质美者，肄业其中。正月初八日，河南解额内选四名，其第一人张唯，年二十七，永丰儒籍，寓南阳府兰阳县；其次王辉，年二十八，祥符县人；李端，年二十一，怀庆府河内人；张翀，年二十七，洛阳人。上召见便殿，亲命题赋诗，称旨，皆擢翰林国史院编修，赐冠带、衣服、靴袜。二十三日，山东解额内选进五名，其第三人王琏，年二十三，济南府长山县人；次则张凤，年二十八，任敬，年二十六，俱淄川县人；陈敏，年二十三，马亮，年二十五，俱棣州人。召见赋诗授官赐予，亦如之。于是，唯等受命入堂中读书，诏词林名臣分教之。太子赞善大夫宋濂、太子正字桂彦良等与焉。上谓曰：‘昔许鲁斋诸生，多为宰辅，卿其勉之。’于是听政之暇，辄幸堂中，取其文，亲评优劣，命光禄日给酒馔。每食，皇太子、亲王迭为之主，唯等侍食左右。冬夏赐衣，时赐白金、弓矢、鞍马，宠锡甚厚。濂辈虽司启迪，顾诸生皆上所亲教，不敢以师道自居。一日，侍燕间询及肄业孰进益，濂对曰：‘无如张唯者。’因备述其隽才，请录为弟子员，上笑而许之。盖同时进者，凡十有七人，所可知者此九人耳。三月初四日，上命应奉殷哲、赵震暨唯等回家祭祖，皆摄监察御史以行，寻还任。又选成均之秀入武英堂，俾练习政事。蒋学、方徵、彭通、宋善、王惟吉、邹傑等皆拜给事中，礼遇虽未及唯等，然侍从车驾，应制被顾问，未始异也。其后多出为参政，惟张翀愿就南阳府学教授。时禁筵宴把盏换盏，谓之胡俗。马亮为河南参政时，信国公汤和经过，陪饮，离席把盏，和叱亮出，对众责喻，以违礼禁罚之。张凤为广西参政，与同官蒋学、按察副使虞泰、佥事李湜相与燕饮，交互换盏，醉后致争，遂蹈刑宪。其事不约而同。礼部移文，戒敕百官，乃洪武十二年三月也。圣祖眷遇之厚，千载一时。诸人乃无能以功业自见者，有君无臣，不能不令人感叹也。《水东日记》以王琏为姑苏人，盖误云。”

⑲ 典籍：明翰林院属官。参见第127页第1则注释③。 孙蕡：字仲衍，顺德（今属广东佛山市）人。性警敏，于书无所不窥，诗文援笔立就。洪武三年（1370）开科，三试皆高第，赐进士出身。历官工部织染局使、翰林院典籍，与修《洪武正韵》。官至苏州府经历。后坐蓝玉党伏诛。

2. 何左丞赏罚

东莞谢用宾京录《何左丞真遗事》言①：“至正十五年，邑民王成、陈仲玉构乱，各称相公。真请于行省，举义兵除之。真躬擐甲胄[②]，往擒仲玉以归。成筑寨自守，乃使其弟迪、骁将黄从简、高彬等顿兵围之，久之未下。真第三子贵曰何三舍者，与从简皆勇而有谋，素相合。从简力请贵同往，密为表饵之术[③]，成奴曰阿巢者甘焉[④]。时真下令募人，能缚成者钞十千，于是奴遂伺间缚成以出[⑤]。真见而释之，引置上坐，笑谓曰：'公奈何养虎遗患？'成掩面惭谢曰：'始以为猫，孰知其虎？'奴求赏，如数与之，使人具汤镬烹奴，且驾诸转轮车，人推之，又数人鸣鼓督奴，使号于众曰：'四境毋如奴缚主，以罹此刑也！'又数人鸣钲督奴妻嘘火[⑥]，奴一号，则群应之曰：'四境有如奴缚主者视此！'于是人服其赏罚有章，以为光武待苍头子密不能过也[⑦]。真自是益有功，颇自矜，从简多所规益。李质据有岭西[⑧]，真欲并之，以从简谏而止。后归降，封东莞伯。"余高祖讳从简，元末以保障功官至宣慰副使[⑨]。家传缺略，得谢所录而后知其详，因收入焉。予祖母关氏，南海山南人，虽出巨族，能服勤习俭。自洪武壬申称未亡人[⑩]，足不出阈，尝谈先世行事，谓高祖保全李元帅，正谓此。永乐癸未仲冬[⑪]，民舍大火，将及所居，他物不遑携，惟持谱牒拥蔽其面，吁天哀号，风反火回，得免煨烬。今家乘得存[⑫]，祖母之功也。（卷一）

【注释】

① 何真：字邦佐，东莞（今属广东）人。元末，弃官归，聚众保乡里。至正十四年（1354），县人王成、陈仲玉作乱，真赴告元帅府，帅受赂，反捕真，逃归，举义兵攻成，久不克。次年，又率兵讨惠州王仲刚，以功授惠州路同知。寻破海寇赵宗愚，复广州城，擢广东分省参政，升右丞。后诛陈仲玉，降王成，破赣州熊天瑞军，累进资德大夫、行省左丞。洪武元年（1368），明征南将军廖永忠取广东，真输诚纳土，奉诏入朝，擢江西行省参知政事，转山东参政。九年，致仕，偕其子贵规画军饷，助大军征云南，迁山西右布政使，寻命为浙江布政使，改湖广。二十年，复致仕，封东莞伯，卒。其子荣嗣爵，后与弟贵坐蓝党死。真弟迪疑祸及己，遂叛，击杀南海官军三百馀人，遁入海岛，广东都司发兵讨擒之，伏诛。　谢京：字用宾，东莞（今属广东）人。生平未详。

② 躬擐（huàn）甲胄：亲自穿上铠甲与头盔。谓长官坐镇军中亲自指挥。

③ 表饵：汉贾谊上疏论匈奴，提出五饵三表作为制服单于的办法。后因以"表饵"指对付敌方的策略，故称表饵之术。

④ 甘：情愿；乐意。

⑤ 伺间：窥测时机。

⑥ 钲：古代乐器。形似钟而狭长，有柄，用铜制成。行军时击之发声，以节止步伐。　嘘火：此指吹气以使火旺。

⑦ 光武待苍头子密:东汉初,渔阳太守彭宠叛,自立为燕王,未久,为其家奴子密所害。子密献首级于光武帝,光武封以“不义侯”。事见《后汉书·彭宠传》。苍头,奴仆。

⑧ 李质:字文彬,德庆(今属广东肇庆市)人。元末据岭西,后属何真麾下,尝募兵平乱。洪武初,从真降,授中书断事,明年改都督府断事,强力执法。五年,擢刑部侍郎,进尚书,寻出为浙江行省参政,惠绩著闻。后拜靖江王右相,王以罪废,质竟坐死。

⑨ 保障功:保护防卫之功。 宣慰副使:元宣慰司都元帅府属官。参见第 86 页第 19 则注释③。

⑩ 洪武壬申:洪武二十五年(1392)。

⑪ 永乐癸未:永乐元年(1403)。

⑫ 家乘(shèng):家谱;家史。

3. 尊孔卫孟

国初,象山钱惟明唐者[①],貌魁梧,善饮啖,居常以豪杰自负。元末天下大乱,隐居,年将六十。见国朝一统,乃诣京师,敷陈王道,献长诗一章,称旨,即拜刑部尚书。洪武二年己酉,诏:“孔子,惟国学春秋释奠[②],天下不必通祀[③]。”唐上疏言:“孔子百王宗师,先儒谓仲尼以万世为土[④],宜令天下通祀。报本之礼,不可废也。”上从其议。上尝览《孟子》至土芥寇雠之说[⑤],大不然之,谓非臣子所宜言,议欲去其配享[⑥]。诏有谏者以不敬论,且命金吾射之[⑦]。唐抗疏入谏,舆榇自随[⑧],袒胸受箭,曰:“臣得为孟轲死,死有馀荣。”上见其剀切出于至诚[⑨],命太医院疗其箭疮,而孟子配飨得不废。一日,召讲《虞书》[⑩],陛立而讲。或纠唐草野不知君臣礼,唐正色曰:“以古圣王之言陈于陛下,不跪不为倨。”尝谏宫中不宜揭武后图[⑪],忤旨,待罪午门外终日。上悟,赐饭,即命撤图。唐之论谏,尊孔卫孟,正色立朝,于是乎有可称矣。(卷一)

【注释】

① 钱唐:字惟明,象山(今属浙江宁波市)人。博学敦行。洪武元年(1368),举明经对策称旨,特授刑部尚书。后谪寿州,卒。《明史》本传所载事迹与此则同。

② 释奠:古代学校设置酒食以奠祭先圣先师之典礼。

③ 通祀:共同祭祀。

④ 先儒句:见北宋邵雍《皇极经世书·观物篇五十六》:“仲尼以万世为土。”南宋熊节《性理

群书句解》卷十五:“夫子虽无土地,然其道可行于万世,则万世皆其土也。”

⑤ 土芥寇雠:《孟子·离娄下》:“君之视臣如土芥,则臣视君如寇雠。”朱熹《集注》:“土芥,则践踏之而已矣,斩艾之而已矣,其贱恶之又甚矣,寇雠之报,不亦宜乎!”土芥,泥土草芥,喻无足轻重的微贱之物。寇雠,仇敌。

⑥ 配享:享,通“飨”。祔祀。此指附祭于孔庙。

⑦ 金吾:古官名。掌皇帝、大臣警卫、仪仗以及宫中、京城昼夜徼巡之事。汉代有执金吾,唐宋以后有金吾卫、金吾将军、金吾校尉等。

⑧ 舆榇(chèn)自随:载棺以随。表示决死或有罪当死。

⑨ 剀切:恳切规谏。

⑩ 虞书:《尚书》组成部分之一。相传为记载唐尧、虞舜、夏禹等事迹之书。今本凡《尧典》《舜典》《大禹谟》《皋陶谟》《益稷》五篇。其中《舜典》由《尧典》分出,《益稷》由《皋陶谟》分出。《大禹谟》系伪《古文尚书》的一篇。

⑪ 揭武后图:指张挂唐武则天画像。

4. 咏 初 月

父老相传,懿文皇太子生皇孙建文①,顶颅颇偏,高庙抚之曰:“半边月儿。”知必不终。及读书,甚聪颖。朏夕②,懿文与之侍侧,上命咏初月。懿文诗曰:“昨夜严陵失钓钩③,何人推上碧云头。虽然未得团圆相,也有清光照九州。”皇孙诗曰:“谁将玉指甲,掐作天上痕。影落江湖里,蛟龙不敢吞。”上览之默然,盖知懿文必早世④,而皇孙将免难也。乃授钥匣⑤,戒以临难乃启。比得披剃之具及杨应能度牒⑥,出走,无知者。正统庚申春⑦,思恩土官知州岑瑛奏送还京⑧。(卷二)

【注释】

① 懿文皇太子:太祖长子朱标。洪武元年(1368)春正月,立为皇太子。二十五年四月,病薨,年三十八。谥曰懿文太子。建文元年(1399),追尊为孝康皇帝,庙号兴宗。 建文:太祖孙、懿文太子第二子朱允炆。洪武二十五年九月,立为皇太孙。三十一年闰五月,太祖崩,即皇帝位,以明年为建文元年。建文四年(1402)六月,燕王朱棣率军攻入南京,宫中火起,帝不知所终。清乾隆元年(1736),诏廷臣集议,追谥曰恭闵惠皇帝。

② 朏(fěi):新月初现貌。以为农历每月初三日月相名,因用以纪日,代初三日。

③ 严陵:严光,字子陵,会稽馀姚(今属浙江宁波市)人。西汉末,与光武帝同游学。光武即位,乃变名姓,隐于富春山。后人名其钓处为严陵濑。建武十七年(41)卒,年八十。宋范仲淹知

睦州，建钓台、子陵祠于富春江严陵濑，并作《桐庐郡严先生祠堂记》。

④ 早世：过早离世；夭逝。

⑤ 钥匣：锁闭的匣子。

⑥ 披剃：削发出家。　杨应能：杞县（今属河南开封市）人。时为吴王府教授。　度牒：唐宋以后，僧道出家，官府所发凭证，称“度牒”。建文帝削发出走事，见《明史纪事本末》卷十七《建文逊国》：“建文四年夏六月乙丑，帝知金川门失守，长吁，东西走，欲自杀。翰林院编修程济曰：‘不如出亡。’少监王钺跪进曰：‘昔高帝升遐时，有遗箧，曰：“临大难，当发。”谨收藏奉先殿之左。’群臣齐言：‘急出之！’俄而舁一红箧至，四围俱固以铁，二锁亦灌铁。帝见而大恸，急命举火焚大内。皇后马氏赴火死。程济碎箧，得度牒三张：一名应文，一名应能，一名应贤。袈裟、帽鞋、剃刀俱备，白金十锭。朱书箧内：‘应文从鬼门出，馀从水关御沟而行，薄暮会于神乐观之西房。’帝曰：‘数也！’程济即为帝祝发。吴王教授杨应能愿祝发随亡。监察御史叶希贤毅然曰：‘臣名贤，应贤无疑。’亦祝发。各易衣披牒。在殿凡五六十人，痛哭仆地，俱矢随亡。帝曰：‘多人不能无生得失。有等任事著名，势必究诘，有等妻子在任，心必萦系，宜各从便。’御史曾凤韶曰：‘愿即以死报陛下！’帝麾诸臣，大恸，引去若干人。九人从帝至鬼门，而一舟舣岸，为神乐观道士王昇，见帝，叩头称万岁，曰：‘臣固知陛下之来也。畴昔高皇帝见梦，令臣至此耳！’乃乘舟至太平门，昇导至观，已薄暮矣。俄而杨应能、叶希贤等十三人同至。”

⑦ 正统庚申：正统五年（1440）。

⑧ 思恩土官：明广西庆远府思恩县（今广西河池市环江县）土司。土司，元时设于西北、西南地区由少数民族首领充任并世袭的官职，明清沿置。此则言岑瑛奏送建文帝事，据《明史·惠帝纪》：“正统五年，有僧自云南至广西，诡称建文皇帝。思恩知府岑瑛闻于朝，按问，乃钧州人杨行祥，年已九十馀。下狱，阅四月死。同谋僧十二人，皆戍辽东。自后，滇、黔、巴、蜀间相传有帝为僧时往来迹。”

5. 三丰遁老

“璚枝玉树属仙家[①]，未识人间有此花。清致不沾凡雨露，高标犹带古烟霞。历年既久何曾老，举世无双莫漫夸。便欲载回天上去，拟从博望借灵槎[②]。”此三丰遁老张玄玄诗也[③]。玄玄名全一，或曰通一，三丰其号也，世呼为“张邋遢”。或谓宝鸡人，或谓辽东人。丰姿魁伟，龟形鹤骨，大耳圆目，须髯如戟。顶作一髻，手中执方尺。无寒暑惟衣一衲，或处穷寂，或游市井，浩浩自如，傍若无人。有问之者，终日不答一语。及与论三教经书，则吐辞衮衮，皆本道德忠孝。每事来，辄先知之。三五日或两三月始一食，然登山其行如飞。或隆冬卧雪中，齁鼾如常。时人皆异之。洪武初，入武当，登天柱峰，遍历名胜，使其弟子丘玄清住五龙[4]，卢秋云住南岩，刘古泉、杨善登住紫霄。乃自结草庐于展旗峰北，曰遇真宫，立草庵于黄土城，曰会仙馆，令弟子周真得守之。洪武庚午[5]，拂袖长往，不知所在。明年，高皇帝遣三山道士请玄玄造朝[6]，了不可觅，或谓在青州云门山洞窟中[7]。永乐初，文皇帝累遣使求之，以给事中胡公濙往[8]，遍物色之，不能得。十年二月十日，致书曰："皇帝敬奉书真仙张三丰先生足下：朕久仰真仙，渴思亲承仪范，尝遣使致香奉书，遍诣名山虔请。真仙道德崇高，超乎万有，体合自然，神妙莫测。朕才质疏庸，德行菲薄，而至诚愿见之心，夙夜不忘。敬再遣使，谨致香奉书虔请，拱俟云车夙驾[9]，惠然降临，以副朕拳拳仰慕之怀。"三月六日，诏道士虚玄子、孙碧云者往武当，于玄玄旧游处建道场，冀有闻焉。御制诗赐之，曰："太华山高九千仞[10]，幽人学道巢其巅。云边一卧知几年，悬崖铁锁常攀缘。世间万物无所累，饥食琼芝渴乳泉。炼就还丹握化权[11]，三关透彻玄中玄[12]。高奔日月呼紫烟，绛宫瑶阙长周旋。五华灵牙植丹田[13]，明珠一点方寸圆。左挹神公右白元[14]，夜开明堂相与言。窈冥恍惚合自然，飘飘直上大罗天[15]。时人欲见不可得，三峰下俯飞鸿翼。丹丘羽人常往还[16]，洪厓赤松旧相识[17]。只今邂逅契心期，青瞳绿发烟霞姿。洞天福地游欲遍，逍遥下上骖虬螭[18]。若遇真仙张有道，为言伫俟长相思。"诗意盖拳拳于三丰也。碧云亦受命于武当之南岩修炼，以冀见之。（卷三）

【注释】

① 璚(qióng)枝：即琼枝。传说中的玉树。璚，同"琼"。

② 拟从博望借灵槎(chá)：用传说汉张骞乘槎至天宫事。博望，张骞封号。《汉书·张骞传》："骞以校尉从大将军击匈奴，知水草处，军得以不乏，乃封骞为博望侯。"张骞乘槎，见北宋胡仔《苕溪渔隐丛话前集·杜少陵六》引南朝梁宗懔《荆楚岁时记》："张华《博物志》云：汉武帝令张骞穷河源，乘槎经月而去，至一处，见城郭如官府，室内有一女织，又见一丈夫牵牛饮河。骞问云：'此是何处？'答曰：'可问严君平。'织女取榰机石与骞而还。后至蜀，问君平，君平曰：'某年月日，客星犯牛斗。'"槎，木筏。

③ 张三丰：明道士。名全一，一名君宝，以号行，辽东懿州（治今辽宁阜新市东北）人。或谓宋、金、元时人，其籍贯亦有平阳、猗氏、宝鸡、天目等说。曾在武当山（在今湖北十堰市东南）幽栖。明太祖、成祖屡遣使求之，不遇。英宗时封为通微显化真人。后人辑有《张三丰先生全集》。

④ 五龙：宫观名。武当山八大宫观之一。八大宫观为紫霄宫、太和宫、玉虚宫、南岩宫、五龙宫、遇真宫、复真观、元和观。永乐十四年(1416)，在武当山主峰玉柱峰顶，建有金殿。

⑤ 洪武庚午:洪武二十三年(1390)。

⑥ 三山道士:或泛指道士。三山,传说中海上神山。东晋王嘉《拾遗记·高辛》:"三壶,则海中三山也。一曰方壶,则方丈也;二曰蓬壶,则蓬莱也;三曰瀛壶,则瀛洲也。"

⑦ 云门山:在青州府(今属山东潍坊市)城南。主峰大云顶,有洞如门,高阔过丈,南北相通,谓之"云门"。

⑧ 胡濙:字源洁,永乐初为户科都给事中。尝奉成祖之命赴各地追寻建文帝下落,达十四年之久。参见第174页第12则注释⑧。

⑨ 拱俟:拱手恭候。　云车夙驾:意谓仙驾早日到来。云车,传说中仙人以云为车,故称。

⑩ 太华山:武当山古称"太和山"。此处"太华"或为音讹。

⑪ 还丹:道家所炼仙丹。　化权:化育万物之权。

⑫ 三关:指人体三个重要部分,说法不一。道教或指尾闾、夹脊、玉枕三穴,或指明堂、洞房、丹田三穴。

⑬ 五华:道教指五行之气。《黄庭内景经·上有》:"灌溉五华植灵根,七液洞流冲胪间。"

⑭ 白元:道教谓掌肺之神。

⑮ 大罗天:道教所称三十六天中最高一重天。

⑯ 丹丘:亦作"丹邱"。传说中神仙所居之地。

⑰ 洪厓、赤松:皆传说中仙人。洪厓,亦作"洪崖""洪涯"。黄帝臣子伶伦的仙号。赤松,亦称"赤诵子""赤松子舆"。各家所载不同,或云神农时雨师,或云帝喾师,或云炎帝之诸侯等。

⑱ 骖虬螭:驾驭虬龙和螭龙。虬螭,传说中的龙类。

6. 刘伯川善观人

泰和刘伯川[①],平生轻财如粪土,中年尚有田数十亩,一日悉散予其亲戚闾里。又散遣臧获,独与其妻处敝庐数椽,仅蔽风雨,而旦暮饘粥[②],休休如也[③]。平居不与俗人接,然善观人。时杨士奇年十四五[④],与陈孟洁往候之[⑤],伯川以二人皆故人子,入见款洽焉[⑥]。是日雪霁酒酣,伯川命各赋诗言志。孟洁赋云:"十年勤苦事鸡窗[⑦],有志青云白玉堂[⑧]。会待春风杨柳陌,红楼争看绿衣郎[⑨]。"士奇即景赋云:"飞雪初停酒未消,溪山深处踏琼瑶[⑩]。不嫌寒气侵人骨,贪看梅花过野桥。"伯川顾孟洁,笑曰:"十年勤苦,只博红楼一看邪?子当不失风流进士。"顾士奇,笑曰:"虽寒士,当耐。"又曰:"人有不为也,而后可以有为。子当大用,尚勉之。惜予不及见也。"伯川卒后,孟洁果登第,为翰林庶吉士,而士奇官至少师。皆如伯川所言。

（卷三）

【注释】

① 刘伯川：泰和（今属江西吉安市）人。家富而崇儒礼士。元末兵乱，士民多往依之。

② 饘（zhān）粥：稠粥；稀饭。

③ 休休如也：安闲自得貌。

④ 杨士奇：名寓，以字行，号东里。参见第155页第21则注释⑧。

⑤ 陈孟洁：名廉，以字行，泰和人。先祖为江西大儒，杨士奇表兄弟。永乐三年（1405），以国子生中应天府乡试。明年，举进士，授翰林庶吉士，与修《永乐大典》，为校正官。性嗜酒，坐是致疾，八年卒，年四十五。

⑥ 款洽：亲密；亲切。

⑦ 鸡窗：书斋。《艺文类聚》卷九十一引南朝宋刘义庆《幽明录》："晋兖州刺史沛国宋处宗，尝买得一长鸣鸡，爱养甚至，恒笼著窗间。鸡遂作人语，与处宗谈论，极有玄致，终日不辍。处宗因此功业大进。"后以"鸡窗"指书斋。

⑧ 白玉堂：指翰林院。

⑨ 绿衣郎：明制八品、九品官着绿袍。因亦借指官位卑微的官员。

⑩ 琼瑶：美玉。此处喻雪。

7. 观 物 吟

客有手一巨编赠予者①，乃录本《观物吟》也②，作者为道士邓青阳羽。自言居武林时③，忘情消白日，高卧看青山，动落花流水之机，适闲云幽鸟之趣。遂成意外不期然而然之句④，初无意于诗也。予爱其一绝，云："人生天地长如客，何独乡关定是家⑤？争似区区随所寓⑥，年年处处看梅花。"其中所存，可概见矣。隐居在武当山之南岩，永乐中不知所往，人以为仙去。（卷三）

【注释】

① 巨编：巨著。

② 观物吟：据清黄虞稷《千顷堂书目》卷二十八："邓羽《观物吟》一卷。南海（今广东广州市）人。明初知青阳县事，后为道士，隐居武当之南岩，自号松石道人。不知所终。"

③ 武林：杭州别称。参见第143页第17则注释⑦。

④ 不期然而然:不曾想到竟然如此。

⑤ 乡关:犹“故乡”。

⑥ 争似:怎似。　区区:自得貌。

8. 圣子神孙

永乐间,国势安于泰山,人心逾于拱极者①,以有圣子神孙也②。仁庙在东驾③,一日侍侧,上问:“今日说何书?”以《论语》和同章对④,因问:“何以君子难进易退,小人易进难退?”对曰:“小人逞才而无耻,君子守道而无欲。”又问:“小人之势长胜,何也?”对曰:“此系乎上之人好恶,如明主在上,必君子胜矣。”又问:“明主在上,都不用小人乎?”曰:“小人果有才不可弃者,须常警饬之,不使有过可也。”上喜其学问有进,谕右春坊大学士黄淮、左谕德杨士奇曰⑤:“尔等其尽心辅之。”端午节车驾幸东苑,观击球射柳,听文武群臣、四夷朝使及在京耆老聚观。自皇太孙而下诸王大臣以次击射,太孙击射连发皆中。上大喜,射毕嘉劳之,因曰:“今日华夷毕集,朕有一言,尔当思对之,曰‘万方玉帛风云会’。”太孙即叩头对曰:“一统山河日月明。”时年十五矣。上喜甚,赐名马、锦绮诸番物,遂命儒臣赋诗,大宴群臣,尽欢而罢。夫燕翼贻谋⑥,始自蒙养⑦,而昭皇之临下⑧,仁声洋溢;章皇之驭寓⑨,义问宣昭⑩,具见于此矣,故特书之。(卷四)

【注释】

① 逾于拱极:谓更加拱卫或归附君王。拱极,拱卫北极星。

② 圣子神孙:指仁宗朱高炽、宣宗朱瞻基,成祖长子长孙。

③ 东驾:犹“东宫”。指太子。时仁宗朱高炽为皇太子。

④ 和同章:指《论语·子路》:“子曰:‘君子和而不同,小人同而不和。’”

⑤ 右春坊大学士、左谕德:明詹事府属官。詹事府,掌统府、坊、局之政事,以辅导太子。据《明史·职官志二》:“先是,洪武初置大本堂,充古今图籍其中,召四方名儒训导太子、亲王。诸儒专经面授,分番夜直。已而太子居文华堂,诸儒迭班侍从,又选才俊之士入充伴读,时时赐宴赋诗,商榷今古,评论文学。是时东宫官属,自太子少师、少傅、少保、宾客外,则有左右詹事、同知詹事院事、副詹事、詹事丞、左右率府使、同知左右率府事、左右率府副使、谕德、赞善大夫,皆以勋旧大臣兼领其职。又有文学、中舍、正字、侍正、洗马、庶子及赞读等官。十五年,更定左右春坊官,各置庶子、谕德、中允、赞善、司直郎,又各设大学士。寻定司经局官,设洗马、校书、正字。二十二

年，以官联无统，始置詹事院。二十五年，改院为府，定詹事秩正三品，春坊大学士正五品，司经局洗马从五品，虽各有印，而事总于詹事府。二十九年，增设左右春坊清纪郎、司谏、通事舍人。建文中，增少卿、寺丞各一人，宾客二人。又置资德院资德一人，资善二人。其属，赞读、赞书、著作郎各二人，掌典籍各一人。成祖复旧制。英宗初，命大学士提调讲读官。" 黄淮：字宗豫，永嘉（今浙江温州市）人。洪武末进士，授中书舍人。成祖即位，召对称旨，命与解缙常立御榻左备顾问。既而直文渊阁，改翰林编修，进侍读。永乐五年（1407），进右春坊大学士，与杨士奇等同辅导皇太子、太孙。后汉王朱高煦谋夺嫡，谮太子，解缙、黄淮、杨士奇、杨溥等东宫官属皆坐系狱，缙等冤死，淮亦监禁达十年。仁宗即位，复官，擢为通政使兼武英殿大学士，进少保、户部尚书兼大学士。宣德二年（1427）致仕。正统十四年（1449）卒，年八十三。谥文简。

⑥ 燕翼贻谋：谓父祖善为子孙后代谋划。《诗经·大雅·文王有声》："武王岂不仕，诒厥孙谋，以燕翼子。"毛传："燕，安；翼，敬也。"郑笺："诒，犹传也。"

⑦ 蒙养：教育童蒙。

⑧ 昭皇：指仁宗。其谥曰敬天体道纯诚至德弘文钦武章圣达孝昭皇帝。

⑨ 章皇：指宣宗。其谥曰宪天崇道英明神圣钦文昭武宽仁纯孝章皇帝。 驭寓：亦作"驭宇"。统治宇内。

⑩ 义问宣昭：谓美誉显扬天下。《诗经·大雅·文王》："宣昭义问，有虞殷自天。"毛传："义，善。"孔颖达疏："常布明其善声，闻于天下。"

9. 石主事救师

石大用者，蓟州丰润人①。正统癸亥②，贡入太学。明年，李祭酒时勉忤权珰王振③，枷号于监前。大用会六馆④，疏请代罪。诸生始则从，中则疑，终则无一人与偕者。乃独具疏曰："臣闻'民生于三，事之如一⑤'。今李时勉擅伐官树，薄示枷号。切缘时勉年已七十，兼患风疾，况值炎热，死亡无日。乞容臣代枷，以存师生恩义。"疏上，并释之。是秋大用中京闱乡试，时勉感其谊，令举人五日一升监⑥，自大用始。后大用就铨⑦，得户部主事，盖气谊素为人所重故也。（卷五）

【注释】

① 蓟州丰润：明顺天府蓟州丰润县（今河北唐山市丰润区）。

② 正统癸亥：英宗正统八年（1443）。

③ 李祭酒时勉：李时勉为国子监祭酒，忤太监王振事，参见第167页第5则。 珰：宦官。

④ 六馆：国子监别称。唐制，国子监领国子学、太学、四门、律学、书学、算学，统称六馆。宋元

以后渐加合并,以至仅存国子一学,然后世仍以六馆指称国子监。另,此处亦或指六堂,明国子监博士厅所设肄业之所。参见第 168 页第 5 则注释③。

⑤ 民生于三,事之如一:见《国语·晋语一》:“成闻之:‘民生于三,事之如一。’父生之,师教之,君食之。非父不生,非食不长,非教不知生之族也,故壹事之。”韦昭注:“三,君、父、师也。如一,服勤至死也。”

⑥ 升监:或谓升堂课业。

⑦ 就铨:指接受考评铨选,授予官职。

10. 木 兰 复 见

南京淮清桥女子黄善聪者[①],年十二失母,有姊已嫁人矣。父贩线香为业[②],往来庐、凤间[③],怜其幼且无母,又不可寄食于姊,乃令为男子饰,携之旅游者数年。父死,诡姓名为张胜。有李英者,亦贩线香,自故乡来,不知其女也。因结为火伴,与同寝食者逾年,恒称疾不脱衣袜,溲溺必以夜。弘治辛亥正月[④],与英偕还南京,已年二十矣,突然峨巾往见其姊[⑤]。姊谓:“我本无弟,惟小妹随父在外,尔胡为来?”乃笑曰:“我即善聪也。”泣语之故。姊恶之,曰:“男女同处,何以自明?汝辱我家矣。”因拒不纳。善聪不胜其愤,谓曰:“妹此身却要分明,苟有污玷,死未晚也。”姊呼稳婆视之[⑥],果处子,始返初服。越三日,英来候,善聪出见,英大惊愕。归,怏怏如有所失,饮食顿减。英母忧之,以英犹未娶,乃求婚焉。善聪执不从,曰:“此身若竟归英,人其谓我何?”所亲与邻里交劝,则涕泣诟之。事闻三厂[⑦],勒为夫妇,且助其奁具。成婚之日,人有歌之者,以为木兰复见于今日云[⑧]。予按,女易男饰后返初服者,南齐时有东阳娄逞[⑨],五代时有临邛黄崇嘏[⑩],国初蜀有韩贞女[⑪],盖不独善聪也。(卷十)

【注释】

① 淮清桥:在南京夫子庙以东秦淮河上。

② 线香:用香料末制成细长如线的香。

③ 庐、凤:明庐州府(治今安徽合肥市)、凤阳府(治今安徽滁州市凤阳县)。

④ 弘治辛亥:孝宗弘治四年(1491)。

⑤ 峨巾:头巾。古代男子装束,以巾束发,高耸于顶。

⑥ 稳婆:此指宫廷或官府检验女身的女役。

⑦ 三厂:明特务机构。洪武时置锦衣卫,掌侍卫、缉捕、刑狱之事。此外,永乐时置东厂,成化时置西厂,主要以宦官充任,预刑名政事。正德时又置内行厂,不仅为特务统治的号令机关,而且亦伺察东、西厂的特务行动。故统称三厂一卫。

⑧ 木兰:北朝乐府《木兰诗》中人物。女扮男妆,代父从军。

⑨ 娄逞:南朝齐扬州东阳郡(治今浙江金华市)人。据《南史·崔慧景传》:"先是,东阳女子娄逞,变服诈称丈夫,粗知围棋,解文义,遍游公卿,仕至扬州议曹从事。事发,明帝驱令还东,逞始作妇人服而去。叹曰:'如此伎,还之为老妪,岂不惜哉!'"南齐扬州,治建康(今江苏南京市)。

⑩ 黄崇嘏:五代前蜀邛州(治今四川成都市邛崃市)人。据明曹学佺《蜀中广记》卷一百二引《玉漏编》:"王蜀伪相周庠,初在邛南幕中留司府事。临邛县失火人黄崇嘏才下狱,贡诗一章,周遂召见。崇嘏自称乡贡进士,年三十许。祇对详敏,立命释之,荐摄府司马参军,胥吏畏服。周既重其聪慧,又美其风采,欲以女妻之。崇嘏乃就封状谢,仍贡诗一首,落句有曰:'幕府若容为坦腹,愿天速变作男儿。'周览诗惊愕,遂召诘问,乃黄使君之女亢,未从人。周益仰其贞洁。亢旋乞罢归临邛,后不知所终。"

⑪ 韩贞女:元末保宁府(治今四川南充市阆中市)人。据《明史·列女传一》:"元末明玉珍据蜀,贞女虑见掠,伪为男子服,混迹民间。既而被驱入伍,转战七年,人莫知其处女也。后从玉珍破云南还,遇其叔父,赎归成都,始改装而行,同时从军者莫不惊异。洪武四年嫁为尹氏妇,成都人以韩贞女称。"

治世馀闻　继世纪闻

［明］陈洪谟

《治世馀闻》上下篇八卷、《继世纪闻》六卷，明陈洪谟撰。洪谟字宗禹，号高吾子，湖广武陵（今湖南常德市）人。弘治九年（1496）进士，授刑部主事，转员外郎。历漳州知府、江西参政、贵州云南按察使、山东布政使、江西巡抚等，累官至兵部左侍郎。嘉靖九年（1530），为首相张璁所中，罢归。乃扫高吾精舍居之，课子弟，接引里中俊秀二十馀年。三十四年（1555）卒，年八十二。

《治世馀闻》分上下两篇，上篇事关庙朝，下篇则臣下事，皆记弘治一朝见闻；《继世纪闻》则为正德一朝见闻。作者以为，孝宗励精图治，弘治间朝政清明，足以『比隆三代』，故称之为『治世』。而于武宗正德朝，虽未加指斥，仅称之以『继世』，所记亦多内乱外患之事，实以褒贬寓焉。二书以当时人记当时事，大多翔实可信，有助于了解明中叶以来风会变迁。

选文标题为编者所拟。

1. 土鲁番阿黑麻求封哈密始末

西域土鲁番阿黑麻是年诱杀哈密国王罕慎[①],并虏王母,夺去金印,因求封,主哈密。事下兵部,议称初太宗朝以西域番夷入贡者多,乃即哈密地封元遗孽脱脱为忠顺王,赐金印,凡诸夷入贡,悉令译文以闻。脱脱故,其子孛罗帖木儿袭封[②],故,无嗣,王母主国事。被土鲁番锁檀阿力王虏王母、金印以去[③],甘州守臣奏报[④]。朝廷差官抚处,适锁檀阿力王故,其子阿黑麻主事。守臣乘间奏以王母外甥畏兀儿种类都督罕慎袭封为王,后阿黑麻复以罕慎非贵族,假以诸亲杀之,遣使入贡求封,且乞大通使往和番[⑤]。尚书马公文升谓[⑥]:"今迤北大虏,亦不遣使通好。阿黑麻自有分地,亦难封彼为王,彼若入贡,亦所不拒。"请降敕责谕之。后因王母故,本酋乃以金印、城池来归。马公奏请访求贵族元遗孽安定王族侄陕巴袭封忠顺王,主哈密。未几,诸番夷以陕巴无所犒赐,阿黑麻复怒大头目都督阿木郎尝克其赏赐,又尝虏其部落头畜,遂杀阿木郎,复虏陕巴、金印以去。报至,适阿黑麻先所遣大头目写亦满速儿等四十馀人入贡,在京师。大学士丘公濬谓马公曰[⑦]:"哈密事重,烦公一行。"马曰:"边方有事,臣子岂可辞劳。但西域贾胡惟图窥利,不善射骑,自古岂有西域为中国大患者?徐当静之。"丘曰:"有谶言不可不虑。"因集议,请自往。众曰:"哈密一方事耳,今虏在边,四方多故。公往甘、凉,四方边事付之何人?"乃议以兵部右侍郎张公海、都督佥事侯谦率写亦满速儿等往经略之[⑧]。既抵甘州,议令写亦满速儿等数人,并遣在边通事,先以敕谕阿黑麻顺天道,归陕巴、金印。久未回报,阿黑麻愈肆骄横,诈称领夷兵一万,用云梯攻肃州城,并蹂甘州。报至,朝野颇惊。马公以为彼张虚声以挟我耳。且土鲁番至哈密十数程[⑨],中经黑风川[⑩],俱无水草,哈密至峪谷又数程[⑪],亦无水草。入贡者往返,皆驮水而行。使我整兵以俟,谨烽火,明斥堠[⑫],使匹马不返。夷使入贡至京者,亦以此意晓之,伐彼邪谋。自此阿黑麻不敢复言攻肃州矣。无何,阿黑麻复令头目牙兰率番兵二百馀,据哈密。马公请用汉兵三千为后援,别选罕东番兵为前锋[⑬],各持数日熟食,兼程袭之。乃令分守肃州副总兵彭清统领[⑭],由南山取捷径驰至罕东,急调番兵齐足,乘夜兼道袭斩牙兰。而守臣贪功,乃亲率汉兵至肃州,又久驻嘉峪关外,候罕东兵不至。牙兰预知之,皆遁去。洎兵至哈密,获城,追剿之,仅斩首六百馀。然自是威震西域,阿黑麻以是悔过,遂遣使入贡,并以陕巴、金印来归。且求写亦满速儿等,乃降。敕赐陕巴蟒衣、彩段、冠服，护入哈密。其三种大头目都督写赤蒲仙系回回，奄克孛罗系畏兀儿，并迭力迷失系哈剌灰种类[15]，皆翼佐陕巴者。马公又虑哈剌灰以猎生为生，各番颇惧，多不乐居哈密城，请量留其家室之半居肃州，许其往来，以系其心。离散夷人大小共二千馀名口，咸给牛具种子、衣粮布匹，遣抚夷千户数人，护入哈密。自是阿黑麻甚感朝廷恩威，并黑楼国等处[16]，咸遣使入贡。边方底宁[17]，九重无西顾之忧矣。（《治世馀闻》上篇卷一）

【注释】

①土鲁番阿黑麻：土鲁番（今新疆吐鲁番地区），汉时为车师前王庭地；隋为高昌国；唐灭高昌，置西州；宋复名高昌，为回鹘所据，尝入贡，后又臣属于辽、西辽；元设万户府，属察合台汗国。明永乐至成化中，尝遣使入贡。初，其地介于于阗、别失八里诸大国间，势力微弱，后侵掠火州、柳城（两地皆在今新疆吐鲁番市东南）等地，国势日强，其酋也密力火遂称王。成化五年（1469），其酋阿力自称速檀，求封，明廷未许。又欲并哈密，九年春袭之，破城执王母、金印而去。十四年，阿力死，其子阿黑麻嗣位。十八年，哈密都督罕慎驱逐土鲁番将牙兰，立为哈密王，阿黑麻怒，伪与婚姻。弘治元年（1488），以结盟诱杀罕慎于哈密城下。　哈密国：汉为伊吾卢地，隋时设伊吾郡（治今新疆哈密市），唐为伊州，宋时入为回鹘地。元末，威武王纳忽里镇之，寻改肃王，卒，其弟安克帖木儿嗣位；明初入贡，永乐二年（1404）封忠顺王，赐金印。未久，北元可汗鬼力赤毒杀安克帖木儿，明廷立其兄之子脱脱为忠顺王，四年设哈密卫。八年，脱脱暴疾卒，又封其从弟兔力帖木儿为忠义王，世守哈密。宣宗即位，兔力帖木儿亦卒，立脱脱子卜答失里嗣忠顺王。自正统至弘治，依次主哈密者为倒瓦剌失里、卜列革、弩温答失里（王母）、把塔木儿、罕慎等。土鲁番阿黑麻诱杀罕慎后，明廷乃立忠顺王族孙、忠义王近属陕巴为王。弘治六年（1493），阿黑麻俘陕巴，遣牙兰再占哈密。八年，明军逐守将牙兰；十年，阿黑麻送陕巴还哈密。十八年，陕巴卒，其子拜牙即自称速檀，朝廷封为忠顺王。拜牙即昏庸愚钝，致内乱，正德八年（1513）叛投土鲁番，不复有国。

②其子孛罗帖木儿袭封：此处所记与史未合。据《明史·西域传一》，永乐八年（1410），脱脱卒，由其从弟兔力帖木儿主哈密，封忠义王。宣德元年（1426），兔力帖木儿卒，朝廷命脱脱子卜答失里嗣忠顺王。三年，以其年幼，命脱欢帖木儿嗣忠义王，同理国事。正统二年（1437），忠顺王卒，以其子倒瓦剌失里袭封。天顺元年（1457），倒瓦剌失里卒，其弟卜列革袭之。四年，卜列革死，无嗣，王母弩温答失里主国事。

③锁檀：《明史》中作“速檀”。今译“苏丹”。意为有权威的人。指伊斯兰国家统治者。

④甘州：明属陕西行都司，治甘肃镇（今甘肃张掖市）。参见第169页第6则注释⑤。

⑤大通使：此指通晓外语的使者。　和番：指中原王朝与外族、外国修好。

⑥马文升：字负图，钧州（今河南许昌市禹州市）人。景泰二年（1451）进士，授御史，历按山

西、湖广,迁福建按察使。成化初,升左副都御史,入为兵部右侍郎,寻转左。二十年(1484),巡抚辽东,进右都御史,总督漕运。弘治初,召拜兵部尚书,尽心戎务达十三年。后代为吏部尚书。正德时,权倾中官,文升求去,家居三年,坐诬除名。正德五年(1510)卒,年八十五。后复原官,赠特进、光禄大夫、太傅,谥端肃。嘉靖初加赠左柱国、太师。文升历仕五朝,与王恕、刘大夏合称"弘治三君子"。

⑦ 丘濬:字仲深,琼山(今海南海口市)人。景泰五年(1454)进士,改庶吉士,授翰林院编修。成化中与修《英宗实录》《续通鉴纲目》等,历侍讲学士、国子监祭酒、礼部尚书。弘治四年(1491),为副总裁修《宪宗实录》成,加太子太保兼文渊阁大学士,参预机务。八年卒,年七十六。赠太傅,谥文庄。

⑧ 张海:字文渊,德州(今属山东)人。出身世族,少好学。天顺三年(1459)乡试第一,成化二年(1466)进士,授给事中。历顺天府丞、太仆寺卿。因上疏劾汪直等不法,受杖出知云南鹤庆府。弘治元年(1488)召为顺天府尹,二年拜兵部右侍郎,进左侍郎。适西域土鲁番作乱,奉命前往治理。回朝遭贬,降山西布政使司参政。十一年请辞,未行病卒于官舍,年六十三。　侯谦:《明史》中作"缑谦"。右玉(今山西朔州市右玉县右玉镇)人。成化中尝为辽东总兵,后改南京右通政,有政声。弘治二年(1489),以都督同知与张海经略哈密。寻以母老乞休,久之卒。

⑨ 程:古代以驿站邮亭或其他停顿止宿地为起讫的行程段落。

⑩ 黑风川:由哈密西去土鲁番诸国必经之地(在今新疆哈密地区七角井镇南与吐鲁番地区鄯善县小草湖村之间)。因多发沙尘暴,故名。

⑪ 峪谷:又称"苦峪谷"。明属沙州卫(治今甘肃酒泉市瓜州县东南)。古有苦峪城,后废弃。明时尝安置哈密各族难民于此。

⑫ 斥堠:又作"斥候"。此指用以瞭望敌情的土堡。

⑬ 罕东:明罕东卫。成祖时置哈密、沙州、赤斤(治今酒泉市玉门市西北)、罕东(治今甘肃酒泉市敦煌市西)四卫于嘉峪关外,屏蔽西陲。后又从罕东卫分置罕东左卫。弘治后,诸卫皆残破,不能自立。

⑭ 彭清:字源洁,榆林(今属陕西)人。初袭绥德卫指挥使,以功擢都指挥佥事。弘治初充右参将分守肃州。好谋而有勇,恢复哈密有功。后以马文升荐,擢左副总兵仍守甘肃。十五年卒。

⑮ 哈剌灰:明哈密境内三族杂居,有回回、畏兀儿、哈剌灰。回回,指从阿拉伯、波斯迁徙而来信仰伊斯兰教的人;畏兀儿,指维吾尔族;哈剌灰,指信仰伊斯兰教的蒙古族。"哈剌"意即"黑""黑色","灰"即"回"的译音。

⑯ 黑楼国:《明史·西域传四》中有《哈烈》《黑娄》两传。据今人考证,"哈烈""黑娄"实为一地,为古呼罗珊四城之一,曾为帖木儿帝国都城,即今阿富汗西部赫拉特城(参见张文德《<明史·西域传>黑娄考》,载《西域研究》2001年第1期)。帖木儿,出身突厥化蒙古贵族,明洪武时在西域夺取西察合台汗国,自称"大埃米尔",定都撒马尔罕(今乌兹别克斯坦撒马尔罕东北),旋

征服汗国全境。永乐中，曾率兵攻明，途中病死。死后帝国分裂，其子沙哈鲁迁都于赫拉特。《明史·西域传·黑娄》："其地山川、草木、禽兽皆黑，男女亦然。"故名。

⑰ 底宁：达到安宁。底，同"厎"，引致；达到。

2. 听旨不真

旧例通政司奏事[①]，各衙门承旨，惟刑部、都察院同为一法司[②]，并立听候。如旨云"法司知道"，两衙门俱跪而应。若止云"刑部知道"，惟刑部堂上官承旨。云"都察院知道"，惟都察院官承旨。玉音微低[③]，不免混听，则具本认罪。时白司寇昂每次不差[④]，闵都御史珪屡差[⑤]，俱蒙温旨不究[⑥]。李阁老东阳与闵俱甲申进士[⑦]，因会同年席上，谓闵曰："今早年兄何以又差?"闵答曰："某一时听不真。"李曰："白公只有一耳，何以听真? 年兄有两耳，何听不真?"众皆愕然。李徐笑曰："刑部字止一耳[⑧]，都察院非两耳而何?"一座辗然称善[⑨]。(《治世馀闻》上篇卷二)

【注释】

① 通政司：即"通政使司"。洪武十年(1377)置，掌受内外章疏、敷奏、封驳之事。设官据《明史·职官志二》："通政使一人，正三品；左、右通政各一人，誊黄右通政一人，正四品；左、右参议各一人，正五品；其属经历司，经历一人，正七品；知事一人，正八品。"通政使司为明代创设，其职能类似南北朝通事舍人、唐代知匦使、宋代阁门使及通进银台司等机构之合并，明所有官署上奏事件均须经由其手。

② 法司：掌司法刑狱的官署。明前期，大理寺、刑部、都察院合称"三法司"，重大案件皆经"三法司"会审。中期以后，大理寺执法权被夺，仅限审阅案卷而已。刑部，"掌天下刑名及徒隶、勾覆、关禁之政令"；都察院，"职专纠劾百司，辩明冤枉，提督各道，为天子耳目风纪之司"。

③ 玉音：尊称帝王言语。此指孝宗。

④ 白昂：字廷仪，南直隶武进(今江苏常州市)人。天顺元年(1457)进士。历给事中，累擢兵部、户部侍郎。弘治初(1488)，河决武原，奉敕往治有功，进刑部尚书，列定百馀事。十三年(1500)，以太子太傅致仕，立义学以教宗人。卒，赠太保，谥康敏。　司寇：古代掌刑狱纠察之官。此指刑部尚书。

⑤ 闵珪：字朝瑛，乌程(今浙江湖州市)人。天顺八年(1464)进士。授御史出按河南，累擢广东按察使、右佥都御史。孝宗即位，进右都御史总督两广军务。弘治七年(1494)，迁南京刑部尚书，寻召为左都御史。十三年，代白昂为刑部尚书。以灾异陈时政八事、刑狱四事，多报可。正德

二年（1507），以少保致仕。六年卒，年八十二。赠太保，谥庄懿。

⑥ 温旨：敬称，指帝王温和恳切的诏谕。

⑦ 李东阳：字宾之，长沙茶陵（今属湖南株洲市）人，以戍籍居京师。少有才名。天顺八年（1464）进士。选庶吉士，授编修，迁侍讲学士，充东宫讲官。弘治五年（1492），修《宪宗实录》成，由左庶子兼侍讲学士进太常少卿。是年，以旱灾陈《孟子》七篇大义附时政得失数千言上之，擢礼部右侍郎兼侍读学士入内阁，专典诰敕。八年，以本官直文渊阁参预机务，累迁太子少保、礼部尚书兼文渊阁大学士。武宗立，累加特进、上柱国。正德七年（1512），以南北各地地震，武宗视朝久旷，屡谏不听，遂以老疾乞休。又四年卒，年七十。赠太师，谥文正。

⑧ 一耳：指刑部之“部”字偏旁。下文“两耳”指都察院之“都”“院”二字偏旁。

⑨ 辗（zhǎn）然：笑貌。

3. 李广纳贿簿

太监李广以左道见宠任①，权倾中外，大臣多贿求之。戊午岁②，建毓秀亭于万岁山上③，既成后，适一小公主患痘疮，众医莫效。广饮以符水，遂殇。宫中方归咎于广。未几，清宁宫灾④，有谓亭之建，年月不利，犯坐杀向太岁⑤，故有此灾。皇太后怒云：“今日李广，明日李广，兴工动土，致此灾祸。累朝所积，一旦灰烬！”广惧，饮鸩死。上意其藏必有奇方秘书，即令内侍搜索。奉命者遂封其外宅，搜得一帙纳贿簿，首进之。簿中所载某送黄米几百石，某送白米几千石，通计数百万石。黄米即金，白米即银。上因悟广赃滥如此，遂籍没之。科道请出簿究问⑥，凡与名者，惶惧危甚，各自星夜赴戚畹求救⑦，不期而会者凡十三人。月下见轿影重重，而一人独乘女轿。事虽得寝不究，而纳贿之名，一一盛传于朝野。靦颜虽甚⑧，久而亦安然无复羞愧矣。时若屠太宰滽、徐宗伯琼、白司寇昂、沈通政禄、陈瑶诸人⑨，为尤著。上英明，终渐去之。（《治世馀闻》上篇卷二）

【注释】

① 左道：指非正统的邪法妖术。据《明史·宦官传》：“李广，孝宗时太监也。以符箓祷祀蛊帝，因为奸弊。”

② 戊午岁：指弘治十一年（1498）。

③ 万岁山：在明北京皇城内、紫禁城北玄武门外。初，金主完颜亮迁都燕京，以为中都，于大内西北太液池之阳营建万岁山，时称琼华岛。后营于琼华岛之东、宫城之北。

④ 清宁宫:明中期太皇太后所居东宫,后改慈庆宫。又改为端本宫,为太子所居。清建南三所于此,在御膳房东侧。

⑤ 犯坐杀:谓选择不吉利的日子。坐杀,坐于凶神七杀之位。　向太岁:谓冲犯太岁。太岁,古代天文中假设的岁星,又称“岁阴”或“太阴”。古人认为岁星(木星)十二年一周天,因将黄道分为十二等分,以岁星所在部分作为岁名。但岁星运行方向自西向东,与将黄道分为十二支的方向相反,故假设一个太岁星作反方向运动,以每年太岁星所在部分来纪年。如太岁在寅曰摄提格,太岁在卯曰单阏等。又配以十岁阳,组成六十干支,用以纪年。旧时迷信,谓在太岁出现的方向动土兴建,会招致灾祸。

⑥ 科道:科道官或科道掌印官。参见第129页第2则注释④。

⑦ 戚畹:犹“戚里”。指帝王外戚聚居地。借指外戚。

⑧ 覥(tiǎn)颜:面容羞愧。

⑨ 屠滽:字朝宗,鄞(今浙江宁波市)人。成化二年(1466)进士。弘治中历右都御史,总督两广军务,讨贼有功,召掌院事。疏陈时弊十馀事,多见采纳,转吏部尚书。武宗立,忤专权宦官刘瑾,乞归,卒。赠太保,谥襄惠。　太宰:古称“太师”,为六官中天官之长,晋避司马师讳改为“太宰”。明清时多用以尊称吏部尚书。　徐琼:字时庸,金溪(今属江西抚州市)人。天顺元年(1457)进士第二人。除翰林院编修,预修《大明一统志》《英宗实录》等。弘治中仕至太子太保、礼部尚书,累疏乞休,归。　宗伯:古代礼官。后世以尊称礼部尚书。　沈禄:华亭(今上海市松江区)人。孝宗张皇后姑婿。弘治中以乡举仕至通政使。　陈瑶:字仲华,全州(今属广西桂林市)人。成化进士。知万载县,有惠政,升监察御史。弘治中累官至都御史,卒。

4. 孝宗强于从善

刑部尚书闵珪谳狱不称旨①,上怒甚。一日,与尚书刘大夏论及之②。刘与闵同年交厚,且知其为人,欲解救之,而未敢言。俟上谕毕,对曰:“法司执法,恩归朝廷,似未可深怪。”上曰:“尔第云古昔何人如此执法?”大夏见圣怒,莫知所对。上诘之,对曰:“尝闻孟子云:舜为天子,皋陶为士,执之而已③。”上默然久之,怒意未解。大夏窃意所对欠避讳,心悔其失。上徐曰:“朕亦知闵珪是老成人物,欲求一人以易之,不可得。但此事执之太过耳。”明日奏下,允刑部之议。吁!上之明烛人心④,而强于从善如此。(《治世馀闻》上篇卷二)

【注释】

① 谳(yàn)狱:审理诉讼;审案。弘治十三年(1500),闵珪代白昂为刑部尚书。

② 刘大夏:字时雍,华容(今属湖南岳阳市)人。年二十举乡试第一,天顺八年(1464)进士,改庶吉士。成化间历兵部职方郎中,因忤宦官阿九,下诏狱,东厂侦之无所得,杖二十而释之。十九年(1483),迁福建右参政,以政绩闻。弘治二年(1489),迁广东右布政使,改左,移浙江。六年,以吏部尚书王恕等荐,擢右副都御史往张秋治河,历户部左侍郎。十一年辞官,归乡筑草堂读书。十三年,廷臣交荐,起为右都御史,总制两广军务。十五年,拜兵部尚书,屡辞乃受。大夏方严练事,帝尤亲信,数召见决事,与王恕、马文升合称"弘治三君子"。武宗立,宦官刘瑾专权,排斥大夏等朝臣。正德元年(1506),以太子太保致仕归。三年,刘瑾借田州岑猛事,逮大夏系诏狱,欲坐以激变律死,为屠滽、李东阳等所救,改戍肃州,年已七十三矣。五年,赦归。刘瑾被诛,大夏复官,致仕。十一年卒,年八十一。赠太保,谥忠宣。

③ 孟子等句:见《孟子·尽心上》:"桃应问曰:'舜为天子,皋陶为士,瞽瞍杀人,则如之何?'孟子曰:'执之而已矣。'"桃应,孟子弟子。瞽瞍,舜之父。此谓桃应设问:假如天子之父杀人,作为法官的皋陶会怎么办?孟子回答:把他逮捕起来罢了。朱熹《集注》:"言皋陶之心,知有法而已,不知有天子之父也。"

④ 明烛:明亮地照耀。

5. 孝宗召刘大夏等议论人物

上召刘尚书大夏与戴都御史珊议论人物[①],大夏言及某一时人物。上曰:"内阁学士刘健屡举此人[②],朕已熟察之矣。其人好作威福,好虚名,无诚心为国家。在陕西巡抚时,与镇守内臣同游秦王内苑[③],厮打坠水,遗国人之笑。及任户部侍郎,令他参赞北征官军[④],惟以参奏总兵等官为事,不能画一策以裨军旅。因其误事,所以退他。这等何以称为人物?"大夏等叩头,不复敢言。(《治世馀闻》上篇卷三)

【注释】

① 戴珊:字廷珍,浮梁(今属江西景德镇市)人。天顺八年(1464)进士。久之,擢御史督南畿学政。成化中,历浙江按察使、福建左右布政使,终任不携一土物。弘治二年(1489),以王恕荐擢右副都御史,抚治郧阳。召入,累擢左都御史。孝宗晚年召对大臣,珊与刘大夏造膝宴见尤数。珊以老疾屡求退,帝恳留,不忍去。武宗嗣位,力疾视事,卒。赠太子太保,谥恭简。

② 刘健:字希贤,洛阳(今属河南)人。天顺四年(1460)进士,改庶吉士,授编修。勤读书,练习典故,有经济志。成化中,三迁至少詹事充东宫讲官。孝宗即位,进礼部右侍郎兼翰林学士,入内阁参预机务。弘治四年(1491),进礼部尚书兼文渊阁大学士。十一年,进少傅兼太子太傅,代

徐溥为首辅。健学问深粹，正色敢言，以身任天下之重。孝宗临终，执其手，付以大事。武宗嗣位，东宫旧竖刘瑾等用事，导帝游乐，健等屡上言劝谏，求诛刘瑾等八党，不果，反诬为奸党之首。健遂乞致仕，又二年，削籍为民。后刘瑾诛，复官致仕。嘉靖五年(1526)卒，年九十四。赠太师，谥文靖。

③ 秦王内苑：或指明秦王朱樉宫苑。朱樉，太祖次子，洪武三年(1370)封秦王，十一年就藩西安，二十八年薨。亦或指古秦国宫苑，在秦汉上林苑故址中。上林苑，秦都咸阳时置，始皇三十五年(前212)，建朝宫于苑中，阿房宫即其前殿。汉初荒废，高帝十二年(前195)，许民入苑开垦。武帝时，复收为宫苑，并扩至二百馀里，括长安南及西南盩厔(今陕西西安市周至县东南)、鄠县(今陕西西安市户县)之境。

④ 参赞：协助谋划。

6. 李梦阳言事下狱

户部主事李梦阳言事[①]，语侵宫禁左右太迫，下锦衣狱。越数日，上召刘尚书大夏议边事，言毕，谕曰："李梦阳后生无涵养，进言太戆[②]，因令下狱。有告朕避罪谏官之名，免付法司议拟，止欲杖而放之。尔以为何如？"刘仓卒未及对，上遽曰："此言岂真爱朝廷之好心，不过致彼于死以快私忿耳！"大夏叩头谢曰："圣明洞见人心如此，岂徒言事之臣之幸！"既而即有旨释放复职。此乾坤包含之仁，今古鲜俪也[③]。梦阳初为户曹，怏怏不乐。考满日[④]，尚书侣公锺署其考曰[⑤]："一官不满其心，三差不终其事。"人以为然。梦阳之疏，盖有所激之耳。然其负才使气，习与性成。后迁提学副使[⑥]，乃挟制抚按，凌轧僚友，又与逆藩交通[⑦]，猬兴大狱[⑧]。勘官参其士行有亏，亦不诬也。(《治世馀闻》上篇卷四)

【注释】

① 户部主事：户部属官。明六部各设主事，正六品，在员外郎之下。　李梦阳：字献吉，号空同子，庆阳(今属甘肃)人。弘治六年(1493)，举陕西乡试第一；明年成进士，授户部主事。十八年，应诏上书陈"二病、三害、六渐"凡五千言，末揭外戚寿宁侯张鹤龄恃宠横暴之罪，被谮下狱，孝宗开释之，进郎中。武宗立，刘瑾等"八虎"用事，梦阳又代户部尚书韩文属草劾之，语泄，韩文等皆逐去，梦阳下狱，将斩，为康海等力求得免。正德五年(1510)，刘瑾诛，梦阳复官，迁江西提学副使。后以"欺压同列，挟制上官"责令家居，又受宁王朱宸濠谋反案牵连，削籍。嘉靖九年(1530)卒。梦阳才思卓然，以复古自命，倡言"文必秦汉，诗必盛唐"。与何景明、徐祯卿、边贡、

康海、王九思、王廷相等号称“前七子”，又与何景明、徐祯卿、边贡、朱应登、顾璘、陈沂、郑善夫、康海、王九思等号称“十才子”。有《空同集》。

② 戆(zhuàng)：迂愚而刚直。

③ 鲜俪(xiǎn lì)：罕见其匹。

④ 考满：指官吏考绩期限已满。一考或数考为一任，故考满亦常为任满。

⑤ 侣锺：字大器，郓城（今属山东菏泽市）人。成化二年(1466)进士。授御史巡盐两淮，按浙江还，掌诸道章奏。不附汪直，被谮，杖阙下。后擢大理寺丞，迁右少卿，以右副都御史巡抚保定诸府，召为刑部右侍郎。弘治三年(1490)，又以右副都御史巡抚苏松诸府。历户部侍郎，总督仓场。十一年，迁右都御史。居二年，进户部尚书。尝上书言天下会计赋税等事，忤权贵，乞休归。正德时，刘瑾用事，以锺在部事受到三次罚俸的处分。又数年卒。

⑥ 提学：正统元年(1436)，始设提督学校官。两京以御史充任，称提学御史；十三道以按察司副使、佥事充任，称提督学道。各府、州、县学教官、生员皆归其考核。

⑦ 逆藩：此指宁王朱宸濠。武宗即位以来，宦官专权，朝纲混乱，民怨沸腾。宁王在江西南昌，积极武备，收买朝臣，自以为可成天子之业。朝廷察觉其谋，遣使逮宁王赴京治罪，宁王不得不仓促举兵。正德十四年(1519)六月，宁王传檄声讨武宗非嫡出，伪称奉太后密旨起兵，先后攻占九江、南康，进逼安庆、南京。都御史提督南赣军务王守仁，招南赣各州县兵八万众讨之，克南昌。宁王进退失据，七月兵败被俘。明年服诛，废其封国。

⑧ 猬兴：犹“猬起”。以猬毛刺众多，比喻纷然而起。

7. 刘戬使交南

弘治改元，今上即位，例该颁诏外国。江西刘景元戬以侍讲使交南[①]。时交人吞占城、侵缅甸，颇难其行。刘毅然上道，携二仆由南宁直抵其境。交人惊曰：“昔之人皆航海来，飏樯蔽洋[②]，贸重易奇。今公岂天人耶？何其简速也！”奉迎馆候，视昔倍恭。陪臣拜跪，刘据《大明集礼》之文受之[③]，不与交一语。至之日颁诏，明日宴毕即行。王大惊曰：“一国生灵，命缘天使！”致馈遗丰腆倍昔[④]，金珠犀象，珍玩甚多，刘一不顾即行。复遣陪臣要于路，期必致之。刘复书示以初入关诗曰：“咫尺天威誓肃将[⑤]，寸心端不愧苍苍。归装若有关南物，一任关神降百殃。”交人益敬悚，遣陪臣入谢，表有“廷臣清白”之语云。（《治世馀闻》下篇卷一）

【注释】

① 刘戬：字景元，安福（今属江西吉安市）人。成化十一年(1475)进士。授翰林院编修，进侍

讲。孝宗即位，充正使使安南。颁诏事毕即还，馈遗一无所顾，安南人为建“却金亭”于思明道中。后官至春坊右谕德。戬博学守正，嫉邪疾革。弘治五年(1492)，闻内阁刘吉罢、寿宁侯张峦死，大喜，索笔赋诗而卒。　交南：安南，即交趾。南宋淳熙元年(1174)正式改封其王为安南国王，以后即称其国为“安南”。明永乐五年(1407)，以其地置交趾省，宣德二年(1427)复独立建国，仍称之“安南”。其后向南部扩张疆土，侵占占城国全部、真腊国一半，濒临暹罗湾。

② 飏樯蔽洋：谓扬起樯帆遮蔽海洋。形容往来船舶众多。

③ 大明集礼：洪武二年(1369)八月，诏儒臣修纂礼书，三年九月书成，名《大明集礼》，五十三卷。其书准五礼，而益以冠服、车辂、仪仗、卤簿、字学、音乐，凡升降仪节制度名数，纤悉毕具。

④ 馈遗丰腆：指馈赠的资财丰厚。

⑤ 肃将(jiāng)：犹“敬奉”或“敬献”。《尚书·泰誓上》：“皇天震怒，命我文考，肃将天威。”

8. 萧子鹏负印

江西萧子鹏伪道学①，藩臬以其虚名②，时往候之。弘治初，应“怀材抱德”之诏③，起赴京师。冢宰三原公亦以礼遇之④。后循例拨工部办事，上厅事直印⑤。堂官还第⑥，子鹏则负印前驰。京师人戏之曰：“萧先生于材未有所试，其抱负则有之矣。”闻者为之绝倒。(《治世馀闻》下篇卷一)

【注释】

① 萧子鹏：字宜冲，新淦(今江西吉安市新干县)人。居家以孝友称，师事吴康斋先生。弘治元年(1488)征遗逸，以荐授嘉兴府学教授。有《云丘子集》，已佚。　道学：此处指为人处事拘礼守教。

② 藩臬(niè)：藩司与臬司。即布政使与按察使的并称。

③ “怀材抱德”之诏：永乐二十二年(1424)八月，仁宗初即位，首诏：“军民之中有怀材抱德堪为任用，或屈下僚，或隐山林，所司荐举，以礼遣送赴京，量材擢用。”此后，宣德十年(1435)正月英宗即位，成化二十三年(1487)十月孝宗即位，皆有“怀材抱德”之诏。

④ 三原公：王恕，字宗贯，三原(今属陕西咸阳市)人。正统十三年(1448)进士。选庶吉士，授大理寺左评事，进左寺副。后历扬州知府、江西布政使、河南巡抚、南京刑部左侍郎、左副都御史、南京兵部尚书。成化二十二年(1486)，辞官归乡。孝宗即位，荐召入为吏部尚书，加太子少保。弘治六年(1493)致仕。正德三年(1508)卒，年九十三。赠特进、左柱国、太师，谥端毅。恕为官四十馀年，刚正清廉，佐孝宗之治，与马文升、刘大夏合称“弘治三君子”。

⑤ 上厅事直印：谓在衙署厅堂为长官保管印章。直，当值，值勤。

⑥ 堂官：指各部尚书、侍郎。参见第129页第2则注释④。

9. 奇士王古直

王古直[①],黄岩人,有奇气,不为人屈。尝与黄侍郎孔昭、谢侍郎铎友善[②]。一日游京师,乡人有坐事者,古直候诸官,官并捕入刑部狱。独暴立烈日,不与众囚伍。李主事廷美异之[③],检衣帽间,得柯学士诸诗[④]。问之曰:"尔能诗耶?"使赋日影。诗成,纵之归,长揖而出,狱吏皆大笑。自是得名。旅食三十年,无僮仆,不置釜甑[⑤],有大笼五六,惟诗画数百幅,中贮酒壶,辰出饮一两勺已[⑥],复镝之以去。上元节京师烧糯汁为瓶以贮水蓄鱼[⑦],旁映屏烛,通明可爱,俗呼"炮灯"。古直买置于馆,日玩弄为儿戏。一日误触碎,意怫然不乐,曰:"吾平生家计在此,今荡尽矣。"方作草书,值掾吏至,曰:"遽败吾兴!"掾欲殴之。或俾自为计[⑧],古直曰:"我固可殴,殴则吾名益彰。"一日遇诸涂,竟被殴,独袖手承之以归,亦不以屑意也[⑨]。或劝使仕,大言曰:"我来为爵禄图耶?""盍科举乎?"则叹曰:"安得以少年处我[⑩]!"尝在酒所叹曰:"此亦功名事业也。"盖亦一世奇士云。(《治世馀闻》下篇卷二)

【注释】

① 王古直:名佐,字仁辅,后改仁甫,自号古直,以号行世,台州黄岩(今浙江台州市黄岩区)人。少能诗及行草,漫游京师,客公卿间,不求仕进,亦弃举业,惟流连诗酒。李东阳尝作《王古直传》,见录《怀麓堂集》卷三十六。

② 黄孔昭:初名曜,后以字行,改字世显,黄岩人。年十四为孤哀子。天顺四年(1460)进士,授屯田主事。历都水员外郎、文选郎中。成化中擢右通政,久之,迁南京工部右侍郎。弘治四年(1491)卒。孔昭为官,廉节自重。嘉靖中赠礼部尚书,谥文毅。　谢铎:字鸣治,浙江太平(今浙江台州市温岭市)人。天顺八年(1464)进士,改庶吉士,授编修。预修《英宗实录》,校勘《通鉴纲目》,进侍讲,直经筵。遭两丧,服除不起。弘治初(1488),言者交荐,以原官召修《宪宗实录》。三年,擢南京国子祭酒。明年谢病去,家居近十年。荐者益众,擢礼部右侍郎管祭酒事。居五年,引疾归。正德五年(1510)卒。赠礼部尚书,谥文肃。

③ 李廷美:宁德(今属福建)人。天顺四年(1460)进士。历刑部主事、郎中,以忤汪直外谪,官终苏州太守。笃于交谊,每面折人过,与游者皆惮其严。

④ 柯学士:柯潜,字孟时,莆田(今属福建)人。景泰二年(1451),举进士第一。历洗马,迁尚宝少卿兼修撰。宪宗即位,擢翰林学士。《英宗实录》书成,进少詹事。连遭父母丧,诏起为祭酒。

未几卒。

⑤ 釜甑：釜和甑。皆古炊煮器名。

⑥ 辰出：辰时出门。辰时，上午七时至九时。

⑦ 上元节：正月十五元宵节。

⑧ 或俾自为计：意谓有人让他考虑应对之策。

⑨ 屑意：介意。

⑩ 处(chǔ)我：对待我。

10. 官商勾结勒索

御史张智，涞水人①，称货于盐商某颇多②，因同道御史陕人刘峣往淮扬，嘱其支盐③。刘未允，智乃与盐商谋，置酒于城外郑家花园，请峣饯别。且宿戒伺酒酣出妓④，令二三光棍作缉事校尉缉出⑤，挟其必从。后如某谋，逼勒要银千两，方免闻官。峣无计，智佯曰："我与某处商人相厚，令其出银，淮扬准其支盐就了。"峣以为然，遂出银千两得释。智分其半，商人至淮倍获，且出入无忌。峣虑有碍前程，遂引刀自刎而死。科道交章劾其故⑥，乃置智等于法。(《治世馀闻》下篇卷三)

【注释】

① 涞水：明保定府涞水县(今属河北保定市)。

② 称货：疑为"称贷"。举债；贷款。

③ 支盐：支取食盐。明置有两淮盐运司，掌管淮安、扬州二府盐务。

④ 宿戒：此指事先告诫。

⑤ 缉事校尉：专职侦缉搜捕的低级武官。

⑥ 交章：交替上章奏事。

11. 吴主事寿其父

工部吴主事某，湖州人，家素饶①，号吕山吴家。初中进士，欲寿其父，缄币求于西涯公②。时公为学士，鄙其为人，不许。吴问其友人曰："今朝中爵位极大者为谁？"友人云："英国公太师左柱国也③。"吴乃以币求英公，英不知来意，遂受其币，令门馆作诗与之。吴得诗，夸耀于人云："说甚么李学士，英国当朝第一人，乃为我做诗!”人皆掩口而笑。后因考察调外,将归,乃以其父好骑驴,且年老,为搆寿材一副[④],买驴一头。到家之日,适其父初度[⑤],开宴集宾朋为乐,闻其子至,甚喜。客曰:“公子远来,必有奇物为寿。”询其子,乃曰:“寿器一副,驴一头。”众皆失色,其父亦愠懊数日。其呆如此。(《治世馀闻》下篇卷四)

【注释】

① 素饶:一向富裕。

② 西涯:李东阳,号西涯。参见第221页第2则注释⑦。

③ 英国公:此指张懋,袭其父张辅之爵。辅字文弼,燕王靖难,从其父河间王张玉力战。玉殁东昌,辅嗣其职,转战有功,永乐三年(1405)进封新城侯。又以征夷将军率师平安南,六年进封英国公。仁宗即位,掌中军都督府事,进太师。宣德元年(1426),又平汉王高煦谋反,后解府务,朝夕侍左右,谋画军国重事,进阶光禄大夫、左柱国。正统十四年(1449),从英宗亲征,死于土木之难,年七十五,追封定兴王,谥忠烈。子懋,年九岁嗣公。宪宗时历掌营府,累加至太师,尝上书言边事。弘治中,论救御史李兴、彭程等,复请罢作真武观、免织造、召还董织中官。武宗即位,与群小狎游,懋率文武大臣谏,其言皆切直。然性豪侈,屡为言者所纠。嗣爵凡六十六年,握兵柄四十年,尊宠为勋臣冠。正德十年(1515)卒,年亦七十五,赠宁阳王,谥恭靖。

④ 搆:通“购”。　寿材:老人生前所备棺材。亦泛指棺材。

⑤ 初度:谓始生之年时。《楚辞·离骚》:“皇览揆余初度兮,肇锡余以嘉名。”后因称生日为“初度”。

12. 李东阳功过

李阁老东阳四岁即能写大字,顺天府以神童荐,召入内庭。过门限,太监云:“神童脚短。”李高声答云:“天子门高。”即闻于上[①],抱置怀中,令翰林院作养。与程敏政齐名[②],后至大位。然专以诗文延引后进,海内名士,多出其门,往往破常格,不次擢用,寖成党比之风[③],而不能迪知忱恂[④],举用真才实学。当时有识之士私相讲论,以为数年后东阳引进一番诗文之徒,必误苍生,尚名矫激[⑤],事变将作矣。初,刘阁老健为首相,信阳何景明十三岁登乡举[⑥],博学有诗文名,十七岁中进士,人以为必居翰林。后不与选,或以为疑。刘曰:“此子福薄,能诗何用?”竟除中书舍人。后至提学副使,未四十而卒。人谓刘公知人。李代刘为首相,事多依附。有一监生以诗献之云:“文名应与斗山齐[⑦],伴食中书日已西[⑧]。回首湘江春草绿,鹧鸪啼罢子规啼[⑨]。”盖讥其“行不得也哥哥”“不如归去”之意。及瑾诛[⑩]，御史张芹劾称“当瑾擅权乱政之时，东阳礼貌过于卑屈，词旨极其称赞，贪位慕禄，不顾名节”等语[⑪]，人颇然之。李至丙子年卒[⑫]，赠太师，恩礼极厚，又得谥文正。是欤？否欤？（《继世纪闻》卷一）

【注释】

① 即闻于上：指禀告于景帝。据《明史·李东阳传》：“四岁能作径尺书，景帝召试之，甚喜，抱置膝上，赐果钞。”

② 程敏政：字克勤，休宁（今属安徽黄山市）人。十岁侍父官四川巡抚，以神童荐，英宗召试，悦之，诏读书翰林院。成化二年（1466）进士，授编修。历左谕德，直讲东宫。翰林院中，学问该博称敏政，文章古雅称东阳。孝宗即位，擢少詹事兼侍讲学士直经筵。因才高遭疾，弘治元年（1488）冬勒令致仕。五年起官，改太常寺卿兼侍读学士掌院事，进礼部右侍郎，专典内阁诰敕。十二年主会试，举人徐经、唐寅预作文与试题合，被劾鬻题，同下狱。敏政出狱，愤恚发痈卒。后赠礼部尚书。

③ 寖（jìn）成党比：逐渐形成朋党。党比，结党朋比。

④ 迪知忱恂：谓蹈循诚信之道。迪知，蹈智。忱恂，诚信。

⑤ 尚名矫激：谓崇尚虚名、诡异偏激。矫激，犹“诡激”，奇异偏激而违逆常情。

⑥ 何景明：字仲默，信阳（今河南信阳市西北）人。八岁能诗文。弘治十一年（1498），年方十五举于乡。十五年，第进士，授中书舍人。与李梦阳辈倡诗古文，号为“前七子”。正德改元，刘瑾窃柄，上书吏部尚书许进，劝其秉政毋挠，忤瑾免官。瑾诛，以李东阳荐，起故秩，直内阁制敕房。李梦阳再下狱，独力救之。九年（1514），上疏言时政，进吏部员外郎，寻擢陕西提学副使。嘉靖元年（1522）引疾归，未几卒，年三十九。此则言何景明“十三岁登乡举”“十七岁中进士”，与史未合。

⑦ 斗山：北斗和泰山。常用来比喻德高望重或成就卓越为人所敬仰的人。

⑧ 中书：此指内阁。明废中书设内阁，以大学士参预机务。然大学士并不真正具有宰相之权，而是以吏部尚书兼大学士为冢宰。正德元年（1506）十月，吏部尚书兼华盖殿大学士刘健致仕，十二月，李东阳进少师兼太子太师、吏部尚书、华盖殿大学士代为宰辅。

⑨ 鹧鸪：鸟名。羽色黑白相杂，足橙黄或红褐色，形似雌雉，头如鹑。栖息于南方山地灌丛中。古人谐其鸣声为“行不得也哥哥”，诗文中常用以表示思念故乡。　子规：杜鹃鸟别称。相传为古蜀王杜宇之魂所化。春末夏初，常昼夜啼鸣，其声哀切，古人拟为“不如归去”，诗文中常用以表达游子思归、宦途失意之情。此诗意在要李东阳辞职归湖南故乡。

⑩ 瑾：刘瑾，兴平（今属陕西咸阳市）人。本姓谈氏，依中官刘姓者以进，冒其姓。孝宗时，侍

武宗东宫。武宗即位,掌钟鼓司。与马永成、高凤、罗祥、魏彬、邱聚、谷大用、张永并以旧恩得幸,人称"八虎"或"八党"。而瑾尤狡狠,日进鹰犬、歌舞、角抵等导帝游戏,渐得信用,升内宫监总督团营。瑾既得志,即欺上瞒下,结引私党,斥逐大臣。后掌司礼监,专擅朝政,在东西两厂外加设内行厂,使缉事四出活动,镇压异己。又索受贿赂,侵夺民间土地,增设皇庄三百馀处。正德五年(1510)八月,都御史杨一清与太监张永平定安化王叛乱后,借献俘之际,由张永告瑾谋反。诏磔于市,族人亲党皆伏诛。

⑪ 张芹:字文林,峡江(今属江西吉安市)人。弘治十五年(1502)进士,授福州推官。正德中召为南京御史。李东阳进官荫子,芹上书劾之,曰东阳"谨厚有馀,正直不足,儒雅足重,节义无闻",不能遏止刘瑾之恶于始,又不能力抗其恶之既彰。疏出,东阳涕泣不能辩,帝责芹沽名,停俸三月。后又以上疏言事得罪,出为徽州知府。嘉靖初(1522),迁浙江海道副使,历右参政、右布政使,坐事罢归。

⑫ 丙子年:正德十一年(1516)。

13. 刘瑾任意批答章奏

逆瑾威权日盛,口衔天宪①,阴养松江人罢学生员张文冕及其侄婿罢职司务孙聪于私宅,凡一应章奏,初犹送内阁票旨②,至是瑾任意批答,或增减字样,或别为创造,真伪混出,而文理亦多不通。都察院一日奏审录重囚本,内写"刘瑾传奉"字样重复。瑾大怒,骂之。都御史屠滽率十三道御史谢罪,御史跪阶下,瑾数其罪斥责,皆叩头不敢仰视。自是科道部属官皆行跪礼,公差出外及回京者,朝见毕,皆赴瑾宅见辞。用涴红笺纸写官衔③,称"顶上"字样以为常礼④。瑾或有本建白某事,或辞升赏,则送内阁票旨。内阁官争出己见称美,有曰:"尔刚明正直,为国除弊。"瑾既夺内阁之权,而李东阳、焦芳等皆其所任引用⑤,坐保富贵,一听其所为。芳初为编修,阁老万安恶之⑥,调夷陵判官⑦,深恨于心,与南人相处,如冰炭然。及得柄用,遂附刘瑾,假以复旧章、革时弊为言,多阴助其谋。瑾自以内阁官听己用,不复短之矣。(《继世纪闻》卷一)

【注释】

① 口衔天宪:谓言出即为法令。形容把持国政,有生杀予夺之权。天宪,指朝廷法令。

② 票旨:明内阁学士代皇帝批答章奏,书写批语于票签,贴各疏面,谓之"票旨"。明制,百官上书,先送内阁,内阁代皇帝批答,将拟定之辞书于票签,附本进呈皇帝裁决,称为票拟;皇帝用朱

笔批示，称为批红。如皇帝疏于政事，便委托司礼监宠信代笔。此制使内官干政成为可能。刘瑾正因此而篡改圣旨，专权乱政。

③ 涴（wò）红：染红。

④ 顶上：指拜帖上所书敬词。《继世纪闻》卷一有载："朱恩，松江人，与瑾有旧。自河南按察使超升佥都御史操江，未几升南京侍郎、尚书，事瑾极恭。凡拜帖写'顶上'，不敢云'拜上'，'顶上'之称自此起。尝观《海语》，谓暹罗国凡臣下见其君，先扪其足者三，复自扪其首者三，谓之'顶上恩'。其有取诸此邪？甚可耻也。"

⑤ 焦芳：泌阳（今属河南驻马店市）人。天顺八年（1464）进士。选庶吉士，授编修，迁侍讲学士。弘治初（1488），移霍州知州，擢四川提学副使。未几，迁南京右通政。授太常少卿兼侍讲学士，寻擢礼部右侍郎，俄改吏部转左侍郎。常怨刘健、马文升、谢迁等抑己，乃深结阉宦，日夜谋代之。正德初（1506），代马文升为吏部尚书。户部尚书韩文将率九卿弹劾刘瑾，疏当先呈吏部，芳阴泄其谋于瑾，瑾遂诬陷文等，皆逐之，芳以本官兼文渊阁大学士入阁辅政，累加少师、华盖殿大学士。居内阁数年，导瑾乱政，每过瑾必称"千岁"，裁阅章奏全阿瑾意。又深恶南人，凡为官者皆诋之。后为张綵所谗，触怒刘瑾，芳不得已，正德五年（1510）五月乃乞归。八月，瑾、綵即被诛，而芳竟善终于家。

⑥ 万安：字循吉，眉州（今四川眉山市）人。参见第189页第17则注释③。"阁老万安恶之"事，据《明史·阉党传》："（焦芳）授编修，进侍讲，满九年考，当迁学士。或语大学士万安：'不学如芳，亦学士乎？'芳闻大恚，曰：'是必彭华间我也！我不学士，且刺华长安道中。'华惧，言于安，乃进芳侍讲学士。"

⑦ 夷陵判官：明荆州府夷陵州（今湖北宜昌市）属官。明每州设知州一人从五品，掌一州之政令；同知从六品；判官无定员，从七品；吏目一人，从九品。州小无属县，不设同知、判官，有属县则置判官。

14. 刘瑾裁抑文臣

自逆瑾用事，文臣裁抑至甚①，内官、武弁纵横而行。瑾等数人，皆赠父祖为都督、都指挥，母为夫人，造坟祭葬。该部不敢执②，科道不敢言。其诰命、祭文，皆内阁所撰。议者以当时内阁诸公③，结党乱政之罪不可掩也。至文臣三品以上祭葬，却沮格不与④。如侍郎郝志义故⑤，其子援例乞祭葬，瑾以为洪武礼制，文臣无祭葬之例，皆后来文臣专权擅加。传旨，遂下锦衣卫狱，问发充军。学士武卫病故⑥，其子乞恩，亦下狱。其弄权裁抑文臣如此。（《继世纪闻》卷二）

【注释】

① 裁抑:制止;遏止。

② 该部:管理部门。此指执法部门。该,管理。

③ 当时内阁诸公:指吏部尚书兼华盖殿大学士李东阳、吏部尚书兼武英殿大学士焦芳、户部尚书兼文渊阁大学士王鏊、户部尚书兼文渊阁大学士杨廷和、吏部尚书兼文渊阁大学士刘宇等。

④ 沮格:阻止;阻挠。

⑤ 郝志义:字宜之,青涧(今陕西榆林市清涧县)人。成化五年(1469)进士。授大理评事,进寺副,历湖广巡抚。弘治十六年(1503),擢南京户部右侍郎。十八年致仕。志义素性严毅,以廉慎称。

⑥ 武卫:未详何许人。成化十四年(1478)进士。官至太常少卿、翰林院侍讲学士。弘治中,预修《大明会典》。

15. 托名讨瑾檄书

逆瑾用事,中外愤怨。有托名黔国公及魏国公檄书[①],皆以诛瑾为名。又有以应天府上元县生员狄元出名[②],指斥瑾罪恶数事,吏人誊写,于公生门下鬻之[③]。为瑾逻卒捕得,下狱拷讯所从,展转攀指,竟不知其由。乃遣官校诣上元县求之,亦无狄元名姓。说者以为"狄元"者,夷狄胡元也,寓意如此耳。又一日早朝罢,有文书一卷,书瑾等数人过恶,委于丹墀[④]。侍班御史奏请查究,上退坐东角门内,留百官不放班。瑾等自下陛,而诘何人所为,俱不承认。诸人冒暑忍饿跪久,有仆地者。瑾谓卷在五品以下官班内,即令常校将下班三百馀人送镇抚司究问[⑤],亦无所得。时晒死者已三四人矣。(《继世纪闻》卷三)

【注释】

① 黔国公:明镇守云南的封爵。始封沐晟,明太祖义子沐英次子。洪武十五年(1382),沐英率军平滇有功,镇守屯田,封西平侯。三十一年,晟袭侯。永乐六年(1408),晟以征安南功进封黔国公,世袭世镇云南。　魏国公:始封徐达。洪武三年(1370),大封功臣,徐达进封奉天开国推诚宣力武臣魏国公,世袭十八年。

② 上元县:明应天府属县(治今江苏南京市)。

③ 公生门:明北京皇城东西长安门南外门。民间讹为"孔圣门"。明陆容《菽园杂记》卷二:"东西长安门,通五府各部处总门,京师市井人谓之孔圣门。其有识者则曰拱辰门,然亦非也,本

名公生门。”万历四十五年(1617)正月，东朝房火，延毁东公生门。

④ 丹墀(chí)：皇宫赤色台阶和平地。

⑤ 常校：随从校尉。　镇抚司：明锦衣卫所属机构。洪武十五年(1382)设，掌本卫刑名，兼理军匠。成祖时又增北镇抚司，专治诏狱；而以旧所设南镇抚司，专理军匠。

16. 当国者有功于社稷

江彬诱惑圣聪巡游边境[①]，宠遇日盛，位至都督，掌锦衣卫事，提督厂卫官校。行事所过，科索官民财物无算，人皆畏祸不敢咈[②]。随驾至南京，禁天下宰猪，远迩哄然[③]。回至通州，延住月馀，方入京。时上已不豫[④]，彬自知罪大，欲将所统边军把守皇城诸门，意出叵测，人心汹汹[⑤]。时杨内阁廷和亟与张永及兵部议称[⑥]：“团营官军，正该皇城诸门守御，边军离家日久，不可久留，即放出城，不许停住。”实削其羽翼也。杨内阁以彬手握重兵，恐其惊觉，乃与张永密议，假与相好，延至坤宁宫[⑦]。上崩，即启皇太后传懿旨[⑧]，将彬擒拿，并党与男妇不走脱一人。逆彬坐凌迟，人皆称快。时武宗晏驾，迎立今上未至。逆彬手握重兵，使当国者为谋不审，几不密，非但适以杀身，而胎宗社之祸亦不细矣[⑨]。顾乃从容周悉[⑩]，不劳馀力，而致中外晏然，虽其祖宗在天之灵，而当国者之有功于社稷，亦不可诬也。(《继世纪闻》卷六)

【注释】

① 江彬：字文宜，宣府(今河北张家口市宣化区)人。初为蔚州卫指挥佥事。正德六年(1511)，统边兵赴京畿讨贼，力战有功。贼平，留京不遣。彬狡黠强很，貌魁硕有力，善骑射，谈兵帝前，帝大悦，擢都指挥佥事，出入豹房同卧起。常导帝微行，皆御之。十二年，诱帝幸宣府，建镇国府第，悉辇豹房珍玩女御实其中，帝大乐而忘归。十三年，复诱帝幸大同，彬掠良家女数十车日载以随。还，命彬为威武副将军，封平虏伯。十四年，帝东西游幸数千里还京，借宁王朱宸濠叛，复欲南幸。大臣百馀人伏阙谏，彬故激帝怒，悉下狱，多杖死。命彬提督赞画机密军务，并督东厂、锦衣卫，彬权势大盛。八月，发京师，途中闻王守仁擒宸濠，压而不报。至次年闰八月，南京受俘后乃还。至清江浦，渔积水池，帝舟覆落水，遂得疾。还京，彬矫旨改团练营为威武团练营。十六年三月武宗崩，年仅三十一。皇太后张氏、内阁首辅杨廷和、中官张永谋捕彬，籍没其家财无算。世宗即位，磔彬于市。

② 咈(fú)：违背；违逆。

③ 哄(hòng)然:形容人声嘈杂。

④ 不豫:天子有疾的讳称。

⑤ 汹汹:此处指骚乱不宁。

⑥ 杨廷和:字介夫,新都(今四川成都市新都区)人。年十二举于乡。成化十四年(1478),年十九,先其父成进士。改庶吉士,授翰林检讨。弘治二年(1489),进修撰。预修《宪宗实录》成,进侍读,改左春坊左中允,侍皇太子讲读。修《大明会典》成,拜左春坊大学士充日讲官。正德二年(1507)入阁,拜东阁大学士,专典诰敕。刘瑾诛后,拜少傅兼太子太傅、谨身殿大学士。七年,出任首辅。十六年,武宗崩,谋除平虏伯江彬,立世宗,革除正德弊政,加左柱国。嘉靖三年(1524),议大礼忤帝意,罢归。七年,削职为民。明年六月卒,年七十一。隆庆初(1567)复官,赠太保,谥文忠。　张永:新城(今河北保定市高碑店市新城镇)人。正德初(1506),总神机营,与刘瑾为党,“八虎”之一。后与瑾不合,曾于帝前奋拳殴瑾。五年五月,安化王朱寘鐇反,以右都御史杨一清为主帅、张永总督军务率兵往讨,十馀日即擒寘鐇。一清与永谋除瑾,永借献俘奏诛瑾。七年,坐库官盗银事,免职闲住。后宁王朱宸濠反,永率边兵二千先行。王守仁俘宸濠,付永。江彬等诬守仁谋反,赖永营解得免。武宗崩,永督九门防变,与谋除江彬。世宗立,为御史所劾,降为奉御,司香孝陵。嘉靖八年(1529),首辅杨一清等言永功大不可泯,乃起掌御用监、提督团营,未几卒。

⑦ 坤宁宫:明皇后正宫。时孝静夏皇后居此。

⑧ 皇太后:指孝宗孝康张皇后。武宗即位,尊为皇太后。嘉靖二十八年(1549)崩,谥曰孝康。

⑨ 胎:孕育;肇始。　宗社:宗庙与社稷。借指国家。

⑩ 顾乃:却;反而。

今言

[明] 郑晓

《今言》四卷，明郑晓撰。晓字窒甫，海盐（今属浙江嘉兴市）人。嘉靖元年（1522）举乡试第一，明年登进士第，授职方主事。以父忧归，久之不起。许瓒为吏部尚书，召为考功郎中。因忤严嵩意，贬和州同知。稍迁太仆丞，历南京太常卿，召拜刑部右侍郎，俄改兵部兼副都御史总督漕运。又以平定东南沿海倭患有功，召拜吏部左侍郎，迁南京吏部尚书。以知兵改右都御史，协理戎政，寻拜刑部尚书。四十五年卒。赠太子少保，谥端简。著作有《吾学编》《征吾录》《禹贡图说》等。

《今言》所记凡三百四十四条，多为洪武至嘉靖一百八十馀年间国政朝章、兵戎邦计。作者通晓经术，谙悉掌故，博洽多闻，持论严正，故其记载可补史之阙佚。《四库全书总目提要》以为此书补其《吾学编》所未备，『盖据所见闻随笔记录，古杂史之支流也』。

· 选文标题为编者所拟。

1. 宁庶人不用妇言亡

宁庶人者[①],康王庶子[②],其母冯针儿,故娼也。弘治八年封上高王[③],十二年嗣王[④]。正德十四年六月丙子反[⑤],攻陷九江、南康。七月壬辰攻安庆[⑥]。知府张文锦、守将崔文、杨锐拒守甚力。庶人窘,议僭大号,改年顺德。其伪太师国师李士实、刘养正言:"须至南京即位改元。"庶人不悦。又攻安庆,不克,将还南昌。丙午[⑦],闻王阳明入南昌,解安庆围去。乙卯[⑧],遇阳明兵于黄家渡,战败。丙辰又败[⑨]。丁巳[⑩],阳明督战益急,庶人妃娄氏投水死,擒庶人。娄妃知庶人逆谋,时时泣谏,不听。庶人败,叹曰:"纣用妇言亡[⑪],而我不用妇言亡。"(卷一第三十一)

【注释】

① 宁庶人:即宁王朱宸濠。其先祖朱权封宁献王,永乐元年(1403)改封南昌。正统十三年(1448)权薨,孙靖王奠培嗣。弘治四年(1491)奠培薨,康王觐钧嗣。十年,觐钧薨,子上高王宸濠嗣。正德十四年(1519),经密谋而反,兵败被俘,废为庶人,后伏诛,除封。参见第225页第6则注释⑦。

② 康王庶子:宸濠为康王朱觐钧妾所出,故称庶子。

③ 上高王:封地在瑞州府上高县(今属江西宜春市)。

④ 十二年嗣王:此与史未合。据《明史·诸王传二》,宸濠嗣王在弘治十年(1497)。

⑤ 六月丙子:六月十四日。宸濠闻皇帝遣使南下,欲收己权,乃定计。是日,以其生辰日宴请守土官入府,命甲士环之,称奉太后密旨起兵入朝。巡抚江西右副都御史孙燧、按察司副使许逵不从,缚出斩之,执御史王金、江西布政使胡濂等十馀人下狱,以致仕侍郎李士实、举人刘养正为左右相,参政王纶为兵部尚书总督军务大元帅,集兵号十万,革正德年号,传檄远近,指斥朝廷。

⑥ 七月壬辰:七月初一日。宸濠兵六月十六日陷南康,次日克九江,二十七日围安庆。七月初一宸濠又亲统兵发南昌,围攻安庆,不克。

⑦ 丙午:七月十五日。此与史未合。提督南赣军务都御史王守仁闻变,与吉安知府伍文定发兵讨伐,七月十二日集兵于临江樟树镇。十八日至丰城,定计攻南昌。二十日城破,宸濠解安庆围,移兵南昌。

⑧ 乙卯:七月二十四日。宸濠兵遇官军于黄家渡(在南昌城东三十里武阳河边),大败,被擒斩二千馀级,溺水者万计。宸濠退保八字脑(在鄱阳城西鄱阳湖畔)。

⑨ 丙辰:七月二十五日。再战,官军稍却,伍文定帅士卒殊死斗。

⑩ 丁巳：七月二十六日。官军以火攻之，宸濠兵大败，诸妃嫔皆赴水死，将士焚溺死者三万馀人，宸濠及其世子、李士实、刘养正、王纶等数百人俱就擒。宸濠自举事至兵败，仅四十有二日。

⑪ 纣用妇言亡：纣，又作“受”，即殷商末代国君帝辛。尝伐有苏氏，得有苏氏女妲己，宠爱之。《史记·殷本纪》：“（纣）好酒淫乐，嬖于妇人，爱妲己，妲己之言是从。”周武王率西南诸侯誓师于牧野，即以“惟妇言是用”为纣王首罪。《尚书·牧誓》：“今商王受，惟妇言是用，昏弃厥肆祀弗答，昏弃厥遗王父母弟不迪，乃惟四方之多罪逋逃，是崇是长，是信是使，是以为大夫卿士。俾暴虐于百姓，以奸宄于商邑。今予发惟恭行天之罚。”伐纣，商军大败，纣自焚死，妲己亦被杀，商亡。

2. 阮浪坐冤

御用左少监阮浪侍英庙南宫[①]。浪下内官王尧者住芦沟桥抽分[②]。浪以南宫所赏镀金梁扣绣茄袋、镀金结束刀一把与尧[③]。尧归，饮锦衣指挥卢忠家，蹴球褫衣[④]，忠因见其袋、刀非常制，遂令妻进酒醉，忠解之。俄而入皇城，白衷行太监高平[⑤]，以为南宫欲谋复皇储[⑥]，令浪遗尧以袋、刀赏忠，求外应。尧竟以此与浪义子赵缙皆凌迟，没产。浪入诏狱，炮烙煅炼，苦惨备至，卒不承，死狱中。天顺复辟，平、忠亦凌迟。赠浪本监太监，命儒臣撰文立碑。官缙子锐锦衣试所镇抚[⑦]。（卷二第九十九）

【注释】

① 御用左少监：明宦官机构御用监佐官。御用监，十二监之一，掌造办御前所用木具玩器。参见第185页第11则注释③。　南宫：英宗被瓦剌军释还后，以太上皇入居南宫。

② 芦沟桥：亦作“卢沟桥”。在顺天府宛平县西南三十里卢沟河（今北京市丰台区永定河）上。始建于金大定二十九年（1189），成于明昌三年（1192）。明正统九年（1444）重修。后毁于洪水。今为清康熙三十七年（1698）重建，为石造联拱桥，桥侧石栏上有精刻石狮四百八十五个。抽分：亦即“抽解”。旧时对港口进出口贸易征收的实物税。

③ 茄袋：精致荷包。随身携带作饰件，备放零钱或什物。　结束：装束；装饰。

④ 蹴球褫（chǐ）衣：谓解衣踢球。褫，同“褫”，夺去或解下衣服。

⑤ 衷行太监：指宦官机构尚衣监掌印官。尚衣监，十二监之一，掌御用冠冕、袍服及履舄之事。参见第185页第11则注释③。衷行，平日御用穿戴之事，因涉隐密，故称。

⑥ 皇储：皇太子。土木之变后，立英宗子见濬为皇太子，景泰三年（1452）废为沂王，复立景

帝独子见济为皇太子。参见第140页第14则注释①。此则记事,与史略异。《明史·宦官传》:“阮浪至景帝时为御用监少监。英宗居南宫,浪入侍,赐镀金绣袋及镀金刀,浪以赠门下皇城使王瑶。锦衣卫指挥卢忠者,险人也,见瑶袋、刀异常制,醉瑶而窃之,以告尚衣监高平。平令校尉李善上变,言浪传上皇命,以袋、刀结瑶谋复位。景帝下浪、瑶诏狱,忠证之,浪、瑶皆磔死,词终不及上皇。英宗复辟,磔忠及平,而赠浪太监。”王瑶即此则中“王尧”,《明史纪事本末》亦作“王尧”。

⑦ 试所镇抚:出任锦衣卫千户所镇抚官。试,任用。镇抚,明千户所属官,从六品。

3. 刘大夏拒写揭帖

孝皇召见刘忠宣公[①],谕曰:“事有不可,每欲召卿商量,又以非卿部内事而止。今后有当罢者,卿可写揭帖[②],密封进来。”对曰:“不敢。”上曰:“何?”曰:“先朝李孜省可为鉴戒[③]。”上曰:“卿与我论国事,岂孜省营私害物者比!”曰:“臣下以揭帖显行,是亦前代斜封墨敕之弊[④]。陛下宜远法帝王,近法祖宗。事有可否,外付之府部,内咨之内阁,可也。如有揭帖,日久上下俱有弊。且非后世法,臣不敢效顺。”上称善久之。(卷二第一百三十)

【注释】

① 刘忠宣公:刘大夏,谥忠宣。孝宗时官至兵部尚书。参见第223页第4则注释②。

② 揭帖:本指一种公文。此指私下密奏文帖。

③ 李孜省:南昌(今属江西)人。宪宗朝,以布政司吏待选京职,因贪赃事发,匿不归。学五雷法,厚结中官,以符箓进。成化十五年(1479),特旨授太常丞,改上林苑监丞。许密封奏请,益献淫邪方术,渐干预政事。十七年,擢右通政,复迁左通政。二十一年,为廷臣言官所劾,贬上林监丞,未几,再复左通政,益作威福,构罪廷臣,引进亲信,悉密封为之,缙绅进退,多出其口。累官礼部右侍郎。孝宗立,下诏狱,不胜搒掠,瘐死。入《明史·佞幸传》。

④ 斜封墨敕:唐中宗时,韦后及太平、安乐、长宁等公主,皆依势用事,贪贿受赇,别于侧门降墨敕,斜封付中书授官,号斜封官。

4. 吴与弼固不受职

抚州吴与弼[①],天顺中石亨荐之,命行人赍敕书束帛造其庐[②],以伊、傅礼聘之[③]。与弼拜使,即言朝廷厚意,当赴阙谢恩。但本意不受官职,就辞币。比至,授左谕德[④]，引见文华殿[⑤]。上问曰："久闻高义，特聘尔来，如何不受官职？"对曰："微臣草茅贱士，少婴疾病，不能出仕。今年六十有八，衰朽，实不堪供职。"上曰："宫僚亦从容优闲[⑥]，不必辞。"对曰："朝廷之职，台谏之次，宫僚为重。"上曰："宫僚亦众，不专劳先生。"不允所辞，终不敢应。于是赏文币四表里[⑦]，羊酒柴米，遣太监牛玉送至馆[⑧]。

上顾谓李贤曰[⑨]："此老非迂阔者，务令就职。"与弼终不就。三辞后称病。上谓贤曰："与弼既来，如何不受职。若受职，亦不相拘，听其自在。候秋凉欲归，亦不固留。以俸禄养其终身，不亦可乎！"复命贤谕意，亦不受。留京两月，具本再辞。上曰："既以行人聘来，还以行人送归。"再与敕书，令有司月供食米，以赡终身。与弼感激，无以报称，条陈十事上之。复上表谢恩而去。（卷二第一百五十八）

【注释】

① 吴与弼：字子傅，崇仁（今属江西抚州市）人。年十九，罢举业，尽读四书、五经、洛闽诸录，不下楼者数年。中岁家益贫，躬亲耕稼，非其义一介不取。天顺元年（1457），石亨荐之，英宗命李贤草敕加束帛，遣使征召，授左春坊左谕德，与弼疏辞。帝不许，留京师二月，以疾笃请，李贤请曲从放还。成化五年（1469）卒，年七十九。著作有《康斋集》十二卷。

② 行人：使者。

③ 伊、傅：指殷商贤臣伊尹与傅说。伊尹，名伊，尹为官名。一说名挚。传为家奴出身，原为有莘氏女的陪嫁之臣。汤用为"小臣"，后任以国政，助汤攻灭夏桀。汤去世后，历佐外丙、仲壬二君。太甲即位，因不理国政，被伊尹放逐。三年后，太甲悔过，接回复位。至沃丁时卒。傅说，亦作傅兑。相传原是傅岩地方从事版筑的奴隶，后被武丁任为大臣，治理国政，王朝得以振兴。

④ 左谕德：明东宫官属。隶詹事府。詹事府下设主簿厅、左右春坊、司经局。置詹事一人，正三品；少詹事二人，正四品；府丞二人，正六品。主簿厅主簿一人，从七品；录事二人，正九品；通事舍人二人。左春坊大学士一人，正五品；左庶子一人，正五品；左谕德一人，从五品；左中允二人，正六品；左赞善二人，从六品；左司直郎二人，从六品（不常设）；左清纪郎一人，从八品（不常设）；左司谏二人，从九品（不常设）。右春坊官亦如之。司经局洗马一人，从五品；校书二人，正九品；正字二人，从九品。

⑤ 文华殿：明宫殿名。参见第 129 页第 2 则注释③。

⑥ 宫僚：谓太子属官。

⑦ 文币：绵缎缯帛等织物。古代为祭祀或馈赠礼品。　表里：衣料面子与里子。

⑧ 牛玉：天顺朝司礼太监。英宗晚年颇倚重，恣意弄权，尝受遗诏于御榻。宪宗即位，立吴氏

为皇后，即玉之力也。然帝专宠万贵妃，未几废吴后，言官劾玉，乃谪南京孝陵种菜。

⑨ 李贤：字原德，邓（今河南南阳市邓州市）人。举乡试第一，宣德八年（1433）进士。正统时历考功郎中，改文选司。扈从英宗北征，师覆逃归。景泰二年（1451），上正本十策，擢兵部右侍郎，转户部。英宗复位，命兼翰林学士，入直文渊阁，与徐有贞同预机务。未几，进吏部尚书。奏对称旨，帝深眷之。石亨、曹吉祥等用事，贤常抑之。又请行宽恤之政，罢江南织造，清锦衣狱，止边臣贡献，停内外采买。帝难之，贤执争数四，退曰："大臣当知无不言，可卷舌偷位耶？"终天顺朝，贤为首辅，吕原、彭时佐之，受委任最专。宪宗即位，进少保、华盖殿大学士，知经筵事。成化二年（1466）卒，年五十九。赠太师，谥文达。

5. 谋除刘瑾

杨文襄公与太监张永西征也①，叹息泣谓永曰："藩室乱易除，国家内变不可测，奈何？"永曰："何谓？"公曰："公岂一日忘情，顾无能为公画策者②。"遂促席手画"瑾"字。永曰："渠日夜在上旁③，上一日不见渠不乐。今其枝附已成，耳目广矣。奈何！"公曰："公亦天子信幸臣，今讨贼不付他人，付公，上意可知。公试班师入京，诡言请上间语宁夏事④，上必就公问。公于此时上寘镭伪檄⑤，并述渠乱政，凶狡谋不轨，海内愁怨，大乱将起。上英武，必悟，且大怒诛瑾。瑾诛，柄用公。公益矫瑾行事。吕强、张承业暨公⑥，千载三人耳。"永曰："即不济，奈何？"公曰："他人言，济不济未可知，言出公，必济。顾公言时⑦，须有端绪，且委曲。上万一不信，公顿首请死，愿死上前。即退，瑾必见杀。又涕哭顿首，得请即行事，无缓顷刻。漏机事，祸不旋踵⑧。"永勃然作曰："老奴何惜馀年报主乎！"已而永入京，请见如公策，竟诛瑾。（卷二第一百六十八）

【注释】

① 杨文襄公：杨一清，字应宁，号邃庵，其先安宁（今属云南昆明市）人，后随父居巴陵（今湖南岳阳市）。少能文，以奇童荐为翰林秀才，宪宗命内阁择师教之。成化八年（1472）进士。父丧，葬丹徒（今江苏镇江市丹徒区），遂家焉。服除，授中书舍人。久之，迁陕西按察副使兼督学。弘治十五年（1502），以南京太常寺卿擢都察院左副都御史，督理陕西马政。武宗立，进右都御史，总制延绥、宁夏、甘肃三镇军务，修边御寇。因不附刘瑾，为瑾所诬逮下锦衣狱，经李东阳、王鏊力救得解，遂致仕归。正德五年（1510），安化王朱寘镭反，诏起为总制军务，与监军中官张永西讨，未至宁夏而乱平。又与永谋除瑾。瑾诛，召还，拜户部尚书，论功加太子少保，赐金币，寻改吏部尚

书。十年,兼武英殿大学士入阁参预机务,多能奉陈规诲,匡正时弊,然亦为钱宁、江彬辈所挤,明年乞罢归。世宗即位,廷臣力荐之。嘉靖三年(1524),诏以少傅、太子太傅改兵部尚书、左都御史,总制陕西三边军务,帝褒美比之郭子仪。寻召入,出任首辅。八年致仕,明年卒。赠太保,谥文襄。　张永:参见第235页第16则注释⑥。

② 顾:反而;却。　无能:自谦之词。犹"不才"。

③ 渠:他。第三人称代词。

④ 间语宁夏事:私下说安化王朱寘鐇宁夏叛乱事。间语,说私话。

⑤ 寘鐇:祖朱秩炵,庆靖王朱㮵第四子,封安化王。寘鐇袭其王爵。正德五年(1510),武宗命大理少卿周东往宁夏屯田,东敲诈勒索,敛银为刘瑾贿,戍卫将士皆愤怨。而巡抚都御史安惟学屡杖辱将士妻,众皆恨之入骨。寘鐇乘此以言语激之,遣卒杀周东、安惟学等,焚官府,释系囚,撤黄河渡船,以讨刘瑾为名草檄举兵反。仅十有八日,为宁夏参将仇钺、副总兵杨英所破,寘鐇被擒。时杨一清、张永所率讨伐大军犹未至矣。寘鐇赐死,部下皆械送伏诛。

⑥ 吕强、张承业:二人皆为史上忠宦。吕强,字汉盛,东汉成皋(今河南郑州市荥阳市西北)人。少以宦官为小黄门,迁中常侍。灵帝时封都乡侯,辞不就。上书请斥奸佞,任忠良,薄赋敛,厚农桑,开言路。灵帝知其忠而不能用。黄巾乱起,建言大赦党人,诛左右贪浊者,帝纳之。宦官大惧,共构其罪,遂被迫自杀。张承业,本姓康,字继元,唐末同州(今陕西渭南市大荔县)人。幼入宫,为内常侍张泰养子,改姓张。后迁内供奉。乾宁三年(896),为河东监军,加左监门卫将军,得晋王李克用器重。唐亡,留守太原,助李存勖灭梁。后梁龙德元年(921),力劝李存勖勿称帝,不听,忧愤而死。后唐立,追赠左武卫上将军,谥贞宪。

⑦ 顾:不过。

⑧ 祸不旋踵:谓祸灾马上降临。不旋踵,来不及转身。形容时间极短。

6. 宣庙语古人信谗事

宣庙坐左顺门①,少保原吉等侍②,因语及古人信谗事,上曰:"谗慝小人③,真能变白为黑,诬正为邪。听其言若忠,究其心则险。是以帝舜堲谗说④,孔子远佞人⑤,唐太宗以为国之贼⑥。朕于此等每切防闲⑦,有萌必为杜,绝不使奸言得入,枉害忠良。齐杀斛律光⑧,国遂以弱,朕常为恨。汲黯正直⑨,奸邪寝谋⑩,卿等所宜法也。"原吉等顿首曰:"幸遇圣明,臣等敢不竭尽愚直。"(卷三第一百八十三)

【注释】

① 左顺门:明皇宫午门内东庑之门。参见第195页第24则注释⑤。

② 原吉：夏原吉，字维喆，其先德兴（今属江西上饶市）人，父官湘阴（今属湖南岳阳市）教谕，遂家焉。早孤，力学养母，以乡荐入太学，选入禁中书制诰，以诚笃干济为太祖所重。建文时任户部右侍郎，后充采访使，巡郡邑核吏治，人皆悦服。成祖即位，委以重任，与蹇义同进尚书。详定赋役诸制，治理浙西及江南水利，赈济灾民，有仁爱之心。永乐十九年（1421），因劝阻成祖远征沙漠，系之内官监。仁宗即位，令出狱，复其官，进少保。仁宗崩，太子自南京北上，原吉迎于卢沟桥。宣宗即位，以旧辅益亲重。汉王朱高煦反，与杨荣促帝亲征。宣德五年（1430）正月，两朝《实录》成，受赐金币鞍马，明旦入谢，归而卒，年六十五。赠太师，谥忠靖。

③ 谗慝：邪恶奸佞。

④ 堲（jí）谗说：疾恶谗言。《尚书·舜典》："朕堲谗说殄行。"堲，疾，憎恶。

⑤ 佞人：善于花言巧语阿谀奉承的人。《论语·卫灵公》："放郑声，远佞人。"

⑥ 国之贼：危害国家或出卖国家利益的败类。唐吴兢《贞观政要》卷六《杜谗邪》："贞观初，太宗谓侍臣曰：'朕观前代谗佞之徒，皆国之蟊贼也。'"

⑦ 防闲：防，堤也，用于制水；闲，圈栏也，用于制兽。引申为防备和阻禁。

⑧ 斛律光：字明月，北齐朔州（今山西朔州市朔城区）人。高车族敕勒部。出身将家，工骑射。长期从事对北周的战争。河清三年（564），大败尉迟迥于邙山。武平元年（570），又破宇文桀于宜阳。官至左丞相，累封清河郡公。三年，为齐后主高纬所疑忌，诱杀之，年五十八。

⑨ 汲黯：字长孺，西汉濮阳（今河南濮阳市西南）人。武帝时，历东海太守、主爵都尉。好黄老术，常直言切谏，责武帝"内多欲而外施仁义"。又斥公孙弘之流内怀奸诈而外逞智巧，阿谀主上取得欢心；张汤之辈刀笔吏苛究条文，巧言诋毁，构陷邀功。故为公孙弘、张汤等深衔之。后因建言与匈奴和亲，为武帝疏远，出为淮阳太守。在任十年，元鼎五年（前112）卒。

⑩ 寝谋：停止谋划；停止实施计划。

7. 祭 忠 文

《读成布衣〈祭忠文〉》诗[①]。成器，馀姚人。正统末闻刘忠愍死狱[②]，即邑中龙泉山顶为文祭之[③]。祭毕，以餕颁诸同志[④]。其文历述古今权奸之祸，凡三千馀言，人谓之《祭忠文》[⑤]。今其地谓祭忠坛。诗曰："万古兴亡泪满笺，一坛遥忆祭忠年。大书笔在凭谁执，高调歌沉待我传。无地可投湘水裔[⑥]，有天应照越山颠。布衣悯世尤堪吊，何处松楸是暮田[⑦]。"邵文庄公云。（卷三第二百四十三）

【注释】

①《读成布衣〈祭忠文〉》：七言律诗，邵宝作。邵宝，字国贤，无锡人。成化二十年（1484）进

士，授许州知州。历户部郎官，官至南京礼部尚书。嘉靖间卒，赠太子太保，谥文庄。其诗文家数，皆出自李东阳。有《容春堂集》六十一卷。此诗见《容春堂前集》卷六。

② 刘忠愍：刘球，字廷振，安福（今属江西吉安市）人。永乐十九年（1421）进士。家居读书十年，从学者甚众。授礼部主事，寻荐侍经筵，与修《宣宗实录》，改翰林侍讲。正统六年（1441），英宗以宦官王振言，大举征麓川，球上疏谏止，未纳。八年，雷击奉天殿，球应诏陈言，又言麓川之失，忤王振，逮系诏狱，被肢解死。景帝即位，怜球忠，赠翰林学士，谥忠愍，立祠于乡。

③ 龙泉山：据《明一统志》卷四十五："在馀姚县治西。一名灵绪山。姚江绕其南，山趾有泉未尝竭。"

④ 餕（jùn）：剩食。此指用于祭祀后所剩食品。

⑤ 祭忠文：成器《祭忠文》，见录于明贺复徵《文章辨体汇选》卷七百五十四。题下有注，曰："祭忠台在龙泉山。正统间，宦官王振用事，翰林侍讲刘球疏之，诏狱死。邑人成器义而哀之，率同志割鸡酾酒，登山祭之。因铭其陈俎之石曰'祭忠台'。"

⑥ 湘水裔：湘水边。《楚辞·九歌·湘夫人》："麋何食兮庭中，蛟何为兮水裔。"洪兴祖补注："裔，边也，末也。"此句借用屈原放逐沅湘事，表达忠贞无以报国的悲愤。

⑦ 松楸：松树与楸树。墓地多植，因以代称坟墓。　暮田：明邵宝《容春堂前集》中作"墓田"。坟地。此句有"何处埋忠骨"之意。

8. 阳 明 学 术

今人专指斥阳明学术[①]，余不知学，但知《大学》恐不可直以宋儒改本为是[②]，而以汉儒旧本为非，此须虚心静思得之。若宁藩反时，余时年二十一，应试在杭，见诸路羽书，皆不敢指名宸濠反。或曰江西省城有变，或曰江西省城十分紧急，或曰江西巡抚被害重情，或曰南昌忽聚军马船只，传言有变。惟阳明传报，明言江西宁王谋反，钦奉密旨，会兵征讨。安仁谓阳明学本邪说[③]，功由诡遇[④]。又曰王某心事，众所共疑。何其不谅至此！（卷四第三百九）

【注释】

① 阳明学术：指王守仁心学。王守仁，字伯安，尝筑室故乡阳明洞中，世称阳明先生，馀姚（今属浙江宁波市）人。弘治十二年（1499年）进士，授刑部主事。因反宦官刘瑾专权，贬贵州龙场驿丞。后起为庐陵知县、右佥都御史、南赣巡抚。以平定"宸濠之乱"封新建伯。官至南京兵部尚书。嘉靖八年（1529）卒，年五十八。谥文成。有《王文成全书》三十八卷。初习程朱理学与佛学，后转陆九渊心学，并发展为与程朱理学相对立的学派。

② 宋儒改本：指宋二程、朱熹对《大学》按经、传所作的调整。朱子《大学章句》分经一章，传十章。经为三纲八目，即以"明明德""亲民""止于至善"为纲领，以"格物""致知""诚意""正心""修身""齐家""治国""平天下"为条目；以下传十章为三纲传和八目传，即对三纲八目所作的解释。朱子以为"旧本颇有错简"，于是"别为序次"，以此构成《大学》一书的基本结构。朱熹改本在后世影响极大，为科举作文之圭臬。然王守仁于《大学》诸说，悉以旧本为正。所谓旧本，即出《礼记》第四十二篇，郑玄注。

③ 安仁：桂萼，字子实，安仁（今江西鹰潭市余江县锦江镇）人。正德六年（1511）进士，除丹徒知县。性刚使气，屡忤上官。后历知武康、成安，迁南京刑部主事。嘉靖二年（1523）议大礼，上疏极论两考之非，颇合帝意，召入。此后升迁之速，史不多见，官至吏部尚书兼武英殿大学士，入参机务。十年，请归，卒于家。赠太傅，谥文襄。萼既得志，日以报怨为事，次第斥逐杨廷和等，与王守仁亦然。据《明史·桂萼传》："然王守仁之起也，萼实荐之。已，衔其不附己，力龁龁。及守仁卒，极言丑诋，夺其世封，诸恤典皆不予。"

④ 诡遇：谓以不正当手段取得某种东西。

9. 刘瑾坐谋反律

正德庚午朔[①]，瑾既缚，有旨降南京奉御[②]。长沙谓诸大珰曰[③]："如此，彼若复用，肆毒当益甚，奈何？"太监张永曰："有我辈在，无虑。"已而瑾上白帖言："奴缚时，封奴帑[④]，奴赤身无一衣，乞与一二敝衣盖体。"康陵见瑾帖[⑤]，怜之，令与瑾故衣百件。永等始惧，谋之长沙，令科道劾瑾。劾中多指阿附瑾文武大臣，永持疏至左顺门付诸言官，曰："瑾用事时，我辈莫敢言，况尔两班官[⑥]。今罪止瑾一人，可领此疏去，易疏急进[⑦]，勿动摇人。"比疏入，坐瑾奸党律[⑧]。永辈又不欲止罪内臣一人，乃连及文臣张綵一人[⑨]，武臣杨玉等六人[⑩]。狱词具上，綵疏称冤，尽发长沙阿依瑾事。长沙大怒，又与永辈谋，不重法诛锄此辈，后受其乱。乃改谋反律[⑪]，然亦不尽本律。（卷四第三百一十六）

【注释】

① 正德庚午：正德五年（1510）。　朔：此处疑为衍文。据《明史·武宗纪》："（五年）八月甲午，刘瑾以谋反下狱，诏自正德二年后所更政令悉如旧。"按正德五年八月甲申朔，甲午即十一日。此前，杨一清与张永谋，准备借八月十五日献俘劾刘瑾，捷疏至，瑾使缓其期。当时瑾兄都督同知刘景祥死，京师纷纷传言，瑾将于十五日俟百官送葬因作乱，并擒永。永虑有变，即于十一日先期

献俘。事毕，武宗置酒劳永，瑾等皆侍。及夜，瑾退，永即出寘鐇讨瑾檄，奏瑾不法十七事。促帝执瑾系于菜厂，分遣官校封其宫内外私第。

② 南京奉御：明南京内宫诸监低级属官。此与史未合。据《明史·刘瑾传》："次日（十二日）晏朝后，帝出永奏示内阁，降瑾奉御，谪居凤阳。"

③ 长沙：李东阳，长沙府茶陵县人。参见第221页第2则注释⑦。时为内阁首辅。　大珰：大宦官。

④ 帑（tǎng）：钱财。也指收藏钱财的府库。

⑤ 康陵：武宗陵墓名。代指武宗。

⑥ 两班官：指文武官。古代帝王朝会，官员依文武分为东西两列，故称。

⑦ 易疏：紧急奏疏。

⑧ 奸党律：明洪武中所创律法。《大明律·吏律》："凡奸邪进谗言、左使杀人者，斩。若犯罪律该处死，其大臣小官，巧言谏免、暗邀人心者，亦斩。若在朝官员，交结朋党，紊乱朝政者，皆斩。妻子为奴，财产入官。"

⑨ 张綵：安定（今甘肃定西市）人。弘治三年（1490）进士，授吏部主事。历文选司郎中。后附刘瑾，擢左佥都御史，逾年超拜吏部右侍郎，寻代刘宇为吏部尚书，加太子少保。日出入瑾家，惟瑾意是徇。后亦尝劝瑾收敛，勿以天下之怨归之。正统五年八月十五日，治刘瑾党，綵亦下狱。十月十六日，綵已瘐死狱中，仍戮其尸于市，籍其家，妻子流之海南。

⑩ 杨玉：时为锦衣卫都指挥使。刘瑾爪牙。刘瑾用事，以内阁大学士焦芳和刘宇、吏部尚书张綵、兵部尚书曹元为心腹，锦衣卫都指挥使杨玉和镇抚司指挥使石文义为爪牙，侄婿孙聪与生员张文冕为刀笔。瑾败，焦芳、刘宇已致仕，曹元于八月十六日罢，张綵、杨玉等皆伏诛。

⑪ 谋反律：十种重罪"十恶"之首。《大明律·名例律》："十恶：谋反、谋大逆、谋叛、恶逆、不道、大不敬、不孝、不睦、不义、内乱。"刘瑾被捕，武宗初犹未有意诛之，仅降奉御凤阳闲居，张永请帝籍其家后，乃改谋反罪。《明史·刘瑾传》："帝亲籍其家，得伪玺一，穿宫牌五百，及衣甲弓弩、衮衣玉带诸违禁物，又所常持扇内藏利匕首二，始大怒，曰：'奴果反。'趣付狱。狱具，诏磔于市，枭其首，榜狱词处决图示天下，族人逆党皆伏诛。"

戒庵老人漫笔

[明] 李诩

《戒庵老人漫笔》八卷，明李诩撰。诩字厚德，自号戒庵老人，江阴（今属江苏无锡市）人。少为诸生，七试场屋不第，遂绝意仕进，居家以读书著述自适。其性耽文史，与唐顺之辈互为砥砺。万历二十一年（1593）卒，年八十八。所著《世德堂吟稿》《名山大川记》等皆已亡佚，惟是编行于世。

《漫笔》或记有明一代典章制度，或记前代迄本朝万历初遗闻轶事、诗文琐语，所涉颇广，多可补史书志传之阙或与之相发明。其孙李如一《序》曰：『蚤岁课业必纪，已稍稍旁及奇闻异见，晚乃纪岁月阴晴、里闬人事。每于披阅所得，目前所传，感怆所至，无论篇章繁简，意合兴到，随笔简端。』然是书序次较为零乱，不分古今，不别事类，而内容又短于持择，谐谑鄙俗、荒诞不经之事时有所见，此皆为本书之累耳。

选文标题为原书所有。

1. 宸濠元宵纸船

宸濠曾因元宵[1],用纸造旱莲船一只,头作二狮子,口俱衔钱,傍列五道士,冠皆斜侧,一竿半青,至尾则否。遍游各街,问人有晓其意者召来。忽遇一秀才见,云此甚有意,召去问之,对曰:"好一白莲船,两司俱要钱[2]。五道官不正[3],一竿清不全。"大喜,留宴,赏元宝一个。盖江西有五道太守姓甘,初政颇清,故云。(卷一)

【注释】

① 宸濠:即宁王朱宸濠。其先祖朱权,太祖第十七子,封宁献王,洪武二十六年(1393)就藩大宁(今内蒙古赤峰市宁城县)。永乐元年(1403),改封南昌(今属江西)。至弘治十年(1497),其五世孙朱宸濠嗣。宸濠在江西,畜养亡命,夺人田产,欺压官民。正德十四年(1519),经密谋而起兵。后为王守仁所俘,解京途中伏诛。参见第225页第6则注释⑦。

② 两司:指明地方承宣布政使司、提刑按察使司。上文以"二狮子"喻之。

③ 五道:明江西全省分为南瑞道(辖南昌、瑞州二府)、九江道(辖九江、南康、饶州三府)、湖东道(辖广信、抚州、建昌三府)、湖西道(辖吉安、袁州、临江三府)、岭北道(辖赣州、南安二府)。上文以"五道士"喻之。

2. 文 士 润 笔

嘉定沈练塘龄间论文士无不重财者[1],常熟桑思玄曾有人求文[2],托以亲昵,无润笔。思玄谓曰:"平生未尝白作文字,最败兴,你可暂将银一锭四五两置吾前,发兴后待作完[3],仍还汝可也。"唐子畏曾在孙思和家有一巨本[4],录记所作,簿面题二字曰"利市"[5]。都南濠至不苟取[6]。尝有疾,以帕裹头强起,人请其休息者,答曰:"若不如此,则无人来求文字矣。"马怀德言,曾为人求文字于祝枝山[7],问曰:"是见精神否?"(俗以取人钱为精神。)曰:"然。"又曰:"吾不与他计较,清物也好[8]。"问何清物,则曰:"青羊绒罢。"(卷一)

【注释】

① 沈龄:字寿卿,一字元寿,号练塘渔者,占籍安亭(今属上海市嘉定区)。落拓不事生产,潜

心古学,工书画歌诗,尤精乐律。太傅杨一清谢政家居,招致之。武宗南巡,幸一清第,龄立撰乐曲供奉。上喜,召对,遂逃匿不出。 间(jiàn)论:私下谈论。

② 桑思玄:桑悦,字民怿,号思玄,常熟(今属江苏苏州市)人。少有奇质,书过目辄不忘。成化元年(1465),年十七领乡荐。会试礼部,中乙榜,授泰和县学训导。迁长沙府通判,调柳州,归。喜庄骚家言,特长于赋,然纵诞不羁,恃才傲物,人多尤之。卒于常熟寓馆。

③ 发兴:激发意兴。

④ 唐子畏:唐寅,字伯虎,一字子畏,号六如居士、桃花庵主、逃禅仙吏等,吴县(今江苏苏州市)人。弘治十一年(1498),举乡试第一。明年会试,因牵涉科场舞弊案而被黜。江西宁王宸濠厚币聘之,寅察其有异志,佯狂使酒得还。后游名山大川,致力绘事,卖画为生。擅山水,多取法南宋李唐、刘松年,兼采元人法。亦工人物、花鸟,工笔、写意俱佳。与沈周、文徵明、仇英并称"明四家"。兼善诗文书法,与祝允明、文徵明、徐祯卿并称"吴中四才子"。嘉靖二年(1523)卒,年五十四。 孙思和:丹阳(今属江苏镇江市)人。生平未详。与杨一清、陆深、唐寅友善,有诗酬答。东游每当山水深处,辄绘为图。

⑤ 利市:犹言好买卖。

⑥ 都南濠:都穆,字玄敬,一作元敬,人称南濠先生。唐寅之友。参见第171页第9则注释①。

⑦ 祝枝山:祝允明,字希哲,因生而枝指,故自号枝山。参见第170页第7则注释⑬。

⑧ 清物:清雅物品。

3. 戴文进不遇

宣德间,昆山画士谢庭循虽以画蒙宠[①],终日侍御围棋。时钱塘戴文进画法极高[②],与等辈十八人行取至京,皆不及戴者。考试,令戴画龙,戴本以山水擅名,非其本色,随常画龙皆四爪,呈御,上大怒,曰:"我这里用不得五爪龙,着锦衣卫重治,打御棍十八发回。"馀十七人皆得用命也。盖为谢所轧云。苏州周东村说[③],宣宗又尝问谢曰:"还有一戴文进,闻画得好。"对曰:"是秀才,画欠精致,是隶家画也[④]。"卒不得进。上海陆子渊司业亦云[⑤],戴曾画山水进呈,宣宗称善,令谢视之,谢指擿其失,曰:"好固好,但舟中岂有穿红袍钓鱼之理[⑥]?"遂弃去弗用。(卷一)

【注释】

① 谢庭循:名德环,亦单称环,以字行,永嘉(今浙江温州市)人。谢灵运后裔。幼承家学,有诗、书、画"三绝"之称。永乐中召至京,供奉内廷。宣宗时入画院,授锦衣卫千户。景泰元年

(1450),擢锦衣卫指挥佥事。晚年隐居京城北郊乐静轩。此则言谢庭循为"昆山画士",与诸籍不合。

② 戴文进:戴进,字文进,号静庵、玉泉山人,钱塘(今浙江杭州市)人。早年为金银匠,后改习书画。宣德间以画供奉内廷,官直仁殿待诏。进《秋江独钓图》,为谢庭循所谗,放归。天顺六年(1462),穷困而卒,年七十五。擅画山水、人物、花鸟、虫草,为浙派开山鼻祖。

③ 周东村:周臣,字舜卿,别号东村,吴县(今江苏苏州市)人。嘉靖八年(1529)进士。学画于陈暹而益工六法,山水人物俱清致,为世所赏。亦能诗。

④ 隶家:即戾家。谓非行家。

⑤ 陆子渊:陆深,字子渊,上海(今上海市)人。弘治十八年(1505)进士,选庶吉士,授编修。刘瑾排斥翰林官,改外为南京主事。瑾诛,复职,历国子司业、祭酒,充经筵讲官。后忤辅臣,谪延平同知,进山西提学副使,改浙江,累官四川左布政使。嘉靖十六年(1537),召为太常卿兼侍读学士。世宗南巡,掌行在翰林院印。进詹事府詹事,致仕。二十三年卒,年六十八。赠礼部右侍郎,谥文裕。深家富藏书,又多方搜罗,筑"江东山楼"蓄之。少有文名,工书,最留心史学,著述颇丰。

⑥ 红袍:即绯袍。明高官公服。《明史·舆服志三》:"文武官公服,洪武二十六年定,每日早晚朝奏事及侍班、谢恩、见辞则服之。在外文武官,每日公座服之。其制,盘领右衽袍,用纻丝或纱罗绢,袖宽三尺。一品至四品,绯袍;五品至七品,青袍;八品九品,绿袍;未入流杂职官,袍、笏、带与八品以下同。"

4. 清明上河图

李阁老东阳《清明上河图后记》云:"右《清明上河图》一卷,宋翰林画史东武张择端所作①。上河云者,盖其时俗所尚,若今之上冢然②,故其盛如此也。图高不满尺,长二丈有奇,人形不能寸,小者才一二分,他物称是。自远而近,自略而详,自郊野以及城市。山则巍然而高,隤然而卑③,洼然而空④。水则澹然而平,渊然而深,迤然而长引⑤,突然而湍激。树则槎然枯⑥,郁然秀,翘然而高⑦,蓊然而莫知其所穷⑧。人物则官、士、农、贾、医、卜、僧道、胥隶、篙师、缆夫、妇女、臧获之行者坐者问者答者授者受者呼者应者⑨,骑而驰者,负者戴者,抱而携者,道而前呵者,执斧锯者,操畚锸者⑩,持杯罂者⑪,袒而风者,困而睡者,倦而欠伸者,乘轿褰帘以窥者⑫,又有以板为舆无轮箱而陆曳者⑬。有牵重舟溯急流极力寸进,圜桥匝岸,驻足而旁观,皆若交欢助叫,百口而同声者。驴骡马牛橐驼之属⑭,则或驮或载或卧或息或饮或秣，或就囊龁草[15]，首入囊半者。屋宇则官府之衙，市廛之居[16]，村野之庄，寺观之庐，门窗屏障篱壁之制，间见而层出。店肆所鬻，则若酒若馔若香若药若杂货百物，皆有题扁名氏，字画纤细，几至不可辨识。所谓人与物者，其多至不可指数，而笔势简劲，意态生动，隐见之殊形，向背之相准，不见其错误改窜之迹，殆杜少陵所谓“毫发无遗憾”者[17]。非蚤作夜思，日累岁积不能到，其亦可谓难已。此画当作于宣、政以前丰亨豫大之世[18]，卷首有祐陵瘦筋五字签及双龙小印[19]，而《画谱》不载[20]。金大定间[21]，燕山张著有跋[22]。据《向氏书画记》[23]，谓与《西湖争标图》俱选入神品，既归元秘府，至正间为装池[24]，官匠以似本易去，售于贵官某氏，某守真定[25]。主藏者复私鬻之于武林陈彦廉氏[26]，陈有急，又闻守且归，惧不能守，西昌杨凖以重价购之[27]，而具述其故云尔。后又为静山周氏所得，吾族祖云阳先生为跋其后[28]，又有蓝氏珍玩、吴氏家藏诸印，皆无邑里名字。不知何年复入京师，予始见于大理卿朱文徵家，为赋长句[29]。后为少师徐文靖公所藏[30]，公未属纩[31]，谓云阳手泽所在，治命其孙中书舍人文灿以归于予。呜呼！韩退之《画记》[32]，其所关系几何？旋复丧失，独其文奇妙，故传之至今。今有图如此，又于予有世泽之重，而予之文不足以发之，姑撮其要如此。”（卷一）

【注释】

① 张择端：北宋画家。字正道，东武（今山东潍坊市诸城市）人。早年游学汴京，后习绘画。徽宗时，入翰林图画院。专工界画宫室，尤擅绘舟车、市肆、桥梁、城郭。后以失位家居，卖画为生。存世作品有《清明上河图》《金明池争标图》。

② 上冢：上坟，扫墓。

③ 隤（tuí）然而卑：顺势而降貌。隤然，柔顺貌。卑，降低。

④ 洼然：凹陷貌。

⑤ 迤然：亦作“迆然”。绵延貌。

⑥ 槎（chá）然：树木杈枝杂乱貌。

⑦ 翘然：特出貌。

⑧ 蓊（wěng）然：草木茂盛貌。

⑨ 臧获：奴婢贱称。参见第 102 页第 33 则注释①。

⑩ 畚锸（běn chā）：簸箕和铁锹。泛指农具。

⑪ 杯罂（yīng）：杯与瓶。泛指盛酒瓦器或木器。

⑫ 褰（qiān）帘：撩起帘子。褰，撩，揭。

⑬ 以板为舆无轮箱:指无车厢的平板车,主要以人力牵引。轮箱,犹“车厢”。

⑭ 橐(luò)驼:骆驼。

⑮ 龁(hé)草:吃草。龁,咬。

⑯ 市廛(chán):市井民居。

⑰ 毫发无遗憾:唐杜甫《敬赠郑谏议十韵》诗中句:“毫发无遗憾,波澜独老成。”此赞郑诗才。见仇兆鳌《杜诗详注》卷二。

⑱ 丰亨豫大:此指北宋徽宗政和、宣和年间富饶安乐的太平景象。后亦借指好大喜功、奢侈挥霍。语出《周易·丰》:“丰亨,王假之。”又《豫》:“圣人以顺动,则刑罚清而民服,豫之时义大矣哉。”

⑲ 祐陵:宋徽宗陵墓名。代指徽宗。南宋绍兴七年(1137),徽宗崩于北。十二年,宋金议和,金人遣归显仁后韦氏及徽宗棺椁。是年八月,显仁后至临安,徽宗灵柩暂葬会稽东南郊攒宫村,初名永固陵,改永祐陵。后南宋六帝亦葬于此,有高宗永思陵、孝宗永阜陵、光宗永崇陵、宁宗永茂陵、理宗永穆陵、度宗永绍陵,世称宋六陵。元时六陵被盗掘,明初重修。 瘦筋五字签:指宋徽宗以其“瘦金体”御书“清明上河图”五字。

⑳ 画谱:指《宣和画谱》二十卷,不著撰人名氏。载宋徽宗朝内府所藏诸画。

㉑ 大定:金世宗年号(1161—1189)。

㉒ 张著:字仲扬,永安(今北京市)人。金泰和五年(1205),以诗名召见,应制称旨,特恩授监御府书画。其首跋《清明上河图》曰:“翰林张择端,字正道,东武人也。幼读书,游学于京师,后习绘事。本工其界画,尤嗜于舟车、市桥、郭径,别成家数也。按《向氏评论图画记》云:‘《西湖争标图》《清明上河图》选入神品。’藏者宜宝之。大定丙午清明后一日燕山张著跋。”可知张著作跋,在大定丙午(1186),乃入金内府十九年前也。

㉓ 向氏书画记:即张著跋中所提《向氏评论书画记》,为最早著录《清明上河图》的典籍。已佚。

㉔ 装池:装裱古籍或书画。

㉕ 真定:元真定路(治今河北石家庄市正定县)。

㉖ 陈彦廉:名宝生,泉州富商。元末居太仓,家有春草堂,所蓄书画极富。此则言“武林陈彦廉”,未确。武林,杭州别称,而陈氏泉州人也。

㉗ 杨準:字公平,元太和(今江西吉安市泰和县西)人。太和古称西昌,隋更名泰和,元置太和州。準履行修洁,尝从学吴澄,文章高古,甚为虞集、欧阳玄所推许,危素尤敬服之。时修宋、辽、金三史,欧阳诸公荐之,不就。号玉华居士。準购得《清明上河图》,亦作跋,其中有云:“我元之至正辛卯,準寓蓟日久,稍访求古今名笔以新耳目,会有以兹图见喻者。且云图初留秘府,后为官匠装池者,以似本易去,而售于贵官某氏,某后守真定。主藏者复私之以鬻武林陈某,陈得之且数年,坐它事稍窘急,又闻守且归,恐遂速祸怨,思欲密付诸贤士君子。準闻语即倾橐购之,盖平

生癖好在是也。"跋文见卞永誉《式古堂书画汇考》卷四十三。

㉘ 云阳先生:李祁,字一初,号希蘧,又号危行翁,茶陵(今属湖南株洲市)人。李东阳族祖。元元统元年(1333)进士,累官浙江儒学副提举。元将亡,隐居永新山。明初征聘,不起。工书,楷法、行草俱精。著有《云阳集》十卷。其《题宋张叔端画〈清明上河图〉》云:"周氏所藏《清明上河图》,乃故宋宣、政年间名笔也。笔意精妙,固自宜入神品。观者见其邑屋之繁,舟车之盛,商贾财货之充美盈溢,无不嗟赏歆慕,恨不得亲生其时,亲目其事。然宋祚自建隆至宣、政间,安养生息百有五六十年,太平之盛盖已极矣。天下之势,未有极而不变者,此固君子之所寒心者也。然则观是图者,其将徒有嗟赏歆慕之意而已乎?抑将犹有忧勤惕厉之意乎?噫!后之为人君为人臣者,宜以此图与《无逸图》并观之,庶乎其长守富贵也。"见《云阳集》卷九。

㉙ 为赋长句:指李东阳长诗《题〈清明上河图〉》,其中有句曰:"朔风卷地天雨沙,此图此景复谁家?家藏私印屡易主,赢得风流后代夸。姓名不入宣和谱,翰墨流传借吾祖。独从忧乐感兴衰,空吊环州一抔土。丰亨豫大纷彼徒,当时谁进流民图。乾坤俯仰意不极,世事荣枯无代无。"见《怀麓堂集》卷九。

㉚ 徐文靖:徐溥,字时用,宜兴(今属江苏无锡市)人。景泰五年(1454)进士,授编修。历左庶子、太常卿兼学士。成化十五年(1479),拜礼部右侍郎,寻转左,久之改吏部。孝宗嗣位,兼文渊阁大学士,参预机务,进礼部尚书。弘治五年(1492),刘吉罢,溥为首辅。十一年,加少师兼太子太师,进华盖殿大学士,以目疾辞归,逾年卒。赠太师,谥文靖。

㉛ 属纩(zhǔ kuàng):在临死者鼻尖放一块棉,察其是否断气。借指临终。

㉜ 韩退之《画记》:唐贞元十一年(795),韩愈在河阳故里,作《画记》一文,记一幅古今人物画卷及得而复失之缘由。见《五百家注昌黎文集》卷十三。

5. 宋张行婆

司马温公《张行婆传》[①]:"行婆张氏,潍州昌乐人[②],父为虎翼军校[③]。张氏生七年,继母潜使侩者鬻之[④],绐其父云失之,父哭之一目失明,由是落军籍为民。侩者鬻于故尚书左丞范公家[⑤],字曰菊花。范氏以媵其女适泗州人三班借职金士则[⑥],张氏勤谨,其主家爱之。与父别凡二十一年,一旦遇之于范氏之门而识之,遂辞范氏,与父俱归。父怒继母,欲殴而逐之,张氏曰:'儿非母不得入贵人家,母乃有德于儿,又何怨焉?今赖天之力,得复见父,若儿归而母逐,儿何安焉?'父乃止。父时年且八十,无佗子[⑦],家甚贫,鬻薪为业。昌乐有故田园为人所据,张氏乃与父母归乡里,讼于州而得之。未几父卒,张氏养继母尽子道,母老不能行,所适稍远,则张氏负之。母卒，张氏嫁为里民王祐妻，生一男二女，祐早卒，诸孤皆幼，张氏鞠之[8]，不从人。既长，毕婚嫁，乃谓其子曰：'吾素乐浮屠法[9]，里中有古寺，废已久，吾当帅里人修之，弃家处其中，不复为尔母矣。'里人闻之，争助以财，不日立堂殿厨庑，塑绘佛像，营储偫皆备[10]。每戒其子毋得至寺，曰：'寺有众人之财，将以兴佛事，吾一毫不敢私也。汝来，使吾无以自明。'金士则之妹，余嫂也。元丰中，张氏自潍之泗省金氏，又自泗之陕省余嫂，徒步数千里，曰：'吾故时主家，不可忘也。'嫂置诸园门之傍，独处一室，日一蔬食，读佛书。每与女仆语，专诲以忠勤，有不受而诟之者，辄拜谢不与校。遇劳辱之事，则以身先之。与之钱刀衣服[11]，固辞，强之，不得已，辞多受少。见尺薪寸帛，不忍弃，必拾以归，爱之如己物。女仆之幼者，则为之栉沐纫缝，视之如己女。至于猴犬，饮食以时，无不驯服，张氏去，辄数日悲鸣不食。余熟察其所为而异之，因谕之曰：'妪已老，幸有子，不与之居以终其身，而栖栖汲汲周游四方[12]，竟何为乎？'张氏曰：'凡学佛者，先应断爱，彼虽吾子，久已舍之，不复思也。'呜呼！世之服儒衣冠读诗书以君子自名者，其忠孝廉让能如张氏者几希，岂得以其微贱而忽之邪！闻其风者，能无怍乎？向使生于刘子政之前[13]，使子政得而传之，虽古烈女何以尚之？惜乎为浮屠所蔽，不得入于礼义之涂，然其处心有可重者，余是敢私记之。"（卷二）

【注释】

① 司马温公《张行婆传》：见司马光《传家集》卷七十二。《传家集》八十卷，凡赋一卷，诗十四卷，杂文五十七卷，题跋、疑孟、史剡共一卷，迂书一卷，壶格、策问、乐词共一卷，志三卷，碑、行状、墓表、哀辞共一卷，祭文一卷。行婆，居家事佛的老妇。

② 潍州昌乐：宋京东东路潍州昌乐县（治今山东潍坊市昌乐县北）。

③ 虎翼军：宋禁军。隶殿前司，为殿前司步军诸军之一。

④ 侩：牙侩。旧时买卖居间人。

⑤ 尚书左丞：宋尚书左仆射属官，为宰执佐贰，正四品。分掌左司吏、户、礼部事。

⑥ 媵（yìng）：陪送出嫁。　泗州：宋淮南东路泗州（治今江苏淮安市盱眙县）。　三班借职：宋武官最低官阶。太宗时设三班院使臣，有东、西头供奉官，左、右侍禁、左右班殿直，三班奉职，三班借职，称"小使臣"；内殿崇班、内殿承制、阁门祗候，称"大使臣"。大小使臣皆由三班院统辖，属低级武阶。宋初，三班使臣隶宣徽院，独立置院后隶中书省。

⑦ 佗（tuō）子：别的孩子；其他的孩子。

⑧ 鞠：抚养；养育。《诗经·小雅·蓼莪》："父兮生我，母兮鞠我。"毛传："鞠，养。"

⑨ 浮屠:又作“浮图”。佛。

⑩ 储偫(zhì):储备;积储。特指存储物资以备需用。

⑪ 钱刀:钱币;金钱。刀,古代一种刀形钱币。

⑫ 栖栖(xī—)汲汲:忙碌而急切貌。

⑬ 刘子政:刘向,本名更生,字子政,西汉沛(今江苏徐州市沛县)人。成帝时历光禄大夫,累官中垒校尉。治《春秋穀梁传》,尝校阅群书,编撰有《别录》《楚辞》《列女传》等书。《列女传》共七卷,记上古至西汉奇节异行女子百馀位。

6. 高季迪少时题画

国初,高太史季迪启当胜国时①,年方十六,已有诗名。淮南行省参知政事临川饶介之分守吴中②,使使屡召之而后往。座上皆巨儒硕卿,以倪云林《竹木图》命题③,实试之也,且用次原诗“木”“绿”“曲”韵。时太史一愿稚耳④,众易之⑤,侍立少顷,答曰:“主人原非段干木⑥,一瓢倒泻潇湘绿⑦。逾垣为惜酒在尊,饮馀自鼓无弦曲⑧。”饶大惊异,延之上坐,特为书于图,诸老为之掣肘⑨,自是名益重云。(卷二)

【注释】

① 高启:字季迪,长洲(今江苏苏州市)人。博学工诗,早年常与王行、徐贲、高逊志、唐肃、宋克、余尧臣、张羽、吕敏、陈则等诗酒唱和,号“北郭十友”或“十才子”。后与杨基、张羽、徐贲齐名,称“吴中四杰”。元末避张士诚之乱,隐居松江之青丘,自号青丘子。洪武初(1368)召修《元史》,授翰林院国史编修。寻超擢户部右侍郎,固辞而放还。七年,以为苏州知府魏观在原张士诚宫殿旧址重建府衙撰《上梁文》触犯龙颜,被腰斩于市,年三十九。有《大全集》十八卷、《凫藻集》五卷传于世。　胜国:被灭亡之国。此指元末张士诚割据江南所建周国。参见第112页第42则注释⑦。

② 饶介:字介之,号华盖山樵,一号醉翁,临川(今江西抚州市)人。元末自翰林应奉出佥江浙廉访司事。张士诚入吴,聘为淮南行省参政,介不能脱,遂以觞咏为事,多罗致文学知名士为幕客。后张氏败,同俘至金陵,死之。姚广孝称其“为人倜傥豪放,书似怀素,诗似太白,气焰光芒逼人,志大才疏而无所成,为可惜也”。

③ 倪云林:倪瓒,号云林子。元末画家。参见第173页第11则注释①。其《竹木图》已佚。

④ 愿稚:意谓朴实童稚。

⑤ 易:轻视。

⑥ 段干木：姓段干，名木，战国时魏国安邑（今山西运城市夏县西北）人。尝从学于子夏，有高名。以魏成子荐，魏文侯加以礼聘，推辞不受，逾墙而避。文侯每过其门，必伏轼致敬。成语“干木富义”即源于此。

⑦ 潇湘绿：此处借指图中斑竹。潇湘，指湘江。传说尧之女、舜之妃娥皇、女英居于此。西晋张华《博物志》卷八：“尧之二女，舜之二妃，曰湘夫人。帝崩，二妃啼，以涕挥竹，竹尽斑。”

⑧ 无弦曲：犹“无弦琴”。南朝梁萧统《陶靖节传》：“渊明不解音律，而蓄无弦琴一张，每酒适，辄抚弄以寄其意。”后用以为典，有闲适归隐之意。

⑨ 掣肘：此处谓从旁协助。

7. 吴文恪公教外孙

常熟吴文恪公思庵先生[①]，送外孙钱昕一绝句云[②]：“阿昕今喜赴科场，南北奔驰日夜忙。昔日曾闻先辈语，一凭阴德二文章。”盖恶昕父多行不法，作此以教之。昕后卒为良牧伯[③]，能不负公教。余大母严乃文恪之外孙女也，耳熟之，尝以授诩[④]，且述当时钱捷后谒见，命执埽除以折其少年英气[⑤]，曰：“吴家外公，钱家小哥，教者真是能教，受者真是能受，汝孩儿当知样子。嗟嗟，今复可得此耳提哉[⑥]！”其诗语尤是与今日士子下一顶门针也[⑦]。（卷三）

【注释】

① 吴文恪公：吴讷，字敏德，号思庵，常熟（今属江苏苏州市）人。力学尚义，兼善医术。永乐中以医荐至京。太子监国，闻其名，命教功臣子弟。洪熙元年（1425），授监察御史。敬慎廉直，不务矫饰。又博览群书，议论多有发明。宣德初（1426），出按浙江。五年，进左副都御史。正统四年（1439）致仕，家居十六年而卒，年八十六。谥文恪。乡人祀之言偃祠。

② 钱昕：字景寅，常熟（今属江苏苏州市）人。正统十年（1445）进士。官至湖广布政，莅政廉慎精勤。

③ 牧伯：称州郡长官。钱昕天顺间知荆州府，有清官之称。

④ 诩：即本书作者李诩。其祖母严氏为吴讷之外孙女。

⑤ 埽除：打扫；扫除。埽，同“扫”。

⑥ 耳提：谓恳切教导。

⑦ 顶门针：“顶门上一针”省略语。针灸时自脑门所下的一针。比喻击中要害而使人警醒的言论或举动。

8. 黄叔扬传

黄钺字叔扬[①]，苏郡常熟县人。少明敏好学，家无藏书，钺日游市肆中，见书，不问古今，即借观之，或竟日不还。是时天下新定，重法绳下，士不乐仕，人文散逸，诏求贤才，悉集京师。钺父见其子好学甚，恐为郡县所知，数惩之不能止。家有田数十亩在葛泽陂[②]，因令督耕其中。钺至陂，无书读，托市盐酪[③]，率一二日即入城，从其友人家借得书，道中披览，比至陂辄尽，每以为恨。

杨涣者，元末隐士也，尝避雨泊舟钺舍傍，窥见钺持书倚檐读不辍声，乃就视之，曰："竖子好学至此哉？日能读几何？"钺答曰："苦无书读耳，过目不能忘也。"涣曰："我有书在洋海店，去此不远，竖子能从吾游乎？"钺喜再拜，即从涣入舟，至其舍，与数册书去。自是数数来易[④]，涣怪其频，举所借书问之，悉记忆无忘者。涣大喜，曰："吾插架书不下万卷，不能举付汝，汝当就吾舍读。"因令其子福同室而居者三年，遂尽其书。县闻之，并辟福贤良[⑤]。涣怨之曰："吾不幸遭世乱，家破族散，今独携一子耕读远郊，以毕馀生。以子好学，尽以藏书奉观览，奈何不自韬晦，卒为人知，贻累我家！"钺徐曰："无患，当为公说尹罢之。"乃教福结束如农夫[⑥]，且曰："即尹有问，子但操吴音，勿有所对。"福尽如钺教，因同诣尹曰："钺与福共笔砚数载，知福为深，福才能问学并出钺下，而福父老身病不可遣行，即行不足以应诏，君且得罪。"尹心知其诈也，不得已，乃独遣，钺以生员除宜章典史[⑦]。

洪武二十二年己卯，举湖广乡试，明年庚辰第进士，授刑科给事中，升户科左[⑧]，又改礼科。居职封驳甚多。辛巳（即建文三年）以父丧归，其所厚翰林侍读方孝孺吊之[⑨]，屏左右密言曰："北方不靖，苏、常、镇京师之左辅，应北之右臂也。君吴人，朝廷之近臣，今虽去，当有以教我。"曰："三郡惟镇江最为要害，守非其人，是自撤其藩篱也。童俊狡狯[⑩]，不宜独任。吾近见其奏事上前，视远而言游，此其心不可测也。苏州知府姚善忠义激烈[⑪]，有国士风，必能独当一面。但仁慈有馀，而御下太宽，此治郡之良才，恐不足以定乱耳。然国家大势，不在江南，必待戎马至此，亦已晚矣。"孝孺乃因钺附书于善，以忠孝相勉，期勠力王室，以济时艰。善得书，与钺相对恸哭，以死自誓。

钺至家，因父殡在陂上旧庐，即往居之，足迹不入城邑。有御史按部至常熟，问曰："此有黄给事，何在？"邑中无知其家者。一老人居与钺邻，知引之，御史舟至陂时方暮，秋收禾堆积村巷，路又泥淖，御史乃徒步抵其舍，钺从幕中对语移日[12]。家人以贵客至欲割鸡具馔，钺惊曰："岂有居丧而杀鸡礼客者耶！"卒以菜粥对食而别。

壬午[13]，靖难师日促[14]，姚善受建文君诏，总率苏、松、常、镇、嘉兴五部兵马勤王，善以书招钺，以亲丧尚在殡，请即日营葬毕事，乃可趋命。既而童俊果以镇江降。

文皇帝正位[15]，诏暴姚善罪状收之，善麾下许百户惟权诈因得亲善，缚善邀赏。钺闻之恸哭，遂绝食，闭目三四日死，悉以家人救免。或传言善款服[16]，上赦其罪，复瞠目曰："吾知善为人决无二心，吾且少俟之，善事定，吾独死未晚也。脱果不死，吾将下报希直。"希直者，孝孺字也。遂复稍稍食。其年七月十日，善就刑报至，钺起，登琴川桥，西向再拜，祠而哭之曰："吾与君同受国恩，不幸有国难，义同许身。君与希直同死国，吾忍背义独生乎？"祠毕，给家人归祭具，遂从容整衣冠，奋身入水死。

时收善党急，军士纵横郡邑中，且讹言将并录钺家，亲族悉惊伏。福乃具棺衾，昼夜泣桥侧，百方求其尸，不能得。更数日，尸忽自出，立水中，福恸哭，亲抱而起，易其衣，体犹不溃败，竟成礼葬之。复吊以诗曰："江风夜夜鼓洪波，江雨朝朝湿薜萝[17]。九辨不回《哀郢》志[18]，三军难夺《采薇》歌[19]。手披宿草孤踪满[20]，梦转空梁月影多。谁谓百年臣子恨，独闻野老泪滂沱。"按此杨五川仪从徐庆书院僧本清疏簿中得[21]，所记黄黄门事实[22]，又得殷学究书卷面二半幅所载遗迹，合而诠次如右。（黄公著作，泯灭无传矣。得其赠杨君福诗并引，附录于此云："钺自成童时，与我贻穀杨兄同事笔砚[23]，探讨古今，风晨雨夕，靡不相俱，盖同寝处者将十载。兄清才厚德，十倍于钺。特以尊翁芦历老先生年周甲子，不乐仕进，故前后与钺联名而辟于县者三，举于郡者再，皆以痼疾辞免。钺不才，叨拜官谏垣[24]，兹以使事过吴，诏特许归省。雨中过寻旧游，因共榻累夕，追谈往事，百感俱作。嗟嗟，杨兄今之大贤人也，向以亲老而不仕，今亲则终矣，向以世乱而道屈，今时则泰矣，尚恋恋湖山，将遂老焉。而钺忝司献纳[25]，又不敢故违高志，以荐扬于上，论其极致，吾二人皆不能无罪焉。濒别，聊赋此以赠。出处殊途，隐显异致，又不知兄之所以教我者何如也。'爱子茅堂静不尘，扁舟莫厌往来频。如兰自觉心情古，似梦还惊岁月新。架上经书千轴富，窗前花木一林春。严陵自是轻台鼎[26]，相对惭为献纳臣。'"）（卷三）

【注释】

① 黄钺:字叔扬,常熟(今属江苏苏州市)人。少好学,家有田,父令督耕其中,从友人家借书窃读不废。县举贤良,授宜章典史。建文元年(1399)举湖广乡试。明年赐进士,授刑科给事中。三年,丁父忧归。燕王起兵靖难,方孝孺尝问其计谋,后皆言中。成祖即位,钺杜门不出,明年以户科左给事中召,半途自投于水。以溺死闻,故其家得不坐。清乾隆四十一年(1776),追谥节愍。此则记黄钺投水事,与《明史》本传略异。

② 陂(bēi):湖泽岸边。

③ 托市盐酪:假托或借口购买食盐和乳酪。

④ 数数(shuò—):屡次;常常。

⑤ 贤良:明选举法之一。由地方荐举,朝廷征聘,授予官职,为非常设之制科。明初较为盛行。据《明史·选举志一》:"选举之法,大略有四:曰学校,曰科目,曰荐举,曰铨选。学校以教育之,科目以登进之,荐举以旁招之,铨选以布列之,天下人才尽于是矣。明制,科目为盛,卿相皆由此出,学校则储才以应科目者也。其径由学校通籍者,亦科目之亚也,外此则杂流矣。然进士、举贡、杂流三途并用,虽有畸重,无偏废也。荐举盛于国初,后因专用科目而罢。铨选则入官之始,舍此蔑由焉。"

⑥ 结束:装束;打扮。

⑦ 生员:明儒生经过县试、府试、院试后,升入县、州、府学的学生。亦称秀才。参见第131页第5则注释①。　宜章典史:宜章县(今属湖南郴州市)低级属官,未入流。

⑧ 户科左:即户科左给事中。明六科官。参见第129页第2则注释④。

⑨ 方孝孺:字希直,一字希古,人称正学先生,宁海(今属浙江宁波市)人。幼警敏,长从宋濂学。洪武二十五年(1392),以荐除汉中教授。惠帝即位,召为翰林侍讲。明年,迁侍讲学士。时修《太祖实录》《类要》诸书,孝孺皆为总裁。建文四年(1402)六月,燕兵入京师,被执下狱,以拒草成祖登基诏书,慷慨就死,年四十六。宗亲九族及门下弟子八百七十馀人皆坐诛。著有《逊志斋集》二十四卷。

⑩ 童俊:生平事迹未详。时为镇江守将。据《明史纪事本末》卷十六:"诸将请径薄京城,燕王曰:'镇江咽喉之地,若城守不下,往来非便。先下镇江,则彼势益危矣。'乃令来降海舟悬黄帜往来江中,镇江城中望见,惊曰:'海舟皆已降,吾将何为?'其守将童俊率众降。"

⑪ 姚善:字克一。参见第193页第22则注释②。

⑫ 移日:移动日影。指不短的一段时间。

⑬ 壬午:指建文四年(1402)。

⑭ 靖难师:指燕王兵。建文元年(1399),燕王朱棣以"奉天靖难"名义起兵,争夺帝位。

⑮ 文皇帝:指朱棣。谥号文皇帝,庙号成祖。参见第163页第1则注释⑧。

⑯ 款服:又作"款伏"。诚心归附;服罪。

⑰ 薜萝:薜荔与女萝。两者皆野生植物,常攀缘于山野林木或屋壁之上。《楚辞·九歌·山鬼》:"若有人兮山之阿,被薜荔兮带女萝。"后借以指隐者或高士的衣服,亦借指其住所。

⑱ 哀郢:《楚辞·九章》中篇名。屈原作于被逐江南时,写郢都之日远的哀思。

⑲ 采薇:《诗经·小雅》中篇名。写戍卒归途中回忆戍边时的艰辛。

⑳ 宿草:隔年的草。《礼记·檀弓上》:"朋友之墓,有宿草而不哭焉。"后多用为悼念之词。

㉑ 杨仪:字梦羽,号五川,常熟(今属江苏苏州市)人。嘉靖五年(1526)进士。授工部主事,转礼部、兵部郎中。后以疾辞归,日以读书著述为事。喜收藏典籍,多聚宋元旧本及法书名画、鼎彝古器,建"万卷楼"藏之。 馀庆书院:在常州。

㉒ 黄门:秦汉官名。因给事黄门,故称。隋唐称给事黄门侍郎,为门下省次官,掌纠弹得失、传达机要。此处借以称给事中。

㉓ 贻穀:指父祖的遗荫。《诗经·小雅·天保》:"天保定尔,俾尔戬穀。"郑玄笺:"天使女所福禄之人,谓群臣也。其举事尽得其宜,受天之多禄。"

㉔ 谏垣:指谏官官署。明六科给事中掌侍从规谏、补阙拾遗、稽察六部百官之事,台谏合一。

㉕ 献纳:献忠言以供采纳。此指六科官建言献策之职。

㉖ 台鼎:指朝廷官署。此句谓东汉严陵隐而不仕。

9. 任兵宪家书

三十三年甲寅岁春倭乱①,兵宪任公督兵江阴②,其子遣人候问,作书以遗之:"我儿絮絮叨叨,千言万语,只是要我回衙,何风云气少,儿女情多耶!倭贼流毒,多少百姓不得安宁?尔老子领兵,不能除讨,嚼毡裹革,此其时也。岂学楚囚对儿辈相泣帏榻耶③!后来事未知若何,幸而承平,则父子享太平之福;不幸而有意外之变,但臣死忠,妻死节,子死孝,咬定牙关,大家成就一个是而已。汝母前只可以此言告之,不必多语。儿辈莫晓,人生自有定数,恶滋味也,常有受用处,苦海中未必不是极乐国也。读书孝亲,毋贻父母之忧,便是长聚首,亦奚必一堂哉!"又诗三首:"草草功名六六年④,正当烽火动江天。除残愧乏长驱略,策马空操短节鞭。""昔年走马阴山道,今日驱兵沧海涯。三尺龙泉书万卷⑤,丈夫何处不为家。""放船中道转狂风,雪浪排山一点篷。宴寝先生平旦死⑥,安危不在海涛中。"公讳环,字应乾,山西长治县人,嘉靖甲辰科进士。(卷四)

【注释】

① 三十三年甲寅:指嘉靖三十三年(1554)。 倭乱:指明沿海地区所受日本海商与海盗的

劫掠骚扰，始于洪武二年(1369)。永乐十七年(1419)六月，总兵刘江在望海埚(今辽宁大连市东北)大破之，倭寇之势渐衰。至嘉靖初(1522)，倭患复起。明廷严禁海外贸易，倭寇勾结东南沿海豪强、奸商、流氓、海盗，肆意走私劫掠，江、浙、闽受害尤烈，山东、广东亦有波及。后经名将谭纶、戚继光、俞大猷等征战多年，逐渐平息。

② 兵宪：地方统兵官。 任公：任环，字应乾，长治(今属山西)人。嘉靖二十三年(1544)进士。历知州县，有能名，迁苏州同知。三十一年，倭患起，长吏不娴兵革，环独以身任之，转战苏州、松江二府各地。身先士卒，被创奋战，以功进右参政。逾二年卒，年四十。赠光禄卿。

③ 楚囚：本指被俘楚国人。《左传·成公九年》："晋侯观于军府，见锺仪。问之曰：'南冠而系者谁也？'有司对曰：'郑人所献楚囚也。'"后借指处境窘迫无计可施者。《世说新语·言语》："过江诸人，每至美日，辄相邀新亭，藉卉饮宴。周侯中坐而叹曰：'风景不殊，正自有山河之异！'皆相视流泪。唯王丞相愀然变色曰：'当共勠力王室，克复神州，何至作楚囚相对！'"今有成语"楚囚相对""新亭对泣"。

④ 草草：仓促匆忙貌。 六六：谓六的六倍，三十六。此处指自己年龄。

⑤ 三尺龙泉：泛指宝剑。

⑥ 宴寝：又作"燕寝"。公馀休息；睡眠。

10. 海山覆败

余老朽无识，然史编所记，父老所传，古今兴废，略窥大都[①]。近见钱侍御海山籍之倾荡[②]，殊可骇愕。其甲第庄所，大小四十馀处，课租田亩，三万有馀，财货山积，家口千计。以至园林亭榭之美，歌童舞女之妖，画船厩马之盛，莫可殚述。数日间，悉为乡里豪强辈群起而分拉之，若许庄，若马路庄，约其屋之数，俱四五百间，高墙深池，规模伟丽，仅两日，抢拆一空，即成白地。其他有原主争执者，或稍留十之二三，亦遂归原主，竟非钱氏有也。其李庄者，乃余家故物，余目睹地方效尤，屋材树竹，米谷椅卓，哄然瓜分而去。余仲弟稍稍护持，终又归诸豪强矣。揆厥所由[③]，海山原无贯盈大罪，祗其世居傍江，盐盗出没，逮健仆壮子，恃势放恣。一等游惰顽民，或赁屋佣保，或佃种栖息，私相依藉。而海山漫不检察，此辈一有败露，人皆指称窟穴，腾播人耳[④]，疑信无凭，遽为士流所唾骂。怨家又起而装诬之[⑤]，以致上官亦骇于耳目，三人市虎，不能免也。枝缠蔓结，仆辈悉名大盗，日夜狂奔，远离为幸。于是屋居不守，人人得以攘夺之而不问也。海山兀处邑旅[⑥]，攻击殆无虚日，两子诸仆相继瘐死狱中，尸棺暴露，行道酸辛。视诸田宅，特身外长物耳[⑦]，奚暇争执耶!非不欲也,势不可也,一旦有此大变。或曰足以惩官豪,然实有以煽刁恶,钞没之权,细人得擅以肥家[8],恐非清明世界所宜见也。时在嘉靖丙寅之春仲三月[9]。又见有刊成一册云《稔恶略》者,中载海山题拂水岩亭春联云:“无边风月供嘲弄,有主江山孰剪裁。”欲坐以谋为不轨,其他虚实,姑不暇论,不轨之谋,何容易以陷人耶?海山《上耿兵宪诗》有“官如曾母虽投杼[10],家诵参乎岂杀人”之句,亦可怜矣。(卷四)

【注释】

① 大都:大概。指事物大致内容或情况。

② 钱籍:号海山,常熟(今属江苏苏州市)人。嘉靖十一年(1532)进士。官至南台御史。

③ 揆厥所由:揣度其事情缘由。

④ 腾播:传扬;传播。

⑤ 装诬:捏造诬陷。

⑥ 兀处邑旅:独处京邑之地。

⑦ 长(zhàng)物:多馀的东西。

⑧ 细人:小人;见识短浅之人。

⑨ 嘉靖丙寅:指嘉靖四十五年(1566)。

⑩ 曾母:曾参之母。此用“曾参杀人”典。《战国策·秦策二》:“昔者曾子处费,费人有与曾子同名族者而杀人。人告曾子母曰:‘曾参杀人。’曾子之母曰:‘吾子不杀人。’织自若。有顷焉,人又曰:‘曾参杀人。’其母尚织自若也。顷之,一人又告之曰:‘曾参杀人。’其母惧,投杼逾墙而走。夫以曾参之贤与母之信也,而三人疑之,则慈母不能信也。”后以“曾参杀人”比喻流言可畏或诬枉之祸。

11. 真 率 铭

余家一小圃中,创窝名曰真率[1],将欲书数语揭于屏,未就也,适得赵松雪所著《真率斋铭》[2],殆先得我心者,喜而笔之吾斋之中。“弗尚虚礼,不迎客来,不送客去。宾主无间,坐列无序,真率为约,简素为具。有酒且酌,无酒且止,清茶一啜,好香一炷,闲谈古今,静玩山水。不言是非,不论官府,行立坐卧,忘形适趣,冷淡家风[3],林泉清致。道义之交,如斯而已。罗列腥膻,周旋置备,俯仰奔趋,揖让拜跪,内非真诚,外徒矫伪,一关利害,反目相视。此世俗交,吾斯屏弃。”(卷五)

【注释】

① 窝名：犹“地名”。此指苑圃之名。

② 赵松雪：元书画家赵孟頫，字子昂，号松雪道人。参见第72页第9则注释㊵。

③ 冷淡：素净淡雅。此处指不奢华。

12. 放翁记郑谢事

陆放翁游《渭南集》书二公事云[①]：“郑介夫名侠[②]，以刚直名天下，晚居福清，自号一拂居士。布衣粝食，而杂植华木于舍旁，觞咏自适。客至，必与饮，多不过五爵，蔬果之外，一肉而已。遇贫士过者，亦薄贶之，止于千钱。饮具皆白镴[③]，或遗以银杯，辞不取。好强客弈棋，有辞不能者，则留使旁观，而自以左右手对局，左白右黑，精思如真敌，白胜则左手斟酒，右手引满，黑胜反是，如是者几二十年如一日。谢昌国名谔[④]，尝闻道于颐正郭先生[⑤]。居临江，名其庐曰艮斋。晨兴，烹豆腐菜羹一釜，偶有肉，则缕切投其中。客至，亦不问何人，辄共食。有贫士及医卜之类，饭已辄语之曰：‘吾无钱与君，岂欲诗乎？’取幅纸作绝句赠之，以为常。二公皆予所向慕也。予贫甚，欲学介夫，办五杯千钱，亦复未易，又不解弈棋，或可力贫学昌国耳。书之座右，当徐图之。绍熙之元十二月八日九曲老樵书[⑥]。”（昌国与放翁同朝，所著有《兼山家学》一书。）（卷五）

【注释】

① 书二公事：文章篇名。见陆游《渭南文集》卷二十五。

② 郑侠：字介夫，北宋福州福清（今属福建福州市）人。治平四年（1067）进士。历光州司法参军。秩满入都，监安上门，尝奏疏论王安石新法过失。熙宁八年（1075）正月，安石首次罢相后，侠即上书论吕惠卿“朋党奸邪”，得罪编管汀州，复定罪编管英州。此为当时大狱，牵连颇众。元祐元年（1086）始得归，苏轼、孙觉荐为泉州教授。元符年间再窜英州。徽宗即位赦之，复故官。未久，又为蔡京所夺，自此家居终老。宣和元年（1119）卒，年七十九。绍熙初（1190）诏赠朝奉郎。有《西塘集》十卷存世。

③ 白镴（là）：锡。

④ 谢谔：字昌国，南宋临江军新喻（今江西新余市）人。绍兴二十七年（1157）进士。历乐安尉、吉州录事参军、知分宜县，皆有惠政。丁忧，服阕除干办行在诸司粮料院，迁国子监簿，擢监察御史，迁侍御史，再迁右谏议大夫兼侍讲。官至御史中丞权工部尚书，以提举太平兴国宫而归。

绍熙五年(1194)卒,年七十四。赠通议大夫。

⑤ 颐正郭先生:郭雍,南宋学者。字子和,其先洛阳(今属河南)人。父忠孝,师事程颐,著《易说》。雍传其父学,隐居峡州(治今湖北宜昌市)。谢谔尝师事之。据《宋史·谢谔传》:"上(孝宗)尝问曰:'闻卿与郭雍游,雍学问甚好,岂曾见程颐乎?'谔奏:'雍父忠孝尝事颐,雍盖得其传于父。'上遂封雍为颐正先生。"

⑥ 九曲老樵:陆游别号。仅见于《书二公事》中。

13. 二张遗迹

钱塘张天锡中天顺壬午科乡荐[①],授教谕,以诗文雄吴越间。纵情不羁,常留于余乡顾山周氏[②],走笔为其家作《不识堂论》,顷刻席上成万言,然未尽豪人之致。惟《听月记》一篇足录也。其文曰:

"月无声也,曷为而听之?对曰,听以心,不以耳。听之以耳,则明皇听其《霓裳》[③],适足以诲淫,知微听其药杵[④],适足以诬妄,不知听月之真趣者也。善听月者何如?三日出庚[⑤],若闻其有自新之声,十三几望[⑥],若闻其有自谦之声,十六既亏[⑦],若闻其有戒盈之声,二十七而载营魄[⑧],若闻其有葆光之声[⑨],合壁而晦[⑩],若闻其有用晦之声[⑪]。置心月于天上,移天月于心中,是之谓善听月。不然,则听玉兔之杵东东乎[⑫]?听吴刚之斧丁丁乎[⑬]?劳乎耳,无益乎心,反为耳聪之病矣。江阴顾山周君羽卿,超然有志,厌听世俗之声,可谓众星中孤月也,为之作《听月记》。天府谪仙张锡。"

听月之孙,为余姊夫,见余爱其字画遒逸,可助临池,遂以见饷云。张公有诗文稿本一册,周之裔人尚有藏者,其所居毁于火。有四六短疏,以干知识,人多传诵,今载《西湖游览志》中[⑭]。

同时有吴人张豫源淮[⑮],亦留周氏,竟卒于顾山旅馆。周惟召备殓具。余从祖雪窗先生有诗挽之[⑯],一云:"香山对酒思同社,紫陌看花忆驻骖[⑰]。"又云:"珠沉暨水千年恨[⑱],玉瘗吴山万古苍[⑲]。"盖纪实也。无子,其弟扶榇归。(卷五)

【注释】

① 张天锡:名锡,号海观,杭州(今属浙江)人。天顺六年(1462)中乡试,授山西山阴县教谕。后解官南还。才华洒落,跌宕不羁,纵情诗酒,流连山水间。

② 顾山:地名。明常州府江阴县东南(今江苏无锡市江阴市顾山镇)。

③ 明皇:唐玄宗李隆基。其谥曰至道大圣大明孝皇帝,后世多称为明皇。　霓裳:即《霓裳羽衣曲》或《霓裳羽衣舞》。唐宫廷乐舞,著名法曲。传为开元中西凉节度使杨敬述所献,初名《婆罗门曲》,后经玄宗润色并制歌词,改此名。一说玄宗登三乡泽,望女儿山,作此曲前半,后吸收杨所献《婆罗门曲》续成全曲。其乐、舞、服饰皆着力描绘虚无缥缈仙境及仙女形象。《绀珠集》卷十三《游月宫》:"明皇中秋夜,罗公远掷杖化为银桥,请游月宫。见广寒庭女群仙舞,问是何曲,曰《霓裳羽衣》。帝记其声回,遂制其曲舞。"

④ 知微:或指唐末九华山道士赵知微。咸通年间(860—874),一说乾宁年间(894—898),知微在九华山凤凰岭创建延华观,开坛传道,并炼丹于沙弥峰。　药杵:捣药棒。此处指月中玉兔捣药声。借以喻赵知微率众赏月之事。据《太平广记》卷八十五引皇甫枚《三水小牍》:"九华山道士赵知微,乃皇甫玄真之师。少有凌云之志,入兹山,结庐于凤皇岭前,讽诵道书,炼志幽寂,蕙兰以为服,松柏以为粮。赵数十年遂臻玄牝,由是好奇之士多从之。玄真即申弟子礼,殷勤执敬亦十五年。至咸通辛卯岁,知微以山中炼丹须西土药者,乃使玄真来京师,寓于玉芝观之上清院。皇甫枚时居兰陵里第,日与相从,因询赵君事业。玄真曰:'自吾师得道,人不见其惰容。常云:"分杯结雾之术,化竹钓鲻之方,吾久得之,固耻为耳。"去岁中秋,自朔霖霪,至于望夕。玄真谓同门生曰:"堪惜良宵而值苦雨。"语顷,赵君忽命侍童曰:"可备酒果。"遂遍召诸生谓曰:"能升天柱峰玩月否?"诸生虽唯应,而窃议以为浓阴駃雨如斯,若果行,将有垫巾角折屐齿之事。少顷,赵君曳杖而出,诸生景从。既辟荆扉,而长天廓清,皓月如昼,扪萝援筱,及峰之巅。赵君处玄豹之茵,诸生藉芳草列侍。俄举卮酒,咏郭景纯《游仙诗》数篇。诸生有清啸者、步虚者、鼓琴者,以至寒蟾隐于远岑,方归山舍。既各就榻,而凄风飞雨宛然,众方服其奇致。'玄真棋格无敌,黄白术复得其要妙,壬辰岁春三月归九华,后亦不更至京洛。"所记颇"诬妄"。又,南宋陈岩《九华诗集》中有《大还岭》诗曰:"龟肠刳尽不缘饥,鹤骨生来岂解肥。炼得丹成生羽翼,山中无复赵知微。"诗题原注:"中峰下,知微炼丹所,俗呼太湾。"

⑤ 三日出庚:谓农历初三日,月出西方,月相称娥眉月。庚,古代谓五方中属西。

⑥ 十三几望:谓农历十三日,月近望,月相称盈凸月。几,近。望,农历十五日,满月。

⑦ 十六既亏:农历十六日后,月已亏损。

⑧ 二十七而载营魄:农历二十七日左右,月弓朝日,月相称残月。载营魄,抱持魂魄。

⑨ 葆光:隐蔽其光辉。比喻才智不外露。

⑩ 合璧而晦:谓日月同升,月隐而不现。合璧,应作"合璧",日月同升。晦,农历月末一天。

⑪ 用晦:谓隐藏才能,不使外露。

⑫ 玉兔之杵东东:神话中月宫有白兔,持杵捣药。东东,犹"冬冬",象声词。

⑬ 吴刚之斧丁丁(zhēng—):传说月中有桂,高五百丈,西河人吴刚学仙有过,谪令伐树,树创随合。丁丁,象声词。

⑭ 西湖游览志：明田汝成撰《西湖游览志》二十四卷、《西湖游览志馀》二十六卷。是书虽以游览为名，记湖山之胜，实则关于南宋史事者为多。张天锡之作，见《西湖游览志馀》卷十三。

⑮ 张淮：字豫源，吴县（今江苏苏州市）人。少业举子，一试不利，辄弃去学。工诗，援笔立就。又嗜酒落魄，一日醉死。

⑯ 雪窗先生：李宗，字德绍，号雪窗，江阴（今属江苏无锡市）人。以诗、书、棋闻名乡里。本书作者李诩从祖。

⑰ 驻骖：犹"驻马"。使马停下不走。

⑱ 暨水：水名。在江阴县境。

⑲ 瘗（yì）：埋葬。

14. 马 孝 廉 志

炎凉变态倏忽，莫甚于今时。常熟百川孙公楼所撰《马凤志铭》可按也①。余特录之，其志曰：

"万历己卯②，南畿大比士③，吾邑入彀者五人④，而马君与焉。此五人者，并以文艺称雄，一时号赫奕矣⑤。乃人之评马君者，又不独其文，盖亹亹谭其行云⑥。马君之行曷征乎？马君贫次骨矣⑦，世诎于赀⑧，君复不问生产，居可三四徙，愈徙愈陋，卒不克具一椽，而僦屋以栖⑨。瓶恒无储，衿不蔽肘，谇语交谪⑩，若弗闻也者。枵腹而出⑪，陟山巅而独吟，意轩如也⑫。视金若腻⑬，姻友问遗，即一介亦辨诸义，谒客必度饭后，或值方饭时，急缩足避去，主人疾招之，弗反也。遇贵人，一长揖外，不作嫜阿态⑭。对客纵论侃侃，无所避。力不能鬻一书，而假读于友，已又辄返之，默诵甚捷习。其所著时义，俊逸清婉，以贫益工。见谓可屈其群⑮，而试辄殿⑯，贵耳者遂下其品目⑰，无有延诸塾者。君亦耻于干人，岁恒家食，即或延之，其金不登人之什二。尝为子聘妇，有成议矣，未几而子痿，妇家有怼言，君曰：'吾岂忍以病子误若息耶⑱！'亟持庚帖反之⑲，不索所聘，既绝婚，而痿者复起。内戚有系狱而告饥者，君脱絮袍易米与之，无难色。噫嘻，贫丽六极⑳，扬韩二儒所欲逐而送之者也㉑，而士人缘此折气卑卑不自好者不少㉒，君不幸生即罹之，厥志弥厉，厥守弥坚，竟其生无一鄙琐行。宣圣以无怨为难㉓，无谄为可，若君者讵徒无谄，且不屑，以彼易此，几于乐矣，无怨云乎哉？方诸古之狷士，君何让焉！君父名芹，里中谨厚人也，布衣而有士行，有司廉其人，列名旌善㉔，一旦横罹，瘐死于狱。君既长而审其冤，自号惊乌子以志恨，不知者误呼为荆吴，君亦遂应，以荆吴失其意矣。第之岁，君歌《鹿鸣》而归[25]，苍头而鲜衣者数人罗侍之，君曰：'若等者何群？'曰：'愿事主耳。'君曰：'吾故吾耳。应门一五尺，犹惧食指烦也[26]。'悉谢却之。鲜衣者故在，君时已疲于驰逐，倦于酬酢，遂病喑[27]，五日卒。鲜衣者始大悔，踉跄窜去。报捷之旦，君入市携米二升以归，将作糜，而急脚至矣[28]，东西行负担者亦息肩仰天欢曰：'彼苍其有知耶！'于是多金而借势者乘其匮且费持金献之，比闻讣，不旋踵大索而噪[29]。噫！可以观世情矣。君低徊乡校者馀二十年，仅一战而捷，捷未再月而殒，庆者在门，吊者在闾矣。夫既厄之，又胡畀之才耶？既成之晚，又胡夺之速也？客不问天而问余，余应之曰：'《列子》有言[30]，厚于德薄于命则奇矣。第亦死，不第亦死，第死耳。不第而死，孰知有马生者？天能以一第报其德，而亦不能自违其定也，君可悲矣，亦可瞑矣。君讳凤字瑞夫，世为支塘人[31]，后徙邑之南，为邑人。生于嘉靖辛卯[32]，卒以第之年十月二十九日，年四十有九。铭曰：其生不辰[33]，其行则纯，厚积而发，一蹶而湮。疾于电光，荣若朝菌。呜呼马君，古之独行，今之畸人。"（卷六）

【注释】

① 孙楼：字子虚，别号百川，南直隶常熟（今属江苏苏州市）人。嘉靖二十五年（1546）举人。后屡试不第，选湖州推官，就吴兴司理。乞归，杜门校订藏书万卷。工古文词，乞文者满户。

② 万历己卯：指万历七年（1579）。

③ 南畿大比：指在南京举行的乡试。明乡试每三年（逢子、卯、午、酉）考一次，在南京、北京和各省省城举行。乡试录取者称"举人"，第一名称"解元"，第二名称"亚元"，第三、四、五名称"经魁"，第六名称"亚魁"，其馀称"文魁"。考中举人，可以参加会试，考取进士；考不中进士，亦具备授官资格。

④ 入彀：本指弓箭射程之内。《庄子·德充符》："游于羿之彀中。"成玄英疏："其矢所及，谓之彀中。"后因以喻人才入其掌握，被笼络网罗。亦指应科举考试。王定保《唐摭言》卷一《述进士上篇》："盖文皇帝（唐太宗）修文偃武，天赞神授，尝私幸端门，见新进士缀行而出，喜曰：'天下英雄入吾彀中矣！'"

⑤ 赫奕：显赫貌。

⑥ 亹亹（wěi—）谭其行：意谓不知疲倦地谈论他的品行。亹亹，形容勤勉不倦。谭，同"谈"。

⑦ 次骨：犹"入骨"。形容程度极深。

⑧ 世诎（qū）于赀：谓世代缺乏资财。

⑨ 僦（jiù）屋：租赁房屋。

⑩ 谇(suì)语交谪:谓竞相责骂。谇语,斥责。

⑪ 枵(xiāo)腹:空腹。指饿着肚子。

⑫ 意轩如:意气飞扬貌。如,犹“然”。形容词后缀。

⑬ 腻:污垢。

⑭ 媕阿(ān' ē):亦作“媕娿”。依违阿曲,无主见。

⑮ 见谓可屈其群:意谓他被称作可使众人受压抑的人。见谓,被称为。

⑯ 殿:居后。科举考试中置于后等。

⑰ 贵耳:谓轻信传闻。

⑱ 息:亲生儿子。此指所生女儿。

⑲ 庚帖:旧俗订婚时男女双方交换写有姓名、生辰八字、籍贯、祖宗三代等帖子。以其载有年庚,故名。

⑳ 贫丽六极:谓贫困所系六种极恶之事。丽,系,缠缚。六极,一曰凶短折,二曰疾,三曰忧,四曰贫,五曰恶,六曰弱。

㉑ 扬韩二儒:指西汉扬雄和唐韩愈。扬雄尝作《逐贫赋》,然《汉书》《文选》不载,见录于《艺文类聚》卷三十五。韩愈亦作有《送穷文》,见录于《五百家注昌黎文集》卷三十六。送穷,唐时习俗,唐人无论贵贱,皆以正月晦日送穷。

㉒ 缘此折气:因为贫困而屈服。　卑卑:平庸貌。

㉓ 宣圣:指孔子。汉平帝元始元年(1),谥孔子为褒成宣公。此后历代王朝皆尊孔子为圣人,诗文中多称为“宣圣”。下文“无怨为难”“无谄为可”,见《论语·宪问》:“子曰:‘贫而无怨难,富而无骄易。’”《学而》:“子贡曰:‘贫而无谄,富而无骄,何如?’子曰:‘可也。未若贫而乐,富而好礼者也。’”

㉔ 旌善:表彰美善。

㉕ 鹿鸣:《诗经·小雅》篇名,为《小雅》第一篇。言宴会嘉宾之乐。此处指“鹿鸣宴”。科举乡试后,州县长官宴请得中举子,或放榜次日宴主考、执事及新举人,歌《鹿鸣》,作魁星舞,故名。

㉖ 食指:此谓家中人口。

㉗ 病喑:喑哑失音。

㉘ 急脚:急行传送书信或探送情报者。此指科举考试报捷者。

㉙ 不旋踵:谓来不及转身。形容时间极短。

㉚ 列子:书名。相传战国列御寇著。原书早佚,今本《列子》八篇,疑为晋人所作。内容多为民间故事、寓言和神话传说。其旨大致归于老庄,又与佛经相参合。其第六篇《力命》有云:“夫北宫子厚于德,薄于命;汝(西门子)厚于命,薄于德。汝之达,非智得也;北宫子之穷,非愚失也。皆天也,非人也。”

㉛ 支塘:地名。在常熟城东。

㉜ 嘉靖辛卯:指嘉靖十年(1531)。

㉝ 不辰:谓不得其时。

15. 农无逸时

昔人谓农人三时之劳[①],一时之逸,余窃谓农人未尝有一日逸也。特治农务必三时而后收敛始毕[②],故可云然耳。不知收敛既毕,官逋私负[③],纷纷集扰,仰事俯育[④],恻恻关心[⑤]。当斯时而不遑暇食[⑥],犹可左支右吾,稍或懈焉,啼饥号寒立至矣。聂夷中"二月卖新丝,五月粜新谷"之句[⑦],先儒称为曲尽田家情状[⑧],今殆有甚焉。盖蚕丝五月,谷粟九月,此常候耳,预取给于二三月前,犹是稍能过活之家也。其为百孔千疮者,皆递年隔岁,咄咄藉是[⑨],二月之卖五月之粜,岂足以形容之哉!欲求顷刻之逸,不可得矣。噫!(卷七)

【注释】

① 三时:指春、夏、秋三季农作之时。东汉荀悦《汉纪·孝文一》:"春耕夏种,秋收冬藏,四时之间,无日休息。"

② 收敛:收获农作物。《庄子·让王》:"春耕种,形足以劳动;秋收敛,身足以休食。"

③ 官逋私负:指拖欠的官府租税和私人债务。

④ 仰事俯育:又作"仰事俯畜"。谓对上事奉父母,对下养育妻儿。亦泛指维持全家生活。《孟子·梁惠王上》:"是故明君制民之产,必使仰足以事父母,俯足以畜妻子,乐岁终身饱,凶年免于死亡。"

⑤ 恻恻关心:意谓事事牵挂于心。恻恻,恳切貌。

⑥ 不遑暇食:谓没有空闲悠然而食。

⑦ 聂夷中:字坦之,唐河南(今河南洛阳市东)人,一作河东(今山西运城市永济市西南)人。家境贫寒。咸通十二年(871)进士,授华阴县尉。仕途不得意。其诗多五言古体,朴质无华。《咏田家》一诗,尤为后世所赏。诗曰:"二月卖新丝,五月粜新谷。医得眼前疮,剜却心头肉。我愿君王心,化作光明烛。不照绮罗筵,只照逃亡屋。"

⑧ 先儒:此指五代冯道。字可道,瀛州景城(今河北沧州市河间市东)人。历仕后唐、后晋、契丹、后汉、后周四朝十一君。后唐天成四年(929)九月,道时为相,尝与明宗语及年谷丰凶事,引述聂夷中《咏田家》诗。据《资治通鉴》卷二百七十六:"上又问道:'今岁虽丰,百姓赡足否?'道曰:'农家岁凶则死于流殍,岁丰则伤于谷贱,丰凶皆病者,惟农家为然。臣记进士聂夷中诗云:

“二月卖新丝，五月粜新谷。医得眼下疮，剜却心头肉。”语虽鄙俚，曲尽田家之情状。农于四人之中最为勤苦，人主不可不知也。’上悦，命左右录其诗，常讽诵之。”“四人”，即士、农、工、商四民，避唐太宗讳改。

⑨ 咄咄藉是：形容凭借丝粟活命的窘迫之态。咄咄，连声感叹。

16. 游月岩记

无锡顾泾阳宪成①，其制科文②，人人称之。有携其《游月岩记》示余者。余细阅之，即古文辞，亦吾郡荆川子后一人也③。录之。

记曰：“予以岁之九月六日至桂阳④，越五日有永州之行⑤，行三日经道州⑥。州大夫张四可氏出谒，予为问讯濂溪周先生故事⑦，大夫曰：‘去州可四十里有月岩⑧，相传以为先生悟道处，此一奇观也。’余曰：‘何如？’大夫曰：‘《志》言岩形如圆廪⑨，中可容数万斛，东西两门通道当洞之中而虚其顶，自东望之，如月上弦，自西望之，如月下弦，自其中望之，如月之望。先生则之⑩，以画《太极图》云。’已，晤彭将军哲庵氏⑪，语及之，亦曰信。予曰：‘有是哉！’明日遂偕往。既至，历崖而登，下而就几，少息焉。徙倚四顾，奇石森列，满壁而是，眉睫之间，变幻纷沓，应接不暇。即王子猷山阴道中不知有此否⑫。哲庵曰：‘吾闻诸《志》矣，如走猊⑬，如伏犀，如龟蹒跚，如凤翱翔，如龙蛇蜿蜒，可谓笔端有画。’予曰：‘未尽也。’拟为之名，卒不得其似而止。遂与二君徐步而前，就其中望之，既圆且朗，果如所言不谬。予因笑谓曰：‘今日望日也，故应有此。’已，转而西，寻却而东，所至辄伫立凝视，递相嗟赏。已，复登其巅，忽见白云数点，冉冉从东而来，望之可数里内外。张君异之，指其处呼余而谓曰：‘是濂溪先生故里也。’余闻之，翩翩神王⑭。尔时觉得两腋风生，便欲乘云而往，揽濯缨之亭⑮，饮其泉一斛，洗涤尘氛，徐而从先生乞《太极图》也，为之徘徊者久之。既而还坐其下，左右荐觞，觞到辄尽，主亦不劝，客亦不辞。清言亹亹⑯，尔我俱失。薄雨既收，斜阳欲下，陶然相对，氤氲满怀⑰。舆人窃窃从傍言暮矣⑱，弗问也，从容谓二君：‘乐乎？’张君曰：‘当此之际，不知胸中有何物，亦不知天地间更有何事。’彭君首肯曰：‘如是，如是。’二君还问予，予曰：‘亦复如是。’起而叹曰：‘美哉兹游也，无物内碍，忘矣，无事外碍，忘矣。内外两忘，濂溪先生之所谓静也，昭昭乎进于太极矣。吾侪偶尔寄适，俯仰之顷，意象豁如，辄自有会心处，何况先生乎？其所得于兹岩之助岂少哉！虽谓则之以画《太极图》，未为迂也。’昔朱子疏《大学》格物之义[19]，谓一草一木，亦不可不理会。姚江王伯安非之曰‘奈何舍内而徇外’[20]。由今观之，何者为内？何者为外？河之马可以画卦，洛之龟可以叙畴[21]，天高地下，万物散殊，新腐陈奇，总归神理，人自为间隔耳。伯安颖慧绝人，而所见若此，岂其偶未之思与？吾于兹岩乎有悟也，虽然悟之非难，实有之为难。今夫先生之称主静，何也？主者，譬如家之有长，国之有公侯，天下之有君王，不得一日而无，非若羁旅之暂来暂去也。吾侪幸徼须臾之暇[22]，探奇讨胜，回视胶胶扰扰之乡[23]，迥若仙凡，以故情畅神怡，洒然自适。退而与胶胶扰扰者交，卒亦归于胶胶扰扰而已，夫焉得而有之？不惟是也，吾与张君故生长吴越间，去此四千里而馀，彭君即楚产乎，家故赤壁之下，去此亦二千里而馀。生平倾慕先生，如饥如渴，一旦得游其处，以故目若为之加明，耳若为之加聪，心若为之加爽。假令朝于斯，夕于斯，取诸衣带之间而足，且将狎之以为故常，漫不加省，欲一几希于洒然[24]，弗可得也。虽日居其中，与在胶胶扰扰之乡何异？然则向之所云静者，夫亦羁旅之倏来倏去，而以言乎主静，恐不得如吾三人之居之去兹岩仅仅二千里或四千里而已也，何谓悟哉！二君称善，就余索主静之诀，余面壁不答。有顷曰：‘其试问诸月岩。’遂各尽一觞别去。越七日，还自永州，爰籍其语而存之[25]，用自省焉，兼以贻二君。是岁万历十五年也。”(卷八)

【注释】

① 顾宪成：字叔时，无锡(今属江苏)人。万历八年(1580)进士，授户部主事。十五年，上疏语侵执政，被旨切责，谪桂阳州判官，稍迁处州推官。二十一年迁吏部文选司郎中，掌官吏班秩迁升改调之事。明年，以所推举率与执政抵牾，又忤帝意，被革职还乡，与弟允成和高攀龙等讲学于东林书院，世称泾阳先生。讲习之馀，往往讽议朝政。尝上书论救淮抚李三才，与赵南星、邹元标并称“三君”。三十六年，起为南京光禄寺少卿，力辞不就。四十年卒于家，年六十三。天启初(1621)，追赠太常卿。后东林党争起，魏忠贤乱政，指为东林党，遂遭削夺。崇祯初(1628)，赠吏部右侍郎，谥端文。著作有《小心斋札记》十八卷、《泾皋藏稿》二十二卷等，后汇刻于《顾端文公遗书》。

② 制科文：此指明科举考试的一种文体，亦称“制艺”“制义”“时文”等。俗称“八股文”。文章就四书取题。开始先揭示题旨，为“破题”；接着承上文而加以阐发，为“承题”；然后申发议论，称“起讲”；再后为“入题”，为起讲后的入手之处。以下再分“起股”“中股”“后股”和“束股”四段，每段皆有两股排比对偶文字，合共八股，故称八股文。

③ 荆川子：唐顺之，字应德，一字义修，学者称荆川先生，武进(今江苏常州市)人。嘉靖八年

(1529)进士。历兵部主事、翰林院编修，官至右佥都御史，巡抚淮扬，抗击倭寇有功。学问广博，著述颇多。为文初尚秦汉，后崇唐宋，与晋江王慎中为"唐宋派"之倡首，人称"王唐"。三十九年卒，年五十四。天启中追谥襄文。著作有《武编》十卷、《文编》六十卷、《稗编》一百二十卷、《荆川集》十二卷等。

④ 桂阳：明衡州府桂阳州（治今湖南郴州市桂阳县）。

⑤ 永州：明永州府（治今湖南永州市零陵区）。

⑥ 道州：明永州府道州（治今湖南永州市道县）。

⑦ 濂溪周先生：周敦颐，字茂叔，北宋道州营道（今湖南永州市道县）人。原名敦实，避英宗旧讳（宗实）改。历知州县、大理寺丞、国子博士。熙宁初(1068)，知郴州，由赵抃、吕公著荐为广东转运判官、提点刑狱。后以疾求知南康军。因家庐山莲花峰下前有溪，取营道故居濂溪以名之，世人遂称濂溪先生。博学而力行，继承《易传》《中庸》和道教思想，为理学创始人之一。著有《太极图说》《通书》等，后人编有《周子全书》十三卷。

⑧ 月岩：旧名穿岩。又名太极岩。据《大清一统志》卷二百八十二："在道州西营山西南二里，一名太极岩，东去濂溪十五里。"

⑨ 圆廪：圆形粮仓。

⑩ 则：权衡；度量。

⑪ 彭将军哲庵：彭哲庵，或为当时道州武职官员。将军，此处为尊称，泛指武官。

⑫ 王子猷：王徽之，字子猷，东晋琅邪临沂（今山东临沂市北）人，生于会稽山阴（今浙江绍兴市）。王羲之第五子。初为桓温参军，官至黄门侍郎。性卓荦不羁，不修边幅。幼从其父学书，在兄弟中惟"徽之得其势"。又酷爱竹，寄居空宅中，便令种竹，曰："何可一日无此君。" 按：此则谓"山阴道上，应接不暇"为子猷所言，非是，乃其弟献之所言也。据《世说新语·言语》："王子敬云：'从山阴道上行，山川自相映发，使人应接不暇。若秋冬之际，尤难为怀。'"献之，字子敬，王羲之第七子。尚简文帝女新安公主。孝武帝时，官至中书令。工书，尤以行草擅名。与其父并称"二王"。

⑬ 走猊(ní)：奔跑的猛兽。猊，狻(suān)猊，传说中的猛兽。《穆天子传》卷一："狻猊野马，走五百里。"郭璞注："狻猊，师子。"

⑭ 神王(wàng)：谓精神旺盛。王，通"旺"。《庄子·养生主》："泽雉十步一啄，百步一饮，不蕲畜乎樊中，神虽王不善也。"

⑮ 濯缨：洗濯冠缨。后用以喻超脱世俗，操守高洁。即"沧浪之水清兮，可以濯吾缨；沧浪之水浊兮，可以濯吾足"。见于《楚辞·渔父》与《孟子·离娄上》。

⑯ 亹亹：此处指言谈动听，有吸引力，使人不知疲倦。

⑰ 氤氲：指天地间阴阳二气交会和合之状。

⑱ 舆人：轿夫。

⑲ 朱子疏《大学》格物之义：指南宋理学家朱熹解释《大学》"致知在格物"。《四书集注》："致，推及也。知，犹识也。推极吾之知识，欲其所知无不尽也。格，至也。物，犹事也。穷至事物之理，欲其极处无不到也。"又曰："右传之五章，盖释格物、致知之义，而今亡矣。间尝窃取程子之意以补之，曰：所谓致知在格物者，言欲致吾之知，在即物而穷其理也。盖人心之灵莫不有知，而天下之物莫不有理，惟于理有未穷，故其知有不尽也。是以《大学》始教，必使学者即凡天下之物，莫不因其已知之理而益穷之，以求至乎其极。至于用力之久，而一旦豁然贯通焉，则众物之表里精粗无不到，而吾心之全体大用无不明矣。此谓物格，此谓知之至也。"

⑳ 王伯安：王守仁，字伯安。参见第 246 页第 8 则注释①。关于"格物致知"，《传习录中》曰："若鄙人所谓致知格物者，致吾心之良知于事事物物也。"《传习录下》又曰："乃知天下之物本无可格者，其格物之功，只在身心上做。"批评朱熹"即物穷理"是"务外遗内""玩物丧志"。

㉑ 河之马两句：指河图洛书。古代儒家关于《周易》卦形来源及《尚书·洪范》"九畴"创作过程的传说。《周易·系辞上》："河出图，洛出书，圣人则之。"河，黄河。洛，洛水。据汉儒孔安国、刘歆等解说：伏羲时有龙马出于黄河，马背有旋毛如星点，称作龙图，伏羲取法以画八卦生蓍法。夏禹治水时有神龟出于洛水，背上有裂纹，如文字，禹取法而作"九畴"（九种治理天下大法）。见《周易·顾命》《洪范》之孔传、《汉书·五行志上》。古代认为出现"河图洛书"，是帝王圣者受命之祥瑞。

㉒ 幸徼（jiǎo）：侥幸求得。

㉓ 胶胶（jiǎo—）扰扰：纷乱不宁。《庄子·天道》："尧曰：'胶胶扰扰乎！子，天之合也，我，人之合也。'"成玄英疏："胶胶扰扰，皆扰乱之貌也。"

㉔ 几希：相差甚微；极少。

㉕ 爰：于是。　籍：记录。

图书在版编目（CIP）数据

元明笔记选注. 上册 / 倪进选注. -- 上海 : 上海
教育出版社, 2018.5
（历代笔记选注）
ISBN 978-7-5444-6148-1

Ⅰ. ①元… Ⅱ. ①倪… Ⅲ. ①笔记—注释—中国—元
代 ②笔记—注释—中国—明代 Ⅳ. ①Z429.4

中国版本图书馆CIP数据核字(2018)第287042号

策　　划　徐建飞工作室
策划编辑　徐建飞　屠又新
责任编辑　徐建飞　周典富
特约编辑　宁彦峰　章琢之　李光卫
营销编辑　章琢之
书籍设计　陆　弦

历代笔记选注
元明笔记选注（上册）
倪　进　选注

出版发行　上海教育出版社有限公司
官　　网　www.seph.com.cn
地　　址　上海市永福路123号
邮　　编　200031
印　　刷　上海书刊印刷有限公司
开　　本　700×1000　1/16　印张 18.25　插页 2
字　　数　300千字
版　　次　2018年12月第1版
印　　次　2018年12月第1次印刷
书　　号　ISBN 978-7-5444-6148-1/Z·0003
定　　价　88.00 元

如发现质量问题，读者可向本社调换　电话：021-64377165